Library Academia
アカデミア叢書

# 危機の世紀とユング心理学

## 目幸默僊論考集

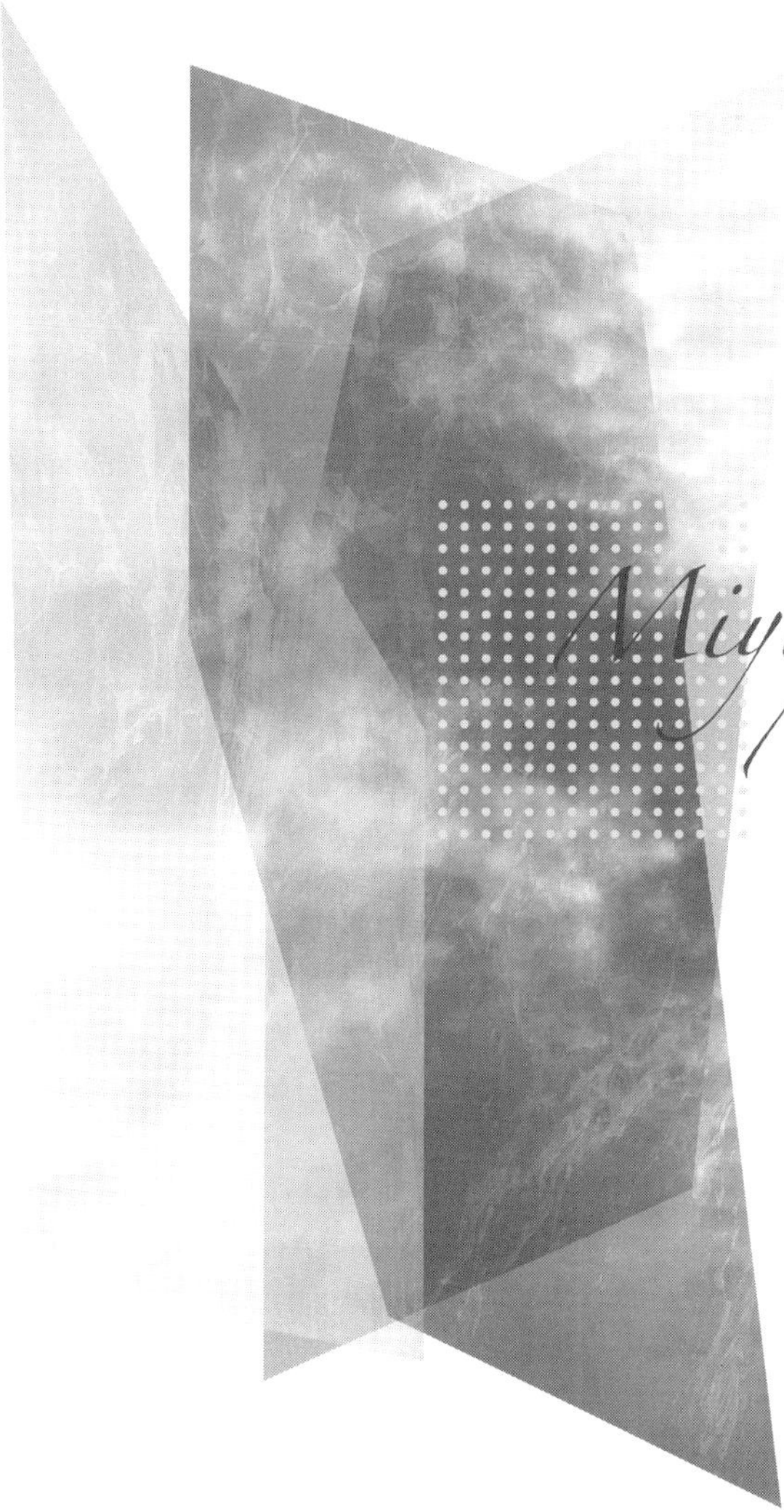

目幸默僊［著］

森 文彦
黒木賢一
井本惠章
小田純也［編］

*Miyuki Mokusen*

創元社

# 著者まえがき

一九五四年にロサンゼルスに来てから、私の滞米生活は六十年になります。河合隼雄さん、スピーゲルマンさんとの出会いの縁から、チューリッヒのユング研究所に留学しユング派分析家の資格を取りました。その後も米国を本拠にして、大学で宗教学の教鞭をとりながら、ユング派アナリストとしての心理臨床を続けてきました。やがて、毎年夏、一時帰国するようになり、公益財団法人関西カウンセリングセンター、京都大学、同朋大学、京都文教大学などで講義をもつようになりましたし、山王教育研究所、四条畷学園大学、岐阜県立下呂温泉病院など各地のみなさまとのご縁も結びました。

今回、これまで折にふれて発表した論文、日本に一時帰国しての講演記録などの中から、日本の友人たちがいくつかを選び、一冊の書物にしてくれました。本書の内容を拝見しますと、巻頭のユング心理学入門から始まり、私なりの思索と研究の経過をたどり、いのちセラピーについての二つの拙論で締めくくられております。私の思いを汲んでいただいた編集方針で、ありがたいと思っております。本書によってユング心理学に関心をもつ日本の読者の方々とのご縁がさらに深まることを大変嬉しく思っております。

善導大師の言葉に「前念命終、後念即生」というのがあります。念仏を行う人は、前念に命が終われば、後念にすぐさま浄土往生するということです。私はこれを「いのち」と関連付けて考えています。呼吸、息というものは、吐いては吸うわけです。息をするとは、古い命を吐いて、吸う息で新しい命をいただくことなのです。息には一人ひとりの生き方が現れているのです。したがってそれは念仏の修行法とも関係するのですが、最近の私は、息をするたびに新しい命をいただくという感触がいよいよ深まってきたように実感しております。念仏の

「念」という字は「今」と「心」からなっております。今しかないのです。いつどこにあっても仏さまはおられる。そのことを会得する必要があります。それが「いのち」の本来のあり方と言ってもよいでしょう。そのようないのちのあり方を味わっていただくことを願っております。

二十一世紀に入りました。問題山積です。すでに広島・長崎の原爆経験をもつ日本ですが、二〇一一年三月には東日本大震災に続く福島の原発事故がありました。私たちは被災者の方々の痛みを深く共有しなければなりません。またその共有を通じて、日本が世界に貢献できる新しい機会が見えてくるのではないかと思います。

グローバルにも多くの問題があります。新しい世紀のユング心理学はどのように展開し、どのような役割を果たしていくのでしょうか。さまざまな試みがなされていくでしょう。しかし、心理臨床の基本は変わらないと思います。他を思いやり、互いに抱擁しあい、親身になって、お互いがお互いの幸福を願いあう、念じあう。そういういのちのあり方を一緒にさせていただくこと、それが臨床です。考えてみればそれはすなわち仏教でもあります。ブッダ、目覚めた人になるということはそういうことだと思います。ブッダの悟りの根本は縁起の原理と言われています。わかりやすく言えば「世の中はもちつもたれつ」ということでしょうか。これが十二縁起説に整理されると、すべての根本には無明があるということになります。ブッダは無明から目覚めることを説かれたのです。われわれは本当に今こそ、無明から目を覚ます必要があると思います。合掌。

目幸黙僊

二〇一五年七月吉日

# 編者まえがき

目幸默僊先生は、日本人としてのユング派アナリストの草分け的存在の一人である。先生は一九二八年大阪生まれ。浄土真宗の僧侶であった御尊父のこと、坊守としての御母堂のこと、中学生として迎えた終戦前後のこと等は、本書所収の論文に詳しい。

先生は東京大学にてインド哲学を専攻され、一九五四年渡米。カリフォルニア大学ロサンゼルス校（UCLA）にて哲学を専攻。クレアモント大学にてPh.D取得後、一九六七年チューリッヒのユング研究所にてユング派分析家の資格を取得された。

長年、カリフォルニア州立大学ノースリッジ校にて教鞭をとるかたわらしばしば来日され、各地での講演等を通じて後進の指導に当たられている。

現在、カリフォルニア州立大学名誉教授、ロサンゼルスのユング研究所名誉アナリスト。主な著書には『仏教とユング心理学』（春秋社）、『宗教とユング心理学／「個性化」について』（山王出版）がある。

先生は、仏教をはじめとする東洋的伝統の立場からユング心理学を研究し、臨床実践しておられるとともに、在米六十年の宗教学者として東西の異文化交流を身をもって体験してこられた観点からも積極的な発言をされておられ、著書、寄稿、講演等を通じて、われわれがユング心理学をいかに理解し、また日々の臨床に生かしていくかを考えるための貴重な示唆を与えてくださっている。

今般、目幸先生の多くの論文の中から、いくつかを選び、一冊にまとめることによって、先生の仕事をさらに広くわが国の臨床心理関係者および一般読者に紹介することとした。日本におけるユング心理学理解をいっそう深めるために少しでも役立てばたいへんありがたいことである。

編集方針としては、先生の多年かつ多方面にわたる業績を、紙数制限がある中、できるだけ広い範囲でカバーするよう心掛けた。しかし、採録できなかった重要な論文も多く、これらについては、別の機会を待ちたい。

Ⅰ「ユング心理学入門」では、「宗教とユング心理学」、「『個性化』について」の二編を採録し、本書全体への導入とした。特に、「個性化」をユング心理学の基本仮説と位置付けて、わかりやすく解説している。

「ユングと仏教」は先生がライフワークとして研究されているテーマである。Ⅱでは、講演記録と学術論文の二本を採録した。前者では座談の名手としての先生の胸襟を開いたお話を聞くことになるし、後者では多少改まった講義を受けることになるであろう。

Ⅲ「法然・親鸞とユング」では、法然と親鸞に関する論文、および坊守に関する論文を採録した。

Ⅳ「自我・わたし・そして『自分』ということ」では滞米すでに六十年以上となる先生の異文化経験に基づく考察を中心に採録した。

Ⅴ「二十一世紀の危機」では、荘子や仏典を引用しつつ、核の恐怖、環境破壊、テロリズム等現代の危機に対して倦むことなく警告を発しておられる先生の発言を聴くこととした。

Ⅵは最近先生が力を入れておられる「いのちセラピー」についての論文で構成した。

編集にあたっては、読みやすさを考慮し、著者の了解のもとに、いくつかの漢字をひらがな表記にし、ルビの追加等を行った。また本書は異なった時点で異なった場に発表した論文と講演記録を集めたものであり、いくつか記述の重複があることはやむを得ない。著者の了解を得て多少の変更を加えた場合もあるが、重要な部分については、原著の流れを尊重し、そのままとした。

なお、各論文の書誌的事項および簡単な内容紹介については、あとがきとして巻末に置いた。また、原注は（n）、編者注は（＊n）で示した。

編者まえがき

森　文彦（文責）
黒木賢一
井本惠章
小田純也

目次

# I ユング心理学入門

# 第1章　宗教とユング心理学

## 第1節　自我とそれを超えるもの

大変結構なご紹介をいただきまして恐縮に存じます。私の名前は非常に変わっておりまして、皆様の中で私の名前を正しくお読みになれた方はおそらくひとりもおられないと思います。どうして、目《め》と幸《さいわい》と書いて「みゆき」と読むのか、あるいは黙僊《もくせん》というのも非常に難しい名前でございます。と申しますのも、私はもともとはお寺の出でございます。私の家は大阪の浄土真宗のお東の末寺でございまして、私は僧籍にございます。ですから、こういう名前をつけられたというとそれまでですが、じつは、私は次男でして、べつに僧侶にならなくてもよかったのですけれど、どういう因縁か、いろいろなことが起こりまして、自分でも予想しなかった人生が開けて今日の私があるような気がいたします。

西村洲衛男《すえお》先生のご紹介の中で、私が昔、一九六九年に、京都カウンセリング・センターでお話しいたしました「盗機《とうき》」、機を盗むということについて話されましたが、この言葉はじつは道教の言葉でございます。道教はこの頃アメリカやヨーロッパで、学者やセラピストに興味をもたれてきております。またユングは、道教の『金《きん》華宗旨《かしゅうし》』という本に大きな影響を受け、「自分の研究を正しい軌道にのせてくれたのは『金華宗旨』である」[1]と明言しております。このユングの言葉は、道教がユングを理解するためにも役に立つ大切な教えであるということを意味します。それで私なりに、この『金華宗旨』を研究しまして、ディプロマ論文[*1]としてチューリッヒのユング研究所に提出しました。[2] 私は、六四年から六七年までチューリッヒの研究所におりまして、ディプロマをとってからさらに一年残りまして、チューリッヒ大学の神学科へ行って神学の勉強をする機縁に恵まれ、その間、東洋学科の図書室から道蔵[*2]を借り出しては、道教の研究もその間ずっとやっておりました。そんなわけで私は道教に魅かれております。じつは私の名前も道教からのものなのです。黙というのは「だまる」。まあ、今日はペラペラしゃべりますが、僊というのは仙人の仙と同じ意味の字です。こういう道教の仙人を意味する名前を、どうして私の父親がつけたのかわかりません。兄は等僊《とうせん》と言いまして、仙人に等しい。私の方は黙っている仙人。これはサンスクリット語ではとてもいい意味になるのです。黙というのは釈迦牟尼《しゃかむに》の牟尼（muni）です。牟尼というのは聖者という意味です。僊はリシ（Rsi）と言いまして、これも聖者のことですので、私は牟尼リシ（Muni-rsi）ということになります。

　ところで自分の名前のことで思い出しますが、ひと頃、アメリカでマハリシ（Maharishi）[*3]のトランセンデンタル・メディテーション（Transcendental Meditation ＝超越的瞑想）というのが、若い人々の心を大変惹きつけた時期がありました。皆さんもご存じと思いますが、非常に流行《はや》っておりました。私がディプロマをとったのが一九六七年、そして一九六八年にアメリカに帰ってきて、サンタ・バーバラのカリフォルニア大学で一年間教えましたが、あの頃はヒッピーの大学生が非常に多くて、私のクラスにも聴講に来ておりました。そしてこのマハリシのトランセンデンタル・メディテーションが、学生たちの間で喜ばれておりました。当時の学生たちの多くは、カウンター・カルチャー・ムーブメント（counter culture movement）[*4]とか、ベトナム戦争反対とか、人権運動などに積極的に参加して、自分の生き方を暗中模索していました。その頃より見られました、核戦争反対、環境汚染反対、あるいは麻薬の問題など、八〇年代の今でも、ずっと続いております。

　そういうことが出てくるもとは、学生たちに言わせると非常にはっきりしていまして、広島・長崎に原爆が落とされ、もうわれわれには暗黒の未来しかないという危機感があり、それから原爆もそうですが、ナチスのユダヤ人収容所でのような信じられない非人道的なことが起こり、精神的な腐敗堕落が生じている。一方、アメリカ国内はどうかというと、科学技術文明の進歩、物質主義的繁栄を誇り、民主主義を謳歌《おうか》しているけれども、現実には人種差別は行われているし、環境は破壊されている。民主主義などはアメリカの社会で行われていない、政府も大学も、また既成宗教も、放射能汚染に毒された自然を放置し、また道徳的・精神的にも堕落した現実に何らの責任をとろうとせず、しかも、ベトナム戦争という非人道的な行為を続行しているではないか。当時、学生たちの感じたことは、いわばアメリカの良心の目覚めとも言えます。そして当然彼らは、新しい生き方をカウンター・カルチャー、つまり主流の文化、民主的文化、科学技術文明とは異質的な文化に求めておりました。[3] このような理想に燃えた若い彼らは生き生きとしていました、ヒッピーというのは。それで驚いたのですが、クラスに行くと学生が靴をはいていない、よれよれのシャツを着て、よれよれのズボンをはいている。犬はいますし、これはクラスを間違ったのではないかと思いました。特に夜のクラスはそんな調子でしたが、私もだんだん慣れまして、学生を早く理解したいといった願いをもって、私のオフィスを開放して、学生たちとできるだけ対話を試みたことを、今でも思い出します。

そんなわけで、その当時の学生の中には、マハリシのトランセンデンタル・メディテーションに熱中している者もありました。その頃の東洋の宗教はそれだけではございません。禅もございます。また、ハレ・クリシュナ・ミッション（Hare Krishna Mission）[*5] なども盛んでした。今では大きな教会が各地にできておりまして、一つの既成宗教のようになっていると思います。もちろんマハリシのトランセンデンタル・メディテーションもそうでして、インスティテュートがあって、今でもテレビで、現代の科学と関連させてその教えを紹介しております。マハリシはもう亡くなりましたが、彼がいろいろな一流の科学者と対話しているところをテレビの放送で見たこともございます。それで名前のことですが、彼はマハリシ（大仙人）だけど私はムニ・リシ（黙っている仙人）だと、当時、東洋宗教のクラスなどで冗談まじりで説明したことを思い出しています。

先ほどの道教の「機を盗む」という話に戻りますと、盗むという言葉は語感が悪いのですが、しかし、言わんとしているところははっきりしていると思うのです。われわれはふつう自我の世界だけで生活し、自分の利益になるという言葉を使えるかどうかわかりませんが、自分の都合のいいように動きがちです。自分がわかっている世界、自我がつくりだした世界、それだけが世界だと思っているわけです。今日の科学・技術文化は、もちろん、自我が創造したものです。この頃宇宙開発が進みまして、アメリカは今年の一月末に、ご承知のように、チャレンジャーを打ち上げましたが失敗いたしました。[*6] どこまで宇宙空間を人間が経験することができるのか、これは私、ひとつ長生きしてもっと知ってみたいと思います。

「機を盗む」といった場合の「機」は「天機《てんき》」ということです。「天機」と言いますと、天つまり宇宙全体を言うと思うのですが、そこに満ち満ちているのが「機」です。これは「はずみ」と言ってもいいですし、「機を見る」という表現がありますように、自我の作意を超えた、自然の命《いのち》の動きなのです。このことは、中国では昔から「天地の気」ということを申して、その「天地の気」、それは「陰陽の気」ですが、それをうけて人間も万物も生存している、ということを言います。「天機」は、この万物を生成発展せしめる陰陽の気の働きを指《さ》します。ですから皆様方ももちろんその働きの中にいますし、私もいるわけです。つまりもともと盗む必要がない、そこにのっかって大きく生きていけばいいわけです。ところがどうしてそれができないかと言いますと、さっき言いました、世界は自我中心のものであるという、自我の考え方なり、あり方が問題になると思います。

「自我」の話で思い出しましたが、私はここへ来る前にチューリッヒのユング研究所で「仏教とユング」という講義を一週間ばかりしまして、セミナーなどもやってきたのですが、私が彼ら英語の聴衆者にひとつ言いたかったのは、英語だけでユングを読んだら、ひょっとしたらとんでもない思い違いをするのではないかということです。あなた方の理解は間違ってはいないとしても、ユングの考え方がちょっと歪曲されているのではないか、ということです。そして二、三例を出しましたが、その一番わかりやすい例は、いま言いました「自我」・エゴ

(ego）という言葉です。ユングは、あるいはフロイトもそうですが、彼の著書を英訳で読みますと「エゴ」となっている場合、その多くは「エゴ」という言葉は使っていないのです。フロイトの場合、スーパーエゴ（super ego）などに関連して使いますが、英語でエゴと訳されている言葉の多くは、ドイツ語では第一人称・代名詞・単数形“Ich”つまり「わたくし」になっているのです。ですからドイツ文で読んでいますと、英語の訳文とはかなり文章のニュアンスが違ってくるのは当然なことなのです。

他に、ドイツ語にあって英語にならない言葉と言いますと、“Weltanschauung”という言葉があります。これは「世界観」と日本語で訳しますが、この日本語の訳の方が英語訳より良いようです。英語ですといろいろな訳がありまして、“world view”“philosophy of life”などとふつう訳されます。“world view”というと世界観、“philosophy of life”というと人生哲学ということですね。“Philosophy”というのは英語あるいはドイツ語の文化におきましては、みな日常の会話でも使っている言葉ですから、日本の哲学という言葉のように、それほどふつうの生活と離れたものではありません。ふつうの人々がもっている人生の生き方とか、考え方、それが哲学です。ですから“Ich”という言葉も、ドイツ語では当然哲学の分野にあっても使われています。それを、エゴというラテン語に直して使ってしまうと、少し語感がずれてまいります。日常会話では、エゴというラテン語は当然使いませんから。

ご承知のように、言葉というのはその民族の魂を表現しますから、英語にならない日本語はずいぶんあります。例えば枕言葉、「葵《あお》によし奈良の都は咲く花の……」の「葵によし」ですが、これを説明しようと思うと、これは「奈良」の枕言葉で意味はないのだということで、理知的に自我の世界に立って割り切ってしまうわけにはいきませんですね。ですから言葉は、それを使う民族の魂を表しているということに気がつきますと、言葉の扱いがどんなに難しいことかおわかりいただけると思います。つまり枕言葉は、情緒的な世界、自我の働きの根底にある命《いのち》、無意識の深層心理の世界であると考えられます。

チューリッヒでじつはそういうことを言って、聴講者と一緒に「仏教とユング」の接点を考えてきたわけです。ユングの本当に言いたいことを知りたければ、少なくとも自分が引用したいと思うセンテンスくらいはドイツ語で読まなくてはいけない。しかしそうは言いましても、私も旧制の高等学校でドイツ語科を出ていますが、英語ほどドイツ語はできません。チューリッヒで勉強したときも、その前にアメリカに一九五四年からいましたので英語の方が楽でした。今から思えば、ちょっと無理してドイツ語でやればよかったのかなと思いますが、こういうのはグチに属することで、仙人はそういうことを言ったらいけないかもしれないですね（笑）。

宇宙に満ちている「機」を盗むという考え方は、日本でも昔から知られています。平易に言えば、自我の世界の他にそれを包んでいる世界というものの存在があるということです。日本語ですと、もっとはっきりしますね。皆さんご承知のように「思いやり」という言葉、あるいは旧家ですと「家風」とか、また会社へ入れば「会社の精神」とか今でも言っておられるのではないですか。この講義の始まる前、先生方とお話しして「新人類」という言葉があると聞いて驚いたのですが、新人類にとって、私は当然旧人類ということになりますが、家風はもちろん、思いやりとか調和などという言葉は過去の遺物で、新しく生きていく、新しく人生の意味を求めていくわれわれには関連のないことだと言われそうです。しかし昔からある東洋人、あるいは日本人の感覚というのは、農耕民族の感覚ではなかったかと思うのです。お互いに協力して田畑を守っていかなければならない。灌漑《かんがい》にしても皆の協力が必要で、ひとりだけ勝手なことをやるわけにはいかない。だから自分を殺してでも人を立てる生き方が非常に喜ばれた、そういうことだと思うのです。

そうしますと、さっき言いました天機、天地の命《いのち》の働きというのは自分だけのものではありません。他と離れてポツンとあるものではなくて、あらゆるものの関連のうえに動いているのが命です。つまり命の働きは二重の層においてみられるもので、自我の考えている命・自我の世界から見ている命と、そして自我の世界を支え、その根底になって動いている大きな命があるというのです。先述の「思いやり」「家風」「会社の精神」という言葉も、このような二重の層において働いている命のあり方を意味していると思います。

初めにちょっと、自分でも予想もしなかった思わぬ人生が展開したように思うと言いましたが、これは自我に働いている命《いのち》・機・「はずみ」、英語で言うと“opportunity”です。それは、人生は決して大きな天地の生命の流れから離れてはいない、ということです。私は旧人類ですので、私が生きているのはいろいろな人のおかげだといつも思っています。こんなの古いかもしれませんが、私は兄がいますからお寺を継がなくてもよかったわけで、もし長男だったら、アメリカに行くということは、当時の、今から三十年以上前の道徳観念では不可能です。つまり、兄がいたというおかげということになります。また、母からはいつも、お前が勉強できるのはひとえに仏様とご先祖様のおかげと、耳にタコができるほど聞かされました。皆様方はどういう具合に日本の昔のことを感じておられるか存じませんが、ご先祖というのは、私の心の中に働いている生命のルーツであり、私をいつも支えている大きな命だと感じております。日本の農耕社会的生き方は当然土地に結びつき、先祖代々のそういう命の流れに結びついていく。けっして一人一人の命というわけにはいきません。

ところが、西洋の個人主義に立った生命に対する考え方はちょっと違ってきますね。例えば、旧約聖書の創世記です。われわれにはもちろん実際のお父さんお母さんはありますが、神が最初に創造した人間はアダムであるということになっているでしょう。アダムは全人類の先祖であり、また個人としての人間の代表でもあるとされております。そして個人としてのアダムが神との約束を破って「禁断のこのみ」を食べたため、失楽園ということが起こったと記されております。失楽園は個人としてのアダムの問題であり、一人一人がその責任をとらねばならない個人の問題である、罪人《ざいにん》としてのアダムは罪人《つみびと》としての一人一人である、というわけです。

私は宗教学科で教えていますから、「宗教学入門」というクラスも教えておりますが、ユングの立場から話をします。だいたい方法論を二週間、次に、原始宗教を二週間やりまして、と言いましても原始宗教なんかどこにもありません。勝手に、十九世紀の西洋の学者が創り出した西洋の一神教をもとにした考え方です。それからヒンズー教、そして現代の宗教問題と、いずれも二週間ずつです。これだけ聞かれると、非常に内容のあるコースであると皆様方思われましょうが、見方を変えますと、知的曲芸に等しいです。ですからどうしましても、東洋と西洋の考え方の違いということを、大変大雑把ですが、この宗教学入門を教えますと痛切に感じます。

私の専門は東洋宗教、そして仏教学と一応なっております。それも重箱の隅をつつくように、中国の唐時代のことに非常に興味がありまして、禅がどうして出てきたかとか、華厳《けごん》の教えはどうか、という問題に興味をもって、じつは私なりにほそぼそと研究しております。「中国仏教」とか「禅」などというコースを教えることもありますが、その場合、方法論が問題になります。私の場合、歴史的ないし言語学的方法論の他に、ユング心理学の方法論を使い、深層心理学的に理解を試みております。

人間を個として考える習慣が、アダムの例で申しましたように、キリスト教文化に基づいている西洋文化には当然でございます。あえて恥をしのんで、大雑把な東西文化の違いについての私の仮説を申しますと――大学では大きな顔をして言っているのですが――西洋の文化は、農耕民族ではなくて牧畜民族の文化であるということです。牧畜民族というのは、自分の責任において家畜を動かしていかねばなりません。それで個人の決断力あるいは責任、そういうものが非常に大事な要素になってまいります。農耕生活の場合には、個人の決断・責任よりも、全体の責任とか全体の決断が大事です。

先ほども講演の始まる前に話していたのですが、この会場に来るのに、名古屋駅からタクシーに乗ったのですが、運転手さんの話によりますと、タクシーの運転手さんたちはグループをつくって売上を競争しておられるとか。そして売上のいいグループには会社から何か褒美《ほうび》が出るそうです。特に成績の良かった運転手さんには、また特別に賞与が与えられるということです。するとその運転手さんは、自分ひとりだけで楽しまないで皆と一緒に使うそうですね。これなど農耕民族的思考方法というか、生活感覚というか、ちゃんとそれが生きているのではないでしょうか。もしひとりだけで使ったら、あいつ水臭い奴だということになるので、ひとりだけで使うわけにはいかない。そこらが日本人の美しいところではないかと、温かい「思いやり」が今も生きているのではないかと、自分がもともと農耕民族ですからそう思うわけでしょうが、このような考え方・感じ方は、何年外国にいましても、やはり捨てようと思っても捨てられないのではないかと思います。

宗教学者がひと頃、日本の宗教や文化は重層主義であるということを言っていました。つまり日本にはいろんな哲学や宗教が入って、それらは全部捨てられないで、重なり合って残っているというわけです。遠藤周作さんが、小説『沈黙』で書いておられるキリシタンの流れにしましても、ずっと残っています。私は、たしか一九六六年だったと記憶しますが、ロンドンの大英博物館へ行って、そこにある敦煌《とんこう》発掘の道教文献を見ていたのですが、そのときに、ロンドン大学に研究に来ておられた数学専門の方にお会いしました。名前は忘れましたけれど、その方は隠れキリシタンとのことでした。今のキリスト教は東洋も西洋もみなダメだとはっきり言っておられたですね。日本におけるキリスト教のことはよくわかりませんけれど、私はそういう話を聞きまして、深い感銘を覚えました。だからこそ、その方は数学を立派にやり遂げられたのだと思います。信念というか、弾圧されても揺るがない何かを、何世代にもわたって心のバックボーンとしてもっておられるわけですね。自分の自我の世界だけでなく、何百年の間、先祖代々耐え忍んできた何かがあるのでしょうね。

しかし他方、日本の農耕民族的生活感覚よりすれば、当時、キリシタンを根絶するというようなことは、やはりできなかったのではないかとも思うわけです。皆さんがここへ来られた一つの理由は、講演のタイトルが良かったこともあるでしょう。副題に「よりよく生きるために」とございます。私たちは皆、よりよく生きることを願っています。それは当然の権利としまして、差別される世界があってはいけないということですね。よくわかっているのですが、なにか差別しなければ生きていけないような文化ができあがる。これは西洋の、神のもとではすべてが平等であるというはっきりした教えがあってもそうですし、東洋のように、すべてのものは仏性をもっている、真言の密教などはこの身体そのものが仏である、ということを申しましても、しかし人間の自我中心の世界には、つねに互いに差別し合うということが出てくるわけです。

考えてみますと、自我意識の働きは、その本質として、自と他とを差別しますから、当然といえば当然ですが、やはり淋しいですね。ユング派の場合、それをシャドー（Shadow）、影という言葉で申すのですが、差別とか偏見というのは、自分の自我意識の裏に、そのような心の働きがあるというわけです。つまり、明るい自我意識の「かげ」の部分です。自分と人とを差別するのは自我の働きですが、その「かげ」に気づかず、ともすれば、自分の方が人よりよい、正しい、また上だというような世界を、自我はつくり出しかねません。それも場合によっては大事かもしれませんが、しかし、それを無意識的にやっているのと意識的にやっているのとでは非常に違ってくるのです。無意識的にやりますと、いったいどのような理由で自分を是《ぜ》とし、他人を非《ひ》とするようなことが言えるのかわかりません。自分でもやっていることがわからない、言っていることがわからないというように、危険なことになるわけですね。それで「かげ」を意識にもたらさないと、他の人々と一緒に生活していくことはできません。

誰もが一緒によりよく生きたい、というのは当然のことですから、この副題、私は非常に結構だと思います。皆と仲よく、そしてよりよく生きたい、これが私たちの願いではないでしょうか。そのためには当然、一歩退いて、自分の生き方・あり方を考えてみる必要があるのではないでしょうか。

## 第2節　ユングの心的現象論とヌミノース体験

自我の世界と、それを超えたより大きな世界が、自我の世界とともに動いているということが、今までの話の中心であったかと思います。ユングの心理学はそこに一つの焦点がございます。ところで、よりよく生きるということは、幸福であるということとちょっとずれてくるのではないかと思うのです。幸福とは何を意味するのか、改まって考えてみますと、さっぱりわからなくなるようです。幸福に生きるというのは、ふつう道徳的・宗教的コンテクストで考えているようです。しかしよりよく生きるということは、むしろ心理学的コンテクストで考えることができると思います。つまり、より豊かな意識をもって生きるという具合に、よりよく生きるということを考えていいのではないかと思うのです。

豊かな生活というのを心理学的に申しますと、意識的に豊かな生活、つまりいろいろのことを知り、消化し、そして反省もする、それが心理学的に見まして、よりよく生きるということになるのではないかと思います。当然、人間はすべてが移り変わっていく世界に生きているわけですから、絶えず新しい問題に出くわします。そしていろいろな角度から、問題を客観的にみて処理する必要があります。しかし、たとえいろいろなことに気がつきましても、自我中心の立場だけで生きておりますと、ともすると「ああいうことはつまらんことだ」とか、「このことはもうよく知っている」とか、「考える必要はない」とかいうことになりがちです。これは判断であって、体験したことを正直に反省して見つめている立場ではありません。「かげ」が意識化されていない、と申してもよいと思います。

こういうことを申しますのは、じつは宗教を考える方法論としての心的現象論という、ちょっとわかりにくいことを申し上げたかったからなのです。先ほどもちょっとふれましたが、大学で教える場合、方法論が大切である、それではどういう方法で教えるかというと、私はユングの方法を使うと申しました。そのユングの方法とは、心的現象を扱う方法論ということで、心的現象論とふつう言われているものです。私どもは、折にふれ時にふれて、憎しみとか喜びとか悲しみとかに関連して、いろいろなイメージが心の中に現象として起こってくることを知っています。喜んでいるお父さんのイメージとか、悲しんでいるお母さんのイメージとか、そういう心の中のイメージ、それはみな心的現象です。

今日ここへ来ますときに、亀井先生のお手紙に、「私は桃太郎の旗を持って駅まで迎えに行きます」と書いてあったので、面白いなあ、どんな顔をしておられるのかなあと思いました。お生まれは犬山とか、犬山には桃太郎の遺跡がある、いったいどんな旗を持っておられるかしらん、そういうわけでいろいろ亀井先生のイメージが、私の心の中に次から次へとわいてきました。そうすると、初めてお目にかかる前から親しみがあるわけですね。日本語で「心コロコロ」といわれるのを聞かれたことがあるでしょう。これは心《こころ》という言葉の語源の仮説の一つですから、決していい加減な解釈ではありません。自我意識の世界では、今さら桃太郎なんて、たかがおとぎ話ではないかとか、軍国時代に宣伝された童話だ、なんだつまらないなどと批判ができるわけでしょう。そのように判断したり批判したりするのではなくて、心の中にわき出てくるいろいろなイメージを、そのままの現象として見つめまして、そしてそれらの現象をして語らしむというのが、私が理解するユングの心的現象論の立場であると思うのです。

判断し批判する立場、これは哲学の立場ですね。概念化して概念を分析することによって論理的に明確に議論していく、これは哲学の立場です。しかし心的現象論の立場は、心の事象としてのイメージをそのままに見まして、そのイメージをして語らしめるわけです。自我は文化的価値・基準によって働いています。いわば文化の代弁者ですから、ともすればそういう心的イメージを文化的立場において判断してしまいます。そのような考え方は役に立たないとか、日本に生きている限り無駄だとか、そんなふうに考えるわけです。そういう文化的基準のもとに価値判断をして、そして今さら桃太郎なんて時代錯誤だ、などと言って退けてしまうことになりかねない。しかし、心的現象論だとそういうことはいたしません。いろいろな心的イメージそのものをして語らしめる、という立場に立つわけです。

亀井先生とのお付き合いがどこでどうなっているのか、またどうなっていくのかはわかりません。しかし、私は私の心の中にあるイメージをもてあそんでいる、大切にしているのです。「女をもてあそぶ」などと言うと怒られますが、この「もてあそぶ」というのは素晴らしい日本語だと思うのです。例えば、骨董品を愛する人がおられるとします。皆さん、どうすると思われますか。その人は愛する骨董品を、前から見たり、横から見たり、後ろから見たりして、もてあそんでみる。それが愛するということだと思うのです。ですから学問を愛するというのは、その学問にふさわしい方法論にコミットしまして、そして学問の対象、ユング心理学の場合は心的イメージ、それをもてあそぶ、愛する、というわけです。そういうことをするのは、道楽者とか変人だということに昔からなっておりますね。そうかもしれません。自我の立場から言えば損にも得にもならない、何が面白くてそんなことをしているんだということになりますね。このことをひとつ飲み込んでいただきたいと思います。

よりよく生きる、これを心的現象論の立場からどういう具合に考えていったらいいか。幸い大事なテーマが「宗教とユング心理学」となっています。私は仏教にもともと興味をもって研究いたしましたし、また道教も先述のように研究いたしましたし、儒教も自分なりにやったことがあるし、チューリッヒではキリスト教も学んだりした時代がございまして、今は大学の宗教学科で教えているわけですから、私なりに「宗教とは何ぞや」ということを絶えず考えてきて、今日に至っていると思うのです。私の学生には、学期の初めの時間に、私が心的現象論に立って、現象としての宗教を教えるということをはっきり申しますので、宗教とは何ぞやという問題を概念的には問いません。それは哲学科の仕事であると申します。宗教とは何であるか、定義の欲しい人は哲学科へ行ってくれ、宗教は歴史的にどういう働きをしたり、またしてきたか、そういうことに興味のある人は歴史学科へ行って研究してくれと、初めの時間に申します。少なくとも私の用いているユングの心的現象論、方法論からはそういうことには直接的には少しもふれない。たとえ仏教、ヒンズー教を教えていても、心的現象論の立場をとるから、私の教えていることを、ヒンズー教そのもの、仏教そのものと思ってもらっては困ると申します。

どのようなクラスを教えましても、ユングが宗教をどのように考えているかということを、ある程度私は学生たちと討論することにしています。上述の、ユングの心的現象論の立場からも十二分に察しがつきますように、ユングは生きた体験としての神、そしてその体験に基づく心的イメージとしての神を扱っている、ということが言えると思うのです。生きた神の体験ということは、じつはユングが言い出したことではなくて、ルドルフ・オットー(Rudolf Otto) というドイツの神学の教授（マールブルク大学）が一九一七年に書きました"Das Heilige"（『聖なるもの』[4]）という本の中で述べております。その中でオットーは宗教体験を取り上げて、生きた神の体験、それは〈絶対他者〉(ganz Andere) の体験であるとし、それをヌミノーズム (numinosum = 神的なもの) という言葉で説明しました。それはどういう体験であるかと申しますと、その体験の前と後ではまったく違った人間になるのです。ガラッと変わるのです。それはそうでしょうね。神様の体験をした人の顔や体また行いは、おそらくふつうの人とはどこか違っているのではないでしょうか。その人をまったく変えてしまうような体験、ラテン語の神を意味するヌーメン (numen) よりつくられたもので、ヌーメンは〈神的なもの〉を意味します。

オットーはヌミノーズムを説明するのに、三つのラテン語の表現を使っています。それはまず、ミステリゥム・トレメンダム、次にマジェスタス、そして第三に、ミステリゥム・ファッシナンスです。

最初のミステリゥム・トレメンダム (mysterium tremendum)、それは、生ける神を前にして震えおののく驚怖。生ける神は、聖なるもの・神秘的なものである。ドイツ語のガンツ・アンデレー (ganz Andere) という言葉が表していますように、生ける神は〈絶対他者〉である、自分とは次元の違った存在者で、自分をそれに関係づけようもない、そういう体験です。

その次には、マジェスタス (majestas) と言いまして、非常な力をもって体験者を圧倒してくるわけです。ですから、下手しますと自我の世界が壊れてしまいます。私はユング研究所にいた頃、あちこちの病院の訪問に行きました。当時は症状とか病歴のことはよく知りませんでしたので、できるだけ吸収しなければいけないと思いまして、スイスのあちこちの病院へ行って観察させていただきました。そのときに、第二のキリストなどと自称し、また呼ばれている方がございました。その人たちは、やはりものすごく強烈なヌミノーズムの体験をしたため、自我の世界が破壊されてしまったのですね。さっき言いましたように、自我の世界とそれを支えている大きな生命・無意識の世界がありますから、その無意識の世界に自我の世界が呑み込まれてしまった、そういう具合に考えていただいてもいいと思います。それが、ヌミノーズムのもつマジェスタスということです。人間の自我の立場からはどうしようもないような大きなエネルギーが無意識にはございます。ユングは、無意識は創造的母胎だと言いますが、破壊のない創造ということは考えられません。しかし、創造を伴わない破壊はあります。それゆえヌミノーズムの体験には、自我意識の強さが肝要となってきます。さもなければ、宗教的新生は不可能となり、逆に自我を中心とした意識的人格は破壊されてしまいます。

第三は、ミステリゥム・ファッシナンス（mysterium fascinans）と言いまして、ヌミノーズムは自分とは全然関係ない、どう考えていいかわからない強力な、そして自分を恐れおののかす危険なものであるにもかかわらず、それに魅せられる、そういう体験のことです。ですから当然、聖なる〈生きた神〉を体験した人は、神秘に満ちた絶対他者のマジェスタスの前では、自分が無に等しいということを感じます。それにもかかわらず自分の命《いのち》が十二分に開花した、そこで美しく咲き出した、そういう体験でもあるわけです。理性の立場からですとこれはパラドックスなことになりますが、ユング心理学の観点より言いますと、これはセルフ（Self）、生命の根源である〈真実の自己〉の体験であると言えると思うのです。

ユングはセルフを、意識と無意識の全体であると同時にその中心であると見做しています。それゆえセルフの体験にあっては、意識と無意識、また全体と中心という反対のものが同時に起こっているのです。ユングはセルフの体験を、コーインシデンシア・オポジトルム（coincidentia oppositorum ＝矛盾の一致）というラテン語、あるいはユニオン・オブ・オポジット（union of opposites ＝反対の一致）という言葉で表現していますが、それはいろいろな反対のもの、善と悪、美と醜、永遠と瞬間といったいろいろなものが、一緒に同時に起こっているということです。これは初めに言いました、道教の「機」というものに通じていくと思います。ただし先に申しましたように、セルフの体験にあっては、自我の強さということが何よりも大切です。自我の働きがないと、「機を盗む」

ということも不可能です。それこそ自我が消えてしまえばそれで終わりです。誰が観察しているか、体験しているのかということが非常に大事です。

このように、生きた神、ヌミノーズムの体験によって、当然、体験者の人格が変わっていきます。人格が変わっていくと言いますとき、意識的人格が変わっていくと考えていただくと、ここでユングの言おうとする宗教の立場が出てまいります。ルドルフ・オットーは、意識的人格の変容ということに焦点は当てていません。前にもちょっとふれましたが、もともとヌミノーズムという言葉はヌーメン（numen）というラテン語からきていまして、ヌーメンは神に関することですから〈神的なもの〉を意味します。そういう神の体験は、人間の意識を一瞬にして徹底的に変えてしまうことがありますし、また、徐々に変えてゆくということもみられます。これはまた違う議論になると思います。いずれにせよ、そういうヌミノーズムの体験によって引き起こされた意識的人格の変容を注意深く綿密に観察するのが心的現象論に立った宗教の考え方だということを、ユングは述べています。それはユングの『心理学と宗教』[5]において述べられていますが、エール大学で一九三七年に講義したものです。この本の最初の二〜三頁のところに、そういう自分の心的現象論の立場をはっきり述べていますから、ご興味のある方はお読みになりましたら面白いのではないかと思います。

ちょっと余談になるかもしれませんが、ヌミノーズムの体験、宗教的体験と申しますと、われわれの日常生活から離れているように思われるかもしれませんが、そうではなくて、われわれの生活において体験されることでもあるのです。このことをはっきりとわかってもらいたいので、学生に説明するときには、いろいろな例を引いて、なるべく討論します。アメリカの大学は、学生たちにわからせるということを重視しておりますので、学生とのコミュニケーションを大事にします。私の場合は、日本語が私の魂を表す言葉で、英語は借りものですから、そのためときどき非常に面白い失敗をやるんです。そういうことがあると、学生たちがよけいに興味をもつこともあったりしまして、うまいことそれを成功にもっていくということもあります。

逆説的に聞こえますが、英語が借りものであるおかげで得をしているのではないかと、ときどき思います。それは人にもよりますが、たいがい十年もすると、教師でも、カウンセラーでも、サイコセラピストでも、自分の仕事に馴れ、あまり興味がなくなってくるんですね。それでお酒を飲んだり、自動車事故を起こしたり、ノイローゼになったりするわけでしょう。私は幸か不幸か、そうはならずに案外楽しくやっているんです。「お前なんべんも同じようなコースを教えて飽かへんか」と言われて、「飽かへん」「なんでや」「考えてみい、あんたらは英語でやってるから同じような表現や内容になる。しかし私は、英語は自分の言葉でないから、同じことを話しても違った表現になるし、またいろいろなことに気がついて面白い」と。それに、教えるためには絶えず人の書いたものを読んでいかないと遅れていきますし、学会に行ったり、論文を発表したり、本を書いたり、いろいろなことをします。日本でもそうですが、アメリカの大学の先生はそれが条件になります。そしていろいろなものを読んでいると、今まで知っていることが違うように消化されていきますから、同じことをしゃべっているようでも、しゃべっている私の心の中ではフィーリングが全然違うのです。理解のレベルが深く広くなっていくわけですから、同じことを言っていても全然違うように感じられるのです。

例えば、私が二十年前にディプロマを取ったときに言っていた自我についての考え、あるいはセルフ、ヌミノース体験と言っているものも、その頃の私の理解の仕方、また感じ方は、今のそれとはだいぶ違うのは当然です。勉強している限り、何か求めて努力している限り、ものごとに対する理解は広く深くなりますから、同じことを言っていても、当然違うように感じられるわけであると言えますし、また聞く人次第で、同じことが違った響きをもってきます。これと同じようなことは、さらに生活に即してわかりやすく言えばいくらでも言えると思います。私が結婚したときにワイフに「好きや」と言ったのと、結婚してもう三十何年になりますが、今「好きや」と言うのとではだいぶ違うでしょう。こういった雑談が一番大事かもしれませんね。心の動きと言いますか、そういうことをテーマにした話ですから。

ヌミノーズムに話を戻しますと、それは神の体験だけかというとそうでもございません。学生にわかってもらおうと思いましていつも言う例なのですが、ちょっと触れましたように、「好き」ということ、恋愛のことを例にして説明するのです。人を愛したらどうなる？　すべてが変わるだろう。お月様が笑っていたり、すみれが語りかけたり、そんなことを体験したことがあるだろう。人を愛することは、そのようにすべてが、天も地も変わるということに属するんだ。一目惚れということもあるし、だんだんと深く惹かれていくということもある。ヌミノーズムの体験とは、そのようなものだ、と。

私のクラスにはいろんな国の人がいます。皆さんが聞かれたら驚かれます。インドネシア、ベトナム、台湾、韓国の留学生もいるし、日本からの人もときどきいます。南米チリの人もいるし、それにイタリアやギリシャの人もいることがあります。この頃あまりできないのがアメリカの学生です。ひと頃はそうでもなかったのですが、留学生は皆英語がわりとしっかりしてきています。それで今から二、三学期前の話ですが、韓国の留学生の女性が私の宗教学入門をとったんです。ちょうどその年の八月には、ソウルで国際会議があってそれに出席することになっていましたので、ときどき韓国の挨拶の言葉を彼女に教えてもらったりして喜んでいました。そして数ヵ月ほどして、次の学期に彼女に出会ったわけです。そうしたらずいぶん顔や姿が違うんです。生き生きしているんです。「えらい生き生きしてるなあ、ボーイフレンド見つかったんか」と聞いたら、そのとおりだと言うのです。それぐらい話の仕方なり挨拶なり、顔や体つきが変わっている。そういうわけで、人を愛するということは、ある意味でヌミノーズムの体験だと思うのです。それ以前とそれ以後の意識のあり方はもちろん、顔・かたち・動作の変化にまで出てしまう。正直なものです。皆さんも同じようなことをご経験になっていると思いますから、あまり詳しく申し上げる必要はないと思うのですが、そういうわけで、ヌミノーズムの体験は意識内容あるいは身体動作のあり方を変容する、そういう現象としての意識内容や身体動作の変容を対象として宗教を考えていくのがユングの心的現象論の立場です。

このように申しましても、やはり概念を使いますから、少しは哲学的に解明していくことも可能になっていくわけです。『心理学と宗教』というのは薄い書物ですが、その中でユングは、したがって私が扱う宗教は体験に基づくもので、ドグマとか、クリード――信仰告白ですね――そういうものはすべて宗教体験を母体として生まれたものだと言っています。絶対他者、大きな命、セルフ、そういうものの体験は人間を違うようにしてしまいます。ユングの分析心理学は、そういうヌミノーズム体験が基本になっていると考えていただいていいわけです。ですから、個性化とひとくちで申しましても、そのような体験が基盤になっていくわけです。

「個性化」という言葉を、ユングは説明しまして、英語で“becoming to self”（セルフになる）、ドイツ語で“zum Selbst werden”と述べています。しかしじつはもう一つ違う言葉、英訳で“self-realization”とも言います。これはドイツ語の方がいいのですが、“Selbstverwirklichung”（セルフの自己実現の働き）という言葉を使って、ユングは個性化を説明しています。私はこの言葉を使っていろいろな論文を日本語でも書いていますが、セルフがそれ自身を表していく、自我の世界を通じて実現していこうという働きです。これは働きなんです。動態にあるものです。ユングは、このセルフの自己実現の働きが、心的現象論として観察されると言っているわけです。ですから個性化にはそういう二つの面がある、二つの違う言葉で置き換えてもいいという表現をユングはしております。言い換えれば、真実の自己になる過程《プロセス》ということと、真実の自己が自己実現の働きをしている、と言ってもいいと思います。

セルフ、真実の自己は、自己実現の働きを絶えずやっているということ、これがじつは道教の「機」という考えに当たると思うのです。「機」はいつも天地いっぱいに働いているわけです。大きな世界が自我の世界を通して働いているというのは、実感として宗教人はもっていると思います。神様にお祈りいたしますね。そうしますと神様の世界に接触していくわけですから、神の働きが実感として、体験としての神様が祈りを通して味得されると思うのです。あるいは念仏や座禅をしていますと、意識が違うように変容していく。二十分、三十分とやっていますと、ふつうの自我意識の世界が括弧の中に入ってしまいます。坐るということにも工夫が加わってきます。意識を集中しまして、ひと息ひと息大切にやっていくわけです。そのときに念仏を言ってもいいし、あるいは数を数えてもいいわけです。意識を集中することを続けることによって、自分の心の空間がずっと深く広くなっていくわけです。神様にお祈りするのもそうだと思います。とにかく自我が違ったように機能いたします。そして深層の命《いのち》と言いますか、セルフと言いますか、神・仏の働き、絶えざるセルフの自己実現の働きにふれて、新しく生まれ変わるということが可能になるわけです。

心的現象論に立ちますと、そういう観察が可能になります。祈りとか念仏、あるいは座禅、そういう一見無関係な別個の宗教的な実践・行持《ぎょうじ》[*7]が、心的現象論的立場より、意識と無意識、自我とセルフ、という二つの心的働きの関係としてとらえられていくわけです。ですから宗教的修行ということも、自我、セルフ、真実の自己、神、仏の働きにふれて、これがヌミノーズムの体験ですが、それを機縁としてセルフの世界に新しく生まれ変わっていく、ということを目的としていると考えられるわけです。

## 第3節　セルフの働きと陰・陽・道の働き

私はこの頃、そういう自我の働き、セルフにふれた、大きな命にふれた自我の働き、それは女性的な働きと言えるのではないか、と考えております。ただ、女性的という言葉を使うことは、私は問題があるのではないか、むしろ中国の「陰」という言葉を使う方がよいのではないかと思います。英語で言いますと、"Ying-functioning of the Ego" と、非常に聞こえがいいようです。私が教育分析を受けました、チューリッヒのマイヤー先生(C.A.Meier) が八十歳になられまして、そのお祝いの論文[*8]にそのような趣旨のことを書きましたら、大変喜ばれました。[6] そのとき、東洋のことを研究していてよかったと、今さらのように思いました。

ユングは道教の影響を受けていると言いましたが、『金華宗旨』の注釈を読まれた方は覚えておられると思いますが、この自我の陰の働きは、道教で言うと無為ということになると思います。「無」という字と「為す」という字を書きます。為すこと無しですから、何もしない。これは、自我の立場からちょっかいを出さないということです。大きな生命の働き、セルフの働きに任せるということです。ちょっかいを出すことは「為」ですね。これは、ラショナリズム（rationalism＝合理主義）とか、ドグマティズム（dogmatism＝独断主義）の立場です。浅い自我の立場からする、自分の人生に対する皮相《ひそう》な考え方と解釈してもらってもいいと思うのですが、そういう自我のあり方に対して、ユングは非常に批判的です。それと対比させまして、無為という世界を高く評価しています。無為の訳ですが、これはドイツ語でも一緒だと思いますが、英語では“Let it happen in the psyche.”という言葉をユングは使います。無為というのはわずか二字ですが、英語で言い直しますと、そういう長い言葉になっております。つまり、「心の中にそれをして起こらしめる」。

西洋人というのは、なかなかそういうことができない。自我が非常に男性的に機能しているわけです。陰陽で言うと陽です。“Yang-functioning of the Ego”です。西洋人の自我は二元的にものを裁断し、明暗・善悪といった判断が非常に鮮明なんです。ですから、河合隼雄先生は、西洋人の自我を日本にもってきてもだめではないかという危惧を感じておられますね。私もそうではないかと思います。西洋の自我の働きの原型的パターンは、やはり私は、旧約聖書の一番初めの創世記にあると思うのです。“Let there be light.”「光あれ」と神は言いますね。こうして光と暗闇が分かれて、そして宇宙の創造が六日間続いていくわけでしょう。神は、自分の造ったものに満足される。象徴的に言いますと、光は人間の自我意識の働きです。光はものを明白に区別しますから、「光あれ」ということは、はっきりと見よということになります。そういう自我意識の働きが“Yang”陽とか、“masculine”男性的と形容されると考えるわけです。

ところが、自我の陰の働き、女性的な働きというのは、ちょうど月の光でものを見るような意識の働きと言えます。何もかも入り組んで、ニュアンスが豊富で、そしてはっきりしない、けれども情緒的には非常に豊かである。つまり男性的な陽の意識ははっきりと物事を裁断しますが、女性的な陰の意識は、すべてを関連において見ようとします。何よりも、現実をまず受け入れる方向へと働きます。そういうものが陰です。日本では知りませんが、アメリカでは平和運動をしている人に女性が多いということです。つまり、戦争を起こして勝ち負けを判然とするのではなく、お互いが仲よく生きていく道をいこうとするのが、意識の陰。女性的働きと申せると思います。環境汚染に対する反対運動も、たいてい家庭の主婦が主になっているようです。

卑近な話ですが、私が住んでいますモンテベロ（Montebello＝ロサンゼルス市の中心より約五マイル東）という所は、幸か不幸かゴミ捨場が近いんです。変な所に住んでるなあと思われるかもしれませんが、じつは閉鎖になるという約束で新築の家を買ったのです。ところが、それがなかなか閉鎖にならない。それどころか、二年くらい前までは、風向き次第ではもう臭くて大変だったんです。法律の目をごまかしてゴミを取り扱っている会社が言うことをきかないわけです。一時は、空気は汚いし、水は飲むと三十年後に癌《がん》になると言うんですね。ですから、環境汚染反対の運動があって署名を求められましたが、そのとき文句を言ったのは女性が主でした。

日本でも最近、アメリカ同様、家族の形態がどんどん変わってきているのではないですか。先日テレビを見ていたら「主夫物語」[*9]というのがありまして、あの夫婦のやりとりを注意して聞いていたら、ものすごく問題を感じました。男を侮辱したり、あるいは女を侮辱したようなやりとりになっている。ご主人が料理ひとつできない男になっていますが、そんな男がどこにいるのかと思いますね。奥さんが留守の間に、隣の奥さんがご主人に何か持ってきたと、汚い言葉を使ってご主人とやりあっているわけでしょう。あれは女性を侮辱しています。どうしてテレビを見ている女性が、あんな下品な言動に対して文句を言わないのかわかりませんが、とにかくああいう誇張した形で見せている。

何か理由があるのではないか。問題は、あのような夫婦のイメージです。私はイメージが心配です。テレビがつくりだすイメージは非常に大きな影響がありますから。昔は、女性は良妻賢母ということで、理想的なイメージが固定していましたね。今日では、もし仕事をしている奥さん方が、良妻賢母でならなければいけないと思って、仕事を家庭と両立させようと思ったら、絶対ノイローゼになってしまいます。ですから、社会の変化とともに、以前とは違う家庭のあり方が求められているのではないでしょうか。家庭の危機などと言いますが、危機でも何でもないわけで、家族が過渡期にあるのではないかと私は考えています。新しいものを求めていく暗中模索の努力が、あのような夫婦の間の危機感として表現されているのではないか、と思います。ともかく、あの「主夫物語」に出ている陰と陽・奥さんとご主人のやりとりは誇張されており、またちょっと歪められたものではないかという気がします。陰と陽のそういう自我の働きがあるということを、じつは表現しようとしているのではないかと思うわけです。つまり、ご主人が女性的な陰のあり方を、そして奥さんが男性的な陽のあり方をしているということは、男性的にあるいは女性的に働く自我とは、どのようなものを言うのか、これからもっと考えてみる必要があると思います。

　そういうわけで、男性的に機能している西洋の自我のあり方だけが、自我の機能のあり方ではない、自我の女性的な働きもまた必要である。先に申しました、マイヤーさんの八十歳のお祝いの論文に、じつはそういうことを書いたわけです。

　ユングが言っていますね。一九五四年にチューリッヒのユングクラブで、原子爆弾そして核戦争の話が出て、ユングが意見を求められた。どうすれば核戦争が避けられるのか、と。それに対してユングは次のように言っています。自分の中にある心的緊張、それに耐えることができるような個人が数多く出なければ、核戦争は避けられない、と。[7] 耐え難い心的緊張に耐えるということ、これは女性的自我のひとつのあり方だと思います。これをしたい、あれをしたいという願いが心的緊張をつくります。そのために非常に摩擦を生じるでしょう。それから、自分がやりたいと思っていることができないと、みんなイライラしますね。また自分が何かやって失敗して人に迷惑をかけたら、これもまた大変でしょう。自分の心の中の矛盾、シャドウに気がつきます。心的緊張とは、そのような心の生活の深さと豊かさを表すと思うのです。そういう自分の中のなんとも言えない、自分であって自分でない、自分が自分の敵である、自分が自分の重荷になる。そういう耐えきれない自分、どうしようもない自分、そのような自分に耐えられる人、その人の自我は陰・女性的に機能していると申せます。そのような個人が増えてこないと戦争は避けられないのではないか、とユングは言うのです。

このことは、さっきのヌミノーズム（神的なもの）の体験について申しました「矛盾の一致」コーインシデンシア・オポジトルムについても申せます。自分の存在を無にするもの、それが同時に自分の生命を開花せしむるというように、矛盾しているものが一緒に同時に起こって動いている。そういう心の現実に対して自我がはっきりとそのことを自覚していないと、心的緊張はないのと同じです。さらに自我がはっきりと機能していて危機にあることを自覚し、しかもその危機感からくる緊張感に耐えることができないとだめなわけです。そういう自我の強さが必要なのです。と同時に、そういう危機感・緊張感があると、心の中はいろいろな気持ちや考えが働き、ああだこうだとか、ああでもないこうでもないというわけですから、都合のいいものだけではないわけです。そのような耐え難い心的緊張に耐えることによって、創造的な解決の糸口が摑めることにもなるわけです。ユングは、そういう個人が増えなければだめだ、というわけです。例えば皆さんがアメリカの大統領になる、ロシアの指導者になって、もうしかたがない戦争だというときに、ボタンを押したら世界は終わりなわけです。その耐え難い緊張に耐えることができる自我の強さ、それは先刻も申しましたように、女性的に働く自我のあり方のみを強調しているようですが、そうではなく、陽の働き・男性的な自我の働きも当然みられるわけで、両方働いていますね。どちらと決めるわけにはいきません。

そこで、女性的な自我の機能を話しますと、いつも思うのですが、易の太極・陰陽という考え方を思い出します。ご存じかと思います。アメリカですと「クン・フー」（Kung Fu）というテレビ映画が流行っていて、学生た

図1-1　陰陽太極図

ちはだいたい見ていますから、その画面に紹介されている図1-1の陰陽の絵を知っています。これは円を陰と陽という二つの部分に分けているのですが、直線的に分けているのではなく、両方が相補って働いている、そういう陰と陽の世界を表しているわけです。陰と陽の世界が一緒に働かなければ全体の働きがない。つまり、全体の働きは陰陽の働きに外ならない。全体の働きは、調和を保つ働き、そしてそれが道の働きである。それで易経には「一陰一陽これ道と謂う」[8]とあります。陰陽の働きにみられる自我の働きが一方的になると、バランスが崩れます。そうかと言って、自我の働きばかりで、道・セルフの働きに全然耳を傾けないというと、これもルーツのない意識生活になってくるわけです。男性的自我の働き・陽の働き、それも大事ですが、それを支えている大きな命にふれてそれを喜び、それを活かそうとして工夫努力しているような、それが自我の陰の働き・女性的な働きと考えられるかと思います。そのような生き方が宗教人の生き方ではないかと思うのです。ユングの言っている心的緊張に耐えられる人というのも、そういう具合に考えていけばどうでしょうか。私はなにもユングが宗教的であると言っているのではないのですが、そういうような言葉を使うと、当然宗教的になっていく可能性があります。

それに関連しまして、なぜ「大きな命」というような言葉を使うかといいますと、二つ三つユングの逸話やコウテイションを思い浮かべるからなのです。まずコウテイションですが、ユングは、意識と無意識の中心でありその全体がセルフであると考えており、ですからセルフが非常に大事なわけですが、そのような意識と無意識の関係を小さな円と大きな円に例えて説明しております。小さな円は自我、大きな円は無意識、セルフは小さな円と大きな円の両方を含めたその全体であるとともに中心でもあるとしているわけです。自我はその小さな円の中心ですから、セルフに比べて非常に弱いものと言いますか、そんなに強いものではない。論理的には、セルフに絶えず影響を受けて変わっていくもの、変わってしかるべきものだと考えているわけです。しかし生活していくうえではそうそう変われません。変わったのでは生活できませんから。そういう説明をしまして、無意識を海に例えているのです。その海も絶えず新しく自らの命を更新して止まない働き、無限の宝の蔵としての無意識というわけです。この無意識という無限の宝庫、絶えず命を新たにして働いている、そういう無意識の働きに自我がふれることによって自我の命も新たにされ、深く広いものになるのである、というようにユングは考えています。[9]

以上はユングの説ですが、彼が人間としてそのようなことを感じていたという例を二つばかり申しますと、一つは、ユングのキュスナハトの自宅の入り口にラテン語で書いてある文がありまして、それは「呼ぼうが呼ばれまいが、神は現にまします」という言葉です。ユングは八十歳の誕生日を二日後にひかえて、ＢＢＣのブラック(Stephen Black) のインタヴューを受けます。そのインタヴューの冒頭でブラックは、どうしてこの言葉を入り口に置いているのかと聞いております。それに対してユングは、“the presence of superior possibilities” という言葉を使って、自分は現にここに働いている「より優れた可能性」の中に自分の身を置いているという不安に、絶えずおののいている、という意味のことを述べているのです。[10] 無意識の宝庫に包まれているということは、ヌミノーズムの世界、「気」の世界にふれ、そういう世界がもたらす「より優れた可能性」におののいているということである、と申してもいいと思うのです。

いま一つは、皆さん方もご承知だと思いますが、先ほど話したユング・クラブに話が戻るのですが、一九二八年に、リヒャルト・ヴィルヘルム (Richard Wilhelm) が『金華宗旨』を訳してユングに注釈を求めますね。おそらくその頃のことと思いますが、そのヴィルヘルムがチューリッヒに来まして、ユング・クラブの人たちに話をするんです。そのときにレイン・メーカー(the rain-maker of Kiao-chau) という話をするのです。今日はちょうど雨が降っていますからその話を思い出したと思うのですが、ヴィルヘルムが中国にいたときに体験した話なんです。

彼が住んでいた土地が早魅で雨が欲しい。お百姓さんはみんな困っているわけです。雨が降るようにいろいろお祈りをするんです。中国人の人たちはもちろん、キリスト教の人たち、カトリックもプロテスタントも協力してお祈りをするんですが、全然効き目がない。とうとう最後の手段として、レイン・メーカー〈降雨者〉を他の土地から招待するんです。さて、そのレイン・メーカーが着いて、見てみると、それはひからびた老人（a dried up old man）であったわけです。彼は着くなり、自分が泊まる小屋を要求するんです。そしてその小屋の中へ入りまして、三日の間出てこないんです。そして四日目になると、一天かき曇り雪の嵐が降り出す。真夏ですので季節的に雪が降ることは考えられない。もちろん街中、このレイン・メーカーの噂でいっぱいです。それで、ヴィルヘルムは彼に会いに行くんです。そして「人々はあなたをレイン・メーカーというが、いったいどのようにして雪を降らせたのか」と聞きます。そうしますとレイン・メーカーは、そんなことは自分の責任ではないと言うんです。雪を降らしたなど、そんなこと私の関したことではございません、と。そこでヴィルヘルムは「三日間何をしていたのですか」と聞きます。すると老人は「そのことならこういうことです。じつはここへ着いたとき、私はこの土地が調和の状態になく、自分自身もまた道《タオ》の外にあるということを覚えた。そして道《タオ》との調和においてある自分を取り戻すのに三日間かかった。雨は自然に降ったのです」というわけです。

この話を聞きまして、ユングが深い共感を覚えたということが、バーバラ・ハナー（Barbara Hannah）さんのユングの伝記に書かれています。ハナーさんのユング伝[*10]はすでに日本語になっていると思います。それでバーバラ・ハナーさんが言うには、自分はユングから、講義をするときには必ずこのレイン・メーカーの話をするように忠告を受けた、と書いておられます。[11] レイン・メーカーの話は『結合の神秘』に載っています。[12]

それは「道」ということを中心にしてセルフの話をしている部分ですが、賢人は瞑想によって道の外にある自分を、道との調和において取り戻すということに関連して、脚注に紹介されています。セルフは意識と無意識の全体であるとともに中心であるという考えを、ユングはもっていたわけですから、ちょうど中国思想の天・地・人すべてを貫く「道」という考えも、ユングのセルフと同じような考えに属するわけです。内にある道、そして外にある道、それが一つのものとして相呼応しているわけです。そうユングは言いたかったのだと私は思っています。

東洋の思想は心の世界を非常に大事にします。内面性と言いますか、内の世界です。西洋の方は外的世界。ユングは、内向的（introvert）という言葉でこのことを指摘していますし、そう考えていいのではないかと思います。レイン・メーカーは自分が道との調和においてないということ、自分のそういう道との違和感というものを機敏に感じていて、それを瞑想によって、自分の違和感を調整していた。そして調和が内の世界にもたらされたときに、外の世界にも調和がもたらされた。これは「道」が内をも外をも通じて働いている、というイメージになるかと思います。ですからユングの言うセルフも、そういう具合に、内外ともに貫いている現実、現に働いている事実（Wirklichkeit）ではないかと思います。先ほど言いました、セルフが自らを実現している働きですね。そのセルフの働きが、内にも外にも満ち満ちているのではないかということです。

道教の「機」の働きというのにも、このことは通じると申せます。しゃべっているうちに元の「機」の話に戻ってきましたですね。まとめてみますと、ユング心理学よりすれば、心的現象としての宗教は、自我が、神・セルフのもつヌミノーズムの体験によって、その意識内容・意識のあり方が変容してゆく、ということを注意深く、綿密に観察する、というわけです。しかしユングの、セルフの「自己実現の働き」という考え方は、「陰・陽・道」という易の考え方に通じるものがあり、したがって宗教体験にあっては、自我は、セルフ・道の「自己実現の働き」にふれて、陰・女性的に機能している、ということが心的現象として言えるのではないかと思います。つまり、宗教体験における自我の女性的機能ということを、皆さん方とじつはもっと考えてみたかったわけです。よりよく生きるために、ああしたい、こうしたいといろいろと積極的に、男性的にやるのも結構ですが、一歩下がりまして、自分の内の世界を大切にしていく。レイン・メーカーの話ではありませんが、自分に合ったことがどこかにあるはずです。

私はこういうことを言うのは恥ずかしいですが、子どもの頃は人前に出るのが嫌いでした。今皆さん何人おられるか知りませんが、三人もいたら真っ赤になって話なんかようしなかったです。だからどこでどうなっていくか、人間なんてわかりませんね。自分の納得したようなことをしておりますので、こういうふうにしゃべれるようになるのかもしれませんね。その上英語で教えているというのもおかしなもので、母がよく「おまえ仏教なんどなんぼ勉強してもつまらんぞ」と言いまして、「わかったことを人様にお分けしない人間なんて、いったいどないなっているんや」と言われましたが、今頃生きていたらびっくりするかもしれませんね。「なんでそんなようしゃべるんね、ちょっと黙っとれ」というかもしれんですな（笑）。

内に聴くということ、これは自我の陰の働きと言えると思います。そして自分が納得して自分の胸に落ち着くと、あくせくと競争する生き方とは違った生活ができてくるのではないか。自分に聴く陰の態度、ちょっと消極的に聞こえるでしょうが、陰と陽とは離せません。ともにセルフの働きですから。じつはこのようなことを申しますのも、私自身、次のような経験をしたからです。私は今でも不思議に思っているのですが、チューリッヒから アメリカの大学宛に就職の手紙を出したのです。それも一本だけ書いてＯＫになってしまったのです。その頃友達に聞いたら、百本書いて一本もだめだったという人もいます。私の場合は、夢を通じてこの就職の手紙を一本出したのです。夢に聴くということは、内に聴くということになると思います。

どんな夢かと言いますと、誰かに食事に招待されるんです。それでその部屋に入ると白い絨毯が敷きつめられていて、大変清い感じなんです。その部屋は広々していまして、真ん中にそれはきれいな丸い机があり、その上に百味の飲食《おんじき》と言いますか、御馳走がいっぱい並んでいる。素晴らしいんです。感無量で、私はその部屋の神々しさにうたれて、息をのんで立ちすくんでいました。ああ、これはエンブロッシャー（ambrosia）とかネクター（nectar）とかいう神の食物だ、と。ひょっと上を見ますと、天井がピカピカに磨いてあって輝いております。そして、美しいテーブルの上の神々しい食物がそこに映っているんです。それで誰が招待してくれたのかというと、どうもルードルフ博士（Richard Rudolph）らしいのです。当時、ＵＣＬＡの東洋言語学部の教授をしておられました。今想い出しても、この夢のヌミノーズムがひしひしと感ぜられます。

現実には、その頃二番目の子も生まれていましたし、そろそろ職も探さなければいけないし、どこかに職がないかなあと思っていたときなのですが、この夢をみてから二、三日してひょっと気がついたんです。そうだ、ルードルフ博士にひとつ手紙を書こう、と。それで、胸をわくわくさせながら手紙を書いたのです。その返事が来まして、サンタ・バーバラに“Institute of Religion”という研究所ができているから、一度そこへ仕事のことを聞いてみたら、ということなんです。早速そのようにいたしますと、折り返し返事が来ました。サンタ・バーバラのカルフォルニア大学の宗教学の主任教授からの手紙です。あなたの手紙は研究所から私に送られてきたという書き出しで、私の履歴書を送ってくれというのですぐに送ったんです。どうなるかわかりません。“slightest possibility”つまりかすかな可能性があると書いてあったので、まあどうなるかわからないと思って、もう一年チューリッヒで神学を勉強しようかと思っていました。

じつは一九六七年、ユング研究所のディプロマを得たあと、スイス東洋ミッションが、神学を勉強するのなら奨学金を出すということで、チューリッヒ大学の神学部へ聴講に行っていました。そのおかげで神学部の先生とか、また牧師さん方とも親しくなっておりました。そうしましたら、履歴書を送ったのが三月頃で、五月に突然電話がかかってきたんです。その頃、アメリカからの長距離電話と言っただけで身震いがするほど緊張しまして、何を聞かれでも「イエス、イエス」ばかり。向こうはさぞ頼りなかったと思います。アメリカへ来られるか、とか、来る気があるか、とか、給料なんかも言ってくれたのですが、さっぱり覚えていないんです。ただ覚えているのは七月から給料が出るから銀行に払い込むということだけです。それでも教えるのは九月の末からで、私は九月中旬には道教の学会があってイタリアのコモ（Como）へ行くことになっていましたから、本当に教えることになるのかなと、そのときはまだ半信半疑でした。そうすると銀行から払い込みが来たという通知がきまして、ああこれはいよいよ本当だと、そういうことです。

内の世界に聴くといっても、内と外の世界に働いている道・セルフに聴くのです。「聴く」ということ、それは自我の女性的機能と申せます。それが「天機を盗む」ということだと思います。けれども私の場合、夢の中で夢に聴くと言いますか、ちょうどレイン・メーカーがやったように、瞑想によって、道と調和して働いている自分を取り戻したことに通じるかと思います。なんとも言えない素晴らしい、今でも思っただけで身震いするようなヌミノーズムを体験いたしました。今日このような機会をいただきましてこういう話をしているのも、どこかで何か、機と言いますか、天地の働きと言いますか、道の働きと言いますか、セルフの働きと言いますか、そういうものが働いていて、そしてこの機縁に恵まれたのではないかと思います。

私の話で何かお役に立つことがあれば嬉しいですし、舌足らずのところもたくさんございましたことと思います。勝手にいろいろしゃべりましたが、どうぞ皆様方、よりよく生きるというようなテーマは、皆さんがご自身で考え、探究していくべきことであるかと思うのでございます。

長時間にわたりまして、ご清聴幾重にもお礼申し上げます。どうもありがとうございました。

原注

1　The Secret of the Golden Flower. Translated and explained by Richard Wilhelm with a Foreword and Commentary by C.G. Jung. (London. 1931) Rev.ed., 1962. 湯浅泰雄・定方昭夫訳『黄金の華の秘密』、人文書院、一九八〇年。

2　Miyuki, Mokusen. Kreisen des Lichtes Die Erfahrung der Goldenen Blute. Weiheim/OBB. 1972 (German translation by E.Freivogel-Steffen of my diploma thesis, The Secret of the Golden Flower, Studies and Translation. 1967.)

3　目幸黙僊「ブッダの教えと現代アメリカ文化」、『現代思想』一九七七年十二月号、二〇〇－二〇六頁。

4　Rudolf Otto, Das Heilige. (Breslau, 1917 ; new ed., Munich, 1947). (The Idea of the Holy, London, 1923, rev.ed., 1929). ルドルフ・

オットー、山谷省吾訳『聖なるもの』、岩波文庫、一九六八年。

5 C. G. Jung, "Psychology and Religion." Psychology and Religion: West and East. Collected Works（以下 CW.）vol.11. (New York). pp.5-8.

6 Miyuki, Mokusen, "The Arts of Hun Tun." C. A. Meier, et al. A Testament to the Wilderness.（Zurich, Santa Monica. 1985).「混沌氏の術」（本書所収）。

7 Barbara Hannah, Jung: His Life and Work.（New York. 1976), p.129.

8 繋辞上傳、本田済『易』（下）中国古典選二、朝日新聞社、一九七八年、二七一－二七二頁。

9 C. G. Jung, "Psychology of Transference." The Practice of Psychotherapy. CW. vol.16, par. 366. 邦訳は、林道義他訳『転移の心理学』、みすず書房、一九九四年。また、本書所収の「個性化」について、五八頁以下参照。

10 C. G. Jung Speaking: Interviews and Encounters. Edited by William McGuire and R.F.C. Hull.（Princeton. 1977), p.258.

11 Barbara Hannah, Jung: His Life and Work.（New York. 1967), pp.127-128.

12 C. G. Jung, Mysterium Coniunctionis. CW. vol.14, pp.419-420. 池田紘一訳『結合の神秘』、人文書院、一九九五年。

編者注

1 ディプロマ：Diploma。一般には卒業証書、学位授与書。ここではユング派分析家としての資格。

2 道蔵：道教の大蔵経（一切経）。

3 マハリシ：マハリシ・マヘーシュ・ヨーギー（Maharishi Mahesh Yogi, 1918-2008）。インド生まれの宗教家。最初、物理学を専攻したが、のちヨガを修行し、一九五五年、トランセンデンタル・メディテーション（Transcendental Meditation　略してＴＭ、超越瞑想）と名付けた瞑想法を開発し、普及活動を始めた。一九六〇年代はアメリカを中心に活動し、最初はいわゆるヒッピーと呼ばれる若者たちを中心に人気を集め、次第に広く一般の人々によっても実践されるようになった。またＴＭは、瞑想についての科学的研究に影響を与えた。

4 カウンター・カルチャー・ムーブメント：対抗文化運動。社会において主流となった文化に対抗する文化の創造を目的とする運動。一九六〇年代後半から七〇年代前半においてよく使われた言葉。ヒッピー運動やロック音楽などが含まれる。

5 ハレ・クリシュナ・ミッション：正式にはクリシュナ意識国際協会。インド人宗教家Ａ・Ｃ・バクティヴェーダンタ・スワミ・プラブパーダが創立した宗教団体。クリシュナを主神とし、『バガヴァッド・ギーター』その他のヴェーダ経典を学ぶ。

6　チャレンジャー号の打ち上げ失敗：一九八六年一月二十八日、アメリカ合衆国のスペースシャトル、チャレンジャー号が打ち上げ直後に分解し、七名の乗組員が犠牲となった事故。宇宙から授業をするため女性教師クリスタ・マコーリフが乗り組んでおり、一般の関心が高く、子どもたちをはじめ、多くの人々がTVの生中継でこの事故を目撃し、全米に大きな衝撃を与えた。また乗組員には日系のエリソン・オニヅカ空軍大佐が含まれていた。

7　行持：仏道の修行を怠らずに行うこと。

8　お祝いの論文：本書所収「混沌氏の術」参照。

9　主夫物語：一九八六年六月から七月にかけてNHKで放送されたドラマ。渡瀬恒彦、佐藤オリエ主演。喧嘩して会社を辞めてしまった夫に代わり妻が外で働くというストーリィ。

10　バーバラ・ハナーのユング伝：後藤佳珠、鳥山平三訳『評伝ユング　その生涯と業績』(二巻)、人文書院、一九八七年。

# 第2章 「個性化」について

## 序

"Individuation" ということにつきましては、皆様のお一人お一人が、自分なりの体験をもとにして理解し、納得し、味得することが大切だと思います。やはり自分で納得し味得しなければどうしようもないのでありまして、その意味で私もいろいろと苦労してきましたし、また今でも苦労している課題です。それで一応今の時点におきまして、こういう具合に考えてみたらどうかということを、ご参考までに皆様方にお話ししたいと思います。

"Individuation" と言いますと、ふつう「個性化」という非常に難しい言葉に訳されていて、これが日本語として適当かどうか、私自身疑問に思っております。その他にもっと気になるのは「自我」という言葉です。これがはたして、一般の日本人が聞いて理解できるのかどうか。ドイツ語だと "Ich" ですが、英語ではラテン語をつかって "ego" と申しております。ドイツ語でユングの本を読まれますと、フロイトの本もそうですが、英語で読むのとはずいぶん違った印象を受けられるのではないかと思います。外国で生活していますと、言葉というのはその民族の魂、あるいは世界観を表しているということを感じます。例えば "Ich" は、日本語で考えてみますと「私」ということですね。しかしこの「私」という言葉は学問の分野では使われませんから「自我」というような言葉になったのかと思います。私はこの頃自我の代わりに——代わりというとおかしいですが、それと違う言葉、例えばふつうわれわれが使っている「自分」というような言葉を、「自我」を考えるとき、もっと考慮したらどうかと思っています。「自分」と言いますと「分《ぶん》」ですから、全体があってその一部分ということになってまいります。日本語の場合はなぜそういう表現になるのか、このように「自我」を「自分」と考える方が胸に落ち着くのではないか。皆さんもこのようなことを考えてみられると、日本人の心理を考える場合、とても参考になるのではないかと思います。

「分」という考え、日本でそんなことを言うと、封建的だと言われるのではないでしょうか。今はどうか知りませんが、私が学生のときは、一九五〇年前後ですが、そうだったですね。当時「分」なんて言いますと、封建主義的だと進歩派の人から一言で片づけられました。けれども今なら、ひょっとしたらいいかもしれませんね。日本人は、その場その場においてものを考える。河合隼雄先生の日本人の自我の中空構造論[1]では、場のバランスとか、調和とかが大事な考え方の根底にあると思うのですが、そうしますと「分」という言葉は、全体あっての分であるということになり、固定したものではありません。このようなことを、今日は、皆さん方と一緒に、私自身考えてみたい。そういうことを念頭に置いていただきまして、個性化の問題を考えてみたいと思います。以下四つ、個性化を考えるうえで大切だと思われるユングの言葉を中心にして、自我の機能に焦点をあて、東洋古来の陰・陽・道の考え方と関係させながら、話させていただきます。

## 第1節　意識と無意識との関係

［1］Consciousness, no matter how extensive it may be, must always remain the smaller circle within the greater circle of the unconscious, an island surrounded by the sea; and like the sea itself, the unconscious yields an endless and self-replenishing abundance of living creatures, a wealth beyond our fathoming.[2]

意識は、それがたとえどんなに広大なものであっても、つねに無意識という大きな円の中の小さな円たるにとどまる。つまりそれは（無意識という）海に囲まれた一つの島なのである。そして海と同じように、無意識は、それ自らを絶えず新たに補充してやまない、無数の豊富な生命を産むものであり、われわれがその底を測ることのできない（無限の）宝庫なのである。

ユングの言っている意識・無意識の考え方は、一つの絵になります。［1］の文章の意味を私なりに消化して申してみますと、意識はどんなに広がったものであっても、つねに無意識という大きな円の中にある小さな円にとどまる、というわけです。その次に言い換えて、意識は、無意識という海に囲まれた島のようなものである。そして海自身が生命の無限の宝庫であるように、無意識は無限にそれ自身を絶えず新たに創造してやまない、そういう豊かな生命力に満ちたものである。無意識の創造性は、われわれが想像する以上にきわめて豊富なものである、そういうことです。

この引用文でユングが述べている意識と無意識の関係を考えるために、一つ円を描いていただきまして、その円を二つに分けていただきたいのです。英語で「分ける」"divide"と言いますと、この英語は男性的なもの、ものごとを二つに裁断《さいだん》する意識を表現しています。これをもし女性的意識で言い表すとしたらどうなるか、ということを問題として考えてみたいのです。先日も学生相手にそういうことを議論しておりました。つまり円を二つの部分に分けるなんて、これはたやすいわけでしょう。ところがそれはどこまでも二元的男性的思惟から見た場合のことと考えられると思うのです。事実二つに分けてみろと言うと、たいがいの学生は図2-1のように分けたりするわけですね。ちょっと変わった人になると図2-2のようにやります。しかし「この円は二つになりますか？」という表現をしますと、少し違うようにやってくれます。

ところで、このような表現は英語にはありません。誰かが円を二つにしなければ、二つにならないからです。

それでまず学生にそのことを告げて、注意して聞くようにと言って、“Let the circle become two parts.”「円をして二つの部分にならしめよ」と言うわけです。しかし、これは英語の表現としては不明瞭で、いったい誰が円をして二つの部分にならしめるのか、ということになります。それで言い換えて、“Can you imagine the circle in two parts?”「あなたは円に二つの部分があると想像することができるか」さらに、“Draw what you have imagined on the paper.”「今あなたが想像したことを紙の上に描け」と言うわけです。

こうして、学生たちが描いてくれた図の例を言いますと、図2-3のような具合に分けた学生もいました。ちょっと考えられない。それから図2-4のように分けた人もいます。分けるというのとちょっと感じが違うでしょう。つまり、英語には必ず主語の“you”が入ってきますから「二つにする」わけで、それを「二つになりますか?」と言うと、“you”を抜きにして言っているわけです。そのときに図2-3や図2-4の絵が出てきたのですが、これは面白いと思いました。こういう分け方が、私は女性的意識によるものではないかと思います。その理由は、はっきりと二分すると、二つの部分はお互いに無関係となって独立し、対立的なイメージがありますが、このような分け方をすると、二つの部分はお互いに関係し合って、相補的なイメージがあると思うからです。そして、ユングの言っている意識と無意識の関係につながっていくのではないかと思っています。つまり、図2-4の絵ですが、中の小さな円は意識、外の大きな円は無意識と考えますと、先のユングの引用文を表した図になるかと思います。

円についてどういうイメージがあるかと言うと、“integrity, perfection, completeness” 統合性・完全性・完結性、そういうイメージが円についてあると言えます。それから、円というのは無限を表していますし、どの一点をとっても、それが同時に始点になり終点であるわけです。このことを、絶えず円環運動をしていると考えてもいいし、また無始・無終と言ってもよいと思います。この「始め」「終わり」ということですが、日本語では終始一貫《しゅうしいっかん》など、終始《しゅうし》と言います。終わりが先にきまして、始まりが後になる。かつて、「ロサンゼルス・タイムス」にそういう議論がありまして、日本人は、例えば左右と言いますね。アメリカ人はライト・アンド・レフト“right and left”。英語は、サン・アンド・ムーン“sun and moon”で、日本語では月日。だから日本語のペア、一対のものを言うときは、まず逆に言うものと思えというわけです。

これは冗談のようですが、考えてみると面白いです。つまり、日本語では意識―無意識と言う場合、無意識―意識と言ってもよいのではないのか、場という考え方はそのように言えないかと、このように考えてみるとて

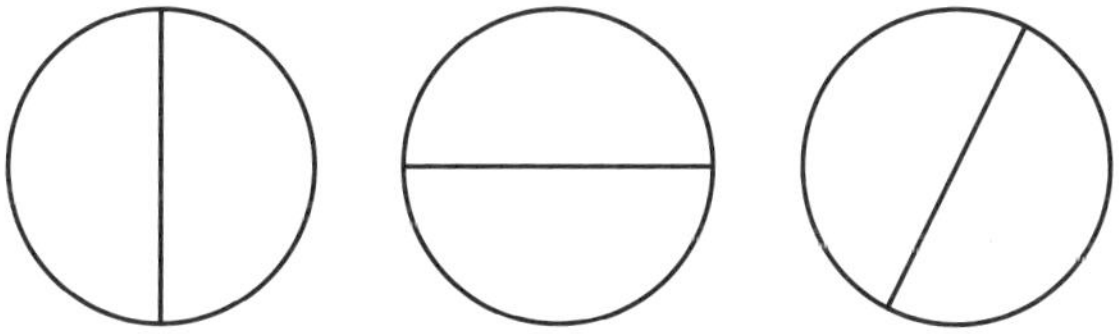

図2-1　アメリカ人学生による円の分割例（1）

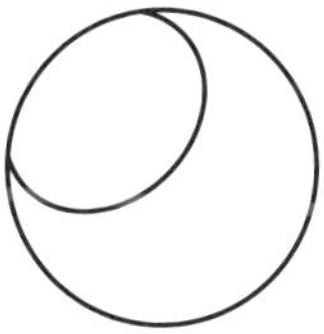

図2-2　同（2）

図2-3　同（3）

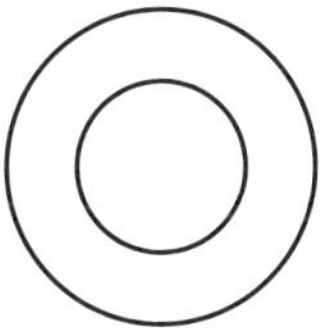

図2-4　同（4）

も面白いのです。じつは、私はアメリカに一九五四年に来ました。それから三十年以上経ちますが、このような違いはしょっちゅう、いやというほど身につまされて感じてきているんです。この頃は三十年も経てば生まれた子どもも三十歳になって一人前になるというわけで、私も相当図々しくなりましたが、初めはやはり文化差が相当あってショッキングでしたね。

このことを二つの円のイメージで言うと、場・無意識の中に意識があるとするのは、場ということを重んずる日本人の考え方で、それに対して、意識・自我意識の中に無意識があるとするのが、西欧人の考え方と言えるのではないかと思います。つまり大きな円は、日本では場・無意識を表しますが、西欧ではそれは自我を表すと思われているのではないか、と考えられます。どちらが大きな円であってもよさそうです。事実、円が永遠のもの、無限のもの、あるいは完全なものを象徴的に表すとしますと、円の大きさが違っても円は円で、したがって価値的には同一ということになっていきますから。

ご承知のように、西洋の文化は自我というものを大事にします。自我は意識の中心とされていますから、意識の領域が絶えず変わっていても、中心として、一貫性とアイデンティティを担っているものと考えられているわけですね。経験的人格、責任主体としての意識的人格、その中心としての自我、そういう意味で自我という言葉を使っているわけです。ですから何か悪いことをすると、それは行為の責任主体である自我の問題となります。あるいはノイローゼになったりしますと、それは自我が弱いからで、したがって自我を強くしなければいけない、という方向に話がいくわけです。そういうわけで、他とはっきりと区別された自我、そのような意味で男性的に機能している自我が個人個人の生活の中心ですから、西欧では自我は不変なものと考えられている傾向があるわけです。

このことは旧約聖書を例にとってみられますと、はっきり出ていると思います。神が天地創造したときに、人間を自分の似姿に真似て造られた。神は宇宙の創造者であり、ユングが海のイメージで表現した無意識のもつ尽きることのない創造力、それを神が表していると思うのですが、ここらあたりに、神の似姿に真似て造られた人間の自我が、そういう永遠なる神と重なり合っている面があると考えられるわけです。ですから、自我に対する評価が西洋ではとても強い。責任の主体としての自我というものが、非常に大事になっています。アメリカの人は"self-made man"つまり「自分で自分の生涯をつくった人」と言うのですが、この場合のセルフは、ユングの言うセルフではなくて自我を指します。つまり、自分で自分の道を拓いた人です。そういう人は自我が強い。何かやりたいことがはっきりしていて、そして自分で自分の道をどんどん進取的に責任をもって進み、自分の天地を創造していく。レーガン大統領[*1]もその典型的な人かもしれませんね。

そういう自我のイメージは日本にもあるかもしれませんが、言ってみれば日本では表に出ていないのではないかと思います。西欧社会は競争社会です。自我がはっきりとした目的をもっていて、そして志を抱いて努力し、立派に成功していく、成功するにはもちろん非常に激しい競争に勝って、そして栄冠を勝ちうる、そういうオリンピックのような厳しい競争社会が背景にあるわけです。日本でもそのように言えるのでしょうが、しかし競争のあり方が違うのではないかと思います。例えば東洋の古典では、志《こころざし》とは「心のいくところ」と言います。ですから、心は自我によって統一されているという考え方ではなくて、自我は大きな円・無意識の中の小さな円で、その小さな円・自我が、大きな円・無意識に支えられて、何かに向かって動いていく。それは、自我の方向づけは、結局自分の置かれている境位・環境、つまり大きな円・全分（部分の全体）と関連してつねに考えられ、また動かされているのではないかと思います。ですから日本語の自分という表現は、自我中心という考えではなく、むしろ心の全体、つまり意識・無意識という心の全体を中心にして考えているのではないか、と思うわけです。自我というものは、意識・無意識を含めた心のいろいろな内容がつくりだす「場」のバランスのうえに立っているのであって、けっしていつもそれが中心であるとは考えていない。ですから、自我ではなくて自分という考えが出てきているのではないか、場という全体・全分の一部分として自分がある、それで自我というよりも、自分という方がピッタリするのではないか、という気がこの頃非常にするのです。そして、その自分・小円は、意識には上らない無意識・大円によって支えられているというわけです。

西洋ですと、こういう考えはちょっと通じないかもしれませんが、この引用文でも見られますように、ユングもそのように考えていたふしもあります。また最近では日本の企業のあり方の研究などを通して、だんだんとこのような考え方が通じてくるようになったのではないかと思います。とにかく、場の全体によってその働きが支えられている部分としての自分、人とともに調和の状態においてバランスを保っていかなければ生きられない、自分とは本来そういうニュアンスの言葉であると思うのです。

自分自身を精神分析したときに、自我を分析したとは言いませんね。自分自身の分析あるいは自己分析と言うわけです。この表現がまた面白いと思います。自我という言葉は入っていません。西洋のエゴに匹敵する言葉として、われわれがふつう使っている言葉である、自分とか、自身とか、自己とかがここに出てきているわけですね。もっと興味深いのは「自」という言葉には「おのずから」という意味と「みずから」という意味があります。「おのずから」と言いますと、これは全体・無意識の働きのことと言ってもいいですね。つまり、場・大きな円の働きに強調があります。「みずから」と言うと、自分の働きによって場の働きが一つの方向をもってきて、しかも、自分の働きもそのうえにあるという印象があると思うのです。それゆえ、場とか他との関連において自我が働いている、と考えられます。

それで思い出しましたが、自然という言葉はとても難しい言葉です。河合先生も先日、ロサンゼルスのユング研究所の講義の中で言っておられましたが、“nature”を「自然」と訳すのは最近、明治以後の現象であって、日本語の自然は本来、西洋におけるように人間に対する“nature”という概念ではなかった。そして河合先生は、親鸞の自然《じねん》という言葉にふれておられました。これは「おのずからしかる」、つまり自動詞的です。ところが、これを他動詞的に「しからしむる」と、読もうと思ったら読むこともできるわけです。親鸞はそのように読み、と思います。こうなると、日本語の翻訳は非常に難しいと思います。そういう言葉一つとってみましても、日本語に表現されている考え方は、自我というものを中心にして、意識だけを中心にして考えていく西洋の言葉では表現されにくい、そうとう違う考え方があると思います。

じつはこういうことを申し上げましたのは、ふつう精神分析と言えば、西欧では自我の強さが焦点になります。もちろん、カウンセラー、セラピスト、そしてユング派の人も、当然、現実原理（reality principle）としての自我の働きを重視するわけです。適応の対象としての現実、さっき言いましたように西欧の競争社会の現実にあっては、その現実に働きかけて、現実に適応する働きをする自我が弱いとだめになってしまうというわけです。ですから結局、精神分析ないしカウンセリングは、現実適応がうまくいかなくて悩んでいる人の自我を強くして、現実適応を支援してあげるための操作、と考えられていると言ってもいいと思うのです。そういうふうに分析者が考えているわけですから、分析もまた、競争社会の現実を生きていくための自我の強さに焦点を当てる、ということになってくるわけです。それではどういう具合にしたらそういう強い自我ができるかと言いますと、やはりその人の意識だけを扱っていてはだめです。これはユング派独特の立場ではないかと思うのですが、夢をもってきてもらって、夢を分析します。それは夢を分析するということを通して、無意識に働いているその人の心の動き、ユングの引用で言いますと、無意識の限りなき創造力の宝庫、それをどうすれば意識にもたらすことができ、それを自我が享受することができるか、現実の適応に役立たせることができるか、ということが大切な焦点になってくるからです。ユングの言う個性化とは、このように、自我が無意識の創造力の働きにふれ、それに支えられて、かけがえのない個としての自分になっていくプロセスを指します。言い換えてみれば「別個の、分割できない単位、すなわち全体」[3]。その人でなければなれない、そういうユニークな個性を実現するプロセス、それが第一番目の意味になると思います。これが「個性化」と河合先生が訳された理由であり、またそれに一番近い概念ではないかと思います。

このように言いましても、今まで申してまいりましたように、その場合の個というのは、けっして無意識と離れたものではありません。自我だけに限られたものではないのです。自我の働きの根底には、無意識の働きがあります。無意識ということを言いますと、ユングの集合的無意識の考え方が示しているように、無限の広がりと深さがあります。とにかく無意識という言葉自体が、自我意識と関連していないすべての心的内容ということで、意識に対する相対的概念ですから、自我の内容以外のものが全部入っているわけです。患者さんが相談に来られまして、いろいろな夢をもってこられます。そして現実のことをいろいろ語られますね。それで私は夢に見られるその人の無意識と、その人が自我の意識内容として語られる現実をじっとかみ合わせまして、どういうように意識と無意識が関連して働いているか、意識は無意識の創造力の働きにふれているか、そういうようなことを感じとるわけです。このような、無意識という大円の中の小円で、ある自我意識の働き、つまり無意識の宝庫、そのエネルギーに支えられてこそ自我は豊かな精神生活を送ることができるという考え方を、さらにユングは、次のように表現しています。

## 第2節　「個性化」――「自己自身になること」・「自己実現の働き」

［2］Individuation means becoming a single, homogeneous being, and, in so far as "individuality" embraces our innermost, last, and incomparable uniqueness, it also implies becoming one's own self. We could therefore translate individuation as "coming to selfhood" (*zum eignen Selbst werden*) or "Self-realization" (*Selbstverwirklichung*)[4].

邦訳しますと、次のようになります。

インディヴィデュエーションとは、単一の、均質的存在になることを意味する。そして個性がわれわれの（心の）奥底の、最後にある、他との比較を許さない独自性を包括している以上、それはまた、自分自身になることをも意味する。それゆえ、このインディヴィデュエーションという言葉は「自分自身になる」とか「自己が自《みずか》らを実現する働き」という言葉に置き換えることができる。

このセンテンス、私にはとっても興味深いです。インディヴィデュエーション、個性化、それは何を意味するかと言いますと、単一の均質的な存在になること。それは、個性がわれわれの最後のそして他と比較のできない独特のもの、そういうことを意味する限りにおいて、単一の均質的な個性になるということは、自分自身・自己自身になるということである、というわけです。つまり前にあげた個性化を意味します。「別個の、分割できない単位・全体」としての個性になる。したがって個性化とは「自分自身になること」あるいは「自己が働いているということ」と解釈・翻訳することができる、言い換えることができる、というわけです。

ところが二番目の「自己が働いているということ」“Self-realization”“Selbstverwirklichung”この言葉は「個性化」というよりは「自己実現」と言われている言葉ではないかと思います。どなたが言ったのか忘れましたが、「この頃日本では、自己実現、自己実現ということが流行《はや》っているけれど、いったい何を意味するのかさっぱりわからない、まるで自己実現の空念仏《からねんぶつ》だ」と。事実、そういう現象が日本においてあるかもしれませんね。口で言っているだけで、どういうことか、どのような経験を指しているのかわからない。私自身は「個性化」を説明したりするとき「自己が働いているということ」「自己実現化の働き」“Selbstverwirklichung”という言葉をよく使うのですが、この言葉の方が、私には個性化という現象を理解するには、初めの「自分自身・自己自身になる」というのよりももっとわかりやすいのです。

それでまず、ちょっとこの言葉の意味を説明させていただきますと、“Selbst”というのはセルフを意味するドイツ語です。次の“Wirklichkeit”はふつう「現実」と訳されていますが、この言葉は、ドイツ語の“wirken”という動詞に由来する抽象名詞です。“wirken”は「働く」という意味です。英語で言うと“work”です。つまり現実というのは、何かが「現に事実として働いている」ということになります。心理的に言うと、イメージあるいはフィーリング、そういうものが心的事実として実際に働いている、それが心的現実であるわけです。ですから、私の心的現実は皆さんのそれとは違う可能性があります。母なら母という言葉を例にとりますと、皆さんの心の中には、自分のお母さんのイメージが心的現象として浮かびます。しかし母という言葉によって、現に私の心の中に働いている現実としてのイメージ、あるいは感情のあり方は、私の場合は皆様方のそれとは違うわけです。ですからこの“Wirklichkeit”「現実」という言葉の意味をはっきりさせることは、私たちの心的想像の理解にとって、非常に大事だと思うのです。

ユングは何をこの“Selbstverwirklichung”という言葉で言おうとしたかというと、現に事実として働いているセルフ、そのセルフの働きが個性化だと言おうとしていると思うのです。これはプロセスというよりむしろプロセスの断面図みたいなものだと考えられるかと思います。先ほどの「自分になる」というのは、なっていくプロセスです。それに対してこれはプロセスの一断面、そこに重点を置いているわけです。ですから、現実“Wirklichkeit”は「現に事実として働いていること」。何が働いているか、それはセルフであると、こう私は理解しています。セルフは、ユングによれば、自我が意識の中心であるのに対して、意識・無意識を含めたサイキ(psyche)の全体であり、また中心である、としています。それゆえ、セルフの無限の創造力にふれることによって、自我の世界が新しく展開していく、というわけです。ユングはそのたくさんの著書の中で、セラピーについていろいろなことを言っていますが、とどのつまりは、実際に苦しんでいる人のために役に立つ、それは行き詰まっている自我が、セルフの働きにふれることによって、その行き詰まりを打開してゆく、それが最後の決め手だとあちこちで言っています。

ここで二、三例をあげますと、皆さんユングの自叙伝をお読みになったことがあると思いますが、その冒頭に、ユングは自分の一生涯は無意識の自己実現化の働き“Selbstverwirklichung”であるというのですね。それは、無意識は意識にとっては永遠のものであるわけでしょう。ですから、彼自身が永遠なものの働きにいつも接しているというようなフィーリングをもっていたのだと思います。そういうフィーリングで彼の言っていることをあげますと、例えば彼が八十歳の誕生日の二日前にした、ＢＢＣのブラックのインタヴュー[*2]で、自分は現にここに働いている「より優れた可能性」の中に自分の身を置いているという不安に絶えずおののいている、と言っています。[5]これはどういうことか私なりに解釈しますと、ユングは、もっと創造的なもの、自分の命《いのち》をもっと燃焼せしむる何かそういうモーメント、「機」がここに働いているはずだ、よりよく自分の可能性を実現させる働きの中に自分は生きている、という緊張感をもっていた、と言ってもいいのではないかと思いますが、この解釈はもしかするとあまりにも東洋人的すぎるかもしれません。

いま一つ違う表現で言いますと、彼は自伝のある箇所で、自分自身との関係もそうだが、人間同士の関係というものは、永遠なもの、無限のものを表現している関連においてあるのでなければ、それは結局浪費されたものに等しいという意味のことを言っています。[6]ユングのセルフの考えは、心理学的にみられた永遠なるもの、無限なものと言えます。このユングの考えは、皆さんどう思われるか知りませんが、分析やカウンセリングでは人の命を取り扱います。それは命と命、魂と魂のふれ合いですから、もちろん自分の命をも取り扱うわけですね。そうしますと、そのプロセスの中において永遠なるものとの接触がどこかにある、そういう実感が湧いてくるわけです。ユングのセルフの概念は、宗教的価値をもってくるのではないかと私自身思うのです。

ここらあたりが私の坊さんとしての限界かもしれませんが、何かそういう永遠なものとの関連がなければ、人間は自分自身の根底、足元がないわけですね。自分はいつもより優れた可能性に面している、あるいは永遠のものとの関連の上に生きているというのでなければ、自分は人生を空費したことになる、そういうことをユングは語りたかったのではないかと、私なりに思っているわけです。心理学的に言えば、セルフの自己実現の働きの中に生きているということで、そのような実感を、ユングはその生涯を通じてもっていたと思います。

セルフの自己実現の働き、それはヌミノーズム "numinosum" の体験です。ヌミノーズムの経験――この言葉は皆さんもご存じのように、ルドルフ・オットー（Rudolf Otto）が "das Heilige"『聖なるもの』という本で、これは日本語にもなっていますが、その中で宗教体験を分析しています。[7] どういう分析をしているかと言いますと、まず神の体験というのは〈絶対他者〉の体験であると言う。これが非常に大事な言葉なのです。まったくの他者ですから人間の力では及ばない、自分からヌミノーズムに関係づけるわけにはいきません。人間の世界のことですと、ああだこうだと関係づけて言えるわけですが、次元のまったく異なる神の場合は、もうどうしようもないわけです。どう言いようもない、関係のつけようもない、それが絶対他者ということです。そして、絶対他者・神は非常に神秘に満ちたもの、それにものすごく魅力があり、と同時に驚怖に満ちたもの、しかもその体験者を無に帰せしめてしまうもの、すごくパワフルなものです。ところが、無にすると同時にその人の全存在を開花させる、その人の命を充実させてくれる、そういうパラドクシカルな体験でもあるのです。

ユングはオットーのこのヌミノーズムの考えを取り上げまして、宗教体験とはじつはそういうヌミノーズムの体験であると、そこまではルドルフ・オットーと同じことを言っています。しかしそのあとユングは、このヌミノーズムの体験によって惹き起こされた自我の態度の変容、それを注意深く綿密に観察するのが心的現象論に立った宗教の考え方であり、さらにヌミノーズムの体験はセルフの体験であるから、この立場はまた心理臨床の立場であるとしています。[8]

話をもとに戻しますと、ユングは分析の場においては、ヌミノーズムの体験、セルフの自己実現の働きが一番大事で、われわれ治療者はせいぜいそれについていくことぐらいしかできない、という意味のことを言っています。例えば「われわれは自然をガイドとしてそれに従ってゆかねばならない。医者がすることは、治療の問題というよりは、患者自身の中に隠れている創造的可能性 The creative possibilities を展開させることである」と、ユングは述べています。分析者（この引用文では医者という言葉を使っていますけれど）ができることは、自然をガイドとすること、これはセルフの働きと申してよいと思いますが、サイキに自《おの》ずから具わっている働きについていくこと、それを綿密に注意深く観察し、現象学的に観察してゆくこと、そういう客観的なことくらいであるというわけです。分析の中心は、カウンセラーや分析者が、意識の立場よりする解釈や技法によって被分析者をどうこうすることではなくて、その人の無限の創造的な宝庫である無意識の底から湧きあがってくる本来的自己・セルフの表現であるイメージ、情動、あるいは外部の出来事などの布置を観察することである、そういう具合に行われていく分析のあり方をユングは言っているのではないかと思います。こうして“zum eignen Selbst werden”（本来的自己になる）ということが成り立っていくわけです。

この「本来的自己になる」という言葉は、分析のその場その場で、セルフ・本来的自己が自己実現の働きをしている、そういうモーメントが働く、それがずっと続いて個性化のプロセスを形成する。一時間分析をしていますと、けっして分析者が技術的にやるのではなくて、分析者―被分析者の共通のセルフが創造していく働き・機がある、本来的生命の働きがみられるということを感じられたことが、皆さんもおありになるのではないでしょうか。ユングはこういうことを指摘したかったのではないかと思うのです。

その現れ方はいろいろあります。こういうことは、言葉で表現したり教えたりできないことです。分析中に、何でもないことのようではあるが、何となく気にかかって、そこにひっかかっていたというようなことがあって、あとで、ああそうだったかと思うこともあります。ですから、これは概念化して言えることではありません。その人の個性に応じて、そのときの状況に応じて、またそのときの気持ちとか考えとかに応じて、そういう創造的働き・機のあり方が違ってくるわけです。

しかし、それは自分でもはっきりわかるときもあります。ときによっては、本当に水際立った瞬間があって驚くことがあります。詳しいことは抜きにしますが、例をあげますと、この人は白人で、ヒンズー教に打ち込み、マントラを本当に熱心に唱えていました。私の知人でしたが、分析の場でも何でもないときのことです。彼がひょっと夢の話をしたんです。それは彼にとっては一番印象に残っていた夢でした。どんな夢かと言いますと、次のようなものです。「誰かが来たので、マントラを唱えながら二階から降りてきた。そのとき私が唱えているマントラは、階段の途中から宇宙いっぱいに広がり満ち満ちていった」。そして彼は「これは素晴らしい夢だと思う」と言ったのです。私は最初、そんなことを言う気はなかったのですが、何となく心にひっかかるものがありまして、「マントラというのは、キリスト教で言えば、神の声にも等しいのではないか。神の声が聞こえてくると、こう君に言ったら、君は僕のことをどう思うか」と言ってしまったのです。するとその途端、彼の顔の表情がサッと変わってしまったんです。私もびっくりしまして、よけいなことを言わなければよかったと思いましたが、すでに遅かったです。ちょっかい出すと言ったら、表現は悪いですけれども、私は彼の言い方に、何となくひっかかったのでしょうね。こんな素晴らしい夢はない、あなたは夢の分析に従事しているのだから、この夢をいったいどう解釈してくれるか、と言わんばかりに彼は言ったわけです。ところが、そのように自慢している彼自身が、ちょっと頼りなく、虚勢をはっているように見えたのです。

どうしてそういうことが起こったか彼にも私にもわかりません。まさしくヌミノーズムの体験です。その場の布置、創造的無意識がもたらした布置、それしか考えられないわけです。このようなことが起こると、下手《へた》をすると本当にとんでもないことになる可能性もあります。幸いそれからその人は方向転換しまして、今は専門職について立派な仕事をしています。だから、ヌミノーズムの体験・本来的自己の働きに焦点を置いて考えますと、宗教と分析は密接な関係があると言えます。皆さんもちょっとご自分で考えてみられましたら、そういう体験があるのではないかと思います。やはり似たような体験があって、皆さんもカウンセリングというものに興味をおもちになったのだろうと思います。

それでその知人に話を戻しますと、その人の人生を一転してしまうようなものすごいことが起こりますと、そのあとの手続きが大変です。ちょうど爆弾が落ちたようなもので、その後、いろいろと整理をしなければだめなんです。当然、今まで得意になって打ち込んでいたマントラをやめまして、ユングの言葉を借りますと「自分自身の中に隠れている創造的可能性を展開させる」方向へと進んだわけです。しかし彼はその後ずいぶん大変だったことだと思います。どうしていいかわからないし、ものすごく手間がかかりますね。ですから、ヌミノーズムの体験はそんなに生易しいものではありません。のるかそるか、喰うか喰われるか、そういうものです。

まあ私も、こんな話をしていますと、何年海外に住んでいても日本人だと思うのです。日本ではよく「問答無用」とか「ひとこと」とか言うでしょう。考えてみたら、この知人によけいなことを「ひとこと」言って、日本的なことをしたのではないかと思います。しかし私のそのときの気持ちを分析しますと、ユングが言いました、その場に働いていた、より優れた可能性、それが現前して、命《いのち》に充ち溢れた本来的自己の働きに二人がふれたのだと思います。私の自我だけではそれをつくるわけにはいきません。もちろん、彼の自我だけでもそういうわけにはいかない。二人のサイキ・魂のふれ合いによって、そういうことが起こったわけです。分析に従事していますと、このようなことがときどきあります。相手の方の無意識の宝庫を私がいただいているような感じも多分にあると思います。そういうことで“Selbstverwirklichung”の考え方は私自身、個性化を考えるうえで大切にしているのです。

自我は、ご存じのように歴史的世界に関係しています。歴史が起こる時間は直線的です。しかし自己は絶対他者の世界・永遠の世界に関係しますから、完結的であり円環的です。先ほどちょっと申しましたように「永遠」とか「永遠の今」という時間の考え方に関連があるのです。東洋の時間の考え方は、特にヒンズー教や道教では円環的だと申せるのですが、ここらあたりは神秘思想と言われる可能性があるかもしれませんが、西洋は直線的時間の概念をもっていますね。歴史的理性の考え方なんです。創世記の「光あれ」という神の言葉から宇宙の創造が始まり、歴史的時間が始まります。そしてずっと歴史の現実が展開していくわけですね。それが直線的な時間の考え方です。円環的な方は、その時間が永遠につながっている。ギリシャ語ではカイロス“Kairos”という言葉が、この「永遠の今」という時間の概念を表しています。私はひと頃、道教の経典である『金華宗旨《きんかしゅうし》』を研究しておりまして、この中に「天機《てんき》を盗む」という言葉があるんです。これは道教の文献にみられる言葉ですが、とても面白い言葉だと思うのです。機、はずみ、モーメント、命に満ちた生命力、それを盗んでいくわけですね。盗むという表現は悪いですが、われわれはいつも天地の大生命の恩恵に浴しているということを「天機を盗む」というわけですから、その天機をいかにして意識にもたらし、より創造的に生きていくことができるかということです。それで、機とかカイロスという時間の考え方を、さらにセルフの考え方と関連して生かしたら面白いと思います。

カイロスというギリシャ語のほかに、もう一つ「テンポ」“tempo”というラテン語“tempus”からの言葉があります。これが歴史的な時間、連続的な時間概念を表します。東洋の場合にはどうして円環的な時間の考え方があるのかというと、私は社会学的なこととか地理学的なことはよくわかりませんが、常識的に言えることが一つあります。それは、東洋の伝統的社会は農耕的社会であったということです。それに対して、西洋は牧畜的社会であったということです。そういう農耕・牧畜という違った生活の様式が基礎になっている社会では、時間の概念もまた違ったものになったのではないか、とこの頃思うのです。

農耕社会と言いますと、他とのいろんな関係や調和が大事になってきます。当然のことです。時間にしても、春夏秋冬と還ってくるわけです。植物を例にとってみますと、春に芽が出、成長し、そして秋に実って冬になくなるわけでしょう。ということは還ってくるということです。還るという発想が出てくるわけです。道教はこの「還る」ということを非常に強調します。命の根源、それが目覚めるのは春である、そしてその目覚めた命が夏に栄え、秋になると実って、そして冬になると命の根源へと帰り、また春になると新しい命の目覚めが還ってくる。言ってみれば、農耕の民族にはそういう円環的な命のリズムが感じられるのではないかと思います。

ですから大自然の中にあって、自《おの》ずからなる生命の働きがあって、自分たちもその中にいる、そういう天地・大自然の恵みの中に自分たちの生活が成り立っている。そして、実り多き天地が創造的に動いているその生命と同じように自分の命もまたその一環として動いている、と自分たちの生活を通して考えるわけですね。われわれは、お正月には「おめでとう」という祝辞を交わしますね。あれは芽が出るという意味ではないでしょうか。正月に新しく春が来て、そして私もあなたもお互いに芽を出して、今年こそは立派な花を咲かせたい、実を結びたいという感情を今でも日本人はもっているのではないでしょうか。

ですから農耕の文化にあっては、自然とともに円環的な時間の中にあるという意識が個人の意識を支配している、農耕民族の意識の深層には、永遠に円環的に巡行している時間、「永遠の今」（カイロス）が働いているのではないかと思います。このことは、ヒンズー・仏教の輪廻の考え方に関連してくると思います。また、私が「個性化」を「セルフの自己実現の働き」として考える方がよくわかる、と申した意味もわかっていただけるかと思います。先の大きな円、場、無意識の中の小さな円、自我意識という考え方もそうです。

それに比べまして、牧畜の方はそうではないと思うのです。これは歴史的な時間です。比較宗教学で、エリアーデ（Mircea Eliade, 1907-1986）という人がいました。シカゴ大学の教授で数年前に亡くなられましたが、たくさんの著名な本を書いておられますし、ヨーガの研究とかシャーマニズムの立派な研究もあります。この人が、西洋のユダヤ・キリスト教が他の宗教と比べて非常にユニークなのは、神の啓示は歴史的時間の中に現れたものであるという教えにあると言っています。[11]　それは、ユダヤ・キリスト教のみが言っているものであって、歴史的な世界の中に神の意思が働いているということになる、というわけです。

こういう考えは、牧畜の考えと結びつくと私は思うのです。それは歴史の世界は一回限りの出来事が見られる世界で、そのことは家畜の飼育が語っているわけです。つまり家畜の親が子を産み、子が親になってその子を産みという形で進んでいくわけで、親と子との命は判然と分かれています。この生活感覚は先の、春になるとまた命が還ってくるという円環的な時間でなく、同じことは二度と起こらないという直線的・歴史的な時間に立っています。歴史的な世界では、そのようにすべては独立しており、人間も個人、つまり一人ひとりが違う人格なのです。ですから、セルフでなくて自我が強調されます。「個性化」も「本来的自己になる」というように、自我の方から自己に近づいていく、というように考えた方が理解されやすいと思います。

ところで晩年のユングは面白いことに、東洋人が考えそうなことを言っています。個性化を地下茎（rhizome）でつながっている植物のあり方に例えて言うんです。

生命というものは、地下の根茎《こんけい》の上に生きている植物のように、いつも私には思われてきた。本当の生命は見えないで、地下茎の中に隠れている。地上に現れている部分だけが、ただひと夏生存するだけである。かくて、しぼんでいくはかない幻影なのである。人生と文明とが終わることのない興亡浮沈を繰り返していることを考えるとき、自分の存在は全く皆無に等しいという印象をうける。しかし私は、自分が永遠の推移の下に生き、耐え生き続けている何ものかであるという感覚を決して失ったことはなかった。われわれが見ているのは花である。花は移り去るも、根は永遠に残っている。[12]

ですから、時期がくればまた地下の根茎より芽を出し花を開くというイメージで自分の命を考えているんですね。このイメージはとても面白いと思うのです。地下の根茎というのは下でずっとつながっているわけです。地上の条件が整ったらその芽が出るように、自分の命も時代が要求したらまた出てくるというわけです。こういう考え方自体が、人間のサイキ、魂の問題にその一生を過ごしたユングにして初めて可能なのではないかと思います。ユングの言う地下茎・ひと夏だけの植物というイメージで、無意識と意識、セルフとエゴの関係を考えてみると、引用文［1］の大円と小円、海と島のフレーズがまた違うように解釈できるかと思います。この頃、イメージで考えるときは、イメージは概念のようにはっきりしないので、あまりわからない話になってはいけないと自分でも非常に気をつけているのですが、もちろんはっきりとしたことを言うのも大事ですが、そのために実際に動いている命《いのち》を切り取ってしまうようなことになるとしたら、それは考えものだと思うのです。ですから、地上・地下のすべての条件が連関しているこの地下茎のイメージは、ユングにおける東洋的な考え、特にインドのカルマ（業）とか、中国の命《めい》の思想に関連して考えることも可能だと思います。この地下茎のイメージは、もちろん「本来的自己の自己実現の働き」と意識との関係を語っているものでもあります。

じつはそういうことを考えておりますと、個性化の問題は決して西洋だけに限られるものではなくて、東洋にあってもみられる普遍的な心の働きであると言えると思うのです。私は長い間アメリカにいまして、いつも自分が日本人であるということを感じると先ほど申しましたが、その自分の中に日本人としての個性とともに、普遍的なものが果たしてあるのか？という問題意識をずっと持ち続けています。ユングによると、個性はもうそれ以上分割できない単位であり、全体であるわけです。それは個々の地上のひと夏だけの植物ですが、その全体が地下の根茎を抜きにして考えられないということです。とすると個性化は、同時に普遍化と言えるのではないか。そして、こういう問題をもっと気をつけて扱っていくと、さらに面白い考え方が出てくるのではないか、とじつは興味をもっています。

日本の文化が、諸外国でこの頃非常に注目されているのを皆さんもご承知だと思うのですが、特に河合先生が言っておられますね。日本人の自我は女性像で表せられるのではないかと。[13] これなどは、外国の人がもっと聞きたいことではないかと思います。私もそういうようなことに気がついておりまして、数年来、自我の働き方に焦点を当てまして、自我の男性的機能“masculine functioning of the ego”、そして自我の女性的機能“feminine functioning of the ego" というような言葉で、その表現を試みています。これは自我とは何ぞやという定義づけよりむしろ、自我の機能ということを中心にして考えているわけです。先ほどの［2］の引用文で述べられている個性化の表現で言いますと、自我の男性的働き "masculine functioning" は、「本来的自己になる」"zum eignen Selbst werden" という過程の中に見られますし、また女性的働き "feminine functioning" の方は、「本来的自己の自己実現の働き」"Selbstverwirklichung" において見られる。こんなふうに考えたらどうかと思っております。

自我とは何ぞやというのは、対象論理に基づく西洋の考え方ですね。善悪とか黒白とか、物事を二元論的にはっきり割り切って考えます。例えばAがあります。Aは決してnonAではない。これは同一律、矛盾律、排中律に基づいたアリストテレス論理です。これが "masculine functioning of the ego" の一つの特色ではないかと思うわけです。物事を対照的に二元論的に判然と区別してみる立場です。例えば男性的表現は、一番初めに申しましたように、円を「二つに割る」というのがそれで、二つにカットするのですからはっきりするわけですが、これが女性的表現になると「二つになりますか？」という言い回しになるわけです。二つになったものの、それはもともと一つのものなのです。AとnonAは排他的でなく並立的なわけです。それが、"feminine functioning of the ego" になるのではないかと思います。

日本では、こういう女性的と言える考え方がずいぶんあるのではないですか。これは文化意識の問題になりますね。ずいぶん大きな問題になる可能性があると思います。ご承知のようにアリストテレスの論理でいくと、AでなければB、右に行こうか左に行こうか、というジレンマになるでしょう。だから決断がいるわけですね。あれかこれか、です。それが男性的考え方 "masculine thinking" であって、女性的考え方 "feminine thinking" はそうではないわけです。あれもこれも、です。

このことは、ちょっと誤解を招くかもしれませんが、日本の仏教、例えば浄土真宗を見てみるとよくわかります。よく知られている「善人なをもて往生《おうじょう》をとぐ、いはんや悪人をや」という親鸞の言葉です。[14] 私は（宗教学科で教えていますから）学生に冗談で、あなたがた西洋の人は人間を二つにはっきり分けてしまうのが好きだ。善人と悪人、救われるか救われないか、天国か地獄かの二つに一つだというわけです。仏教でも二つに分けることは分けます。仏というのは悟った人のことですね。英語で言うと“One who is awakened”「目醒めた人」というのです。やはり、目醒めた人と目醒めていない人の二つに分けているように見えます。

しかしここで女性的考え方“feminine thinking”に立っているからであって、私はそうは思わない。なぜかと言うと「目醒める」というのは、いっぺん目醒めたら絶対にとまらない、つねに次の目醒めへと移っていくのだ。だから、いつも目醒めているということは目醒めていないということと一緒なのです。覚と不覚、悟りと迷いとが同居しています。そうでなければ目醒めている意味がない、というわけです。詭弁みたいに聞こえるかもしれませんが、女性的考え方“feminine thinking”は、アリストテレスの対象論理に立つ西洋の人にはわかりにくいのではないかと思います。黒か白かはっきりとものを言わない。善人は救われる、これは当たり前です。しかし親鸞が言うには「いはんや悪人をや」とくるわけでしょう。そんなおかしな論理はどこにもないと彼らは言うわけです。いや、これは論理でなくて心理だ。そういうところに、河合先生が言っておられるように、日本の母性的社会のあり方が心理に、意識に、そして考え方にも見られると言えるのではないかと思います。どんな意識かと言いますと、ＡもｎｏｎＡもある意識、善も悪も、悟りも迷いも併存している、一緒にある。もともと一つのもの、したがってバランスとか調和ということが大切であると考えますから、排他的になれないわけです。それでも現実には排他的になっていますから、建前と本音は違うんでしょうけれど、それを日本ではうまいこと使い分けて生活していかないといけない。日本は、欧米の文化意識を基準にして考えますと、わけのわからない国だと思います。

ユングの自伝を見ますと、女性的に機能する“feminine functioning”といった自我のあり方を示している箇所は、あまりないようです。先の地下茎のイメージはその一つだと思います。しかしもう一つ思い出します。それは一九四四年、彼が六十九歳のとき、ハート・アタックで危篤《きとく》に陥ります。「夢を見ていたのか、エクスタシーの状態にあったのか自分にはわからないが、極端に奇妙なことが次々に起こった」という書き出しで、彼自身、空中へ上がっていったヴィジョンを見たときのことを書いています。[15] ユングは、地上の幻のようであった生活のすべてをすでに捨て、身軽になって「岩の寺院」に来ます。そこに入ると、自分についてのいろいろな質問に答えてくれる人々がいるのです。ところがそのとき彼の主治医が下から上がってきて、地上ではあなたの立ち去ることに対して反対があるから地上へ帰れというわけです。それを聞いたとたん、ユングのヴィジョンは消えてしまいます。彼はがっかりします。箱に詰めこまれたような牢獄へと再び帰って行かねばならないのかと、がっかりするわけです。このヴィジョンの中のユングの自我の働きは女性的だと思います。すべてを受け入れています。しかし、ヴィジョンが消えたときのユングの自我は男性的に働いています。人間は三次元の小箱の牢獄の中で生きているというわけで、そこで生きるのは嫌だというわけですから。

　またその頃、ユングの見た夢に「ヨーギの夢」というのがあります。[16] 彼は見晴らしのよい丘の小路を通って上がっていきます。そして道端の小さな礼拝堂に来ます。ドアが少し開いていたので中に入ります。祭壇があって、そこには聖母の像も十字架もなく、素晴らしい花がある。そして祭壇の前の床の上にはヨーガ行者が結跏趺坐《けっかふざ》して、深い瞑想にふけっています。その行者に近づいて顔を見ると自分の顔をしているのです。彼はびっくりして目が醒めますが、「彼は私について瞑想している人間である。彼は夢を見ており、その夢が自分なのだ」と思います。そのあとでユングはこの夢を説明しています。彼の説明は、すこぶる宗教的な表現で言っていると思うのですが、ヨーガの行者はセルフで、そのセルフが三次元の世界に入るため瞑想にふけり、人間の形をとって現れていると説明しています。自分の自我意識中心の生活は、彼の瞑想の内容であるというわけです。当然ヨーガ行者が瞑想をやめたならば、ユングのこの世の生命は消えてしまうというわけです。

このユングの夢について、次のように考えることが可能だと思います。人間の三次元の生活、小箱の牢獄の世界は、セルフによって支えられている。「本来的自己の自己実現の働き」を抜きにしては、人間の自我中心の生活はないということです。それゆえ、永遠のものと何らかの関係がなければ、人間の命というのは意味がないものだ、瞑想にふけるヨーガ行者が象徴しているように、三次元の世界を超えた命の世界、心理学的には無意識の世界、それと関連して生きていくことに人生の意味がある、ということをユングは言おうとしたのではないでしょうか。その場合、女性的に機能する自我の働きが見られることになると思います。しかしこの夢から醒める前には、ユングの自我は男性的に機能しています。それは、ヨーガ行者が瞑想をやめると、自分の生命が消えてしまうというわけですから。

アメリカですと、男性的・女性的という表現をしますと、最近は“Sexist”と言われる可能性があります。それは、男と女という性別による差別意識をするものというわけです。そういう、男女の性別を差別する意識が働いているような印象を与えない言葉がどこかにないかなあと探しますと、“yang”（ヤン、陽）と“yin”（イン、陰）という言葉が出てきます。ここで話が初めに戻るのですが、東洋の陰陽の考え方をもってきて、ユングはそういう概念で考えたのではないかと思うのですが、初めに言いました円を分割すると、円である限り価値は一緒です。図2-5のように分割しますと、上外側の方が陽になり、内側の方が陰になる。これは逆に言ってもいいわけです。この頃の学生は「クン・フー」（Kung Fu）というテレビの番組を見ていますので、みんなこの図を知っています。テレビのおかげで、東洋の考え方はずいぶん教えやすくなりました。

図2-5
陰陽太極図

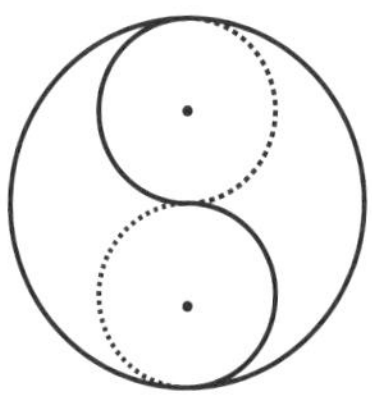
図2-6
3つの中心がある図

二つの中心をとると、図2-6のような陰陽ができるわけです。ですから焦点を合わせますと、全部で三つの中心があるわけです。そして重なり合って働いているわけです。ところがこの真ん中の中心は、河合先生の言葉で言いますと中空なんです。というのは、両方（陰陽）の関係で中心は動いていません。ということは、絶えず動いているということになります。つまり、どういうようなバランス（それが中空という考え方だと思います）が、陰と陽との絡み合いによって生まれてくるかが大事なんです。昔、横綱というのは相手を受けて立つと聞きました。どんな場合でも、相手に応じて立ち上がってこそ横綱なのです。これは東洋の考え方、道教的です。これは「反《はん》ハ道ノ動」[17]と老子にありますが、反は「かえる」ということで、道の働きは天地の根元に立ち返っている働きである、という意味だと思います。[18]それは天地の大生命の働き、そう言ってもいいと思います。横綱はそのような道の働きの具現者である、ということかと思います。そういうような根元の命の動き、それが陰と陽との働きの関係の根底にあるというように考えていくと、セルフのイメージとして、私自身にはわかりやすいようです。

易経などを読みますと、道の定義ですが、皆さんこれを覚えておられたら非常に役に立ちます。「一陰一陽を之れ道と謂う」[19]。訳しますと、“One yin one yang: that is Tao.” 中国語と英語は、日本語と比べて論理的ですね。関係代名詞が日本語にないのは、日本語が論理的でない証拠だと言う人がいますけれど、そうかもしれません。しかし、中国語を研究している人の「一陰一陽」の訳を見ますと、皆たくさんの言葉を使って言っています。意味をとっているわけです。ですから皆さん中国の古典を読むとき、英語で読むととっても面白いですよ。それも三つ四つ合わせて読むんです。そうすると、いろんなイメージがあります。私の「名（迷）訳」は何かと言いますと、上述の “One yin one yang: that is Tao.” それだけです。あるいは、“Sometimes yin and sometimes yang: that constitutes Tao.” あるいは、“The successive movement of yin and yang constitutes Tao.” でもいいわけです。しかし一番大事なことは、陰と陽とが離れていないということです。絶対に陰と陽とを離せないのです。道は陰と陽との働き、陰陽全体の働きとしてそこにあるわけですから。これぐらいわかりやすい言い方はないと思います。この一陰一陽を、意味をとって文章に訳すと、かえっておかしなことになってしまうんです。

「一陰一陽」という考え方は、分析の場にあてはめて考えられると思います。それは、相手のサイコロジカル・タイプ[*3]に応じて、分析者の方も違うタイプを取ることが可能ですから。思考タイプや感情タイプになっていろいろ言いますけれど、そういうかけひきというのは自我がやっている、またやることができると思っているわけです。しかしよく考えてみますと、そこに一つの道（tao）、全体（wholeness）、根元的生命、そういうものが働いていまして、そういう全体的関係が動いているからこそ、相手と反対のタイプになっていろいろと話し合ったのではないか、ということに気がつきます。私はセンセーション機能[*4]がゼロどころか、マイナスだなどと思うことがあります。しかし相手の人がえらく興奮して言っている、何だかよくわからないが、それは素晴らしい。そのようなとき、もう一ぺん説明してほしい、などとセンセーション機能を働かせて言ったりしますと、いろいろな角度からの理解が可能となります。お互いの意識内容が豊富になります。

そしていま一つ、ユングの考えで“compensatory”とか“complementary”と言われている、意識と無意識の「相補性」という考えをちょっと入れて、私なりに一陰一陽と関連させて理解してみますと、対立もサイキ（psyche）道という全体のうえに立った一つのあり方なのです。対立しているものが「道」と言いますか「一」と言いますか、東洋ではそういう全体性のうえにおける対立がつねに強調されています。西洋ではそれがどうしても自我中心になりがちで、したがって敵対的になりがちです。ユングの言葉で言いますと、自我は意識の領域の中心であり、それに対してセルフは意識と無意識の“total psyche”心の全体・中心だと言います。しかし敵対的に対立しますと、自我が往々にしてセルフと同一化するということが起こります。中心が重なり合ってしまうわけです。これが、インフレーション（心的肥大）の現象です。そのような傾向が自我にはいつもあります。先に言いましたように、アメリカの社会では“self-made man”自らが道を拓いていかなければならない。自我をしゃんとして、その働きを強くして、責任をもって自分の道を拓いていく者が成功していくというわけです。西欧の文化・社会ではそれでいいわけです。自我の後ろにセルフのエネルギーが重なっているという具合に視覚化してもいいと思います。しかし、自我のインフレーションの傾向なり、危険なりはたえずみられるわけです。

ところが東洋においては、応分のあり方とか、身のほどとか言うことがあります。それはひょっとしたら封建的な残滓であるという可能性もあります。もともと農耕社会ですから、いまだに社会がそういう具合に動いていると言えるかもしれない。しかし、これを無用なもの、弊害のあるものとして全部廃止してしまって、西欧的な考え方でやっていってもだめだろうという気がします。日本には日本のいいところがずいぶんあるのではないかと思います。今の時点においては、西洋の科学技術文明・思考が世界的に公共性をもっています。しかし、それだけで行きますと、非常に大変な問題が起こってくるのではないかということを、人々は気がついているのではないかということです。核戦争の恐怖とか、生態学的危機の「現実」はこのことを語っています。それは、西欧の自我文明のもたらしたインフレーションに対する危機意識、とも考えられます。

あのチャレンジャーが失敗[*5]しましたね。レーガン大統領が「もう二度とやらない」とひとり言を言ったのが新聞に載っておりました。ところが、二、三日したら方針が変わってしまった。続けないわけにはいかないのでしょう。本音と建前と言ってもいいと思います。本音は、危険だし経費もかかるから、もう中止しよう。しかし、建前は、科学技術時代のチャンピオンのアメリカだ、ソ連には負けられない、どこまでもアメリカでやっていかなければ、という男性的社会・競争社会の論理が働いているのかもしれませんね。

あの当時、皆が一番心配したことは、子どもがどう思うかということです。彼らの未来への夢を壊しているのではないかと。しかしテレビで子どもたちへのインタヴューがありましたが、子どもたちは、失敗は当然ある、それは乗り越えていったらいいと言うんですね。おとなはひどく心配しているのに、子どもは堂々とそういうことを言っているわけです。とにかく競争社会ですし、ソビエトに抜かれたらいかんということで、国をあげてのＰＲをして、そのあとであいうことになったわけですから、それはもう大変な事件ですね。どこに失敗の原因があるのか、また責任はいったい誰にあるのか、いまだに調査が続いているわけです。日本ではちょっと考えられないことではないですか。そのための特別な委員会ができまして、審査が続行されています。黒白をはっきりさせ、誰に責任があるのか、失敗の原因はどこにあるのか、ということを追求する西洋の意識です。

日本的に考えると、どういうことになるでしょうか。みんな国威をかけて最善を尽くしたということで、責任ということはあまり問題にならないかもしれません。それとも、最高位者が責任をとって辞職でしょうか。この場合はレーガン大統領になりますが、それはアメリカではまず考えられないですね。ですから話を自我の働きに戻しますと、アメリカでは、自我が男性的に機能して黒白をはっきりさせようとする。どこまでも成功・勝利に向かって突進していく。これは陽の働きです。しかし失敗を通して陰の働きが起こって、二度と惨事を繰り返さないようにと、道の考えでいうと「反」の働きが見られるわけです。この道の働きということは、セルフの働きです。根元に返るということです。これは、自我の女性的機能と言えると思います。

ユングが個性化について特に言いたかったのは、セルフの働きということだと思います。セルフという言葉は、やはり日本語にならないかと思います。先述のようにユングの表現で言いますと、セルフというのは意識と無意識の全体を含めたサイキの中心であり、そして周辺である、その全体であるということです。ですから意識の働いているところ、そこには無意識の働きがあり、セルフの働きが、意識・無意識の働きを通して見られるわけです。自我はセルフの働きに囲まれている。「一陰（無意識）一陽（意識）之れ道（Self）と謂う」というわけです。だからこそ、“Selbstverwirklichung”という言葉が、個性化を考える場合、大切になってくると思うのです。さらにセルフの働きを中心にして自我が機能する場合、自我は女性的に機能すると、一応言えるのではないかと考えます。

このようなユングの考えは、次の節の引用文にもまた明白に語られています。

# 第3節　自我とセルフとの関係

[3] ① The term "self" seemed to me a suitable one [*eine passende bezeichung*, "an appropriate characterization" ] for this unconscious substrate [*diesen unbewussten Hintergrund*, "this unconscious background" ] whose actual [*jeweiliger*, "respective" or "occasional" ] exponent in consciousness is the ego. ② The ego stands to the self as the moved to the mover, or as object to subject, because the determining factors which radiate out from the self surround the ego on all sides and are therefore supra-ordinate to it. ③ The self, like the unconscious, is an *a priori* existent [*das Vorhandene*, "that which is at hand" ] out of which the ego evolves. It is so to speak, an unconscious prefiguration of the ego. It is not I who create myself, rather I happen to myself. This realization is of fundamental importance for the psychology of religious phenomena.[20]

この引用文は、三つに分けて考えられると思います。まず、センテンス①を日本語に訳してみます。「〝セルフ〟という言葉は、かかる無意識の背景に対して、適当な特色づけをするものと、私には思われる。この無意識の背景における、その折々の代表者が自我"ego"である」。

ここに敢えてドイツ語をあげましたのは、英語の訳がちょっと誤解を招くのではないかと思ったからなのです。例えば一行目に"a suitable one"適切なもの、という言葉がありますが、ドイツ語で見ますと「適当な特色づけ」となります。そういう具合に似たような表現のようですけど、よく考えてみますと違うのではないかということです。それから二行目の"unconscious substrate"無意識の基底となりますと、ドイツ語では「無意識の背景」――つまり、アーキタイプとかコンプレックスを意味すると思いますが――とありますから、私などは基底と背景とでは意味が違うのではないかと思うわけです。基底"substrate"というと、"substance thinking"つまり実体として無意識を、またアーキタイプを考えることになるのではないか。意識と無意識はいつも動いているんです。陰と陽との働きとしての道の働きですから。ですから英文のように、基底"substratum"と言ってしまうと、無意識を実体視することになり、誤解を招くのではないかということなのです。こういうことに気が付いて、じつはドイツ語をあえて入れたのです。それから無意識における"actual exponent"（実際の代表者）という言葉ですが、これはドイツ語では「その都度その都度の代表者」ということになり、そうとう意味の違いがあると思います。

次にセンテンス②ですが、次のように訳せるかと思います。「自我のセルフに対する関係は、動かされるものと動かすもの、あるいは対象と主体との関係である。それはセルフから放射している（自我にとって）決定的な諸要因が、自我の周りをすべて取り囲んでおり、したがってセルフは自我の上位にあって、それを従属させているから」。

エゴとセルフの関係は、ユングによると、ちょうど動かすものと動かされるものということです。"moved"というのは動かされるもの、動かされているものと言ったらいいでしょうか。自我はいつもセルフによって動かされているもので、セルフはいつも自我を動かしているものである。そして自我はセルフによって動かされている対象であり、セルフはいつも主体性をもっているというわけです。セルフが主体であって、その主体が動かしている対象、それが自我である。したがって、決定的要因というのは自我を取り囲んでいるセルフである、セルフはあらゆる面から自我を動かしている、セルフが自我を働かしめている決定的要因である、ということを言っているわけです。ですから五行目の"supra-ordinate"上位にあって従属せしめるというのは、自我の働きの上位にセルフの働きがあり、自我はセルフの働きに従属して働いているということです。

最後に、残りの三つ目のセンテンスですが、一応次のように訳してみました。「セルフは、無意識と同じように、つねに現存せるもので、そこから自我が発展するのである。セルフはいわば自我の無意識原形なのである。私自身を創造したもの、それは私なのではなくて、むしろ私は、たまたま私自身となったのである。この自覚は、宗教現象の心理学にとっては、根本的重要性をもつものである」。

初めのセンテンスは非常に難しいと思うのですが、この部分、英語だけ読みますとちょっと誤解する可能性がありますね。「セルフは無意識と同じように、先験的に存在しているものである」。ところがその“a priori existent”のドイツ語が“das Vorhandene”となっているんです。直訳すると「いつも現存している」ということです。“a priori”(先験的)というと、これは認識論的な、形而上学的な、カントが使った言葉です。しかし、“das Vorhandene”というのはいつも現存しているということですから、今ここに現に働いているということです。自我が働いていようがいまいが、たとえ睡眠中でも、またお酒を飲んで酔っぱらっても、いつも現存しているというわけです。その現存しているセルフから、セルフに動かされて自我が出てきた、発展してきたというわけです。このような自我とセルフの考え方は、もしかすると日本人にはよくわかるのではないですか。場に対して敏感である、あるいはハーモニー、バランスを重んじるような人にはよくわかることだと思います。

次はいわばセルフは自我の無意識における“prefiguration”。この言葉はどう訳したらよいでしょうか。自我が形成される以前にあるものであり、しかもすでに自我の形をもっているものだということです。いちおう「原形」と訳してみました。ですから、旧約聖書の創世記の中に言われております、神が己のかたちに似せて人間をつくったというような考え方に通ずるものかと思います。つまり、神の似姿である人間の本来的イメージとしての神、その神は心理学的に言えばセルフであり、そのセルフを原形として、セルフの働きにより、セルフから自我が形成せられ発展した、という考え方から、こうした表現が出てきていると考えられます。

そして次の文章ですが、私が自分を造ったわけではなく、自分はたまたま自分になったんだというわけです。ユングのような創造的な人、自我の強い人がこういうことを言っていますと、ふつうの人はいったいどういうことになるのかと思います。そして最後の締めくくりですが、この自覚は宗教現象の心理学にとっては根本的に重要なことです、というわけです。この三つのセンテンスは、ユングが好んでよく引いています聖パウロの「我生きるにあらず、キリスト我において生きるなり」（新約聖書、ガラテヤ人への手紙二・二〇）こういう言葉に重なっていると思うのですけれど、この引用文を見ますと、ユングがずいぶんセルフを強調しているということが十二分におわかりになると思うのです。

　このようなユングのセルフ・サイコロジーは、さっき言いました、陰・陽・道という中国の考え方と重ねて考えられるかと思います。自我意識と無意識、それはいずれが陽でも陰でもいいわけです。それがセルフ・道によって支えられている、つまり自我のあり方なり無意識のあり方に応じて、お互いに相補的に働いているわけです。しかしその主体は自我ではなくて、あくまでセルフにあります。アーキタイプもそういう具合に、意識・無意識を通じて働いている心・サイキの機能の働き方のパターンであると考えられますが、セルフは全サイキの働きに中心と意味とを与えるアーキタイプであるとされています。そして自我の働きは、いつもそのアーキタイプの働きのうえにのっかっているわけです。ですからセンテンス①の「無意識の背景」つまり動詞的なアーキタイプ、それを名詞的に、substance、entity、実体とか実在としてとらえると間違うのではないかと、私は思います。

　ユングは、いろいろなところでアーキタイプについての考えを述べています。そのコンテクストに応じて、アーキタイプをいろいろと違う表現で言っています。生物学的に本能的な働きと言ってみたり、遺伝的な構造と言ってみたり、無意識的に先在する形態とかいろんな表現を使って言っているのですが、[21] 私自身は東洋人・日本人ですから、陰・陽・道というイメージで、宇宙に働いている生命の働きとしてとらえてみたらと考えております。しかし自分なりに納得のゆくように心的現象のあり方をとらえていないと、生きている人の分析はできません。私なりにいろいろな体験と臨床の経験を積みまして、このように理解した方が私にはわかりやすいということです。もっとよい考え方があれば、教えていただきたいと思っています。

　最後に、四番目の引用文ですが、これもユング心理学を理解するのに大切なものと思います。

## 第4節　夜の航海

［4］A hero is devoured by a water-monster in the West（*devouring*）. The amima1 travels with him to the East（*sea journey*）. Meanwhile, the hero lights a fire in the belly of the monster（*fire-lighting*）, and feeling hungry, cuts himself a piece of the heart（*cutting off of heart*）. Soon afterwards, he notices that the fish has g1ided on to dry land（*landing*）; he immediately begins to cut open the animal from within（*opening*）; then he s1ips out（*slipping out*）. It was so hot in the fish's belly that all his hair has fallen out（*heat and hair*）. The hero may at the same time free all those who were previously devoured by the monster.[22]

四番目にもってきましたのは、フロベニウス（Leo Frobenius）[*6]というドイツの民族学者が、太陽神話をこのようにまとめているんですが、それをユングが『変容の象徴』で引用しております。私がユング研究所にいました頃、この太陽神話は、個性化を考える場合、たびたび引用されていましたので、ご参考までに取り上げました。

この引用文は、次のように一応訳せます。

ひとりの英雄が、西において海の怪獣に呑み込まれる（呑み込み）。怪獣は彼とともに東へと行く（航海）。その間、英雄は怪物の腹中で点火する（点火）。彼は空腹をおぼえ、怪獣の心臓の一部分を切り取る（心臓切り取り）。その後すぐに、英雄は怪物が乾燥した地上に滑走上陸したことを知る（上陸）。彼は直ちに内部より怪物を切り開き始める（切開）。そして彼は滑り出る（滑り出ること）。怪獣の腹中は大変暑かったので、英雄の髪はすっかり抜けてしまう（熱と髪）。英雄は、同時に、以前怪物に呑み込まれたすべてのものを自由にする。

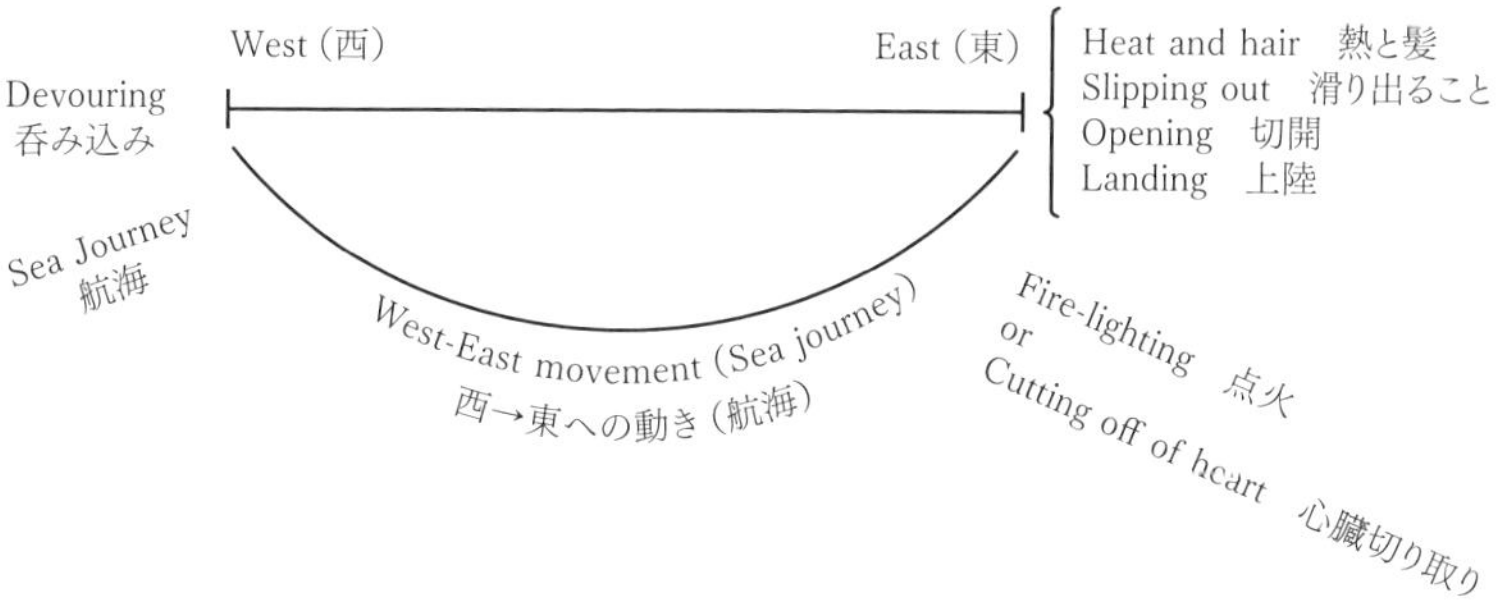


図2-7　フロベニウスの太陽神話の図

これは一見しますと、先ほど言いました、自我の男性的機能“masculine functioning of the Ego”にマッチする考え方ではないかとも考えられます。三番目のコウテイション（引用）にあった“I happen to myself”（私はたまま私自身になる）は、男性的“masculine”ではなく女性的“feminine”機能の方ですね。ですから、ユングの考えにもちょっとギャップがあるようにも見えます。ユングがこの本“Symbols of Transformation”（『変容の象徴』）を書いたのが一九一二年で、三番目のコウテイションは一九四〇年の初めですから、三十年近くのギャップがありますから、これは当然のこととも言えましょう。しかし後述のように、いちがいにそうとも申せないようです。

英雄というのは、だいたいユング派の人は“archetypal bases of the ego development”（自我の発展の元型的根底）というように解釈します。つまり、アーキタイプが自我の働きの根底に働いていて、そして自我がそれに支えられて自我の形成発展ということが起こってくる、そういう自我の発展過程が、英雄として元型的に象徴されているわけです。その英雄としての太陽神話です。

ここで英雄が西において、海の怪物“water-monster”に呑み込まれるわけです。この怪物が、彼を呑み込んだまま東の方に動いていくんです。これは、夜の航海“night sea journey”とふつう言われています。私たちが無意識の中に引き込まれていくということを、このように表現しているのです。これはユングが第二の人生に関連させて語るところです。第二の人生は彼によると、だいたい三十五歳からです。それは、自分の無意識との対決が起こってくる時期です。英雄は怪物に呑み込まれ、そしてその化け物の胃の中で火をつけます。空腹感をおぼえて、その化け物の心臓の一部を切り裂きます。そのあとしばらくして、怪物はどこかに上陸するんです。殺されていないわけですね。そこで英雄はすぐに化け物を内から切り開きます。そして外へ出ます。怪物のお腹の中で大変暑かったので、髪の毛が全部抜けてしまいます。英雄はこうして以前に呑み込まれていたすべての人々をも自由にするわけです。この太陽神話は、個性化における自我の男性的機能を象徴的に語っているものと考えられます。怪物つまり無意識に呑み込まれて、真っ暗な無意識の中で無意識と対決するわけです。

こうして「夜の航海」が起こります。そこで英雄・自我は、無我夢中で火をともし、怪物の心臓の一部を切り裂いて、飢えを満たします。心臓は無意識のエッセンス、それを自分なりに消化していくわけです。そのような努力をしていくうちに、怪物はどこかに上陸する。間髪を入れず、英雄は怪物を切り開いて出てくるわけです。出てきたときには髪の毛が全部抜けている。これは非常に象徴的です。新しく生まれ変わっているわけです。そして、怪物が呑み込んでいたすべての人々が自由になるというのは、心的内容がみんな新生の自我の働きに統合されて、生まれ変わるというわけです。やがて新しい太陽が昇る。英雄・自我が新生するわけでしょう。しかし、夜が来るとまた太陽・英雄・自我意識を呑み込む海という怪物・無意識がいるわけですね。そしてそれがずっと繰り返されていく。そういう具合に考えられると思うのです。この神話は「一難去ってまた一難」と申してもよい人生のあり方を象徴的に語っているとも考えられます。

ですから、ここに表れている個性化のイメージは“Selbstverwirklichung”というよりも「自分になる」というイメージの方がむしろ勝っていると考えられます。どちらのイメージも大事なわけで、どちらが大切かといった質問をすること自体、男性的自我に立っていると思うのですが、私は日本人ですから、どちらも大切な役に立つ考え方だということになるのだと思います。そしてどちらかと言えば「セルフの自己実現の働き」という面に惹かれているわけです。この観点から考えますと、怪物に呑み込まれた英雄は、その現実を受容してそれに対処する、つまり一見男性的に働いているように見えるが、じつは現実を受容するという女性的な働き、それが根底にあるとも考えられるわけです。

こうして四つ、ユングの言葉を引用して考えてきましたが、個性化というのは、ユングの心理学で一番根本的な仮説になっていますから、前にも申しましたように、私自身も自分なりにずっと、どうすれば納得できるかと考えております。私の場合には、陰・陽・道、無意識・意識・セルフ、そして「セルフの自己実現の働き」という具合に、東洋の考え方がついてまわっております。この「道」の考えは、ユングの言う「セルフの自己実現の働き」としての個性化を、東洋的に表現しているのではないかと思います。その場合、自我は女性的に機能すると考えているわけです。英語・ドイツ語まじりでお聞きにくかったと存じますが、最近、個性化について私なりに考えておりますことを紹介させていただきました。

原注

1 Hayao Kawai, The Japanese Mind as Reflected in Their Mythology, Psychologia. XXVIII: 2 June 1985. 河合隼雄『中空構造日本の深層』、中公叢書、一九八二年。

2 C. G. Jung, The Practice of Psychotherapy. CW. vol.16. par.336.

3 C. G. Jung, "Conscious, Unconscious, and Individuation," in The Archetypes and the Collective Unconscious. CW. vol.9i, par.275.

4 C. G. Jung, Two Essays on Analytical Psychology from ibid., Vol.7, par.266.

5　本書所収の「宗教とユング心理学」参照。
6　C. G. Jung, Memories, Dreams, Reflections. Recorded and edited by Aniela Jaffé.（New York. 1961）. p.325. 河合隼雄・藤縄昭・出井淑子訳『ユング自伝——思い出・夢・思想』二、みすず書房、一九七三年。
7　「宗教とユング心理学」参照。
8　C. G. Jung, "Psychology and Religion." Psychology and Religion: West and East. CW. vol.11.（New York）. pp.5-8.
9　C. G. Jung, "The Aims of Psychotherapy." The Practice of Psychotherapy. CW. vol.16. par.82.「心理療法の目標」、林道義編訳『心理療法論』、みすず書房、一九八九年、所収。
10　マントラ（Mantra）は真言と訳されている。真実の言葉。思考・祈禱・讃歌・呪文などの意味。それを唱えることによって精神統一を得、瞑想の境地の体験が可能となる、とされている。
11　Mircea Eliade, Myth, Dreams and Mysteries.（New York）. pp. 149 - 154.
12　C. G. Jung, Memories, Dreams, Reflections. p.4.
13　河合隼雄『昔話と日本人の心』、岩波書店、一九八二年、特に第九章「意志する女性」。
14　『歎異抄』第三章。
15　C. G. Jung, Memories, Dreams, Reflections. pp.298-292.
16　Ibid., pp.323-324.
17　『老子』第四十章。
18　福永光司『老子』（下）中国古典選十一、朝日新聞社、一九七八年、二八－二九頁。
19　本田済『易』（下）中国古典選二、朝日新聞社、一九七八年、二七一－二七二頁。
20　C. G. Jung, "Transformation Symbolism in the Mass." from ibid., vol.11. par. 391.
21　C. G. Jung, "A Psychological View of Conscious." Civilization in Transition. CW. vol.10. par.817.
22　Leo Frobenius, Das Zeitalter des Sosdnnengotts.n vol.1.（Berlin. 1904）, p.421. Quoted in C.G.Jung. Symbols of Transformation; An Analysis of the Prelude to a Case of Schizophrenia. CW. vol.VI. Pars.309-310. 野村美紀子訳『変容の象徴』（上下）、ちくま学芸文庫、一九九二年。

編者注

１　レーガン大統領：ロナルド・レーガン（Ronald Reagan, 1911-2004）。第四十代アメリカ合衆国大統領（任期一九八一－一九八九）。ラジオ・アナウンサー、ＴＶ司会者、映画俳優、俳優組合委員長を経て、カリフォルニア州知事（一九六七－一九七五）、そして大統領となった。

２　ＢＢＣブラックとのインタヴュー：本書所収「宗教とユング心理学」参照。

３　サイコロジカル・タイプ：心理学的類型。ユングは基本的態度として外向型と内向型を区別した。さらに思考、感情、感覚、直観の四つの基本的心理機能を考え、外向的思考型など八つの類型を考えた。

４　センセーション機能：ユングの考えた四つの心理機能の一つ。感覚機能のこと。

５　チャレンジャーが失敗：本書所収「宗教とユング心理学」編者注６を参照。

６　レオ・フロベニウス：Leo Frobenius（1873-1938）。ドイツの民族学者。

# II

# ユングと仏教

# 第3章　ユングと仏教――「動く仏教・実践する仏教」

## 第1節　ブッダとユング

私はユング心理学とか仏教とか、最近、自分で言えなくなってまいりました。それらはいずれも客観的に言えるものではないからです。

ブッダとユングは本当の自分を知っていた。そういう主体的な「自己究明」の信念に生きていた人ではないかと思います。

ブッダは仏教を説いておられません。しかし、法は説いておられます。それから、道は説いておられます。教えは体をもって実践しておられました。

ユングはいかがでございましょうか。彼の死ぬ数年前にヤコビという有名なユング派のお弟子さんが、ユングの心理学を学術的に解釈した論文を書かれました。そのコピーをもらった時に書いたユングの手紙があります。

初めの部分には、よく立派に説明してくださっている、ということが記されています。

しかし、あとの部分には、自分はあなたの言ったこと、特にセオリー、理論という言葉に躓《つまず》く。それから、概念、抽象的な説明、そういうものに出くわすと躓く。私は事実を事実として観察し叙述してみたかっただけだ、といった内容のことが書かれています。

ユングは何が言いたかったかといいますと、事実を事実として観察、叙述すること、しかもできるだけ客観的にということではないでしょうか。これを難しい言葉で言えば、「心的現象論」ということですが、彼が言いたかったのは、どこまでも体験という事実が中心で、客観的な理論や概念ではないということ、さらに体験の事実に基づいて概念や理論が作られていくということです。どこまでも事実としての体験が中心です。

ところが、ブッダがそうなんですね。ブッダという言葉は、ブドゥフ（buddhu）という言葉、目覚めるという動詞からきているのです。

そう言うと、みんな目覚めているではないか、ブッダが目覚めるということとどこが違うんだ、といわれますが。

だけれども二つばかり違いがあると思います。

一つは、やはり「真」のものといいますか、永遠に変わらないものといってもいいでしょうね。誰が見ても頷《うなず》けるものといってもいい。そういう「真実なるもの」、それが法に目覚める、ということです。これは、自我意識による概念、そして理論ではありません。

法に目覚める、ということは経験の世界のことです。事実ですから、はっきりと観察もできるし、叙述もできると、そういう話にもなっていきますから、ユングが手紙で言っているようなことと平行していきますね。

紀元前五世紀から六世紀に生きたブッダと、一九六一年六月四日に八十六歳で亡くなったスイスの精神科医ユングと、時代は二千五百年から二千六百年ほどとんでおりましても、同じように強調されていることは、事実に即すということです。誰が見ても頷ける、そういう精神に貫かれているということです。

もう一つは「願い」ということです。「願い」というものを表面に押し出したのは大乗仏教です。ブッダが亡くなってから四百年から五百年になりますかね、紀元前後に出てきた、ブッダに帰れ、ブッダの求めたところを求めよう、という精神運動、それが大乗仏教であると私は理解しております。

大乗仏教ではブッダが菩薩になっているのです。菩薩と申しますと、仏になれるのにならない人です。なぜかと言うと、仏になってしまえば人助けができない。難しい言葉では「上求《じょうぐ》菩提《ぼだい》下化《げけ》衆生《しゅじょう》」と言いまして、上求、上に菩提、つまり目覚めを求める。これが頭で考えた概念的な理解です。いっぺん目覚めたら、目覚めたがゆえに問題ばかり出てきます。それが、目覚めの不思議な動きです。本日のシンポジウムのテーマ「動く仏教、実践する仏教」というのは、なかなかいい言葉ですが、目覚めに基づかなければ駄目ですね。

上求菩提でしょう。菩提が目覚め、下化衆生、これがブッダの教えが慈悲の教えだと言われる根底にあるわけです。何のためにと言われた時に、目覚めのために、と同時に、衆生のために、他の人々と共に、ということです。

一切衆生のためにというのは、生きとし生けるもの、今の言葉で言えば、生態学でいう「いのち」ですね。草も木も入ってきます。石も岩もみんな入ってきます。それが自分と同じいのちに生きているというのです。ユングは面白い人で、子どもの頃、石に腰かけていると、石が自分か、自分が石かわからなくなった、というのです。石ですよ。ストーンです。おかしな話ですね。でもそれは、環境がどんなに大事かということですね。環境が自分、自分が環境、これが生態学の考え方だと理解しております。

今、日本はアメリカに続いて環境破壊ナンバーワンの国として有名になってしまいました。欧米では仏教国だと言われている日本であるのに、です。

私は、日本に帰るたびにさびしくなります。アメリカには、まだずいぶん自然が残っており、日本ほどには環境の破壊は感じません。私の故郷は大阪の中央区ですが、うちの周りは戦災後復興されたので、土は全然見られません。また、今、この会場にまいりますのにタクシーに乗りました。ひょっと外を見ましたら桜が数本並んで咲いている。桜通りというのだそうですね。花と言えば桜ということを、うっかりして忘れていました。ところが桜も気の毒に、コンクリートの隅の小さな場所で、それでも力いっぱい咲いているという感じです。昔はもっと美しい桜通りであっただろうと思ったことでした。

本当に、「一切衆生《いっさいしゅじょう》、悉有仏性《しつうぶっしょう》」などという言葉もあるように、ことごとくに仏のいのちがあるわけです。自《じ》他不二《たふじ》の事実です。そういう感触が動き、実践となっていくのが菩薩の下化衆生《げけしゅじょう》です。教化《きょうけ》の化《け》ですね。そういう大乗仏教の菩薩精神が出てくるのです。

こうなってきますと教えは実践、道、ということになり、ごく簡単な話になっていきます。この二つのことが大事なわけです。目覚めの働きというだけでは駄目で、それがどこに向かって方向づけられているかということです。

そこには何を信じよとか、こういう教えがあるとか、人生は苦であるとか、すべてのものにはいのちがある、というようなことを生き生きと感じさせるような人間のイメージが湧いております。

仏典を読みますと、ブッダの伝記を書いた文学が山のようにあります。その中で慈悲だけに限って言いますと、例えば禅定《ぜんじょう》の教えはお釈迦様以前からインドにあるのです。それは、一応きちっとした概念で埋まります。ユングの嫌いな概念で埋まります。

そして、これは「修習」、修め習う、という言葉が大きな柱になっております。バーヴァーナ（Bhavana）と言います。意味は「己をして己にならしめること」で、ユニークな言葉、奥行きの深い言葉です。

ふつうは「自分」ではないのです。自分が見えてないのです。目覚めたって勝手な自分の都合のいいようなことばかりに心がいく。本当の自分、あらゆるものと一緒にいのちを共有している自分、慈悲、そういうような気持ちもありません。でも本当は、それはないどころかあるはずなんです。十二分にあるのに気がつかない。だから、迷っているということになるんでしょうが。「修習」とは、そういうところにつながっていく言葉なのです。己を己たらしめると、こんな含蓄のある言葉はございません。

それが、ヨーガの修習の教えです。何も瞑想してどうのこうのというのではないですね。自分のいのち、その本当のいのちは自分だけのものではありません。われわれお互いのいのちは、いろんなものの助け合いと言いますか、お互いがおかげをこうむりあって自分があるわけです。ですから、多くの縁が今この自分に起こっている、という縁起の教えは決してややこしいものではありません。

仏伝では、二十九歳で出家後六年間、ブッダは苦行と結びついた禅定を修行しておられまして、そこには二人の先生がいらっしゃるのです。そして、そこで修得した、悟った――私は悟るという言葉は好きではないですし、その内容がまず定義できないから話をしていても非常に無責任で嫌なのですが――禅定の境地が、ずうっと深まっていって、そして二人の先生の指導により禅定をしたのに、その先生方を捨てて自分の道を行かれた。そこから、樹下静観《じゅかせいかん》、菩提樹下での禅修習による真の目覚めの自覚が起こった、と言われています。本当にこれが自分だと自信をもたれた時に、誰かに聞いてほしいと思われた。それは誰かと言えば、以前の二人の先生方だと。仏法ではその話がここに入ってくるんです。

どうして先生があるのにわざわざ捨てて行かれたかということですが、まずブッダの当時に、出家者の流れ、文化があったということです。ブッダの出家は二十九歳という説があり、また十九歳という説もございます。

二十歳前ともなると、青春の不安定な気持ちもだんだんおさまる頃で、自分が見えてきますね。二十九歳となりますと、孔子は三十にして立つと言いましたように、そろそろ人生の方向が決まる時です。どちらを取っても私は話が合うと思うのです。要するに、その時点において家を捨てる。人生の転換期にあるわけですから。そして家を捨てるというのは、今までのあり方を反省する、自分の歩む道を求める、ということになります。それで新しい方向を見出したというわけです。

そこで、話を元に戻しまして、六年間もの難行苦行の末に修得した出家者文化の禅定であるのに、それは自分が求めているものではないと思われた。それで、自分なりに進まれたのではないかと思うのです。これはさぞ辛かったろうと思います。

そのきっかけとなったところに慈悲の話が入ってくるのです。
それは、十二歳頃とされていますが、ブッダは幼児より大変感受性の強い知的意欲の盛んな人であったようです。幼名はシッダールタ（Shidhartha）、そして父はスッドーダナ（Suddhodana）、母はマーヤ（Maya）夫人、と経典にはあります。

春の農耕祭の日とも言いますが、ある日、ローズアップル（rose apple）[*1]の（菩提樹ではありませんが）、その木の下で瞑想されて初禅を体験された、とあります。仏教では、木が非常に関係があるのです。

ところが、その瞑想の動機ですが、炎天下に裸体で土まみれになっている農夫、鞭《むち》で血が出るまで苦役されている牛、地面に掘り出された虫を競って食べている種々の鳥を見て、憐みの情をもよおし、心に慈悲が起こった、というのです。「このように世間の衆生《しゅじょう》は、苦を受けたり与え合ったりしているのに、苦を厭《いと》うてそれより脱却する道をどうして求めないのか」と、ローズアップルの樹下での瞑想の動機が語られています。

この話を私なりに脚色して、学生たちに苦を説明するときによく使います。

ある日のこと、シッダールタは、たまたま百姓が土を耕しているのを見ていました。そうすると、偶然でしょうね、掘り返された土の上に虫が出てくるのです。アースウォーム（earthworm）といいますが、ミミズか何かです。そうするとそのミミズを目当てに小さい鳥が来ます。そしてその小さな鳥を大きな鷹が追いかけていくのです。それで、そのような生き物のあり方に若きシッダールタ、つまり、若きブッダは胸を痛めるのです。あらゆる生き物は殺し合わなければ生きられないのかと。

学生にはそういう話をして、お互いのいのちの絡まり合いの事実に対する目覚めは、衆生と共に苦よりの脱却を願う慈悲として仏典に伝わってきているのだ、と一応説明するのです。

また自分が禅定で行き詰まった時に、あっ、あの初禅だ、あの瞑想だ、ということが心の奥底から湧き上がってきたわけです。

これは非常に大事なことです。湧き上がらなければ自分のものではないのです。自分の心の中から出てこないものは、借りものです。人の考えを引用したり真似したりではないのです。いのちを揺さぶる地震のようなものです。

そうでしょう。二十九歳から三十五歳まで先生について難行苦行をしておられます。そして、成道《じょうどう》されます。六年間こういうことをしてきても無駄になるのではないか、そう思った瞬間に思い出された初禅の体験。これは偶然でしょうか。

言ってみれば、若き時のそういう体験というものは、待っているのかもしれません、思い出されるその時期を。だから行き詰まった時に出てきたのが、その思い出だったのではないでしょうか。

## 第2節　ユングにおける「願い」

どうして若きブッダに、多感なブッダに、そういう話が仮託《かたく》されて伝わっているのでしょうね。それは、客観的に誰が見てもわかるような事実を、ということのほかに、もう一つ、そういう願いが必要だということを表しているのです。ユングの場合にどこにそれを見つけるかというと、ユングは本当に自分の教えがもっとやさしい言葉で伝わるようにという願いをもっていたということなのです。

一番最後に書いたユングの論文、彼自身が自分の分析心理学をやさしく説明することを試みた論文が、“Man and His Symbols”という本に所収されております。日本語にも翻訳[*2]されていると思います。ある人は、あれは不十分だというような批評をしておりましたが、あの論文はそういう願いから出たものだと耳にしております。

それは私がチューリッヒにいた頃に出た本です。私が研究所にいたのは一九六四年から六七年でした。その間に、ユングから分析をうけた分析者の人たちからも聞いたのです。一人や二人ではありません。ユングはそういう願いをもっていたということなのです。このことについては、いろいろなエピソードがあるのですが、別の話になりますので、指摘するだけにしておきます。

ですから、願いということを申してもよろしいと私は思います。言ってみればオリエンテーション（orientation）です。

## 第3節　全体の真実を見る「中道」

話を元へ戻しまして、誰が見てもそうだと言えるものは何かと言いますと、いわゆる「事実」と言われていることです。英語でファクト（fact）ですね。事実を見ることが非常に難しい。人によって見方が違うし、角度が違うと全然違うように見えますし。それから使う説明の言葉が異なると、これまた違ってきますね。

面白いことにブッダは、誰が聞いても、あるいは誰が見ても、そうだと思えることを言っているわけですね。それは何かと言いますと、ものはすべて変わっていくということです。当たり前ですね。そんなことに目覚めるなら今さら教えてもらわなくてもいい。何を失礼な、と言われそうですけれども。

変わっていくから順応しなければいけない。

そうしますと、お前それがわかるのだったら、今の自分と今から一年前の自分と違うと思わないか、と言われればどうなりますか？

初めは無常でしょう？　その次は苦です。その次は無我の教えということになっているのです。

だから、目覚める。目覚めるというところに、その目覚めの対象がそこでいつも変わっていって、そしてとどまるところがない……。

変わっても変わらないという思いがずうっとあるわけですから、そうなってきますと、これは論理ではございません。心理に近いと言った方が事実に近いですね。心には対象が必ずありますから、心はどんどん変わっていきます。そして、心と対象のかかわりでいのちが動いておりますから、それ以外のいのちのあり方は語ることはできません。そうしますと、今ここにおいて刻々変わっていること、次の瞬間にいのちが途絶えるかもしれませんから、これに打ち込めなかったらその人は一生空しくなりますね。

大変おかしな話になりましたが、これははっきりしています。しかし、思い切って心理現象、心の働き、にすると面白いですよ。

何で面白いかと言いますと、頭の論理では誰にでもわかることが、じつはわからなくなるからです。常と無常でしょう？　永遠のものと消えゆくもの。二つの反対物です。そのいのちをあなた方も私も生きているわけです。それも一つになって生きているのです。そういう考えをする。その常と無常を、良いとか悪いとか、損とか得に、置き換えてください。そうするとどうなりますか？

「あっ、俺は損したけど、誰か儲けているだろう」ぐらいに考えればいいわけです。こんな気楽なことはありませんね。

これは全体から見ていますね。一つの世界です。いのちというのは、縁によって一つにかかわり合っているのです。今の自分と以前の自分、その一つだけ取り上げて、若いとか老いているといって、どうのこうのと言えません。取り上げたって何もありませんよ。事実しかないのです。老いるときは老いるがよろしい。死ぬるときは死ぬるがよろしい。すると無我とか無常とか言っても、その反対物をも取り上げねば何も言えないのではないかという話、これは論理というよりは道理です。

どうして論理にしてしまうと誤解が起こるのか。それは皆さん、ご存じでしょう？　立場があるからです。立場を変えてみれば、良いものが悪いものになります。

今日もそうでしょう？　朝から雨が降っていましたが、でも、「雨の日だから嫌ですね」というのは、これは皆が皆そうではありませんから言い過ぎですね。もし皆さんが昔、傘でも売っておられたら、今のように大量生産できない、一本一本作って売っていく傘屋さんだとしたら、ああ雨か、今日は儲かるぞ、と喜ばれますね。

下駄を作っておられたら、雨では下駄が一足も売れないかもしれないと、勝手なことです。天気になったら、傘屋は困りますが、下駄屋は喜ぶでしょう。でもそれも結構。照る日曇る日、晴れたり雨が降ったり、お天気全体の働き、ということで、これが道理だと思えるわけです。

このように全体から見ることを考えれば、ちょっと意識のレベルが違ってきます。反対のものが、それぞれその所を得て生かされてきませんか？

ですから、意識のレベルが上がっていくということは、これは願いたいことですね。願ったりかなったりということです。

今、イラクで戦争が起こっております。*3 お互いの国の利益が違うからという取り方をすれば、これは論理。グローバル時代ならグローバル全体として一つの世界の単位として、全体の利益を実現しようという勇気を共有しているはずだ、という視点から、限られた資源の分配を考えればいい、と言えば、これが道理。そして、これがすなわち、世界の願いではないかと私は思うわけです。そういうことなのです。

全体から考えるということを思うわけです。この反対の一致ということ、それは全体の働きから見れば一致している、それぞれにその所のよろしきを得て働いている、ということです。中道において、バランスがとれて働いている、損得とか善悪を言うのは片方だけを見ているわけです。

仏教の場合はそれでいいのですが、もう一つつけ加えますと、お釈迦様は、私は何もわからん、というようなことは言っていないのです。わからなければここに来て見なさいと、「来たれり、見よ」と言っている。そういうはっきりとした言葉があるのです。

それから、もっと私が感銘を覚えるのは、自分（ブッダ）がこういう教えを説こうが説くまいが、事実としてこれは永遠のダルマである、というところです。

ダルマとは真実ということです。

ですから、仏法、仏道と言いましたね。仏教では、お釈迦さん自体が自分の行為とか言動（行実と言いますが）それで示しておられたところが法で、それを道としてお説きになった。

だから、偏《かたよ》らずに全体の立場から見るための道です。これを中道と言います。これを覚えておいてください。

ユングの話の時に申したいと思います。

## 第4節　無常、苦、無我、涅槃

ブッダの教えには無常、苦、無我があり、もう一つは涅槃《ねはん》が入ってくることもありますね。これは私が説こうが説くまいが、永遠に見られるところの嘘偽りのないダルマであります。ただ見る目がないだけです。目があるけれども、その目が全体を見ないで、自分の偏見、偏《かたよ》った見方に囚《とら》われているだけの話でありますね。

だから、本来、われわれは、ということが入っていくわけなんです。そういうものがあるんだと。

だから、そういうことを見られないから問題が出てくる。それを抜きにしては摑《つか》めない、そういうことなんです。

ここからが私が一番好きなユングになっていくのですが。苦というのはみんな嫌がりますね。西洋の人は、死もそうですが、この苦を天罰、神の裁きととるわけでしょう？　ところがそうではありません。

これは諸行無常のダルマであるというのが仏教です。

神の裁きととった場合、苦という問題が非常に大きくのしかかります。仏教は苦と説きますが、これはペシミズム（pessimism＝悲観主義）というものですね。イズム（-ism）というのは、これは自我が勝手に作り出した理論、概念論です。

大学では、私はブディズムというタイトルのクラスを教えておりますが、初めの時間に言うのは、私はブディズムを一切教えない。ブッダダルマ[*4]を教えると、こう言うのです。そして説明をするのです。説明を理解してもらうのに一学期かかります。週に三時間十六週。何時間になりますかね。

ペシミズム、それに対してオプティミズム（optimism＝楽観主義）もあるわけですね。

ところが、ユングはそんな -ism 的なことは一切言わない。「苦は転換する」と言います。言ってみれば仏教と同じ立場です。苦を踏み台と言いますかバネとして、大きな世界に意識が転換していく現象を観察しているわけですね。意識の転換、心の転換、それはいのちの転換です。

だから、ノイローゼのおかげで、というような患者がユングの場合はずいぶんあるのですね。問題があったおかげで本当のいのちを生きることができたと言います。罰としてノイローゼになったというふうにとったら大変な話になっていきますね。死に面して死を生きる、死に花を咲かせるということです。

もちろん、ユングが「説」を嫌ったということは私にはよくわかるのです。「説」は生きている人の心を枠にはめて殺してしまうわけでしょう？　こうだああだと。それは論理の世界ではよろしいでしょう。

しかし、心理の世界では通じません。論理はこれかあれかです。心理はこれもあれもでしょう？　つまり目覚めていることと目覚めていないことが同時に動いているわけですから、一度目覚めれば止まるところがないという、そういう話です。

仏教をしておられる方もおられるんでしょうね。中国の人はブッダという言葉が不思議だったんでしょうね。定義しています。

定義は、「自覚覚他《じかくかくた》、覚行窮満《かくぎょうぐうまん》」[*5]というのです。自覚、自ずから覚する、悟る。覚他、他を悟らしめる。覚行《かくぎょう》、悟りの行、行が続くのですね、悟りのプロセス、経過それは窮満《ぐうまん》。窮満というのは極まりなく満ちていくこと。

宇宙いっぱいがそういう悟りのようすがとなる世界である、ととればいいわけです。自分がそういう心構えでおれば、あらゆるものがすべて縁となって目覚めて、大きないのちにふくらんでいくと、そういう具合にとれば私がユングをここに引用しても、むしろユングは喜んでいるのではないかと思います。

以前ユング派の大会で論文発表する機会がありました。心配だったせいか発表の前の日に夢を見ました。その夢の中で私はダンスをやっているのです。広いホールでたくさんの人と一緒にです。ユングはそこへ来るのです。夢では、ユングは私を散髪しに来るのです。

どうもユングは私の散髪をしょっちゅうやっていたらしいのですね。ところがこのたびは、私がダンスをしているのを見て、ギューッとにらみつけて、そしてけったいな顔をしてどこかへ行きました。

どうもユングは、私を散髪するのをやめたらしいのです。その頃から私は勝手なことをちょっと言い出したのですが。じつはその論文も、仏教、それも念仏に関するもので、自分なりに分析者として理解したユングと念仏の教えを扱ったものなのです。

今ユングがここへ来たら、散髪したりしないで、私と踊ってくれないかなと、勝手なことを考えているのですが……。

このように考えてきますと面白いでしょう？

そういう夢。私もその夢をキャッチした時に、ユングのことをそのまま言わないでも自分なりに消化したユングのことを言ってもいいなという思い、もう散髪をしてもらわなくても結構だと、ぼちぼち図々しくなりました。

考えてみましたら、それがユングが言いたかったことではないかと思うのです。個性化というのはそういうことでしょう？　あなた以外の人間になれるはずはないのだから、あなた自身になれと。インディヴィデュエーション（individuation＝個性化）、分割のできない己としての最後のエッセンス、本質的な自分になれというわけですから、これは西洋の人の考えから言うから、そういうことになるのですね。

ところがです。「分割のできない己」という表現、これは一でもあり全体でもあるわけです。個と全ということで、いのちについて述べたことを思い出してください。各々別個のいのちが、一つのいのちとして働いている。それがインディヴィデュエーション・プロセス、つまり、個別のいのちの働きでもあると共に、全体のいのちの働きでもある。その意味で、中道において、バランスのある働きが見られる、と。これをそのように生きよ、ととりましたら、願い、という表現、自分に対する願い、それは同時に他の人に対する願い、ではないでしょうか。そういうことになっていくと感じるわけです。

ですから、苦ということをそういう具合にとっていきますと自分が変わっていきますね。そうすると無我ということですね。我があるとかないとかは関係ありませんね。「ああ、いつもあるんだ、あるんだ。ただ違うのは、そのあり方、働き方だけ」ぐらいに言っておけばいいわけです。生き方としては、過去のそういう苦と言われる体験のおかげで今の自分が大きく伸びていく機縁となるようなオリエンテーションをすることを願っている、と言うとちょっとわかってきますね。

そして自分はどんどん伸びていかなければ駄目だという具合にとれば、ここで私がやっている分析というのがある程度はわかっていただけるのではないかと思います。

だから、二つを突き合わせてみますと、ブッダは東、ユングは西、これ東と西で一つの世界、全体を見ると一つです。そして反対のことはお互いにどこかにあるはずです。これは河合先生が上手に言われるはずです。これを取り上げられたら凄いと思うんですね。

そして、先に言いました菩薩のそういうような考えですね。目覚めの一つの点にあると。そこに一滴、いのちの血液をポトッと落とすとしたら慈悲の教え、それがメイン、いのちのまことの自ずからなる自己実現、ではないかと思います。

全然こういう話をお聞きになったことのない方もおありかと思いましたので、こういう話にさせていただきました。

ただ、難しく考えたい方はどうぞ先ほど申しました一つだけ取り上げる道理を考えてください。ブッダもユングもそうではありません。東洋の場合はボース・アンド（both-and）と言うのです。そして、ユングの場合も、これもあれもでしょう？　善も悪も。そういうことです。正も邪も一つになって生きるグローバル世界ね。それを持ち込まなければ駄目ですね。論理は心理と違って、either-or これかあれか、ということで一方に偏ります。

それに比べて東洋の both-and の考え方は、ユングの表現で言いますと、“magnificently affirmative”「素晴らしく肯定的」です。アファーマティヴと言ったら文句なしに引き受けるのです。容認する。大肯定の世界です。どうですか？　仏様の本願、「善人なをもて往生をとぐ、いはんや悪人をや」。「書は言を尽くさず、言は意を尽くさず」。どうぞ意のあるところ、お汲みくだされば、望外の喜びかと存じます。

編者注

1　ローズアップル：日本名は蓮霧（レンブ）。ジャワフトモモともいう。熱帯地方の果物。

2　Man and His Symbols の日本語訳：C・G・ユング他、河合隼雄監訳『人間と象徴——無意識の世界』、河出書房新社、一九七二年。「ユングの最後の論文」は同書第一章「無意識の接近」。

3　二〇〇三年三月二十日、アメリカ合衆国のジョージ・W・ブッシュ大統領が主導し、イギリスなどを含めた有志連合によるイラク攻撃が開始された。ブッシュ大統領の挙げた主な理由は、イラクのサダム・フセイン大統領の政権が生物化学兵器等の大量破壊兵器を備蓄しており、国連の武器査察団に協力しないことにたいする武力制裁、イラク市民を圧政から解放すること、テロリストを支援しているイラクの民主化であった。正規軍の間の戦闘そのものは二〇〇三年末までに終結したが、大量破壊兵器はついに発見されなかった。その後イラク国内の治安が悪化し、米軍中心の戦闘は二〇一一年十二月、バラク・オバマ大統領がイラク戦争の終結を正式に宣言するまで続いた。

4　ブッダダルマ：仏陀の悟られた真実・真理。仏法。

5　「自覚覚他、覚行窮満」：善導『観無量寿経疏』「玄義分」釈名門に、「仏というはすなはちこれ西国（印度）の正音なり。この土（中国）においては『覚』と名づく。自覚覚他、覚行窮満、これを名付けて仏となす」とある。

# 第4章　自己実現の働きとしての如来

## ——「如来を喚んで長老と為す莫れ」

### はじめに

ブッダの菩提樹下における悟りの体験に、仏教はその源をもつ。しかしその悟りが、ブッダによってまず五比《ご び》丘《く》[*1]たちに伝えられたということがなければ、今日の仏教は、当然存在しない。すなわち、五比丘たちがブッダを「如来」として奉事し、その教えを「如是我聞《にょぜがもん》」[*2]と信受しなかったとすれば、三宝帰依[*3]の仏教は、今は存在しない、ということである。この自明のことを念頭において、菩提樹下の成道《じょうどう》から鹿野苑《ろくやおん》[*4]（Mrgadava）での初転法輪《しょてんぽうりん》[*5]に至る仏伝の記述の考察を試みたい。

いうまでもなく仏伝は、悟りの体現者ブッダに対する思慕、讃仰の心情に映じたブッダの行実《ぎょうじつ》であって、歴史的行実の忠実な叙述ではない。難知・難見・不可説の悟りが、その体得者ブッダの全人的行実を通して言語的・行為的・身体的生活のすみずみにまで具体的に生きているという「事実」を、仏伝は語ろうと試みていると思うのである。このことは、仏伝の考察にあたって、言語的考察のみならず、身体的・行為的考察が必要となることを意味しよう。否、不可説なる悟りの表現は、言語的にではなく、むしろ身体的・行為的に十分に語られているのでないかと考えるのである。このような観点に立って、菩提樹下の成道より鹿野苑の初転法輪に至る仏伝の記事を、『仏本行集経《ぶつほんぎょうじっきょう》』——「二商奉食品《にしょうほうしょくぼん》」第三十五の上・下、「梵天勧請品《ぼんてんかんじょうぼん》」第三十六の上・下、「転妙法輪《てんみょうほうりん》品《ぼん》」第三十七の上の五巻——に基づいて考察を試みたい。

かつて筆者はブッダの成道過程をばユング（C. G. Jung, 1875-1961）の分析心理学（the Analytical Psychology）の仮説の諸概念を援用して、「仏本行集経」の記述によって、その深層心理学的理解を試みたことがある。[1]『仏本行集経』にその材料を求めた理由は、それが他の仏伝には見られない数々の説話を集録しており、仏伝を集大成したもの、ということがいわれているからに外ならない。[2] 小論では、特に身体的・行為的現象として、象徴的に語られている悟りに焦点をあてて、ユング心理学の根本仮説、自己実現の働きとしてのインディヴィデュエーションを中心にして卑見を述べたい。以下、まず「如来《にょらい》を喚《よ》んで長老と為《な》す莫《なか》れ」というブッダの言葉のもつ重要性を考察したあと、ユングのいう「自己実現の働き」という考え方を簡単に紹介して、本論に入りたい。

## 第1節　「如来を喚んで長老と為す莫れ」

### 1　悟りの全人的表現

「如来を喚んで長老と為す莫れ」という言葉は『仏本行集経』によれば、ベナレスにおいて五比丘がブッダに対して「長老瞿曇《くどん》」*6と呼びかけたのに対して、ブッダが、五比丘に対していわれた最初の言葉である。ブッダのこの言葉は、力強い響きをもち、われわれにその底に流れている所証の法に対するブッダの信念が、確固不動のものであることを感じさせよう。否、むしろ確固たる所証の法が、五比丘の「長老瞿曇」という呼びかけに応じて、このような言語的表現をば可能ならしめた、と考えられないだろうか。さらに言えば、言詮不可説《げんせんふかせつ》*7の所証の法が、不可説なればこそ、ブッダの身体を通して五比丘たちの目前に「如来」——悟り・真如《しんにょ》*8よりの来生——として、威厳をもって彼らに語りかけていたということである。それゆえにこそ、アージーヴィカ*9の優婆迦《ウパーカ》摩にしろ、また五比丘たちにしろ、あとで詳細に論ずるように、「快好清浄」という言葉で、まずブッダの身体の輝きを讃嘆したのである。

右と同じような記述は、他の仏伝、『大荘厳経論』、『羅摩経』、『マハーヴァッガ』[*10]などにおいてもみられ、続いて五比丘に対する『初転法輪経』がブッダによって説かれたとする。それゆえ、難知・難見・不可説といわれるブッダ所証の法の言語的表現としての『初転法輪経』は、「如来を喚んで長老と為す莫れ」と、このように五比丘にブッダがいわれたときに、すでに言語的表現のうえでは、はじまっていると考えられるのである。

## 2　悟りの言語的表現

考えてみれば、言詮不可説とされる所証の法、悟りを説法する、ということは、そもそも矛盾した行為である。かかる矛盾のゆえに、諸種の大乗経典にあっては、ブッダは定中《じょうちゅう》[*11]にあって説法した、ということがいわれていると思うのである。こうして『華厳経』――ブッダ菩提樹下の悟りの直顕といわれる――では、ビルシャナ仏[*12]の三《さん》昧《まい》の境地を背景として、諸々の菩薩衆が入定中のビルシャナ仏の悟りの世界をそれぞれ讃嘆称揚する、という形式で説法が展開せられている。また『法華経』にあっては、三止三請ということがいわれている。それは「方便品」の初めにおいて、ブッダは、諸法実相《しょほうじっそう》[*13]は甚深微妙《じんしんびみょう》なるゆえ、之《これ》を説くということは止めようとされるのを、舎利弗《サーリプッタ》[*14]は、大衆に代わって之《こ》を説かれんことを請い、ブッダと舎利弗とのあいだに三度にわたってそのやりとりがあり、舎利弗の三度目の請《ねが》いをいれて、ここにブッダによって妙法が説かれた、という記述をさすのである。すなわち、説法者であるブッダよりすれば、その説法という行為は不可説の説というわけである。

## 3　悟りの生活的・全人的表現

悟りは、難知・難見・不可説とはいえ、それは生活のすみずみにまで滲透し活《い》きている、と考えられる。つまり身体的・生活的に表現され、働いているものである。「如来を喚んで長老と為す莫れ」というブッダの五比丘に対する言葉は、言語的・身体的生活の全体に活き働いている所証の法を端的《たんてき》にあらわしたもの、と考えられよう。

このように考えてくると、ブッダのすべての説法は、「如来を喚んで長老と為す莫れ」という言葉が、その冒頭におかれて然るべきものである。『初転法輪経』のみが「如来所説《にょらいしょせつ》」と称せられるべきではない、ということになろう。生活全体に活き働いている法は、聞く者にあっても、またその生活全体を通して聴受、味得《みとく》されることが必要となる。このことは、法の体験を媒介として、仏・法・僧の三宝が成立することを意味し、また一体三宝ということが考えられることを意味する。初転法輪のあとブッダは五比丘たちと共に生活され、彼らのすべてが法眼を得て証悟《しょうご》し、サンガ[*15]が成立した、と仏伝において語られているのも、法ないし法の体験を中心とし、それを共通の場としていると考えられよう。

それゆえ、生活的・全人的に生き働いている悟りの理解には、対象的思惟・論理的理性にたつ方法論では不可能とまではいわなくとも、不十分ではないか、という反省がおころう。筆者がここにユング心理学の仮説にたって仏伝——悟りの具体的体現者としてのブッダの伝記——の考察を試みるのは、その方法論が宗教的体験ないし宗教的人格の理解に対して視点を提供すると思うからである。

## 第2節　自己実現の働き

### 1　心的現象論

#### a　心的イメージ・観念

ユングの分析心理学は、フロイトの精神分析学と同じように、彼の五十年以上にわたる臨床体験に基づくものである。彼はいう、「私は経験主義者であり、また経験主義者として、現象学的観点を守るものである」[3]と。ここでユングがいう「現象学的観点」とは、心的現象論（psychological phenomenology）を意味する。したがって彼の心理学は、心的現象としてのイメージないし観念をその研究対象とするのである。例えば前述の「ブッダは定中説法をなした」というイメージである。かかるイメージ・観念は、およそ合理的理性では考えられないことである。それは、キリスト教でいえば「聖母マリヤの処女受胎」(virgin birth) という観念と同じく、まことに非理性的であるといえよう。しかし、そのような観念が心的事実として、人々の心の中に存在する限り、経験的事実として観察可能な心的現象、すなわちイメージ・観念であるということになる。[4] 理性的立場に立つ限り、かかる「定中説法」とか「処女受胎」といった観念は、すこぶる非科学的なものとして無意味なものと判断されよう。しかし心的現象論は、そのような二元的理性の判断に、心的現象としてのイメージの真理性を求める方法論にたたない。それは、心的現象であるイメージ・観念の真理性は、そのような判断に存するのではなくて、イメージ・観念が存在するという事実にある、とする立場である。

　それゆえ、ユングの意味する心的現象論は、歴史的事実性とか真理性を問う立場でもないのである。歴史的真理性の立場にたつ限り、大乗仏典、特に「定中説法」を説く経典は、すべて非歴史的な無意味なもの、となろう。もちろん、小論の取り上げている「如来を喚んで長老と為す莫れ」というブッダの言葉も、各種の仏伝に見られるからという理由だけでは、それが歴史的事実である、という主張ないし論証にはつながらない。むしろ、心的現象論の立場よりして、仏伝をそのように考え伝えてきた、その意味では数多くの仏教徒の一般的同意 (consensus gentium) のもとに共有されてきた客観的な観念・イメージである、ということができる。その意味では、『初転法輪経』のみが「如来所説《にょらいしょせつ》」と称せられるべきものではなく、すべての経が、この「如来を喚んで長老と為す莫れ」という言葉をうけて、「如是我聞《にょぜがもん》」、すなわち自分の勝手な恣意的に働く自我の解釈は加えられていないという「聞《もん》」の態度を表明する言葉ではじまっていると考えることができよう。「如《にょ》」より来生したブッダの所説そのままを「如是《にょぜ》」と聴者がうけ、所説の法、言詮所顕《げんせんしょけん》の法を媒介として、ここに「如」の働く場が現成しているということを、言語的に表現しているものと考えられるべきである。

### ｂ　心的イメージの客観性

一般に、観念とかイメージというと、われわれは主観的なもので何ら客観性をもたぬ、と考えがちである。しかし、右のように心的現象論にたって考察すると、逆に観念・イメージこそすぐれて客観的なものである、ということが納得できると思う。さらに、心的現象論は、観念・イメージこそが、われわれがその中で生活している現実であり、またわれわれの生活を律している現実である、という事実を指摘する。

『初転法輪経』に関していえば、それが「如来所説《にょらいしょせつ》」として、南方仏教徒に奉持《ほうじ》されてきているがゆえにこそ、今日、南方仏教では、種々の儀式法要において、『初転法輪経』が読誦《どくしょう》されているということがみられるのである。換言《かんげん》すれば、今日に至るまで南方仏教徒はすべて、ブッダの説法が「如来」としてのブッダによってなされた、という観念・イメージによって、三宝帰依《さんぽうきえ》を根底とする仏教徒としての生活を営んできたと考えられるわけである。とすれば、仏教徒としての生活に関する限り、その直接の現実は、心的事実としてのブッダ＝如来という観念・イメージということになろう。

### ｃ　「現実」・現に働くものとしてのイメージ

ユングはしばしば繰り返し「現実」という意味のドイツ語である“Wirklichkeit”を、“wirken”「働くもの」というそのもとの動詞形を引用して説明する。科学技術文明が支配的である今日、われわれは、ともすれば客観的なものは、物的なもの、対象的なもの、外的なものであると考え、内的なもの、観念・イメージを、単なる主観的なもの、恣意的《しいてき》なものとして、観念・イメージのもつ客観性を無視しがちである。これに対して、心的現象論は、逆に心的イメージ・観念こそ、われわれが直接に体験する「現に働く事実」としての「現実」であり、そのようなイメージ・観念によって、われわれは生活し行動している、ということを明らかにする。すなわち、「心的なもの」こそわれわれが直接に体験し知っている、ということのできるものであり、「物的なもの」は、感官によって伝達せられた心的イメージの知覚の媒介を通すことによってのみ、その存在を知ることが可能なのであり、その意味で単に推理せられた間接的な存在である、ということになる。さらにこのことは、「心的なもの」は、「物的なもの」同様、あるいはそれ以上に、われわれの生活を律し動かしている現実である、ということになる。それゆえ、心的現象論は「こころ」と「からだ」を通じて働いているイメージを研究対象として、経験的に叙述を試みる方法論であるということができる。このようなイメージに対するユングの考え方は、彼のサイキに対する考えを考察することによって、より明らかになろう。

## 2　自己実現の働き

ユングは、心的現象論にたって、人間の「こころ」、サイキを考察・叙述する。「サイキ」(the psyche) という言葉もそうであるが、ふつう「こころ」とわれわれがいう言葉の内容もすこぶる多義であり、また曖昧《あいまい》である。深層心理学が「サイキ」ないし「こころ」(the mind) という場合、心的現象としての意識の領域の基底あるいは深層に、無意識の領域が存在し働いている、という仮説にたって言うのである。

### a　創造的無意識

意識・無意識という両領域の関係についてユングは次のように語っている。

意識は、それがたとえどんなに広大なものであっても、常に無意識という大きな円の中の小さな円たるにとどまる。つまりそれは、海に囲まれた一つの島なのである。そして海と同じように、無意識は、数限りない豊富な生命《いのち》、それ自らを新たに補充してやまない豊富な生命を産むものであって、その豊かさは、われわれの臆測《おくそく》をこえたものである。《う》

このユングの引用文は、個人の自我意識にのぼらない、その意味で無意識的な「こころ」の働きの方が、意識の領域よりも、はるかに広大な領域を占めており、当然それは、どんなに意識の領域が広大になったとしても、そのすべての内容が意識化されることは不可能である、というのである。しかもユングは、意識に比べて無限の領域をもつ無意識が、また無限の創造性をもつ、測ることのできぬ生命力の働きそのものでもある、と考えているのである。したがって意識の働きも、この無意識という創造的生命力の母胎の働きなくしては考えられない、ということになる。

### b　「自己実現の働き」

さらにユングは、意識内容が自我（the ego）中心として総合されているように、意識・無意識の両領域を含む全サイキが自己（the self）を中心として働いている、ということを指摘する。ユングの言葉でいうと、

> 自己は、単に意識・無意識の中心であるのみならず、またその両者を包含する円周の全体でもある。自己がこの全体（意識・無意識を含む）の中心であるということは、恰《あたか》も自我が意識〔領域〕の中心であるようなものである。[6]

ということである。ユングのいうところを球にたとえると、その表面のほんの一部分明るいところ、それが意識の領域であって、自我はその明るい部分の中心であるが、自己は球の中心として球の全体にわたって働いているがゆえに、その明るい部分・意識の領域のみならず、暗い部分・無意識の領域をも含めた球の全体である、ということになろう。それゆえ、ユングが「自己実現の働き」というとき、意識・無意識の両領域を通じて働いている創造的生命力が、それ自《みずか》らを実現する働きを指しているわけである。

### c　インディヴィデュエーション

この「自己実現の働き」という表現は、ユングがその分析心理学の根本的仮説である「インディヴィデュエー

ション」と同じ意味として使用しているものである。彼はいう。

インディヴィデュエーション（Individuation）とは、単一の、均質的存在になることを意味する。そして個性（Individualität, individuality）が、われわれの（心の）奥底の、最後にある、他との比較を許さない独自性を包括している以上、それはまた、自分自身になることをも意味する。それ故、このインディヴィデュエーションという言葉は、〝自分自身になる〟（zum eignen Selbst werden, Coming to selfhood）とか、〝自己がそれ自らを実現する働き〟（Selbstverwirklichung, Self-realization）という言葉に、おきかえることができる。[7]

右のような、ユングが語る「インディヴィデュエーション」ないし「自己がそれ自らを実現する働き」――略して「自己実現の働き」――という心的現象論にたった仮説は、各種の仏伝が語る菩提樹下における降魔《ごうま》成道《じょうどう》前後の記述を深層心理学的に考察するとき、新しい視点を提供してくれる。例えば、成道以前のゴータマは、太子あるいは菩薩と呼ばれているが、成道以後は、仏陀《ぶっだ》ないし世尊《せそん》と称せられている。このことは、人間ゴータマがゴータマ・ブッダに変容したことを意味する。すなわち、その意識・無意識の全体にわたって働いている「本来的自己」・「創造的生命」ともいうべきセルフ「自己」が、それ自らを人間ゴータマの生活を通して実現した、と考えることが可能である。そのような「本来的自己」の働きを自覚していたがゆえに、成道後のゴータマ・ブッダは、鹿野苑《ろくやおん》において五比丘に対して「如来を喚んで長老と為す莫れ」と明言した、と考えることができよう。

### d　自己実現の働きとしての如来

ブッダの称号としては、古来、「十号」ということがいわれてきている。藤田宏達教授によれば、この十号の中で、「如来《にょらい》」という称号のみが、仏《ほとけ》が自称として用いたものである。[8] それゆえ、仏が自らを「如来」として自覚し、自らを「如来」と称した、その最初の機縁《きえん》、それが五比丘に対する転法輪《てんぽうりん》ということになる。いうまでもなく、『初転法輪経』の説法ということがなければ、五比丘が法眼《ほうがん》をえて開悟《かいご》し、サンガが成立するということはなかったであろうし、したがって三宝帰依を標榜《ひょうぼう》する仏教も、この世に存在するはずはない。もちろん「如是我聞」ではじまるすべての経典の伝承も考えられない。とすれば、「如来を喚んで長老と為す莫れ」というブッダの言葉は、難知・難見・不可説甚深といわれるブッダの悟りが、如来すなわち「本来的自己」・セルフによって説法として言語的表現において示される、その端緒《たんしょ》であるといえよう。つまり「本来的自己」が、自らを言語的表現を通して実現する働きを示すもの、と考えられよう。

「自己実現の働き」としての悟りは、上述のように、全サイキ、意識・無意識を含む人間生活の全体を通して見られるものである。身心一如《しんしんいちにょ》という表現があらわしているように、悟りは、身体作用、精神作用――思考・感情・意志――を支え、それを通して活きて働いている現実である。このことは、「如来を喚んで長老と為す莫れ」とブッダが五比丘たちにいった言葉を中心にして、仏伝の語るところに明らかに見られるところと思う。微妙不可説の「悟り」は、そのゆえにこそ、言語的表現においてのみならず、身体的に、生活的に、また語られていると考えられるのである。このような立場よりして、成道後のブッダの行実《ぎょうじつ》を「自己実現の働き」として考察することにする。

## 第3節　菩提樹下より鹿野苑へ

### 1　樹下での自受法楽

『仏本行集経』によると、ブッダは、成道《じょうどう》後七七日、すなわち四十九日の間、一週間毎に異なった樹下に端坐して自受法楽《じじゅほうらく》*16の禅定にあったという。同様な叙述は、『マハーヴァッガ』にも見られるが、それは五七日、三十五日間とせられている。ちなみに両仏伝（『仏』と『マ』と略称）の内容を左に摘要しよう。

### a　初七日間

両伝いずれも、菩提樹下、観十二因縁とする。[*17] この部分の叙述は、最近、玉城康四郎教授が、『マハー・ヴァッガ』のそれによって、全人格的思惟の特徴を語るものとして注目しておられるところである。[9] 特に、初・中・後の三夜においてのべられている三つのウダーナ（udāna）、即興詩の部分において共通に見られる「実にダンマ（dhamma）が熱心に冥想しつつある修行者に顕わになるとき」という表現を取り上げ、「冥想とは、jhāna すなわち禅であり、全人格思惟の典型的なものである」とされ、ダンマについては「いわば、まったく形なき命、いのちの中のいのち、無形態の純粋生命」であり、「原始仏教において、やがてタターガタ（tathāgata＝如来）とも名づけられてくるのである」といわれている。さらに教授は、「かかる全人格的に思惟しつつある主体者（ブッダ）に、形なき純粋生命が顕《あら》わになり、やがて滲透し、貫徹するということである」と述べておられる。

玉城教授のいわれる菩提樹下のブッダに顕《あら》わになり、滲透し、貫徹した「無形態の純粋生命」であるダンマは、卑見によれば、ユングのいう心的現象としての「セルフ」、禅でいえば「本来の面目」といえよう。したがって五七日とも七七日ともいわれる樹下でのブッダの自受法楽の期間は、純粋生命・ダンマが、ブッダの全人格のすみずみにまで滲透・貫徹し、ブッダが全人的にダンマそのものとなり、ブッダの全生活を通してダンマがそれ自身を実現していったということをあらわしていると考えられよう。

さらにいえば、「七」という数が象徴するブッダの樹下冥想《じゅかめいそう》の意味である。すなわち、周期的に自らを更新してやまぬ宇宙の生命の過程を、「七」という数は示していると考えられる。このことは、一週間が「七日」として七という数であらわされており、周期的に更新されていく年月の過程を示すということに徴《しる》して、一応首肯《しゅこう》できよう。それゆえ、神が七日間で宇宙を創造した、という旧約聖書の創世記の記述も、神の創造の働きが、永遠に、不断に宇宙にみちみちているということを象徴的に語っていると理解することが可能である。また、仏教にあっても、七菩提分あるいは誕生伝の七歩、さらに『仏本行集経』が、ブッダの自受法楽を七七日として「七」

の数を重ねているのも、そのことによって、純粋生命・ダンマが、ブッダにあっては絶えず自らを更新してやまぬ働きの過程にあり、ブッダの全人格が、全生活が、ダンマに住しているということを象徴的に語るものと考えられよう。

なお、この七七日間のブッダの自受法楽の行実は、後世、禅でいう悟後の修行、あるいは道元禅師の「仏に至るも不退《ふたい》なるは修行なり」*18という言葉と関連して考察することも可能である。ブッダは不退の精進者であり不断のダンマの働きに住しておられた。さればこそ、如来——如において来たり、如において去る——と自らを自覚しておられた。そのゆえにこそ、藤田教授が指摘せられているように、如来という言葉を自称とせられた、と考えられよう。

### b　二七日間

『仏』　菩提樹より「起ちて、菩提樹を離れ、相去ること遠からず、還《ま》た加趺《かふ》*19して坐し」、七日不動、七日諦観し、菩提樹を観じた。後にこの場所に塔が建てられ、ブッダの菩提樹諦観の故事によって不瞬目塔と名づけられた、という。

『マ』　アジャパーラ・ニグローダ（尼拘陀、Nyagrodha）樹下に赴き、七日の自受法楽。時にひとりのバラモンがブッダに「まことのバラモンとは」と尋ねたのに対し、ブッダは「悪徳を除き、傲慢でなく、汚れなく、自制し、ヴェーダの真意を究め、清浄な生活をするもの」と答えたとする。

### c　三七日間

『仏』　摩利支《まりし》（Marīci）経行《きょうぎょう》の処に至って、自受法楽。

『マ』　ムチャリンダ（目真隣陀、Mucalinda）樹下にて自受法楽。この七日間、時節はずれの雨が降り、寒風が吹いた。そこでムチャリンダ竜王は、ブッダの身体を七重にとぐろ巻きにして、またその頭上を覆って守護した。天空が晴れわたったとき、竜王は童子の姿となって合掌してブッダに帰命《きみょう》した。そこでブッダは、詠嘆《えいたん》の詩を唱えたという。

### d 四七日間

『仏』 カーラ（迦羅、Kāla）竜王の請《こい》を容《い》れて、「四仏受我宮殿具足功徳」と名づくる竜王の宮殿において、七日間の自受法楽の三昧に住した。竜王の宮殿が、このように名づけられるのは、すでに過去の三仏が竜王の願いを容れて、その宮殿に住したがゆえであるという。[10] 七日後、三昧より起《た》ったブッダは、竜王に三帰依・五戒を受けしめ、「世間中において最初に優婆塞《うばそく》（upāsaka）[*20] の名を得たり」とされている。

『マ』 ラージャーヤタナ樹下に赴き、七日間の自受法楽。時に、タプッサ（帝梨富娑《トラプシャ》、Trapusa）とバッリカ（跋梨迦、Bhallika）という二商人が、ブッダに麦菓子や蜜団子の布施をなし、ブッダは四天王が四方から献じた四つの石鉢をもって、二商人による食事の布施をうけたという。ブッダの食事後、二商人は二帰依（ブッダと法とに対する）を唱えて在家信者になった。

### e 五七日間

『仏』 ムチャリンダ竜王が、過去において三仏が請を容れて住したというその宮殿をブッダに供養し、ブッダは、そこで七日間の自受法楽を楽しむ。この段は、前述の『マハーヴァッガ』三七日目の出来事と同じ内容である。すなわちその間、雨が降り、寒凍であったが、竜王がブッダを守護したという。ただし、『仏本行集経』では、四七日目のカーラ竜王と同じくムチャリンダ竜王も、また三帰五戒を受けたとある。

竜とか蛇のイメージはユング心理学では、無意識の象徴とされている。先述のように、意識は無意識を母胎として発生し、それを基底として機能している。それゆえ、二竜王がブッダに帰依《きえ》したということは、創造的無意識が、ブッダによってあらわされる意識と共に働いていることを示し、かくてブッダが意識・無意識の中心であるセルフである、ということをあらわすものということができる。換言すれば、ブッダの生涯は、ユングのいうように「自己《セルフ》が働いている現実である」[11]。先述の「七」という数があらわしていたように、この竜王帰依ということも、ダンマ＝自己《セルフ》が、それ自らを念々に創造的に更新してやまない、純粋生命の働きの具現者としてのブッダを、このようなイメージで象徴的に語っているると考えることができよう。

『マ』再びアジャパーラ・ニグローダ樹下へ赴《おもむ》いて、三昧に住していたブッダに、自分が悟った縁起の法は、難知、難見にして世の中の人々には理解されないのではないか、という想念が生じた。かかるブッダの思いを知った梵天《ぼんてん》は説法を躊躇《ちゅうちょ》するブッダに対して繰り返し三度、説法するよう勧め、こうしてブッダは説法の決意をするのである。この段は、『仏本行集経』では七七日目に述べられている。その内容は大体同じである。こうして仏陀は、説法の相手は誰が然るべきかと思いをめぐらすのであるが、このことはいずれ後述する。

f　六七日間

『仏』かつて牧羊子――羊飼い――が植えたというニグローダ樹の下で自受法楽の三昧を楽しむ。この牧羊子は、ブッダが、かつて菩薩として苦行六年の際、羊の乳汁を供養し、またニグローダ樹の枝を折って、地上に挿《さ》して蔭涼（涼しい日かげ）を作ったりして善業をつんだが、その功徳によって、死後、三十三天に生じ大徳威力ある天子となり神通自在を得たという。往時、そのニグローダ樹は、菩薩の威神力のゆえに枝葉花実が具足《ぐそく》したとされているが、かかるいわれのあるニグローダ樹にブッダを請来し、随意に法楽を楽しまれるようにという牧羊子の願いを容れ、そこで七日間過ごされたという。

『マ』なし。

g　七七日間

『仏』サリニカ（差梨尼迦、Kṣirikā）樹下にて、自受法楽の七日間を過ごした。以上七七日、四十九日間、三昧力を以てブッダは過ごしたという。つまりスジャータ（須闍多、Sujātā＝善生）の布施した乳糜《ちちがゆ》を食して以来四十九日、自受法楽の三昧をいわば「食」として過ごしたということになる。先に『マハーヴァッガ』では四七日目の出来事とされていた二商人、タプッサとバッリカの麨酪蜜《しょうらくみつ》でつくられた摶《だん》（まるめたもの）の布施が七七日目のこととして述べられている。そして四天王がそれぞれに奉上した四つの金鉢器を、神通力をもって一鉢となして、二商人の布施を受けた。ブッダは、さらに彼らの請《こい》を容れてその髪爪《ほっそう》を与え、その供養尊重すべき因縁を説いたとされている。しかし四十九日間も「飲食」を得なかったため食後ブッダは、「忽然《こつぜん》腹を患《わずら》いて消化せず」とあるように、消化不良のため腹痛をおこしたとされている。その時一楽神が、「新出の微妙甘美なる訶梨勒果《かりろく》」をブッダに奉上し、それを食して後、腹病が除愈した。そしてブッダはその薬神をして三帰五戒を受けしめ、ここに女天薬神中の最初の優婆夷《うばい》となったとされている。以上で「二商奉食品」は終わって、「梵天勧請品《ぼんてんかんじょうぼん》」となる。

## 2　「梵天勧請品」

このあとブッダは、サリニカ林を出て、菩提樹下に還ったとされている。「梵天勧請品」は上下二巻に分かれていて、下巻においてブッダの説法躊躇《ちゅうちょ》と梵天の説法勧請《かんじょう》が語られている。

### a　糞掃衣の寄進

「梵天勧請品」の上巻は、ブッダが菩提樹下に還られたその途中にあって、男女の命終せし者を林中にて葬し、また羅婆耶という一婦女が菩提樹下のブッダに対して正信をおこし、その糞掃衣《ふんぞうえ》*21を寄進したが、その善根によって死後三十三天に上生して玉女天となった、という説法ではじまる。ブッダはこの玉女天に三帰五戒を受けしめたという。ブッダは寄進された糞掃衣をどこで洗滌しようと思ったとき、帝釈天王が一河を化出《けしゅつ》し、また三個の大石を化作し、第一石はブッダの坐に、第二石はその上で糞掃衣を洗い、帝釈天王自らその手で水をそそぎ、第三石は洗滌した衣を乾かすため、と説明されている。このあとブッダが成道後の自受法楽の期間に関し二七日説、三七日説のあることに言及し、さらに八七日説をやや詳細に紹介しているが、この部分はおそらく注解にして、本文ではないとみなされている。[12]

### b　遍観世間三昧

玉女天の糞掃衣寄進に次いで、ブッダが遍観世間三昧に入定して無上仏眼を以って、五道すなわち地獄・餓鬼・畜生・人間・天上の衆生たちが、輪廻転生をくり返しているあり様を観じたまい、次のように師子吼《ししく》[22]された、「世界の諸衆生が、諸有、欲事に執着し瞋《しん》・恚《に》・癡《ち》の三毒[23]の火に焚焼されて五道輪廻の業苦《ごうく》に沈み、邪道に堕《だ》しているのは無常・苦・無実の法をば、如実に正智を以て観知し、梵行を学行しないからである」と。

### c　説法躊躇

ブッダは菩提樹下にあって、諸有・諸欲に執着せる世間の衆生には、自分の証せる法は「甚深にして見難く知り難し」として、たとえ彼らに説法しても「徒らに我を労して、虚しく言説を費さしめんのみ」と考えて、阿蘭《あらん》若《にゃ》処、すなわち森林に止まろうとされた。そこで大梵天王が、そのようなブッダの心中を知って、慈悲憐愍《れんみん》をもって説法するように勧請したという。

世尊よ、暗を滅し諸《もろもろ》の明《あか》りを然《もや》したまへ。仏の大宝幢《ほうどう》を願わくば速《すみや》かに竪《た》てよ。
時至れり、妙言もて正法を説き、師子吼《ししく》したまうこと、天鼓《てんこ》の鳴るが如くあれ。

### d　観衆生慈悲仏眼――「我、今、甘露の門を開かん」

衆生に対して慈悲心を起こし、仏眼をもってさらに一切世間を観じたブッダは、衆生の機根が、利根・鈍根・教化し易きもの、得道し易きもの、と種々さまざまであることを見た。それはあたかも、色、かたち、大きさの異なる種々の蓮華《れんげ》が、あるものは地より生ずるも未だ水中にあり、あるものは水中を出でて美しく開華《かいか》して、しかも水に著せず、というようにさまざまであるが如《ごと》しと知り、次のように大梵天王にいわれた。

大梵天王よ、善く諦《あきら》かに聴け。我、今、甘露の門[*24]を開かんと欲す。
若し聴かんとせるものあらんに、（必ずや）歓喜し来り、至心に我が説法味を聴かん。

この言葉を聞いて大梵天王は、「心に歓喜を生じ、踴躍充遍《ゆやくじゅうへん》して自《みずか》ら勝うる能《あた》わず」、すなわち身体《からだ》中にみちみちたその天地いっぱいにおどる喜びをあらわした、というのである。

説法の決意をしたブッダは、誰が自分の説く法を受くるに堪え、自分と同じく証知することができるであろうか、と思念された。こうしてまず初めに心に浮かんだのは、かつて勤苦六年のおり苦行林において、「非想非々想処」（naivasamjñānāsamjñāyatana）をブッダに教えたというウダラカラマシ（優陀羅迦羅摩子、Udraka Rāmaputra）であった。想（samjñā）というのは想念を意味するがゆえに、想・非想のいずれにもとらわれない禅定の境地、いわゆる「無念無想」の境地を指すのが、この「非想非々想処」といえよう。ブッダは、この禅定を教えてくれた往時の師が一週間前に命終したことを一天の告げによって知った。さらにブッダはその智見によって、彼が非々想天に生じ、その後飛狸身《ひりしん》を受け、その間、水中、陸地、空中の諸衆生の生命を奪う悪業の所作により地獄に堕す、ということを知った。こうしてブッダは、ウダラカラマシが、正法にあい、証知することを得なかったがゆえに、空しく人身を受けながら大利を失したことを残念に思われた。ちなみに「非想非々想処」は、仏教で説かれている九定の第八定に位置せられているのをみる。また、ウダラカラマシが生じた非々想天は、三界中、無色界四天の最高天とされている。

次にブッダの心に浮かんだのは、同じく苦行林における禅定の師、アーラーダカーラーマ（阿羅邏迦羅摩種、Ārāda Kālāma）であった。ブッダはこの師より、「無所有処」（ākimcanyayatana）の習得を得た。そして彼もまた昨日命終した、ということを一天の知らせによって、ブッダは知るのである。さらにブッダはその智見によって、アーラーダが「不用処天」——無色界四天の第三天、非々想天の下——に生まれ、命終後、人間界に生まれて、法を識らざる辺地の王となり、さらに大地獄に堕すということを知られた。ここで「梵天勧請品」の下段は終わり、「転妙法輪品」へと続く。

## ３「転妙法輪品」

当品も上下二段に分かれている。上段は五比丘に対して初転法輪することを決意し、他方五比丘たちは初転法輪を受ける身心の準備をなすに至る叙述で終わり、下段においては五比丘たちが正法を受持し、それぞれに法眼を開いて、ここに六人の「目覚めたもの」が生じたということがのべられている。

### ａ「我、今、応《まさ》に彼の五仙の辺に詣《いた》り、初めて説法すべし」

かくてブッダは、その所証の法を受持し証悟するに最適と思われる二人の師がすでに他界したことを知って、苦行林にて共に修行した五比丘に対して説法することを決意される。

彼等五仙、並びに皆清浄、少垢少塵、薄使にして利智なり。彼等、能《よ》く我が最初の法輪を転ずるに、所説の妙法を受くるに堪《た》え、応《まさ》に我に違《たが》わざるべし。我、今、応に彼の五仙の辺に詣《いた》り、初めて説法すべし。

と。そこでブッダは、浄天眼でもって五比丘たちがバーラナーシー（波羅捺、Vārāṇasī＝ベナレス）城鹿野苑において、経歴遊行、すなわち修行中であることを知られる。

### ｂ「安坐して移りたまうこと莫れ」

その時、魔王波旬《ハジュン》（pāpīyas）が菩提樹下のブッダのもとにあらわれ、

善い哉《かな》、世尊、唯《ただ》願わくば、此処《ここ》を離れたまうこと莫《なか》れ。安坐して移りたまうこと莫れ。世尊此《ここ》に在りて、

意の所行に随《したが》いたまえ。

と願ったという。魔王波旬のかかる願いは、成道後と雖《いえど》も、魔王によって象徴的にあらわされている心の動きが、ブッダの無意識にあったことを語るものである。未曽有の難知・難得といわれる妙法を証悟したブッダに、一体誰が、この甚深不可説の法を自分と同じように聞き証得《しょうとく》する者があろうか、と説法を躊躇する心の動きが生じたと同様、所期の望みを果たして成道を得た今、別に説法のため五比丘のいる鹿野苑に赴かなくても、このまま自受法楽の楽しみに安坐の生涯を送ってもよいのではないかという思念が生じたと考えうる。もっとも考えてみれば、いかなる思念も、それは宏大無辺・微妙甚深といわれるブッダ所証の法に対して限定を加えるということになる。その意味では、先述の梵天王勧請、梵天王勧請という記述も、魔王波旬の願いと同じく、ブッダの心内に生じた心の動きである。それが一方は梵天王勧請、他方は魔王波旬の願いとされているのは、一体どのような理由に基づくものであろうか、という疑問が当然生じよう。この疑問は「七」に関しての所論において指摘したように、純粋生命、ダンマの不断の更新過程にあってはさまざまな心の動きが不退の精進とともにある、ということをあらわすものと考えられよう。

さてブッダは、魔王波旬の右のような願いに対して、次のように答えておられる。

魔王波旬《はじゅん》、汝は、慚愧《ざんき》無く羞恥《しゅうち》を知らず、汝は、先時、我を悩乱《のうらん》せんと欲せり。我、爾の時、具に貪欲・瞋恚、癡等ありて、一切（善法）未だ尽くさざりしも、汝来りて我を悩乱すること能《あた》わざりき。況《いわ》んや、復《また》（来りて）、今日、我、已《すで》に無上至真平等覚道を証得し、一切の邪徑、悉《ことごと》く皆捨離《しゃり》して、正解脱を得たらんには。

このブッダの言葉は、魔王の願いを機縁として、ブッダがいよいよ説法に対する信念を強固にせられたことを示していると思うのである。説法に対する不動の信念は、大慈悲心に任せるブッダをあらわし、それはまた所証の正法である「無上至真平等覚道」に住して歩めるブッダ、「如」といわれる正法より来生せる「如来」としてのブッダのイメージと一体不離のものである。

### c　菩提樹下より鹿野苑へ

ブッダは菩提樹下をたってバーラナーシー城へと赴く。中村元教授によれば、その距離は地図上、直線距離としても約百三十哩はあるから、街道を歩けば二百哩はあろう、ということである。[13] その上ブッダガヤー、およびバーラーナシーが位置する中インドは、前田恵学教授によれば、「その異常な暑さの故に、特に恐れられている」という。[14] ブッダ当時の地理的条件が今日と大差ないとすれば、バーラーナシーへの旅は、ブッダにとって極めて困難な、あるいは死を覚悟してのものであったとも思われる。『方広大荘厳経《ほうこうだいしょうごんきょう》』によれば、ブッダはその途次の村々において長者・居士より飲食の布施を受けられたという。[15] この途中の出来事として、二つのことが『仏本行集経』には語られている。その一つは、ブッダがアージーヴィカ（Ājīvika 邪命外道）の修行者ウパーカ（優波伽摩、Upaka）と出会ったこと、今一つは、ガンジス河をブッダが神通力によって「飛度《ひど》」（飛んで渡る）されたということである。

### d　「仁者《なんじ》の面貌《かんばせ》、円極荘厳にして諸根寂定たり」

ブッダに出会ったウパーカは、次のように尋ねたという。

仁者瞿曇《なんじくどん》、身体皮膚、快好清浄にして垢膩《くに》（けがれ・あか）有ることなく、仁者《なんじ》の面貌《かんばせ》、円極荘厳にして諸《しょ》根寂定《こんじゃくじょう》たり。仁者《なんじ》瞿曇、師を是《こ》れ誰《たれ》とか為《な》し、誰に従って出家し、意《こころ》に喜楽する所、是れ誰の法とかするや。

ブッダは「我に師有る無く、内に自覚す。世間更に与《とも》に等しく雙《なら》ぶなく、天人中に唯《ただ》我のみ独尊なり」と答えられたという。次いでウパーカは、ブッダにその行先を、さらにその理由を尋ねたのち、「我が意見の如くんば、長老瞿曇は、自ら身に阿羅漢《あらかん》＊25を得て諸の煩悩を伏すと称す。其の義云何《いかん》」と問うたという。これに対してブッダは、自分は永く一切の煩悩を伏したものであり、「真正尊《しんしょうそん》」であると宣言され、さらに偈《げ》をもって説かれた中に次のような言葉がある。

何をか怪しまんや。利を得て自ら養育するもの、他を増長し利益する能わざらんや。
衆〔生〕の幽瞑《ゆうみょう》を見て慈悲せざらんや。得道他に勝《まさ》りて、共に分用すればなり。
自ら彼岸に度《わた》りて没溺《もつにゃく》するものを観《み》て、若し抜くこと能わずんば、善人に非ず。
自ら地蔵を得て、貧窮を見て、而も他に施さざるは、是れ智〔人〕に非ず。
手に自ら甘露薬《かんろやく》を執持するもの、病人有ると見ば与《とも》に治せざらんや。
畏《おそ》るべき曠野《こうや》に路を得て行かんに、彼の迷人を観ば応《まさ》に教示すべし。
大闇に燈《ともしび》の光明を作して、明盛《あかりさかん》なるも、著して我が心に在《あ》らざるが如く、
仏も亦是《かく》の如く法の光となり、此の因縁にて亦た著したまわず。

この偈頌は、自分の得た大利ある法は人をもまた利すべきものであり、それは病める者の甘露薬、迷える者の道しるべであり、闇夜に輝く光明として、私有すべきものではなく、すべての人々が享受すべきものである、と明らかにウパーカの自覚開眼を求めておられる。しかし彼は、「長老瞿曇と謂い、手を以て髀《もも》を拍《う》ち、道を下りて、仏を避け、東に向かって行けり」と記されている。

しかしここに注意すべきことは、ウパーカの眼《まなこ》に、ブッダの身体・容姿が「快好清浄」「けがれ・あか」なく、「円極荘厳」（円満なること極まりなく美しいこと）、そして「諸根寂定」（すべての感官の働きが澄みきって落ち着いている）

というように映じたことである。いわば、ブッダの身体・容姿がその所証の悟りに輝き、彼に無言の「説法」を語りかけているのである。さればこそブッダは、ブッダの身体・容姿に感銘をおぼえたウパーカに、その所証の悟りをば、闇夜に輝く燈《ともしび》の光明としてすべての人々に享受させたい、との慈悲心、願いをもって懇切《こんせつ》に語られたが、機縁《きえん》熟さず、彼はブッダを避けて立ち去ったのである。

時に一天神あり。かつてウパーカとは親しい仲であったその天神は、「今、無上の天人師に会いながら、邪見赤体（むきだしの邪見）にして供養の心をおこさず、一体いずこに去ろうとするのか」と告げたという。アージーヴィカ派は、ブッダの当時、ジャイナ教と並んで隆盛であったという。[16]その説くところは、無因無縁の運命論の傾向であったとされていることより、縁起・因縁を説くブッダの立場とはまったく相容れないと考えられる。ゆえに、ブッダの容姿に感銘し、ブッダの懇切な語りかけに接したが、その立場の相違のため、遂に「法」を媒介とする真の「出会い」とはならなかった。このように考えると天神のウパーカに対する言葉は、自分の見解・立場に固執することの愚かさに対するブッダ自らの反省でもあった、といえるのではなかろうか。この問題は、いずれ五比丘との間にもあったと思われる。

### e　ガンジス河岸にて

次いでブッダは、ガンジス河の岸に至り、渡し守に対岸に渡して欲しいと頼まれた。渡し賃を要求されたブッダは、「我、今、何処《いずく》にか度価《どか》（渡し賃）を有《も》ち得ん。但《ただし》、我、一切の財宝を除断せり。設し（財宝を）復見るも、観ずること瓦石土塊の如くにして殊《こと》なること無けん」と答えられた。しかし渡し守には、このような出家の論理は通じない。彼ははっきりとブッダに「自分は渡し賃によって生活し妻子を養っている」と答えて、対岸に渡すことを拒否した。その時ブッダは、浄天眼をもって五百羽の雁の一群が南より北へと飛び渡るのを見て、神通力によって対岸へと渡られたという。

ブッダが神通力により対岸へと渡河されたのをまのあたりにして、渡し守はブッダを渡すという布施行《ふせぎょう》の善業の機会を逸したことを後悔し、悶絶《もんぜつ》して地に倒れたという。やがて彼は正気を取り戻し、マガダ国王ビンビサーラ（Bimbisāra）王の許に往《い》って、ことの次第を報告した。そこで王は「凡夫には、出家者の神通力の有無を知ることは不可能である。それゆえ、いずれの出家者に対しても、頼まれれば是非を問わず、渡し賃を要求せず対岸に渡すように」と渡し守に告げたという。

　この話は、先には天人の口をかりて、立場、見解に対する固執から離れることを反省されたのに対して、財宝に対する無執着の態度を、出家者に対して強調されたと理解できよう。無執着・無我の教法の実践者には争うということは見られない。そして在俗者には、その職種により、各人が出家者に対する布施《ふせ》を実行し、いわゆる福《ふく》田《でん》[*26]（puṇyakṣetra）を積むことを勧められた、と考えられよう。しかし、無執着の態度も、また布施行ということも、無我縁起の教法の実践に帰すると考えられるが故に、在家・出家に対する教えが質的に異なっているわけではないのである。

### f　「諸仏は要《かなら》ず齋時《さいじ》を待ちて乞食《こつじき》したまう」

ガンジス河を神通力で渡ったブッダは、さらにバーラーナシーへと再び神通力で「飛騰《ひとう》」されたという。そして商佉《しょうきゃ》（Śankka）という竜王の住する竜池に下りられた。竜王はブッダが足をおろされた場所に塔を建て、その塔を弥遅伽《みちか》（Medhika）と名づけた。この場所でブッダは一宿され、食時（食事の時間）を待たれた。その待たれた処にも、また塔が建てられ、それを宿待時塔と名づけたという。そしてブッダは次の偈を説かれたという。

　諸仏は夜人間《にんかん》に入りたまわず。要《かなら》ず齋時《さいじ》を待ちて乞食《こつじき》したまう。
　非時の行者には大患あり。是の故に衆聖は時を俟《ま》つ。

「齋時を待ちて乞食する」ということがブッダの故事とせられているのは、糞掃衣着用と同様、斎時に乞食するという出家の生活がブッダの生活として、無我（無執着）の悟りの生活的表現である、ということを示そうとするものと考えられよう。

今日のわれわれには神通力とか竜王などといわれても「神話的思考」として合理的にわりきり斥《しりぞ》けがちである。しかしこのような合理的立場にたって仏伝の記事を理解しようとすれば、仏伝は極めて神話的・非科学的なものとなり、成道後ブッダの自受法楽を楽しまれた時の説話で、大体諸仏伝に通じてみられるムチャリンダ竜王供養の記事はもちろん、成道に関する記述、例えば、三明《さんみょう》六通《ろくつう》＊27によって語られているブッダの証悟も、まったく無意味なものとして一笑に付されてしまうことになろう。

しかし、上述の記述において、ブッダの神通力として語られているのは、「飛騰《ひとう》」という現象で、それも竜王と関連して述べられている。竜王といえば先に樹下にて自受法楽中に、ブッダに帰依したカーラ竜王およびムチャリンダ竜王の説話をみたが、竜は通常、水や雨に関係し、また飛竜として「飛騰」するものとされている。それゆえ「飛騰」というイメージでブッダの神通力を仏伝が語っているのは、時間・空間に制約せられた自我中心の意識による人間生活をこえ、かつ支えているセルフの自己実現の働きを象徴的にあらわしている、と考えられよう。

ｇ　「此の懈怠《けたい》の人、禅定を喪失し、懈怠を以つての故に、全身纏縛《てんばく》す」

やがてブッダは、マガダの社会習慣によって斎時がきたとき、バーラーナシー市内に赴《おもむ》いて乞食せられたのち、市外の一水辺にあって、端坐《たんざ》して食を終え、洗鉢せられてのち鹿野苑へと向かわれた。そして次の偈が説かれた。

鳥獣の衆《むれ》の鳴声ある鹿（野）苑は、往昔《むかし》、諸聖所居の処なり。
世尊の身、光明を放ちて耀《かがや》き、漸く彼の苑に至りたまうや、日天の如し。

さて五比丘たちは、ブッダが彼方より近づいて来られたのをみてお互いに次のように誓い合った。「あの沙門瞿曇釈種《くどんしゃくしゅ》＊28は、懈怠の人で禅定を放棄し、その全身が煩悩に束縛せられている。だから彼を敬い、迎える必要などはない。また、坐処をもうける必要もない。ただ、好きなようにさせて、坐りたければ勝手に坐ればよい」と。しかし五比丘の一人憍陳如《きょうぢんにょ》（Kauṇḍinya）のみはそうは思わなかったが、黙って皆と同じように振る舞った。

ところがこのような誓《ちか》いをお互いにしたのにもかかわらず、ブッダが近くに来られたとき、五比丘たちは自分たちが坐っていたところに落ち着いていることができず、そわそわとして坐を立って、ある者はブッダのために坐を設け、ある者はブッダに洗足の水を運んできたりした。そして口々に「善く来れり、長老瞿曇《くどん》、此の舗上に安坐しませ」といって、ブッダを敬礼し、迎えたのである。さきにアージーヴィカの優波伽摩《ウパーカ》と同じように、ブッダの身体・容姿の清浄さに感銘をおぼえたのである。右に引用した「世尊の身、光明を放ちて耀《かがや》き、漸く彼の苑に至りたまうや、日天の如し」である。こうして、「此の懈怠の人……全身纏縛す」とブッダを酷評した、憍陳如を除く四人の者までが、ブッダの尊容に対して文句なしにまず頭が下がり「善く来れり長老瞿曇《くどん》」と、敬意とともにブッダを迎えたのである。その状況は、身体・容姿を通して働いている所証の悟りが五比丘の身体に伝わり、身体によって応答せられた、と考えられよう。さればこそ、彼らが設けた坐につかれたブッダに、五比丘たちは次のように申し上げたのである。

長老瞿曇、身色皮膚、快好清浄にして面白円満す。又、光明足り、諸根寂静たり。
長老瞿曇、必ず当《まさ》に妙好の甘露に値遇し、或は清浄甘露の聖道を得たまえるなるべし。

こうして「五比丘ならば能く我が最初の法輪を転ずるに、所説の妙法を受くるに堪えよう」として、遠路はるばる来られたブッダの願いが叶えられる第一歩が、このようにして身体・動作を通して実現されたということができよう。

h「汝等《なんじら》仙人、如来を喚んで長老と為す莫れ」

五比丘たちが坐につかれたブッダに右のように申し上げたとき、ブッダがまず言われたのが、この「如来を喚んで長老と為す莫れ」という言葉である。ブッダは五比丘たちにとっては、かつて苦行林にあって一緒に修行した同輩である。「長老瞿曇」と呼びかけたのは、むしろ当然のことと思われる。しかしブッダが、まず五比丘に言われたとされているこの言葉には、叱責ないし警告の響きが感じられるのである。このあとブッダは、その理由を説明して、「自分はすでに甘露の法を証し、甘露の道を得た。汝等、自分の教示に聴いて修行すれば、諸法現見《あらわれ》、自在神通を実現して、〝我、已《すで》に生死を断じ、已に梵行に立ち、所作已に辦《べん》じて、更に復《また》、後世の有を受けず〟と宣言できよう」と言われた。このブッダの如来宣言に対する説明は、五比丘が申し上げたという先の言葉と明らかに呼応している。すなわち、「正《まさ》しく汝らが言うように、自分は〝妙好の甘露に値遇し、甘露の聖道を得た〟。ゆえに、自分の教示に従って修行すれば、必ずや自分と同じように、甘露の法を証得し、甘露の道を得ることができる」と述べられたのである。しかし五比丘たちは「なるほど、むかしは同じく苦行を共にしたが、その苦行を捨て、今日では禅定を失し、懈怠《けたい》にして煩悩に全身が束縛されているに違いない」として、なかなか首肯《しゅこう》しない。このようなやりとりが、ブッダと五比丘との間に、三度あったとされている。このことは、何を意味するのであろうか。

このやりとりについて、次の二点が考えられると思う。まず考えられることは、すでに身体・動作を通して、妙法が働いている現実が見られるのに、どうして言葉のうえでこのようなくい違いが見られるのか、ということである。それは、「こころ」は「からだ」ほど素直、正直ではない、ということである。このことは、いろいろな理屈をこねて、「こころ」はなかなか人の意見とか、自分の思い違い、誤りといったものを認めたり受け容れたりしないということを考えてみれば、首肯できよう。「ゴータマは、かつての同輩である。それも自分たちとは違って、苦行を捨てた男である」とこのような先入観があるところへ、「如来を喚んで長老と為す莫れ」と言われたとて、そのまま素直に納得できなかったと想像することができよう。

第二に考えられることは、三度もこのようなやりとりが、ブッダと五比丘たちの間で繰り返されたという点である。別に三度でなくとも、二度でもまた四度でもよいのではないか、それが三度とされているのは、どのように考えればよいかということである。このような疑問をもって経典をみると、三度の繰り返しということがさまざまなかたちで語られていることに気づく。まず誰でも気づくのは、三帰依三唱[*29]とか、右遶三匝《うにょうさんそう》[*30]ということである。仏伝でいえば、ブッダが入涅槃のとき、「仏法僧および道についての疑があれば問いただすように」と三度比丘たちに言われたという（パーリ文長部、第十六経『大般涅槃経』）。また、大乗経典にあっては、先に述べた『法華経』の「三止三請」が想い出されよう。すなわち、これらのイメージがあらわしているのは、三度の繰り返しという手続きをふんで、四度目に真実の生命、セルフが自らを実現する、という働きを象徴的にあらわしているものということができよう。それゆえ、三帰依三唱ののち、仏子として帰依者は新生命をうるのであり、また諸《しょ》法実相《ほうじっそう》を説く迹門法華[*31]は、舎利弗の三請、仏陀の三止ののち説かれたとされているのである。

このようにして、三度目に、五比丘たちが「長老瞿曇」と呼んだとき、ブッダは彼らに「自分はかつて妄言を説いたことがあるか」と尋ね、「否《いな》、尊者」と五比丘たちは応じたという。

ユングは心的現象論にたって、セルフの自己実現の働きが、「三」および「四」という数を重ね合わせることによって、象徴的に語られている、ということを指摘している。その際、「三」はセルフが自らを現成する過程をあらわし、「四」はかくてあらわされた過程が、全体として一応の結果を得て終結したことを示している、とするのである。[17] それゆえ、右に述べた三帰依、三止三請はもちろん、樹下での自受法楽が、七七日というように「七」、すなわち三プラス四、という数によって叙述されていたことも、このようなユングの観察を考慮することによって、ブッダの一生はセルフが自らを実現していった生涯であった、ということが首肯できよう。

それでも、なお、五比丘たちは半信半疑であったとみえ、今日のわれわれにはすこぶる奇異に思われるが、ブッダはその舌を出されて、耳の孔および鼻孔に達せしめ、また「舌を以て自ら舌を舐め」、さらに「遍《あまね》く其の面《かお》を覆い」、そのあと舌をばもとどおりにおさめた、というのである。そうしてブッダは、

　汝等仙人、曽て自ら眼もて見、或は復《また》耳もて聞けりや。若し人妄語《もうご》せば、是の如き舌の神通力有りや否《いな》や。

と尋ね、「否」と答えた五比丘に、ブッダは、「禅定を失し、懈怠《けたい》にして煩悩《ぼんのう》に全身が束縛されているのではない。逆に自分はすでに甘露《かんろ》の法を証し、甘露の道を得たものである。それゆえ、自分の教えを行ずることによって、自分と同じように解脱《げだつ》を得るように」と、三度目の勧誘の言葉を告げておられる。

　この一見奇異にみえる舌の神通力を示す動作は、舌によって語られる如来所説の法が「まこと」であることを象徴的に示したもの、として理解することが可能である。また神通力といわれる超自然的現象は、禅定修習の際、附随的に得られるものとされているがゆえに、かかる舌の神通力を示すことによって、ブッダは自分は決して禅定を失ったり、また修行を怠けて「からだ」が、あるいは「こころ」が煩悩《ぼんのう》に束縛されているのではない、ということを五比丘たちに身体的動作を通して語られたもの、と考えることもできよう。こうして五比丘たちは、その威儀容姿が、今までの外道のそれとはまったく異なったものとなり、「身上所著の服は、即ち三衣と成り、手に鉢器を執《と》り、頭髪髭鬚《づほつししゅ》は自然に除落して、猶ほ剃来《ていらい》（頭を剃ってから）七日を経たるが如し。威儀即ち成じ、形容《ぎょうよう》、譬えば百夏の比丘の如し。威儀行歩、坐起挙動、是の如くにして住す」とされている。かかる一見荒唐《こうとう》無稽《むけい》な叙述も「からだ」を通してブッダ所証の法すなわち「本来的自己」が働き、五比丘の「からだ」がまず法を証得したことを意味するものであろう。

# おわりに

以上『仏本行集経』の叙述によって、身体的ないし生活的に表現されている所証の法、ダンマに焦点をあてて、ユング心理学の心的現象論にたって考察を試みた。いうまでもなく、ユングのいう自己実現の働きは、どこまでも仮説である。しかし、ブッダの菩提樹下の悟りに基づく仏教は、「転迷開悟《てんめいかいご》」を目的とする限り、それは人間の内的な心理的体験として、心的現象論の方法論にたって考究することも、また一つの視点を提供するものとして考慮されて然るべきと考えるものである。

はじめの予定では『初転法輪経』および『無我相経』をも深層心理学的に論究する所存であったが、すでに所定の紙数もこえたこととて、いずれ他日を期したい。[*32] 割愛した部分もあり、また論じ足りない箇所もあって、わかりにくい点も多々あると思うが、大方の是正をいただければ幸甚である。最後に、このような機縁を与えてくださった藤田宏達教授に、厚くお礼を申し上げたい。

原注

1　目幸默僊「仏教における心と深層心理——分析心理学的にみた仏陀の成道」、長尾雅人・中村元監修、三枝充悳編集『人間論・心理学』講座仏教思想第四巻、理想社、一九七五年。

2　「仏本行集経解題」、『国訳一切経』本縁部三、大東出版社、一九三四年、一三頁。

3　C. G. Jung, "Psychology and Religion," Psychology and Religion: West and East. CW. vol.11. (New York: Pantheon Books. 1958). par.2.

4　Ibid., par.4.

5　C. G. Jung, The Practice of Psychotherapy. CW. vol.14, par.366.
6　C. G. Jung, Two Essays of Analytical Psychology. CW. vol.7, par.44.
7　Ibid., par.266.
8　藤田宏達「仏の称号」、玉城康四郎博士還暦記念論集『仏の研究』、春秋社、一九七七年、九一頁。
9　玉城康四郎「全人格的思惟と七つの生命観」、日本大学人文科学研究所『研究紀要』第二十五号、一九八一年、二頁。
10　過去三仏とは、拘留孫《くるそん》世尊（Krakucchanda）、拘那含牟尼《くなごんむに》世尊（Kanakamuni）、迦葉《かしょう》世尊（Kasyapa）である。
11　C. G. Jung, Memories, Dreams, Reflections. Recorded and edited by Aniela Jaffé. Translated from German by Richard and Clara Winston. (New York: Pantheon Books. 1961). p.279. 河合隼雄・藤縄昭・出井淑子訳『ユング自伝——思い出・夢・思想』一・二、みすず書房、一九七三年。
12　「仏本行集経」、『国訳一切経』本縁部三、五〇六頁、注6参照。
13　中村元『ゴータマ・ブッダ（釈尊伝）』、法蔵館、一九五八年、一二九頁。
14　前田恵学『釈尊』、山喜房仏書林、一九七二年、一九頁。
15　中村元、前掲書、一二九頁、注1参照。
16　中村元監修『新・仏教辞典』、誠信書房、一九六七年、六一七頁。
17　C. G. Jung, "A Psychological Approach to the Dogma of the Trinity," CW. vol.11, par.258. 「三位一体の教義にたいする心理学的解釈の試み」、村本詔司訳『心理学と宗教』、人文書院、一九八九年。

編者注
1　五比丘たち：ブッダは菩提樹の下で悟りを開いた後、以前一緒に苦行を行った五人の修行者にたいして最初の説法を行ったとされている。
2　如是我聞：「このように私は聞いた」という意味。仏教の経典の多くはこの言葉で始まる。つまり、ブッダの説経を直接聴いた弟子が、その内容を忠実に伝え、記録したものとされている。
3　三宝帰依：「三宝」とは「仏」「法」「僧」を意味する。ブッダその人、ブッダの説く真理、ブッダを信じる人々の集団（サンガともいう）の三つに帰依すること。

4　鹿野苑：ブッダが最初の説法を行った場所。現在のバラナシ近郊、サールナートにあたるとされている。

5　初転法輪：転法輪とは「法の輪を転じること」で、ブッダによる説法を意味する。初転法輪は、その最初のもので、鹿野苑においてブッダが五人の比丘にたいして行った最初の説法のこと。

6　瞿曇：仏教の開祖ゴータマ・ブッダの名前、「ゴータマ」の音訳。

7　言詮不可説：「言詮」とは言葉で説明すること。言詮不可説は言葉では説明できないこと。

8　真如：あるがままであること。真理。

9　アージーヴィカ：アージーヴィカ教。古代インドの宗教の一つ。

10　『マハーヴァッガ』：「大品」という意味。ブッダの入滅直後にはまとまったブッダの伝記は制作されなかったが、弟子たちの記憶の口伝えがいつしか総合され、入滅後三百年〜四百年ほどで成立したパーリ語の仏伝がマハーヴァッガである。

11　定中：「禅定に入っているそのとき」という意味。ブッダが説法されたのは、すべて禅定の中でなされたのである、という考え方。

12　ビルシャナ仏：毘盧遮那仏。大日如来のこと。歴史的存在としてのゴータマ・ブッダを超えた真理（法）そのものとしての仏であり、法身仏ともいう。華厳経に詳しく説かれている。

13　諸法実相：諸々の存在のあるがままの真実の姿かたち。ブッダの悟りそのものの内容であるとされる。法華経方便品第二に、「佛所成就　第一稀有　難解之法　唯佛与佛　乃能究盡　諸法実相」（仏の成就せるところは、第一の稀有なる難解の法にして、唯、仏と仏のみ、乃ち能く諸法の実相を究め尽くせばなり）とある。

14　舎利弗：舎利子ともいう。釈迦の十大弟子のひとりサーリプッタのこと。智恵第一とされた。ブッダと舎利弗との間の問答の形になっている経典も多い。

15　サンガ：サンスクリット語 samgha。僧伽《さんぎゃ》と漢訳される。ゴータマ・ブッダの弟子の修行者集団を意味する。三宝の中の「僧」にあたる。

16　自受法楽：菩提樹下で悟りを開いた後しばらくの間、ブッダがご自分の悟り（法）を自ら楽しまれたこと。

17　観十二因縁：ブッダが菩提樹下の悟りの際、十二因縁の理を観じられたこと。十二因縁とは、「無明、行、識、名色、六入、触、受、愛、取、有、生、老死」の間のチェインである。

18　「仏に至るも不退なるは修行なり」：悟りを開いてもなお修行を続けることこそが真の修行である。道元禅師は比叡山での修行時代、「我々は本来生まれながらにして覚っている（仏性をもっている）はずであるのに、なぜ悟りを求めて厳しい修行をしなければならないのか」という疑問をもっていたと伝えられている。
19 加趺：結跏趺坐のこと。座禅の姿勢。
20 優婆塞：仏教徒の中で在家の信者を意味する。女性の場合は優婆夷《うばい》。
21 糞掃衣：捨てられたぼろ布で作った着物。初期の出家者が身に着けたとされる。
22 師子吼：ブッダの説法される様子をライオンの咆哮にたとえる。
23 三毒：もっとも基本的な三つの煩悩。貪欲（むさぼり）、瞋恚（いかり）、癡（おろか）。
24 甘露の門：「甘露」は悟りを意味する。
25 阿羅漢：「仏弟子たちの到達することのできる最高の階位」を意味する。
26 福田：福徳が生じること。
27 三明六通：まず、ブッダのもつ偉大な力に六通りあるとされる。宿命通（過去世のことを知る力）、天眼通（未来のことを見通す力）、漏尽通（現在の人生の苦を知り、その原因たる煩悩を断つ力）、天耳通（世界のあらゆる物音を聞く力）、神境通（自由に世界を変現する力）、他心通（他人の心を見通す力）であるが、これらを六通という。さらに前半の三つの力を三明という。
28 瞿曇釈種：瞿曇はゴータマのこと。釈種は「シャカ族」を意味する。
29 三帰依三唱：仏教の入門儀式では、仏法僧の三宝に帰依することを三度唱える。これを三帰依三唱という。
30 右遶三匝：仏に対して右回りに三回まわること。
31 迹門法華：法華経全二十八品のうち、前半の十四品を迹門、後半十四品を本門という。舎利弗とブッダの間の三請三止を記述する「方便品第二」は前半迹門にある。
32 目幸教授には次のような一連の論文がある。
①「『こころ』――心理学的現象論の観点よりみた仏教理解の方法論的反省」、仏教思想研究会編『心』仏教思想九、平楽寺書店、一九八四年。
②「仏教における心と深層心理――分析心理学的にみた仏陀の成道」、長尾雅人・中村元監修、三枝充悳編集『人間論・心理学』講座仏教思想第四巻、理想社、一九七五年。

③「自己実現の働きとしての如来――『如来を喚んで長老と為す莫れ』」（本論文）。
④「自己実現の働きとしての〝初転法輪〟――『我が所求の道、得て空しからず』」、藤田宏達博士還暦記念論集『インド哲学と仏教』、平楽寺書店、一九八九年十一月。

これらの論文の題名からうかがえるように、教授は①での方法論検討のあと、ブッダの行実、特に成道より初転法輪に至るまでの、仏伝における重要な時期をユング心理学的に理解する試みを展開している。紙数の制限もあり、本書では上記③のみを収録した。関心ある読者はさらに上記の諸論文を参照されたい。

# III 法然・親鸞とユング

# 第5章　鎌倉仏教の念仏行における法然の夢の重要性

本論文の目的は、鎌倉時代（一一八五－一三三三）における念仏行の形成と発展において、夢が演じた役割を解明することである。法然《ほうねん》（一一三三－一二一二）と彼の弟子親鸞《しんらん》（一一七三－一二六二）の夢は、念仏にとって特別な重要性をもつのである。

## 第1節

私は幼いころから、念仏の伝統と夢の関係について関心をもっていた。浄土真宗の寺に生まれた私は、浄土真宗の創始者親鸞の伝記である「御伝鈔《ごでんしょう》」に親しんでいた。これは親鸞の曾孫覚如《かくにょ》（一二七〇－一三五一）によって書かれたものであり、報恩講で僧がうやうやしく読み上げるものであった。報恩講とは、毎年陰暦十一月二十八日に親鸞の極楽往生を記念して行われる、浄土真宗では最も重要な儀式である。御伝鈔に親しんでいたのであるから、もちろん私は、親鸞の夢が彼の人生において重要な役割を演じていたことを知っていた。しだいに私は念仏行の発展における夢の役割に関心をもつようになったのである。

親鸞の師であり浄土宗の宗祖である法然も重要な夢体験をもっていたことを知るに及んで、私の夢への関心はより真剣なものとなったのである。法然の夢に、中国唐時代初期、口称念仏《くしょうねんぶつ》を創始した善導《ぜんどう》（六一三－六八一）が現れ、口称念仏を広めるよう告げたのであった。私は法然のこの夢を、親鸞が八十五歳のころ（一二五六－一二五七）まとめた最初の法然言行録である「西方指南抄《さいほうしなんしょ》」で読んだのであった。これを読んだとき、私は、高齢の親鸞がなぜそのような書物を編纂《へんさん》したのかをいぶかしく思ったことを記憶している。それと同時に、夢についての私の関心は親鸞の人生を越えて、善導についてもっと知りたくなったのである。善導こそは、法然が「偏《ひとえ》に善導一師に依《よ》る（偏依善導《へんねぜんどう》一師）」と自認した人であったのである。

一九七六年、私はシカゴで開催された米国宗教アカデミーの年次総会において「ユング心理学から見た善導の二河白道《にがびゃくどう》経験」*1と題した論文を提出した。その後一九七九年にはこの論文を拡充し、カリフォルニア州アシラマールで開催されたユング派分析合同学会で「浄土念仏行とユング心理学」として発表した。この論文で私はC・G・ユングの個性化の考え方に基づいて善導の夢を理解することによって、意識の歴史というより広い観点から念仏を位置づけようと試みたのである。幸い、一九七〇年以降私は、日本語と英語の両方において、念仏と夢について講演するよう招かれる機会にしばしば恵まれたので、これらの夢についての考察を深める機会を得たのであった。

浄土真宗の僧侶にして学者であり、現在京都の佛教大学の学長をしておられる高橋弘次教授にお会いする機会を得たとき、法然の夢にたいする私の関心はより強いものとなった。浄土宗の教えにおける法然の夢の重要性についての私の質問に答えて、高橋教授は、法然の夢は浄土宗において本質的な役割を果たしていることを指摘したのであった。教授は法然の夢が夢定相承《むじょうそうじょう》、すなわち夢の三昧《さんまい》における法《ダルマ》の継承と呼ばれていることを教えてくださったのであるが、私はそのときの感動を今も鮮明に記憶している。これはその夢が浄土宗においてもっとも重要な出来事とみなされていることを意味しているのである。高橋教授はこの問題についての教授の論文とその他の資料を送ると約束してくださり、私は深く感謝したのであった。

# 第2節

鎌倉時代は、日本が霊性[*2]の目覚めを経験した時代であった。一一九一年源頼朝によって鎌倉幕府が開かれ、新しい政治の時代が始まったとき、この創造性が発揮されたのであった。政治面と同じく、法然が浄土宗を創始したとき、この創造性は霊的側面においても一つの完成に至ったのであった。政治的実権が宮廷貴族から武士階級に移るにつれて、仏教も変化せざるを得なくなった。仏教は奈良時代（七一〇－七九四）から中央集権的な貴族政治の一部であったが、今や仏教は民衆のものとなることが可能となったのである。

日本浄土教の宗祖法然は、口称念仏《くしょうねんぶつ》こそが仏教の実践の中で最も重要であると主張した。法然以前においては伝統的に、念仏は僧侶と宮廷貴族だけのものであった。さらにそれは、必ずしも阿弥陀仏の名を口頭で繰り返すことを意味するものではなく、むしろ、阿弥陀仏その他の仏のイメージを心の中で、もしくは視覚的に観想することであった。つまり口称念仏は宗派を超えたものであり、根本的に新しいものであった。僧院仏教においては、それは瞑想、儀式、その他の宗教的修行とは対照的なものであった。したがって、法然による口称念仏の教えは、場所、時、人を選ばず実践することが可能であったから、広く受け入れられたのであった。口称念仏は、民衆の間に広まるにつれて、さらに寺院仏教を脅かすようになった。

さらに、口称念仏はふつう「専修念仏《せんじゅねんぶつ》」（口称念仏を専一に実行すること）と呼ばれたのであるが、これは念仏を唱えることだけが唯一の修行であることを意味したのである。したがってそれは、その当時の確立された仏教を否定するものと理解されたのは自然なことであった。専修念仏の信者の中には、ある種の戒が念仏行にとっては無意味であると考え、それらを捨て去る者たちが現れた。彼らは伝統的な仏教組織からは軽蔑と非難の的とされたのである。もっと悪いことには、法然の信者の中には、例えば不淫戒のような戒めを捨て去るだけでなく、そのような非行を専修念仏の名のもとに正当化しようとする輩も現れた。その結果、朝廷は口称念仏を禁止するに至ったし、念仏者は処刑されたり流罪になったのであった。法然も土佐に流された。

法然の流罪に関係した物語から、彼が口称念仏をいかに深く信じていたかを知ることができるのである。法然はその当時七十五歳であったが、そのような運命を静かに受け入れたのであった。しかし、主だった弟子である信空は弟子や信者たちを代表して法然に、専修念仏についての信念を一時的に放棄するよう願った。つまり、うちうちに弟子たちの指導を続けるために表向き一向専修を放棄することを願ったのである。法然は毅然《きぜん》として答えた。

流刑処分は、ちっとも恨みではない。なぜなら、自分も八十に近くなった。師弟が同じ都に住んでいても、娑婆《しゃば》の離別は近いであろう。また山海を隔てて住んでいても、浄土での再会を、どうして疑うことができようか。厭うてみても、死は必ずやって来るし、住むところが変わったとしても、死の来ることには関係がない。のみならず、専修念仏の興業は、長らく京都で行われているが、辺鄙《へんぴ》の地方に赴いて、田夫野人《でんぷやじん》を勧めるのは、念願でさえあった。しかし、機縁《きえん》が熟さず、そのままになっていたが、いま機会が与えられ、年来の希望が叶えられるのは、朝恩《ちょうおん》ともいうべきであろう。この法の弘通《ぐずう》は、人が止めようとしても、法は止まらないであろう。なぜなら、衆生を救わんとの諸仏の誓いは深く、また冥衆《めいしゅう》の約束もねんごろだからである。だから、何も世間の機嫌《きげん》をはばかって、仏経や論釈の真意をかくす必要はないのである。

法然は傍《かたわ》らの弟子に向かって専修念仏の教説を語り始めた。

そのとき、門弟の西阿が馳せ参じて来た。門弟一同のただならぬ様子を見てとった彼は、法然を制して、

このようなことは、決してなさいますな。

そして門弟を見わたして、
おのおの御返事を申してはなりません。
（中略）
しかし、法然は西阿に向い、
汝は経釈の文を見た筈《はず》ではなかったか。
西阿が答えて、
経釈の文は、その通りでありますが、ただ世間の思わくを考えるばかりです。
法然はいう。
たとえ死刑に行われても、このことだけは申さずにおれない。*3

この挿話は専修念仏に深く帰依した法然のイメージを伝えて余すところがない。法然にとっては、宣旨《せんじ》によって流刑に処せられることでさえ、衆生を苦しみと悲しみから救おうとする阿弥陀仏の慈悲のドラマの一部でしかなかったのである。この挿話の中で法然が彼の専修念仏の基盤として「経・釈」と述べているものは、浄土三部経*4と善導の観無量寿経疏（以下「観経疏《かんぎょうしょ》」）であった。善導は中国の唐の時代に活動した高名な浄土僧である。法然の主著である選択本願念仏集《せんじゃくほんがんねんぶつしゅう》（以下「選択集《せんじゃくしゅう》」）において法然は、遍依善導《へんねぜんどう》すなわち「偏に善導一師に依る」と述べて、善導が口称念仏を強調したことへの深い帰依を表明している。法然にとっては善導こそが念仏の師であったのである。しかし、日本の鎌倉時代の法然が、中国唐の時代の善導によって教えを受けることがどうして可能であったのであろうか？　ここで法然が四十三歳の時点で見た夢が登場するのである。この夢の経験は非常に強力であり、夢見手を変容させる力をもったものであったので、法然は専修念仏にたいする帰依《きえ》に駆り立てられたのであった。

法然の夢は法然自身が記録しており、西方指南抄第二巻第一部に記載されている。それは親鸞の次のような言葉で始まる――「聖人御在生之時記注之　外見におよはされ秘蔵すへしと。御生年六十有丑年也」（法然聖人御在世時の記録、他人には見せず、秘蔵すべきこと。聖人六十六歳）。ついで、法然聖人が念仏を称えた後、仏を見たてまつった七回の経験を記録している。法然は、これらの経験の中で順に、美しく荘厳された浄土、阿弥陀仏、菩薩たち、そして阿弥陀三尊（阿弥陀と観音菩薩、勢至菩薩）を見たのであった。この節の最後に親鸞は「聖人のみつからの御記文なり」と書いている。これに続いて、「法然上人御夢想記　善導御事」という新しい節が始まる。ついでながら、浄土宗においては、法然がこれらの光景を目撃したことは、念仏三昧を得たことであるとして、法然を「三昧発得《さんまいほっとく》の人」として敬《うやま》っている。これはまた、ほかでもない法然自身が用いた善導に対する崇信の表現でもある。法然の夢、「善導御事」は次のようである。

或夜夢みらく、一の大山あり、その峯きわめて高し。南北なかくとおし、西方にむかへり。山の根に大河あり、傍らの山より出たり、北に流れたり。南の河原眇眇《びょうびょう》として、その辺際《へんざい》をしらす。林樹滋滋《しげしげ》として、そのかきりをしらす。ここに源空（法然）たちまちに山腹に登て、はるかに西方をみれは、地より已上五十尺はかり上に昇て、空中にひとむらの紫雲あり。以為《おもえらく》、何所に往生人のあるぞ哉。ここに紫雲とひきたりて、わかところ、にいたる。稀有のおもひをなすところに、すなはち紫雲の中より、孔雀《くじゃく》・鸚鵡《おうむ》等の衆鳥とびいてて、河原に遊戯す。これらの鳥をみれは、凡鳥にあらす。身より光をはなちて、照曜きはまりなし。そのちとび昇て、本のことく紫雲の中に入了《いりおわりぬ》。また以為《おもえらく》、山の東に往生人のあるかに哉。かくのことく思惟するあひた、須臾《しゅゆ》にかへりきたりて、わかまへに住す。この紫雲の中より、くろくそめたる衣著たる僧一人、とびくだりて、わかちたるところの下に住立す、われすなはち、恭敬のためにあゆみおりて、僧の足のしもにたちたり。この僧を瞻仰《せんぎょう》すれは、身上半は肉身、すなはち僧形也。身よりしも半は金色なり、仏身のことく也。ここに源空合掌低頭して、問てまふさく、これ誰人の来りたまふそ哉と。答て曰《いわく》、われはこれ善導也と。また問てまふさく、なにのゆへに来たまふそ哉。また答て曰、余（そなた法然は）不肖なりといゑとも、よく専修念仏のことを言（まふす）、はなはたもて貴《とうとし》とす。ためのゆへにもて来《きたれる》也。また問て言く、専修念仏の人、みなもて為往生《おうじょうなす》哉《か》と。いまたその答をうけたまはらさるあひたに、忽然《こつぜん》として夢覚了。

この夢において法然はあたかも、自分がどこか浄土に非常に近い場所に行ったと経験したのに違いない。夢は、善導が法然のもっとも重要な質問に答えないままに終わる。ここにおいてわれわれは、法然の精神的な激変を感じ取るのである。しかし、善導が法然の専修念仏伝道の努力を認め称賛したことは、法然にとって非常にヌミノース的な経験であった。彼はここでエンスタティック（内的に聖なるものと接触をもった状態）となり、自分自身の存在のなかに根をもったのである。したがって、法然にとっての真の師は善導であったに違いないのである。この夢に善導は下半身が黄金の形で現れ、専修念仏を広める法然の努力が真正なものであることを認めたのである。浄土宗においては、法然は夢に善導を「念仏発得《ほっとく》の人」（念仏三昧を得た人）として見ることができたとされている。したがって、法然が夢で善導に会った経験は、夢定相承《むじょうそうじょう》とされている。夢定とは「夢三昧」を意味する。三昧とは、「エンスタシー、すなわち自分自身の存在のなかに根をもった状態」（エリアーデ『ヨーガ』）であり、[*5] 相承は「善導からの法《ダルマ》の継承」を意味する。法然が彼の主著「選択集」の末尾で、善導は一連の夢において阿弥陀の化身（nirmanakaya）から直接的に専修念仏の教えを受け取ったのであると感謝の言葉を述べていることは注目すべきである。

# 第3節

口称念仏が大無量寿経中の阿弥陀の第十八願に基づき、浄土往生のための本質的な道、正定業（正しく決定した行業 "right and decisive karma"）であるとしたのは、初唐時代に活躍した高僧善導であった。この願は次のように言う。

もし、われ仏を得んに、十方の衆生、至心に信楽して我が国に生まれんと欲して乃至《ないし》十念せん。もし生まれずんば正覚を取らじ。

この願に基づいて、善導は、「観経疏」において、人は一生の間阿弥陀の名を称えるべきである。もしそれが不可能であるならば、一日もしくは七日であっても、あるいは一瞬であっても、阿弥陀の願による往生には適切であると強調する。彼は言う。

一心に専ら阿弥陀仏の名号を念じて、行・住・坐・臥に時間の長短を問わず、絶えず念じ続けて捨てないことが重要である。

善導のもっとも重要な教えは「観経疏」の中にある。この跋文《ばつぶん》において、善導は、夢が重要な役割を演じたことを述べている。執筆を始める前、彼は三世（過去、現在、未来）の諸仏諸菩薩を訪ね、もしも彼善導の考え方が、彼らの大悲の誓願のこころにかなうならば、願わくば夢の中でその承認を現してくださいとお願いした。このように願いを立てたのち、彼は阿弥陀経を読誦すること三度、そして弥陀を念ずること三万遍、心を込めて願った。

するとその夜、彼は荘厳な浄土を西の空に夢見たのである。

色とりどりの宝の山が百重にも千重にもかさなりあい、さまざまな光明が下の地面を照らし、大地は金色のようであり、そこには多くの仏・菩薩たちがおられ、あるいは坐り、あるいは立ち、あるいは語り、あるいは黙し、あるいは身や手を動かし、あるいはじっとして動かずにおられた。わたくしはこのありさまを見て、合掌して立ったまま拝観していた。

目覚めてから善導は喜びにたえず、観経の解釈を書き始めた。彼はさらに、彼が玄義分《げんぎぶん》という最初の部分を書いているとき、夢の中にいつも一人の尊い僧が現れて、教えてくださったと述べている。したがって、善導の夢に現れたこの高僧は阿弥陀仏の化身であると考えている。したがって、「選択集」の最後において法然は、善導の「観経疏」で解釈された専修念仏は阿弥陀仏の真正の教えであると述べているのである。法然の言葉によれば、「善導の『観経の疏』は、これ西方の指南、行者の目足《もくそく》なり」（西方の極楽浄土を指し示し、念仏行者の目であり足である）なのである。すでに述べたように、親鸞が編集した「西方指南抄」の題名は、法然の「偏依善導《へんねぜんどう》」（善導へのこころからの帰依）の精神から取られたものである。

したがって、浄土宗では、阿弥陀仏、善導、法然の三人は、阿弥陀仏の本願（大無量寿経の中の第十八願）に基づく口称念仏を一致して唱導するという意味で、三位一体と見ることができるのである。この三人は本願の世界を「真の」リアリティとするうえで、互いを支え合っているのである。このリアリティは高橋教授が、仏陀、善導、法然が三昧を得る点において同格であると述べた意味なのである。また、仏陀の経典、善導の「観経疏」、そして法然の「選択集」は同格なのである（高橋）。つまり、「リアル」なものは、三昧の境地においてのみ「見る」ことができるのである。したがって、この境地において見られるものは、それが何であれ、われわれの意識によって知覚する通常のリアリティではありえないのである。念仏行者にとって必要なのはこの世界を「リアル」にするための不断の努力であり、このリアリティは、非自我（the non-ego）なるもの、つまり自我の生のリアリティをエンスタティックなかたちで「見ること」によって経験されるのである。このことは、夢定相承《むじょうそうじょう》のさい、専修念仏について善導が法然を勇気づけた言葉によって示されている。浄土宗の学者である坪井俊映教授は、夢定相承は法然が四十三歳で「時機相応《じきそうおう》の教え」を探し求めて苦闘していたときのこととする（坪井、三〇六－三〇九頁）。このとき法然はエンスタティックになり自分自身に根を下ろしたに違いなく、専修念仏こそ「時機相応の教え」であると信じつつ、善導からの賞賛と期待に違わないよう不断の努力を払ったのである。口称念仏に不断の努力を払うことの重要性については、「観経疏」の執筆を終えた後、善導が見たもう一つの夢を引用することができる。

道のほとりで三台の石臼がひとりで回っている。突然、白いラクダに乗った人が現われ、「懸命に努力せよ。そうすれば、疑いなく浄土に往生するであろう。怠ってはならない。諦めてはならない。この世は汚れと悪と苦しみで満たされている。しかし、悲しみによって打ち砕かれてはならない。貪欲になってはならず、此の世に執着してはならない」と励ましてくれた。私は答えた。「あなたの賢明なご教示に感謝いたします。私は命のあるかぎり、決して怠惰、貪欲の心を起こしません」[*6]。

## 第４節

親鸞は、一二〇七年京都を追放され越後に流されたことから見ると、法然の弟子の中でもラディカルな人々の仲間であったに相違ない。親鸞もまた二つの決定的な夢を見たのであった。一つは、「顕浄土方便化身土文類《けんじょうどほうべんけしんどもんるい》」

（以下「化身土」）の最後の部分にある。他は一二五七年、親鸞八十五歳で書いた「正像末和讃」の先頭におかれた和讃である。

化身土の中で、親鸞は彼の人生の二つの出来事にふれている。この二つの出来事をめぐって彼の人生のタペストリーが織りなされているのである。最初の出来事は、一二〇七年三十五歳での流刑にかかわる。第二の出来事は、法然の専修念仏にたいする親鸞の帰依にかかわるものである。一二〇一年二十九歳のとき、親鸞は「自力の雑行を捨てて、本願に帰す」と述べている。親鸞自身によるこの短い説明は、彼の妻恵信尼《えしんに》の手紙で補うことができる。娘に宛てたその手紙の中で彼女は、若き親鸞の「生死出ずべく道」を求める真摯な努力について記している。

山を出でて、六角堂に百日籠らせたまひて後世をいのらせたまひけるに、九十五日のあか月、聖徳太子の文を結びて、示現《じげん》にあづからせたまひて候ひければ、やがてそのあか月出でさせたまひて、後世のたすからんずる上人にあひまゐらせんとたづねまゐらせて、法然上人にあひまゐらせて……

第二の文（聖徳太子云々）の意味については、学者の間で論争がある。どのような解釈が適切であるかはともかくとして、親鸞が真剣に道を求める人であったことは事実であろう。彼は百日の間六角堂にこもり、救世観音に祈ることを決意したのである。そして九十五日目の暁に聖徳太子のメッセージを受け取ったあと、彼は法然に会うためすぐさま六角堂を去ったのであった。法然に会ったとき彼は専修念仏に帰依し、化身土では彼はこれを「本願に帰す」と表現した。いうまでもなく「帰す」とは、本願の世界が自分自身のもともとの故郷であって、そこで人は本来の純粋な自分であることができることを意味している。

親鸞は、阿弥陀仏の本願の法《ダルマ》について語り続ける。一二〇五年初夏四月十四日、親鸞三十三歳のとき、彼は法然より「選択集」の付属を受け、その写本を作成する。このとき法然は自ら筆を執り、最初のページに題名「選択本願念仏集」と書き、また「南無阿弥陀仏　往生之業　念仏為本」と副題を書き、また「釈綽空《しゃくくう》」という親鸞の名前を書いたとされている。これは親鸞が「本願に帰」した二十九歳のとき、法然から与えられた法名であった（赤松俊秀『親鸞』七一頁）。同じ日、親鸞は法然の肖像画を描くことを許されている。

同年閏七月二十九日、法然はこの肖像画に南無阿弥陀仏の銘を書くとともに、さらに善導の「往生礼賛」からの引用文を「真の言葉」として与えている。

「もしわれ成仏せんに、十方の衆生、わが名号を称すること下十声に至るまで、もし生ぜずは、正覚を取らじ」と。かの仏いま現に世にましまして成仏したまへり。まさに知るべし、本誓重願虚しからず、衆生称念すればかならず往生を得。

最初の文は、大経（大無量寿経）の中の阿弥陀仏の第十八願からの引用である。第二の文の「かの仏いま現に世にましまして成仏したまへり」の部分は、小経（阿弥陀経）に「阿弥陀仏は、完全な悟りを開いてこのかた、いまに十劫になる」と、また「（阿弥陀仏は）いま、現にましまして真理を説く」とあることを指している。したがって、阿弥陀仏の名号をどの場所であっても称えるものはすべて、だれであっても、無条件に浄土への往生を保証されているのである。さらに親鸞は、夢告に従って法然は「みずから筆を執って私の綽空という名を書き換えられた。このとき本師聖人は御年七十三歳であった」と述べている。上記したように「綽空」は一二〇一年親鸞二十九歳のとき、彼の回心のしるしとして法然によって与えられた法名である。しかし親鸞はこのとき、それを自分の見た夢に従って変えるよう法然に求めたのである。法然はそれに同意した。したがって、このときの親鸞の夢は法然と親鸞の双方にとって非常に重要なものであったに違いない。それは、親鸞のさらなる回心経験に関係したものであり、法然はそれを心から歓迎したのであったに相違ない。それにもかかわらず、親鸞はその夢についても、あるいは新しい法名についても、何も書き残していない。赤松教授によれば、その夢は救世観音が親鸞に「善信」と呼びかけたことに関係する。そこで、彼は法然に「善信」という名を書いてくれるよう望んだのであった（赤松、前掲書、七三－七四頁）。

親鸞がこの決定的な夢を見たのは三十一歳の時であった。この夢は親鸞の曾孫で浄土真宗本願寺第三世であった覚如によって記録されている。覚如の編纂した御伝鈔（本願寺の聖人親鸞伝絵）の第三段には次のように述べられている。

建仁三年（一二〇三）四月五日の夜寅《とら》の時（午前四時）、聖人（親鸞）夢想の告げましましき。かの記にいはく、六角堂の救世菩薩《ぐぜぼさつ》、顔容端厳《かおかたちたんごん》の聖僧《しょうそう》の形を示現《じげん》して、白衲《しろきのう》の袈裟《けさ》を着服せしめ、広大《こうだい》の白蓮華《びゃくれんげ》に端坐《たんざ》して善信（親鸞）に告命《ごうめい》してのたまはく、

行者宿報設女犯《しゅうほうせちにょぼん》
我成《じょう》玉女身被犯《ひぼん》
一生之間《しけん》能荘厳《しょうごん》
臨終引導生極楽

といへり。救世菩薩、善信にのたまはく、「これはこれわが誓願なり。善信この誓願の旨趣を宣説《せんぜい》して、一切群生《ぐんじょう》にきかしむべし」と云々。そのとき善信夢のうちにありながら、御堂の正面にして東方を見れば、峨々《がが》たる岳山あり。その高山《こうざん》に数千万億《すうせんよろずおく》の有情《うじょう》群集せりとみゆ。そのとき告命のごとく、この文のこころを、かの山にあつまれる有情に対して説ききかしめをはるとおぼえて、夢さめをはりぬと云々。

この夢の中の救世菩薩による誓願、すなわち四行の詩句に述べられたことは、およそ仏教徒にとっては考えられないことであり、親鸞自身にとっても驚くべきことであったに違いない。仏教では女性を身体的にも精神的にも「汚れた」ものとして軽侮《けいぶ》してきたのであった。実際のところ、第二次世界大戦の終わりまで、多くの寺院では女性の立ち入りを禁止していたのである。しかし覚如の報告するところによれば、この夢の中で親鸞は、この夢のメッセージを広く人々に伝えるという望みを果たしたと述べているのである。ついでながら、法然に自分の新しい名前を書いてもらうために、親鸞は救世菩薩のメッセージの夢を法然に報告したに相違ないという赤松教授の意見にわれわれも賛成したい。法然が親鸞の新しい名前、善信を書いたという事実は、親鸞がすでにその当時結婚しており、法然もこの結婚を認めたということを意味すると考えられる（赤松、前掲書、七三－七四頁）。しかしながら、専修念仏者の生活にとって妻帯禁止は必要でもなく本質的でもないと主張することは、明らかに既存の寺院仏教からはラジカルで危険な考え方とされたのである。親鸞が京都から追放されたのは理解可能なことであった。しかし、法然と同じく、親鸞にとっても、この流刑は「遠隔地の人々に布教する」阿弥陀仏のドラマの一部であった。覚如の御伝鈔は続く。

つらつらこの記録を披《ひら》きてかの夢想を案ずるに、ひとへに真宗繁昌《はんじょう》の奇瑞《きずい》、念仏弘興の表示なり。しかあれば、聖人（親鸞）後の時仰せられてのたまはく、「仏教むかし西天（印度）よりおこりて、経論いま東土（日本）に伝はる。これひとへに上宮太子（聖徳太子、五七四－六二二）の広徳、山よりもたかく海よりもふかし。わが朝欽明《きんめい》天皇の御宇（五三一－五七一）に、これをわたされしによりて、すなはち浄土の正依経論等このときに来至す。儲君《もうけのきみ》（聖徳太子）もし厚恩を施したまはずは、凡愚いかでか弘誓にあふことを得ん。救世観音はすなはち儲君の本地なれば、垂迹《すいじゃく》*7興法の願をあらはさんがために本地の尊容をしめすところなり。そもまた大師聖人（偉大なる師、法然）もし流刑に処せられたまはずは、われまた配所におもむかんや。もしわれ配所におもむかずんば、なにによりてか辺鄙《へんぴ》の群類を化せん。これなほ師教の恩致なり。大師聖人すなはち勢至の化身、太子また観音の垂迹なり。このゆゑにわれ二菩薩の引導に順じて、如来の本願をひろむるにあり。真宗これによりて興じ、念仏これによりてさかんなり。これしかしながら聖者の教誨によりて、さらに愚昧《ぐまい》の今案をかまへず、かの二大士の重願、ただ一仏名を専念するにたれり。今の行者、錯《あやま》りて脇士《わきじ》に事《つか》ふることなかれ、ただちに本仏（阿弥陀仏）を仰ぐべし」と云々。かるがゆゑに上人親鸞、傍らに皇太子（聖徳太子）を崇《あが》めたまふ。けだしこれ仏法弘通《ぐつう》のおほいなる恩を謝せんがためなり。

御伝鈔にはさらに次のように述べる。

聖人（親鸞）越後国より常陸国に越えて、笠間郡稲田郷といふところに隠居したまふ。幽棲を占むといへども道俗あとをたづね、蓬戸を閉づといへども貴賤ちまたにあふる。仏法弘通の本懐ここに成就し、衆生利益の宿念たちまちに満足す。このとき聖人仰せられてのたまはく、「救世観音の告命を受けしいにしへの夢、すでにいま符合せり」と。（第二巻、第二段）

覚如が引用するところによれば、親鸞が念仏（真の教え、真宗）を広く布教したという歴史的な事実は、勢至菩薩の生まれ変わりとしての法然と、救世菩薩の垂迹である聖徳太子の努力と教えによる阿弥陀仏の本願の実現と一致するのである。勢至菩薩も救世菩薩もともに阿弥陀仏の脇士である。救世菩薩の生まれ変わりである聖徳太子が、親鸞の真摯《しんし》な祈りに応じて法然に会う機会を与えたのであり、勢至菩薩の生まれ変わりである法然が親鸞に西方浄土への道を教えたのである。したがって、専修念仏に帰依したとき親鸞は「化身土」において「自力の雑行を捨てて、本願に帰す」と述べているのである。その二年後、三十一歳の親鸞は、夢に救世菩薩からメッセージを受け取り、この夢のメッセージを、阿弥陀仏の念仏夢が親鸞自身の念仏の生活において自身を実現したことを現すものとして理解したのである。したがって、親鸞の「本願に帰す」とは、阿弥陀仏が念仏の中に自己を展開してゆくという永遠に現存するドラマを意味しているのである。救世観音の夢のメッセージは、専修念仏のエッセンスであり、親鸞の念仏一筋の一生において決定的な役割を果たしたのである。

## 第5節

日本だけでなくあらゆる場所において古代から、夢はしばしば「神からの」メッセージが伝えられてくる聖なるチャンネルであると考えられた。古代日本においても、最高神である天照大神の後裔《こうえい》であるところの天皇（現人神、人間の形をして顕現《けんげん》した神）だけが、夢を通じて神々と通信する特権をもっていた。夢の中で神からのメッセージを受け取るために、彼らはある種の宗教的な儀式に従わなければならなかった。例えば、儀式的な沐浴《もくよく》を行い、心身を清め、その後になって神聖な床につくなどである。皇位継承者を決めることのように、真剣で公的なことがらでさえ、政治的および宗教的儀式によって行われたのである。この神権政治は、祭政一致とよばれている。古代日本においては、夢は神聖なものであり、自我にとっての通常のリアリティ（歴史的で時空に制約されているリアリティ、うつつ）よりも、もっとリアルで神聖なものとして経験されたに違いないのである。

著名なユング心理学者にして著述家である河合隼雄は、

ただ興味深いのは、『古事記』でも『日本書紀』でも、神代には夢の話がなく、人の世になってから夢がでてくることである。夢が「神のお告げ」と考えるなら、神自身は夢を見る必要もない、というよりは、神は夢とうつつの区別のない世界に住んでいると言うべきかも知れぬが、ともかく、神代に夢のことが語られぬ

のは話の辻褄《つじつま》が合っていて納得がゆく。（河合、三四–三五頁）

と指摘している。この引用部の後半で河合が指摘する考え方は、古代日本人の世界観にかかわるものである。

ここで河合は、神々によって見られ経験される夢は、あきらかにリアリティであり、うつつ（自我にとってのリアリティ）とよばれるものよりももっとリアルなのであると示唆《しさ》している。古代および中世日本文学の研究者として著名な西郷信綱は『古代人と夢』の中で、古代日本人にとって「何かを夢に見るということがいかに強烈な『うつつ』の経験であり得たか」と述べている（同書、第六章）。「うつつ」が自我にとっての通常のリアリティであるならば、夢もしくは夢のリアリティは、神々の、つまり非‐自我のリアリティと考えることができるのである。この非‐自我のリアリティは、強力で、リアルであるだけでなく、自我のリアリティよりもより高く、より幅広いものであると理解することができる。それは「夢とうつつの区別のない世界」なのであり、また祭政一致とよばれる古代日本の神権政治が執り行われたリアリティなのである。「うつつ」とは語源的には「ウッシ」（顕）の語根ウツを重ねたウツウツの約であり、「ウツ」は「この世界にはっきりと形を見せ、存在する」意味である（大野、一七三–一七四頁）。したがって、「うつつ」は秘儀《ひぎ》、つまり聖なるものにして強力でリアルなるものが通常のリアリティを超えて顕現《けんげん》することを意味する。しかし、時がたつにつれて、神権政治的な方向性は次第に失われ、祭と政の分離が規範となった。宗教と政治の分離は、鎌倉幕府が中央集権的な政治的権力として確立され、宗教的儀式が天皇の宮廷に残されたことに明確に表現されている。

言うまでもなく、この政治的、外的な変化は人間の意識の変化と不可分に結びついている。したがって、夢の神性を信じる伝統的な態度もまた変化せざるを得なかったし、政治的・歴史的リアリティ（うつつ）の強調によって置き換えられる過程が進行した。夢の重視から通常のリアリティの重視への移行は、平安時代（七九四–一一八五）において夢のメッセージがよりプライベートなものとなったばかりでなく、歴史的リアリティの補完的な重要性しか持たないものとなったことにも示されている。西郷信綱はこの重点移行プロセスは仏教の発展と軌を一にするものであることを指摘し、「夢文化圏」を提唱している。彼は、夢は神聖なるものとみなされたのみならず、人間が神々と交わる回路であると考えられたのであるから、夢の型は文化の型によって規定されると主張している。つまり、古代から鎌倉時代が始まるまで、彼が夢文化圏と呼ぶものが存在していたに違いないのであり、そこでは、「夢の神性を信じることと宗教的霊験を信じることとはほぼ同義であった」（西郷、前掲書、二〇－二八頁）。西郷は、宗教の歴史は仏教や道教のような外来の宗教と固有の夢文化が重なり合う「重層的」プロセスであると考えている。それらは進化論的な形と言うよりは、両者不可分の形で一緒になって機能しつつ一体化されるのである。これは、仏教が既存の夢文化を利用しながら日本文化の中に浸透していったことを意味する（西郷、前掲書二一－二八頁）。この議論を展開するにあたって西郷は、救世菩薩から親鸞への夢告を、日本古来の夢文化が、時代の精神に反応し口称念仏の普及を強調しつつ、それ自身を表現した例としてあげている。

この移行の初期の段階として西郷は聖徳太子にまつわる伝説をあげている。親鸞は太子を救世菩薩の生まれ変わりであり、太子を「倭国《わこく》の教主」として崇敬した。聖徳太子についてのこの物語は、源為憲《みなもとのためのり》による仏教説話集「三宝絵詞」（九八四）や、十二世紀中ごろに成立した日本最大の仏教説話集「今昔物語」（著者不明）などに見られる。これらによれば、太子は夢殿を建立したのであるが、日に三度沐浴し夢殿に入り三昧を得るとともにさまざまな経典の疏を執筆したという。

この三昧のための堂がなぜ夢殿と呼ばれているのかという疑問がおこる。西郷は、夢殿は三昧殿であったにちがいないと考えている。あるいは半分は三昧を得るための堂であった。しかしそれが夢殿と呼ばれたのは、その時代の民衆が三昧というものについて何も聞いたことがなかったからである。さらに、一般の人々にとっては、その堂は当時摂政であった太子が夢告を得るために「聖なる床」に眠るという儀式を執り行う聖堂であったのであるから、それを夢殿と呼ぶことはもっともなことであった。太子は堂に入る前に一日に三度沐浴し、また聖堂の中で「七日七夜出給はず」であった。三昧つまりエンスタシーは夢のヴィジョンと同じであるから、人々はこのように理解したのかもしれない。したがって、法然の夢定相承《むじょうそうじょう》経験、そしてまた救世菩薩から親鸞への夢告は当時の人々にとって理解できるものであり、印象的なものであったに違いないのである。親鸞が六角堂に籠り救世菩薩に祈り示現を得たことは、神聖なるものから送られた「夢を見る」ための古来からの方法であるとして理解できることにも注意すべきである。

## 結論

念仏宗の形成が可能であったのは、それが古代からの日本の夢文化に基礎をおいていたからであった。専修念仏は、称えることによってもたらされる意識の三昧状態において「見る」ことを強調した。非自我的な立場からリアリティを見る、もしくは知覚することによって念仏者は、通常の自我から見る時空に縛られた現実よりももっとリアルな現実を保証されたのである。夢、ヴィジョン、三昧のエンスタシーに関係した意識は、ある種の手順に従うことによって得られるものであるが、時空の制約を超えたところで永遠に展開し続けるリアリティの存在を示すのである。したがって、夢の神性、夢定相承、救世菩薩の夢告は真正の出来事として経験し得るのである。このようにしてわれわれは、日本伝来の夢文化と三昧の文化の二つの伝統が、互いを排斥するのではなく、共存し、互いを豊かにしたことを知るのである。

参考文献


赤松俊秀『親鸞』、吉川弘文館、一九六一年。

恵信尼「恵信尼書簡」、『親鸞聖人全集』第六巻、親鸞聖人全集刊行会、一九六一年。

Mircea Eliade, Yoga: Immortality and Freedom (New York: Pantheon Books, 1958.) 立川武蔵訳『ヨーガ』エリアーデ著作集、せりか書房、一九七八年。

法然「選択本願念仏集」、石井教道編集『法然上人全集』、浄土宗務所、一九五五年。

覚如「本願寺聖人親鸞伝絵」、『親鸞聖人全集』第八巻、親鸞聖人全集刊行会、一九五七年。

河合隼雄『明恵　夢を生きる』、京都松柏社、一九八七年。

Miyuki Mokusen, 'A Jungian Approach to the Pure Land Practice of Nien-fo" in Buddhism and Jungian Psychology (Phoenix, Arizona: Falcon Press, 1985.) 日本語訳「浄土念仏行とユング心理学」は『仏教とユング心理学』、春秋社、一九八五年、所収。

大野晋他『岩波古語辞典』、岩波書店、一九七四年。

西郷信綱『古代人と夢』、平凡社、一九七二年。

親鸞「顕浄土方便化身土文類」、『親鸞聖人全集』第二巻、教行信証二、親鸞聖人全集刊行会、一九六一年。

親鸞「西方指南鈔」、『親鸞聖人全集』第十四巻、拾遺録二および三、親鸞聖人全集刊行会、一九五九年。

高橋弘次「観経疏と選択集」、戸松啓真編集『善導教学の成立とその展開』、山喜房、一九八一年、所収。

田村円澄『法然』、吉川弘文館、一九五九年。

坪井俊映『法然浄土教の研究――伝統と自証について』、隆文館、一九八二年。


編者注

1　二河白道：善導が、浄土教における極楽往生を願う信心の喩えとしたもので、しばしば絵図に描かれた。多くの場合、絵の上部には阿弥陀仏と観音、勢至の二菩薩。中程から下には、一本の白い道が描かれており、さらに道の右側には逆巻く急流、左側には炎の河が描かれる。絵のいちばん下には此岸に立つ人物とそれを追いかける盗賊や野獣が描かれる。右の河は貪り、執着、左の河は怒りと憎しみ、盗賊や野獣は欲望を表す。東側の岸からは釈迦の「逝け」という声がし、西側からは阿弥陀仏の「来れ」という声がする。この呼び声に応じて、人は白い道を通り、西の岸にたどり着き、極楽往生を果たすのである。

2　霊性：原語は“spirituality”。「精神性」とも訳されるが、鈴木大拙『日本的霊性』等を参取し、「霊性」とした。

3　田村円澄『法然』、人物叢書、吉川弘文館、一九二一一九三頁。

4　浄土三部経：浄土系信仰における基本経典である『無量寿経』『観無量寿経』『阿弥陀経』をいう。

5　西洋的な概念であるエクスタシー（ecstscy）の原意は、「自分自身の外に出る“standing outside oneself”」ことである。ラテン語のスタティオ（statio）は「立つこと」「立場」などの意味であり、接頭辞 ex- は「外に」の意味であるから、「エクスタシー」は「外に立つこと」の意味となる（子音の前では ex- は ec- となる）。これに対して、エリアーデは、東洋の三昧“Samadhi”は「自分自身の内に立つ“standing in oneself”」ことであると考えた。三昧の境地（samadhi）はあくまで「内に立つこと」「こころの内に確固とした立場を得ること」であると強調する趣旨からであろう。そこで彼は、三昧に相当する言葉として、「内に」の意味の接頭語 en- を使った「エンスタシー（enstasy）」を造語した。（ただし、エリアーデの『ヨーガ』の日本語訳では“stasis”を“samadhi”と同じく「三昧」と訳している。）

6　Miyuki, p.145. 和訳、二四一頁。

7　垂迹：本地垂迹ともいう。本地とは本来のあり方、垂迹とは迹《あと》を垂れるという意味で神仏が姿を現すことを言う。日本古来から信仰された神々は、仏教における仏、菩薩（本地）が仮にその姿を取って現れたもの（権現）であるという考え方。ここでは聖徳太子は救世観音の化身であることをいう。

（訳者補記）

本論文の日本語訳にあたっては、下記を参考にした。

阿満利麿『選択本願念仏集――法然の教え』、角川ソフィア文庫、二〇〇七年。

藤田宏達『善導』、人類の知的遺産十八、講談社、一九八五年。

# 第6章　浄土真宗における「悪人」とユング心理学

鎌倉時代、浄土真宗を創始した親鸞（一一七三－一二六二）は、「善人なをもて往生《おうじょう》をとぐ、いはんや悪人をや」[1]という信念をもっていた点において、革命的である。本論文において私は、親鸞が「悪人」という言葉で意味するものはC・G・ユングが影（シャドウ）と呼んだものに対応すること、したがって、「悪人」の往生とは影の統合と並列するものであることを示したいと思う。

ユングによれば、人格の暗い側面である「影」は、自我によって拒絶され無意識の中に追いやられたものである。その結果、意識と無意識の間に分裂が生じ、心的なアンバランスが生じるのである。したがって、内部に存在する「悪人」である影を意識的に受け入れ、疎外され否認された部分を統合することを通じて、個人は自我意識を拡大し強化することができるのである。ユングによれば影の統合は、分裂した心をまったきものにするための、意識的人格の中心である自我と無意識との対決の弁証法的プロセスである。ユングはこのようなプロセスを「個性化《こせいか》」と呼んでいる。そこにおいて「人は心理的な個人となる。つまり、独立した不可分の統一体、すなわち『全体』となる」[2]。

またユングは個性化を「自分自身の自己になること」「自己実現」（Self-realization）としている。[3]自己実現“Self-realization”と訳したドイツ語は“Selbstverwirklichung”であり、これは私の理解によれば、自己（Self）が自分自身を意識的に実現したいと望む心理的な衝動を意味する。ここで自己（Self）は、意識と無意識の両方を含む全領域を統制する中心である。[4] エドワード・F・エディンガー（Edward F. Edinger）は、この点を明確にして次のように述べている。

> 個性化は生命（自己 the Self）がそれ自身を意識的に実現しようとする内的な衝動であるように思われる。個人を超えた生命エネルギーが、その自己展開のプロセスの中で、それ自身の産みだしたものである人間の意識を、自身の自己実現のための道具として使うのである。[5]

「悪人」が浄土に往生《おうじょう》するという、親鸞の一見したところ非道徳的であるようにさえ見える信念は、自己が自分自身を意識の中に現すという意味での、影の統合についての仏教的な表現であると思われる。

われわれの内部にある「悪なるもの」を実現することが、逆説的であるが、自分自身を解放することそのものであるという親鸞の洞察は、古代インドのマガダ国アジャータサトル王の物語の検討から得られたのであろう。[6] 親鸞はその一生を通じてこの物語に関心を持ち続けたのであった。それはおそらく親鸞自身が、所属する社会から追放され流刑《るけい》された者という立場にいたからであろう。[7] 彼は三十五歳のとき念仏、すなわち阿弥陀の名を心の中であるいは口に出して称える宗教行為を行ったことの罰として配流《はいる》された。[8] その後親鸞は、自分は「非僧非俗《ひそうひぞく》」であると宣言した。また彼は「愚禿《ぐとく》」つまり「愚《おろ》かな禿《は》げ頭」と自称したのであるが、これは世俗的共同体からも、宗教団体からも、両方から追放された人間を意味したのであると私は考える。[9]

## 第1節　アジャータサトルの物語

アジャータサトルの伝説はエディプスの悲劇[*1]に通じるものがある。アジャータサトルは王位を奪うために、父王ビンビサーラを殺すのである。アジャータサトルが、自らの出生にまつわる過去の業《カルマ》という秘密をデーヴァダッタから告げられたときに、この悲劇が起きたのであった。デーヴァダッタは仏陀の従兄弟であり、ライバルであったが、教団の指導者としての地位を仏陀から奪おうとしたと言われている。[10]仏陀が彼の要求を拒絶したとき、デーヴァダッタは怒り、自分の保護者であり帰依者《きえしゃ》でもあったアジャータサトルのところにいき、仏陀を殺害するとともに、アジャータサトルには父ビンビサーラ王を殺させる計画を示したのであった。

デーヴァダッタはアジャータサトルに彼の出生の秘密を告げる。ビンビサーラ王は長い間男子を望んでいた。ある預言者に相談すると、その預言者は、三年の後にある仙人が死に、ビンビサーラ王の世継ぎとして生まれ変わってくるであろうと告げた。王は短気であったので、三年を待ちきれず、皇子の誕生を早めるため人をやってその仙人を殺してしまった。予言どおり、王妃ヴァイデーヒーは身ごもった。王も王妃も歓喜した。しかし、もう一人別の預言者が王に告げて言った。生まれてくる王子はやがて成長して王を殺すであろう、と。王の喜びは恐怖に変わった。王は王妃に、高い塔の中で出産することを命じた。生まれた子どもを地に投げ落として殺してしまおうと考えたのである。しかし、投げ落とされても子どもは死ななかった。一本の指が折れただけであった。そこでこの子どもはバラルーチ（折指）、あるいはアジャータサトル（未生怨《みしょうおん》）と呼ばれるようになったのであった。

デーヴァダッタの告げた物語にこころを悩ませたアジャータサトルは、大臣の一人にその真偽を尋ねたところ、大臣はそれが事実であると答えた。怒り狂ったアジャータサトルは父王を牢獄に幽閉し、飢え死にさせようとした。わが子のたくらみを知ったヴァイデーヒー妃は、秘密のうちに夫ビンビサーラ王のもとへ食べ物と水を運んだ。アジャータサトルは母親のおこないを発見し、怒りのあまり彼女も殺そうとした。しかし、ジーヴァカ（耆婆）とチャンドラプラディーバ（月光）という二人の大臣は、母親殺しはチャンダーラ[11]のすることであり、そんなことをすると彼は追放され、蔑まれ、やがては殺されるであろうと諌めた。そのような運命を恐れたアジャータサトルは思い直し、母親を王宮奥深い一室に幽閉するだけにした。[12]

ビンビサーラ王の死後、アジャータサトルの苦しみは増大した。体中が悪臭を放つ腫物《はれもの》に覆われた。彼は、自分の苦しみは父親殺しという業《カルマ》の結果であり、自分は地獄に落ちようとしていることに気づいた。母はいまや牢獄から解放され、わが子アジャータサトルの腫物を癒すため、さまざまな薬を試してみたが、すべて無駄であった。アジャータサトルの六人の大臣は、彼ら六人のそれぞれの師に会い意見を求めることを王に勧めた。業についての彼らの説が、アジャータサトルの苦しみと、地獄への恐怖を和らげてくれるであろうと言うのであった。しかし、自分自身医師であり、大臣の一人であったジーヴァカは、アジャータサトルに仏陀と会うことを勧めた。仏陀は偉大なる医師であり、王の身体とこころの苦しみを癒す力をもっていると言うのであった。アジャータサトル王がどうしようかと迷っているとき、天から声がして、その声もまた仏陀に会うことを勧めたのであった。おそれに震えながら王は、その声は誰の声かと尋ねた。声が、父王であると答えたとき、アジャータサトルは地に仆《たお》れ伏し、苦しみはさらに増した。体中の腫物の腐敗臭はさらに酷くなった。

さて、仏陀はアジャータサトルが救いを求めてやって来るであろうことを予見し、アジャータサトルを救わずして涅槃《ねはん》に入ることはせずと宣言した。アジャータサトルが父の声を聞いて地に仆れ伏したとき、仏陀は「月愛三昧」に入り、アジャータサトルの身体の腫物の苦しみを和らげ癒すために、大いなる光明を放った。奇跡に驚いたアジャータサトルにジーヴァカは、アジャータサトルのような恐るべき業による罪びとをも癒す仏陀の慈愛を、七人の子どもをもつ母親の心配に例えて説明した。母の心配は、六人の健康な子どもよりも、病気になった一人の子どもに向けられるのであると。ジーヴァカの言葉に感動したアジャータサトルは仏陀のもとに行き、教えを受ける決心をしたのであった。

仏陀はアジャータサトルに、憎むべき父親殺しの業を後悔し、悔い改めることの重要性を教えた。次に仏陀は、ビンビサーラ王は罪のない仙人を殺した業のゆえに自分の息子によって殺されるべき運命にあったことを指摘した。さらに仏陀はアジャータサトルに、彼の父親殺しは、本心（真実の正気）のもとでなされたのではなく、狂《きょう》惑《わく》の心をもってなされたものであることを教えた。それはデーヴァダッタのそそのかしによって火をつけられた王位への欲望のなせるものであった。最後に仏陀は、アジャータサトルが真実に目覚めたとき、狂惑の心をもってなされた罪は存在しないことを知るであろうと述べた。この教えを受けたアジャータサトルは、父王殺しという自分の罪が業《カルマ》によって予定されていたものであることに気づき、菩提心《ぼだいしん》*2の目覚めを経験した。この菩提心の覚《かく》醒《せい》は、彼にとってまったく理解を超えたものであったので、彼はそれを「無根《むこん》の信」（内的に何の根拠も持たない信心の実現の受け取り）と表現した。[13]

## 第2節　アジャータサトル物語とユング心理学

アジャータサトルの物語は、業《カルマ》（縁起）の説に光を当てるものである。仏陀の教えによってアジャータサトルが、彼の父殺しの業は、両親の嬰児《えいじ》殺しの罪と絡まりあったものであるとともに、自分自身の狂惑から始まったものであることに気づいたとき、アジャータサトルは、菩提心に目覚めたのであった。彼の狂惑は王位への執着心と欲望に駆られたものであった。このような因縁の織りなすドラマを意識化するプロセスは、個性化プロセスを仏教の観点から見たものにほかならない。そこではアジャータサトルによって示された自我が、デーヴァダッタ、ジーヴァカ、そして仏陀によって示される無意識内容と弁証法的に対決するのである。これらの人物像は、ユングが「元型」と呼ぶものである。自我がこころのより深いところに旅するにつれて、自我はこれらの元型に接触することが可能となるのである。

ユングは元型を業と関係づけて説明している。ユングは業を「霊魂再来説に基づく一種の心的な遺伝の理論である」と考えている。[14]ユングが「心的遺伝」という表現で意味しているのは、こころの「普遍的傾向」であり、イマジネーションの形式、つまり範疇《カテゴリー》なのである。それはプラトンの言う形式《エイドラ》に類似した概念である。イマジネーションのカテゴリーであるから、これらの形式は「常に本質的に視覚的」であり、「常にあらゆるところに存在する」[15]。またユングは次のようにも言っている。

これらの形式は、最初から、イメージの性格を持たなければならないし、さらには「典型的な」イメージの性格を持たねばならない。これが、聖アウグスチヌスに従って私がそれらを「元型」とよぶ理由なのである。比較宗教学と神話学は、元型の豊かな鉱脈であるし、さらに夢と精神病の心理学についても同様である。[16]

こころ全体を制御する中核としての中心的元型は、自己《セルフ》(Self) の元型である。アジャータサトルの物語では自己《セルフ》は仏陀のイメージによって表現されている。仏陀は業《カルマ》の連鎖を完全に見通しており、業についての仏陀の全知は、その慈愛とダイナミックな連続体をなしているのである。仏陀はアジャータサトルがやって来ることを知り、彼のために涅槃《ねはん》に入らないのである。心理学的に言うならば、アジャータサトルの業に取りつかれた人生は、アジャータサトルつまり自我意識によっては意識されていないが、自己《セルフ》であるところの仏陀によって動かされ、演じられている内的なドラマなのである。この無意識的な被駆動性は、アジャータサトルが菩提心《ぼだいしん》に目覚めた経験を「不可思議」にも「無根《むこん》の信を授かった」と表現したことに、明確に示されている。
アジャータサトルの父親殺しの悲劇はデーヴァダッタの唆《そそのか》しによるものであった。デーヴァダッタは仏陀のライバルであり、仏陀の暗黒面として機能する。ユングにとっての自己《セルフ》は、逆説に満ちた統合体であり、そこでは、善／悪、光明／暗黒、意識／無意識など対立物のすべてが結びついている。したがって、「悪」を統合することなくては全体性の実現はあり得ない。ユングが言うように、自己《セルフ》の元型が支配的になるときには常に、心理的な結果として、葛藤が生じることが避けられないし、人は「完全性のためには、彼の意図と正反対の結果が生じる

のを苦しまなければならない」[17]のである。さらにユングによれば、

> 元型が現れるときには、「魔術的」という言葉が強すぎるならば「精神的」としか形容のしようのない、はっきりとヌミノース的な性格をもって現れるのである……それは治癒的である場合もあるし、破壊的である場合もある。しかし、けっしてどっちつかずではない。もちろん、それがある程度の明確さを獲得している場合であるが。[18]

この流れでいうと、悪魔的なデーヴァダッタも、自己《セルフ》元型の強力で破壊的な側面を表現するアジャータサトルの影《シャドウ》元型として理解することができる。

元型的な影のヌミノース性[*3]と対決するとき、自我は大きな危険に陥るし、精神病のエピソードに見られるように、自我が破壊される場合もある。影は抑圧され、拒否されるとき、ますます元型的となり、自我からますます疎外され、関係をもたなくなる。このようにして生じる意識と無意識の間の断絶による心的葛藤の結果、こころのバランスが崩れてしまう。言い換えれば、影のヌミノース性によって脅かされた自我の機能は、著しく阻害され、意識レベルの低下（abaissement du niveau mental）が生じる。ユングはこのような状態を、「通常の意識によるチェック」が働かなくなり、「かくして、無意識的内容が際限なく支配するようになる」と述べている。[19]これは精神病の特性を示すものでもあるとユングはいっている。[20]このような解離《かいり》は、デーヴァダッタがアジャータサトルに、彼の過去の業《カルマ》の秘密を知らせたとき、アジャータサトルにおきたことである。

その準備のできていない自我が、自己《セルフ》に出会ったときの破滅的な結果は、アジャータサトルが母親殺しという「狂惑の」行為を犯そうとしたことに描かれている。母親は生命の源である。したがって、母親殺しは人間の存

在の根底そのものを傷つける行いを象徴する。そのような行いは、存在そのものを否定され、蔑《さげす》まれて追放された階級であるチャンダーラの典型的な行為であるとされたのである。したがって、二人の大臣が母親殺しを諫めたことは、自我が良心の光を経験したことのあらわれと考えることができる。このあと、自我は大きな苦しみを経験することになるのである。

自我が心的葛藤を意識的に統合することに失敗すると、内的な不調和が身体化されて表現される場合があることが指摘されている。[21] アジャータサトルの場合もこれがあてはまり、彼は身体にできた腫物によってひどく苦しむのである。良心の目覚めによって突き動かされた彼は、父殺しという恐ろしい業《カルマ》の意味を発見することを、まったなしで迫られたのである。彼は縁起《えんぎ》の法[*4]を理解するため、多くの師につこうとした。しかし、彼らの教えに耳を傾ければ傾けるほど、自分の犯した恐ろしく絶望的な業《カルマ》の行いを意識するようになり、彼の苦しみは大きくなったのである。かくしてアジャータサトルは、身に迫った地獄の恐怖を強く感じるようになった。

第七番目の師である仏陀に会うことをアジャータサトルに勧めたのはジーヴァカであった。「七つの惑星」に見られるように、数「七」の宇宙的な象徴から考えると、七番目の師である仏陀は「偉大な医師」を意味し、その癒しの力は宇宙全体を満たすのである。宇宙的な医師としての仏陀は、六人の健康な子どもよりも七番目の病児を気遣う母親のイメージにも見ることができる。

自己《セルフ》によって動かされる癒しのプロセスは、自我がその絶望的状況の意識化を進めることにつれて、より明確な形で進行するようになる。このことは、アジャータサトルが絶対的な絶望のさなかに聞こえてきた父王の声が仏陀に会うことを勧めたことに象徴されている。アジャータサトルにとって、これはまったく理解不能なことであった。アジャータサトルは身を震わし、地に倒れたのであった。このことは、自我の自己《セルフ》からの疎外がこの上なく深刻になっていることを示している。この心的解離《かいり》の危険な状態において自我の機能は、自己《セルフ》のそれ自身を実現しようとする動きに支配されるように運命づけられているのである。E・F・エディンガーの言葉を借りれば、「自我と自己《セルフ》の分離」のあとには「自我と自己《セルフ》の合一」が続くのである。[22]

「自我と自己《セルフ》の合一」は、自己《セルフ》の治癒的機能を通じて、心的なバランスが回復される状態である。これは、この物語においては、仏陀が「月愛三昧《げつあいざんまい》」に入り、アジャータサトルの腫物《はれもの》が奇跡的に癒されたことに示されている。アジャータサトルはいまや仏陀の教えを求め、菩提心を経験する。これらの経験は自我がこころの「自己《セルフ》中心的なはたらき」に従うようになったこと、そして心的全体性が回復されたことを象徴している。アジャータサトルにとってこの菩提心の回復はまったく不可思議なことであった。菩提心によって表現された自己《セルフ》は自我の認識を超えたものであるからである。[23]

要約すれば、アジャータサトルの物語は、自己《セルフ》の内在的な動きが一度はじまると、自己《セルフ》は一方では自我にその展開を推進するためのエネルギーを供給するとともに、他方では、自己《セルフ》は自我にこころの暗黒面すなわち無意識を統合するという仕事の実行を無慈悲なまでに迫るのだという心理学的事実を描いていると解釈できる。すなわち、アジャータサトルの物語は、ユングが自己実現と呼んだものと同じプロセスを描いた仏教説話なのである。アジャータサトル物語をこのように解釈することは、親鸞の洞察によっても支持される。親鸞こそは一生を通じて自分の影を統合しようと苦闘した人であった。

## 第3節　アジャータサトル物語と親鸞

親鸞はアジャータサトル物語を用いて阿弥陀仏の第十八願についての彼の見解を説明している。親鸞は、阿弥陀仏が浄土を作りだすための四十八の願の中でも、第十八願がもっとも重要であると考える。それは次のようなものである。

もし我れ仏を得たらんに、十方の衆生、至心に信楽《しんぎょう》し、我が国に生ぜんと欲して、乃至《ないし》十念せんに、若《も》し生ぜずば、正覚《しょうがく》を取らじ、唯《ただ》五逆と誹謗正法は除く。[24]

この願はあきらかに、追放された親鸞やアジャータサトルのような人間は除いているのである。アジャータサトルは、五逆[25]の一つである父親殺しを犯したのであって、浄土往生を不可能にされているのである。しかし、親鸞は、この願で宣言された除外を文字通りに受け取るべきではないというのである。彼はこの願を、もし人が自分の悪行を否定するならば浄土に往生《おうじょう》することはできない、と解釈するのである。したがって、自分の内部にある「悪」に気づき、恐怖と苦痛に直面して苦しむことが本質的に重要なのである。親鸞は、五逆の罪の一つを犯した男に対して仏陀が大きな慈愛を与えたアジャータサトル物語と、彼自身の影との戦いとを関係づけることによって、この考え方の支えとしている。

親鸞が自分自身を「愚禿《ぐとく》」と形容したとき、彼は自身と「悪人」アジャータサトルとの深い同一性を示したのである。「愚」とは人の内部の「悪人」を意味する。それは真正な心をまったく失っていて、もっとも重大な罪を犯しかねない存在である。「禿」とは自分が悟りではなくて個人的利得のために僧としての地位を求める、精神的に「堕落した」僧であることを示すため、親鸞が意図的に使用した形容である。自分が「愚禿」であることを意識した親鸞は、「悪人」アジャータサトルの救済が仏陀の最重要関心事であったとするならば、阿弥陀の願から除外された人々こそが、事実は、その願によって救われるべき主要なそして重要な対象ではないかと感じたに違いないのである。「悪人」アジャータサトルの救済が仏陀によって予見されているとするならば、それは「愚禿」親鸞の救済を予示《よじ》するものでもある。親鸞は、アジャータサトルの悲劇的ドラマは、彼の救済を望む仏陀によって仕組まれたものであると見るのである。したがって、親鸞にとって、この物語の登場人物たちは仏陀の慈悲のさまざまな側面を象徴するために「生まれ変わってきた」人々なのである。親鸞は彼の主著『教行信証《きょうぎょうしんしょう》』

の序において次のように述べている。

しかればすなはち浄邦《じやうはう》、縁熟《ゑんじゆく》して調達闍世《でうだちじやせ》をして逆害《ぎやくがい》を興《こう》ぜしむ。浄業《じやうごふ》、機あらわれて釈迦韋提《いだい》をして安養《あんやう》をえらばしめたまえり。これすなわち権化《ごんくゑ》の仁《にん》、ひとしく苦悩の群萠《ぐんまう》を救済し、世雄《せおう》の悲、まさしく逆謗闡《ぎやくはうせん》提《だい》をめぐまんとおぼす。[26]

（現代語訳）

だからここに浄土の教えをあらわす機が熟して、提婆達多や阿闍世太子による父王の殺害という事態を起こさせ、また浄土に生まれるための念仏とその念仏の人とをあらわすために、ここに釈迦仏は王妃韋提希夫人に安養の浄土を選ばせられたのである。これこそは、世の人を導くために仮に姿を現わされた方々が、ともに等しく、苦しみ悩む人々を救おうとされる姿であり、釈迦仏の慈悲が、五逆の罪と仏の教えを誹謗する罪を犯す人たちや、仏になる因を持たない人（闡提）たちに恵みを与えようとお考えになったものである。[*5]

この文章において、親鸞は、親鸞が追放されたのも、彼が自分の悪、つまり影と直面することによって救われるためにと、阿弥陀仏の意図したことであったと示唆しているのである。

## まとめ

仏教でいうところの阿弥陀仏の誓願《せいがん》による「悪人」往生《おうじょう》に関する親鸞の信念は、心理学的には、自己実現としての影の統合というユングの考え方と並行するものである。影の統合が、個人にとって意味のある人生を意識的に送ることを可能とするのと同じく、阿弥陀仏の願を通じて、自分の内部に「悪人」がいることを意識的に受け入れることによって、自我は自己《セルフ》との密接で親密な関係に入ることができる。その結果は、より分化された心理的生活であり、豊かな精神的生活にとって本質的に重要なのである。*6

原注

1 『歎異抄』、東本願寺、一九六一年、六頁。

2 C. G. Jung, "Conscious, Unconscious, and Individuation," The Archetypes and the Collective Unconscious, CW. vol.9, (New York: Pantheon Books, Inc.), p. 275.

3 C. G. Jung, Two Essays on Analytical Psychology, CW. vol.7, p.173.

4 C. G. Jung, Psychology and Alchemy, CW. vol.12, p. 41. 池田紘一・鎌田道生訳『心理学と錬金術』一・二、人文書院、一九七六年。

5 E. F. Edinger, Ego and Archetype (Baltimore, Maryland: Penguin Books, 1973), p.104.

6 親鸞はその主著「教行信証」において、古代インド、マガダ国のアジャータサトル王（阿闍世王）の伝説を、大般涅槃経 (Mahayana Nirvana Sutra) から詳しく引用している。「教行信証」の英訳は、Kyogyoshinsho: The Collection of Passages Expounding the True Teaching, Living, Faith, and Realizing of the Pure Land, trans. Daisetz Teitaro Suzuki and edited by the Eastern Buddhist Society (Kyoto: Shinshu Otaniha, 1973), pp.140-163. 参照。

7 日本仏教史の高名な学者である赤松俊秀は晩年の親鸞が『教行信証』を改訂したさい、大般涅槃経を大幅に引用したことを証明している。赤松俊秀『親鸞』、吉川弘文館、一九六一年、二〇一－二七四頁。

8 念仏に関するユング心理学からの検討については、Mokusen Miyuki, "A Jungian Approach to the Pure Land Practice of Nien-fo," The Journal of Analytical Psychology 25:3 (July 1980), pp. 266-274. を参照。和訳は「浄土念仏行とユング心理学」、『仏教とユング心理学』、春秋社、一九九〇年、所収。

9 親鸞の配流経験の内的意味についての詳細な議論は、目幸黙僊「禿人親鸞」、『親鸞教学』三十六、一九八〇年七月、五五－七二頁を参照。

10 デーヴァダッタについての詳細は Edward D. Thomas, The History of Buddhist Thought (London: Kegan Paul, 1933), p.24 . 参照。

11 チャンダーラ（Candala）とは「アウトカースト。シュードラ階級の父親とバラモン階級の母親から生まれた人で、混血の中でも最下層でもっとも卑しめられた人々」である。Sir Monier Monier-Williams, A Sanskrit-English Dictionary (Oxford: The Clarendon Press, 1899), p.383.

12 このパラグラフは観無量寿経（大正大蔵経三十七、二七五三）の中の記述に基づく。この経典の英訳は J. Takakusu, Tr., "The Amitayur-dhyana-sutra: The Sutra of the Meditation on Amitayus," in Buddhist Mahayana Texts（Sacred Books of the East, Vol. 49）.

13 アジャータサトル王（阿闍世王）は、菩提心の目覚めの経験を次のように語っている。「私は強い悪臭を放つ伊蘭の森から、香ばしい香りを放つ梅檀の樹が生えるのを見ました」。素晴らしい香りの梅檀の樹が、彼の父親殺しという重罪、つまり伊蘭の森の悪臭を克服することができたのである。

14 C. G. Jung, "On 'The Tibetan Book of the Dead'," Psychology and Religion: West and East, CW. vol.11, p.517.

15 Ibid.

16 Ibid., p.518.

17 C. G. Jung, Aion. CW. vol.9, ii, p.69. 野田倬訳『アイオーン』、人文書院、一九九〇年。

18 C. G. Jung, "On the Nature of the Psyche," The Structure and Dynamics of the Psyche, CW. vol.8, p.205.

19 C. G. Jung, "On 'The Tibetan Book of the Dead'," CW. vol.11, p.520.

20 Ibid.

21 この考え方は「元型の類心的（psychoid）性質」というユングの仮説に基づく。Marion Woodman, The Owl Was a Baker's Daughter: Obesity, Anarexia Nervosa, and the Repressed Feminine (Toronto: Inner City Books, 1980). 参照。

22 E. F. Edinger, Ego and Archetype, p.4.

23 アジャータサトル王（阿闍世王）つまり自我に菩提心（bodhi-citta）を経験する能力があることは、彼の別名「善見太子」（善く見る）に示されている。

24 筆者の訳。また、鈴木大拙による英訳『教行信証』八八頁を参照。

25　一般的に言って五逆とは、殺父（自分の父親を故意に殺すこと）、殺母（自分の母親を故意に殺すこと）、殺阿羅漢（阿羅漢を故意に殺すこと）、破和合僧（誤った考え〈悪見〉に基づいて教団〈サンガ〉の調和を破ること）、出仏身血（仏陀を傷つけようと意図して〈悪心〉仏身を傷つけて血を流すこと）とされている。英訳『教行信証』一七〇頁参照。この逆罪を犯したものは命終すれば無間地獄に堕ち、果てしなく長い間、間断なく苦しみを受けるとされる。前掲書一六九頁。

26　同上、一〇四頁。

編者注

1　エディプスの悲劇：エディプスはギリシャ悲劇「エディプス王」（ソフォクレス作）の主人公。それとは知らず自分の父親を殺し、母親と結婚する。のち、真実を知りみずから盲目となる。

2　菩提心：菩提とは「さとり」のことであって、まよいから目覚めること。智慧の光によって無知（無明）の闇を退治した状態である。菩提心とは、そのようなさとりを願い、求める心である。

3　ヌミノース性：ドイツの神学者ルドルフ・オットーが定義した概念。「聖なるもの」のうち、合理的な理解の可能なものを取り除いていき、最後まで残る性質がヌミノース性である。本書第一章参照。

4　縁起の法：縁起とは「よりて生ずること」の意味であって、すべての現象は無数の原因（因）や条件（縁）が相互に関係しあって（依存しあって）成立しているものであるということ。したがって、なにであれ、独立自存のものは存在しない。原因や条件が消滅すれば、結果（果）も自ずから消滅する。

5　現代文訳は、石田瑞麿『親鸞』、日本の名著六、中央公論社より。

6　目幸先生による分析心理学的観点からの親鸞論には、さらに、
①「『禿人』親鸞――『物語り』的内面史として」、『親鸞教学』三十六号、一九八〇年。
②「親鸞聖人の『夢告』とユング心理学」、『同朋佛教』第二十・二十一合併号、一九八六年。
等があることを付記する。

# 第7章　坊守――宇宙的慈悲としての本願を象徴する女性像として

エロスは宇宙の生成者（Kosmogonos）、すなわち、創造者であり、より高い意識の父であり、母である。――C・G・ユング[1]

## 第1節

本論文の目的は、浄土真宗における女性の役割の重要性を研究することである。特に本願の人格化としての坊《ぼう》守《もり》について考察する。坊守とは、文字通りには、寺の守護者であり、浄土真宗における住職の妻を意味する。浄土真宗は、念仏（阿弥陀仏の名号を口頭もしくは心中で称えること）という日本の宗教的伝統の一部を担っている。その創始者は親鸞（一一七三－一二六二）であった。しかし、親鸞自身は自分が浄土真宗という新しい宗派の創立者であると考えたことは一度もなかったのである。それどころか、彼は自分を師である法然の単なる伝達者、祖述者《そじゅつしゃ》であるとしかみなしていなかったのである。

仏教においては「妻帯《さいたい》した僧侶《そうりょ》」あるいは「寺の守護者《しゅごしゃ》としての住職《じゅうしょく》の妻」について語ることは、そもそも矛《む》盾《じゅん》を含んだ表現であった。というのは、伝統的に僧は妻帯することなく、童貞生活をすることになっていたからである。親鸞は二十九歳のとき僧院仏教を離れ、法然の教える専修念仏《せんじゅねんぶつ》（阿弥陀仏のみ名を口に称えることだけを専一に行うこと）の生活に入った。彼は三十一歳のとき「夢告《むこく》」を得たのであるが、これは一つの神話として、彼の人生に中心的な役割を演じるようになったのである。親鸞は三十五歳で越後《えちご》に流された。この流刑《るけい》生活の間に彼は結婚し、子どもを儲けた。彼は四年後に赦免《しゃめん》されたが、配流の地に留まり、六十三歳になる直前になって初めて京の都に帰ったのであった。[2] したがって、坊守という言葉は親鸞の生き方とよく一致しているように思われる。彼自身が自らを「非僧非俗」と呼んだように、それは僧侶とも俗人とも、どちらともいえないような生き方であった。坊守ということばは、宗教的な目覚めに基づいた彼の内面性を正しく反映しているのである。彼の宗教的な目覚めは、仏教をそれまでの厳格な僧院的方向性から世俗的な方向へ革命的に、あるいは少なくとも非常に激しく、変化させる結果となったのであった。それは圧倒的に世俗的な人々の多かった当時にあって、人々の宗教的なニーズに合致するものであった。

したがって、坊守という概念を研究することは、こころの女性的なはたらきとの関係において、仏教の宗教性と内面的に重要な特徴を明らかにするのである。心理学的に言えば、寺の守護者としての坊守という概念は、宇宙を生成するエロスとしての女性を象徴するのである。このエロスは、言い換えれば、自我意識の中で、あるいは自我意識を通じて、それ自身を実現しようとする自己《セルフ》の象徴であり、それをC・G・ユングは個性化(individuation, Selbstverwirklichung)と呼んだのである。

# 第2節

坊守について私が興味をもったのは、三十五年ほど前にユングの『「黄金の華の秘密」へのコメンタリー』を読んだときであった。特に無為《むい》という道教のタオ(道)の原理についてのユングの理解に深く感銘を受けたのである。無為とは「なにもしないことを行うこと」あるいは「ものごとのおこるに任せる」ことである。私はこれを自我の女性的態度もしくは現実原則と理解した。例えばユングは次のように述べている。

……私が見てとることのできた限りでは、彼らは何もしなかった（無為）のである。ただ、物事が生じてくるままにしておいたのであった。……物事を生じるがままにさせること、行為することなく行為すること、つまりマイスター・エックハルトのいう自己放下は、私にとって道に至る門を開くことのできる鍵になったのである。人は心の中において物事が生ずるままにさせておくことができるにちがいない。このことはわれわれにとって真の技術なのであるが、多くの人びとはそのことを知らない。……意識は常に助力したり、矯正したり、否定したりして、介入しようとし、どんな場合にも、魂の過程が単純に生成してくるのをそのままそっとしておくことができないからである……[3]

ユングが「心中において物事が生じるままにさせておく」態度を強調していることは、特に禅仏教（三昧《さんまい》の境地、エリアーデの言うエンスタシー）[*14]や、念仏との関連において、私をこころの女性的機能の重要性に気づかせてくれた。自我の女性的機能について私が興味をもっていることをご存じのＪ・Ｍ・スピーゲルマン博士は、仏教における女性的なるものの必要性についての論文を書くように勧めてくれたのである。

最近まで、浄土真宗には十の流派があり、そのうちの二つは宗祖たる親鸞からの直接の血筋を引いている。その二つは最大の流派であり、真宗大谷派（東本願寺）と本派本願寺（西大谷派、西本願寺）である。私自身は真宗大谷派（東本願寺）に属する寺に生まれた。三歳年上の兄はすでに故人であるが、私の生まれた寺では十八代目の僧であった。したがって、坊守についての私の議論は、私の生まれた寺の坊守であったところの私の母親（故人）や、おなじく東本願寺や本派本願寺に属するそれぞれの寺の坊守であったところの幾人かの伯母たちとの個人的経験によって彩られているのである。

宗教的生活における自我の女性的機能に関連して、坊守の重要性について考えているとき、私は次のような夢を見たのであった。

私は自宅の二階にある日当たりのよい部屋にいた。それは次女の部屋であって、彼女は自分の集めた小さなオモチャやその他のものを本箱の上に乗せていた。私はそれらのこまごましたものを整理していたのであった。突然私は、誰かが風のように音もなく部屋に入ってきたのを感じた。それは二十歳代前半の若い男性であった。彼は旅姿《たびすがた》をしていたが、それはカーキ色の軍服を着た日本軍の歩兵を思わせた。彼は私の横に静かに立ち、窓の外を見ていた。彼は痩せていて、立派な顔立ちをしていたので、彼が自分の兄であると気づくまでには少しばかり時間がかかった。私は彼に尋ねた。「ご機嫌いかがですか。兄さんが生きていることは知っていましたよ」。兄は言った。「ぼくが生きていると君が知っていることは承知していたよ。ぼくは山に登って座禅していたのだ」。「座禅はいかがでしたか」。「ぼくがフンフンというと、老師もフンフンと答えたのさ」。私は夢の中で、彼の経験を母にどのように伝えたらよいだろうと思った。まもなく兄は姿を消し、私は娘のおもちゃの掃除を続けた。兄が旅を続けなければならないことはわかっていた。フライパンの中に黒こげになったご飯の残りが入っていた。それが多少古い残飯《ざんぱん》であることは知っていた。しかし、私はそれを味わってみなければならないように感じた。そこで匙を取って、すこし口に入れてみた。あまり味はしなかったが、大丈夫であった。そのおこげを食べた感覚とともに、兄との出会いについて母にどのように言えばよいのか考えながら目が覚めたのであった。

夢の中で禅の老師との経験について兄と話し合ったことと、その会話を母に報告しなくてはならないと考えたことは、まったく自然なことのように思われた。しかし、目が覚めると間もなく、この夢のドラマを不思議に思うようになった。兄も母もすでに故人であった。しかし、夢の中では、兄を歓迎し、彼と禅の公案《こうあん》のような会話を交わしたのであり、それればかりでなく、兄の話してくれたことを母に告げなければならないと感じたのである。

さらに、日本では念仏と禅は相反するものであると見なされがちであった。それらを同時に実行することは許されないことであった。禅は自力の行であり、禅の修行に専念する決意を固める自我の力を強調する。これにたいして、真宗の念仏は他力行であって、阿弥陀仏の本願の力への絶対的な帰依《きえ》を、日常生活の中で阿弥陀のみ名を称えることによって表現するのである。それゆえ、兄が禅を修行することも、母が兄の禅修行についての報告を私に期待することも、現実的ではなく、考えられないことであった。また私は「兄についてのことであれば、母よりも父に報告する方が適切なことではないだろうか」と不思議に思ったのであった。

そのあと私は母が口癖のように言っていた言葉に思い当たったのであった。この夢に先立つ十年ばかりの間、ときどき私がロサンゼルスから日本に一時帰国したとき、兄と私は母の口癖についてしばしば話題にしたのであった。それは何かというと、母は「仏僧の加護とご先祖のおかげ」というのが口癖であったのである。それは「仏さま、高僧の方々、そしてご先祖さまの慈悲深いご加護のおかげで、私たちは生かしていただいているのです」という意味である。兄と私は、多少冗談のようにして、母が口癖のようにしてこのように言っていたことを話題にし、その口真似《くちまね》さえしたのであるが、それと同時に、母がこの言葉を繰り返すときの真剣さを思い出すたびに、母の坊守としての本質的な威厳を身に染みて感じざるを得なかったのである。

坊守ということばは、寺の住職の妻を意味するのであるが、その意味するところは幅広い。住職の妻として彼女は寺の宗教的活動を行っていくうえで夫を助け、責任を分かち合うのである。さらに彼女は、さまざまの家事や世俗的な仕事を処理するだけでなく、社会的、宗教的な寺の活動に参加し、そこで指導的な役割を果たすことを期待されているのである。これは、坊守は住職と寺の両方と結婚していることを意味する。彼女は寺の伝統を維持していくうえで、重い責任を負っているのである。したがって、真宗の寺の一族に生まれるのでなくては、坊守となるのは多少困難なことなのである。さらに、それぞれの寺は、その地理的な立地や特定の歴史に大きく影響されているので、寺の行事や檀家への対応において、異なったやり方やスタイルをもっている。実際、私の母は日本の田舎の真宗寺院の娘として生まれたのであり、そのため、大阪という大都会の寺の住職である私の父と結婚したあと、義母によっていわば再訓練を受け、新しい環境でのやり方やしきたりを飲み込んだ坊守に変身しなければならなかった。つまり、真宗の寺における坊守の役割は非常に重要なのである。この理由によって、私の生まれた寺の第十七代目の坊守である私の母に、兄との会話の詳細を報告する必要性があるのは十分理解できるのである。

妻、母親、そして何よりも寺の守護者としての坊守のイメージは、母においても、伯母たちにも当てはまるのである。第二次世界大戦によって破壊された寺を再建するのは母の責務となった。一九四五年三月十四日の連合軍による大阪への最初の空襲によって、私の生まれた寺は破壊されたのであった。この空襲の五ヵ月後、八月十五日（アメリカでは十四日）、戦争は終わった。翌一九四六年一月の中ごろ、学徒動員によって徴兵されていた兄が突然上海から復員してきた。兄の最初の仕事は、大谷大学に入りなおして、寺の後継ぎとしての資格を得るための学業を終えることであった。そのころ、一九四六年三月二十二日であるが、父が肺炎のため亡くなった。その結果、母には、破壊された寺の再建という困難な仕事ばかりでなく、私と兄という二人の息子の教育の全責任を引き受けなければならなかった。故人となった父の代わりに、母はある種の宗教上の機能も果たさなければならなくなった。兄も私も住職としての義務の一部を果たすとともに、パートタイムの仕事をするなどして、母の重荷の一部を担おうとした。母が二年のうちに住まいの一部を再建し、寺として機能させることに成功しているのは驚くべきことであった。[5]

母が寺を再建するうえで決定的な役割を演じたことについて述べたのは、坊守として母が寺の守護者としての仕事をしたことを示したかったからである。夢の中で、私が兄についてのことを母に報告しなければならないと感じたことは、あまりにも当然のことであったのである。真面目で威厳ある口調で「お釈迦さま、高僧の方々、そしてご先祖さまのお慈悲とご加護のおかげで」などと口癖のように言う母について、兄と私の両方が、同じ思い出をもっていたことは、われわれ二人が坊守として寺の守護者である母について、あるいはそれ以上に、阿弥陀仏の本願の体現者《たいげんしゃ》としての母について、まさに同じ経験をもっていたことを示すものである。阿弥陀仏の本願は、宇宙を創造するエロス、すなわち創造者であり、より高い意識の父であり母であると考えることができる。[6]このように坊守を、宇宙を創造するエロスと考えることは、本論文の後半において、親鸞が一二〇三年、三十一歳の時に経験した夢告との関連において検討することとする。

## 第3節

親鸞は、日本が霊性への目覚めを経験した歴史的な時代である鎌倉時代の人である。この創造性は、宮廷貴族から武士への政治権力の根本的な移行と、一一九一年源頼朝による幕府の成立に現れている。この根本的な政治的変化と並行して、親鸞の師である法然は、専修念仏《せんじゅねんぶつ》を唱導《しょうどう》した。もちろんこれはそれ以前の、そして当時にあっては支配的であった寺院に中心を置いた修行および瞑想とは、鋭く対立するものであった。実際、法然は「三昧《さんまい》発得《ほっとく》の人」、念仏三昧を得た人とみなされていたのであった。ここで三昧とは、エンスタシー、つまり「自身の中に立つこと」を意味する。[7]

一二〇一年二十九歳のとき、親鸞は専修念仏の行に従う決心をする。かくして彼は、戒定慧《かいじょうえ》にもとづく寺院仏教から離れたのである。戒は寺院における規則、定は三昧（エンスタシー）、慧は知恵（プラジューナ）を意味する。親鸞は、彼が専修念仏に決定的にコミットしたことを「雑行を捨てて弥陀《みだ》の本願に帰す」と述べている。つまり阿弥陀仏の本願こそが人間の「真の」家であるということである。親鸞にとって念仏は帰郷であり、そこで完全に安らかかつ純粋に、自分自身の中で生きる場を見つけることである。そこで真宗という言葉は親鸞にとって真の教えとしての口称念仏、つまり自分の生まれた故郷へ帰ること、浄土に生まれることを可能とする真の教えであった。そのような意味での真宗という言葉を最初に使ったのは唐初期の善導《ぜんどう》であった。法然は「偏依《へんね》善導《ぜんどう》」（偏《ひとえ》に善導に依《よ》る）つまり、善導への心からの帰依という言葉によって、念仏口称の救済的な働きを強調した。

二年後の一二〇三年、三十一歳の親鸞は念仏生活について決定的な夢告を得た。この夢告は彼の人生全体を通じて、非常に重要な神話となったのである。一二〇五年、三十三歳のとき親鸞は法然の許可を得て法然の著作「選択本願念仏集《せんじゃくほんがんねんぶつしゅう》」を筆写した。これは親鸞にとって重要な出来事であった。というのは、法然の弟子の中でもこれを許されたのはほんの僅かな人々であったからである。これは法然が親鸞を認めていたことを示唆するのである。法然の専修念仏は広く民衆の中に広がり、既存の僧院仏教に脅威を与えるように思われた。また法然の帰依者の中には法然を誤解して、ある種の戒を念仏には無関係のものとして捨て去り、専修念仏《せんじゅねんぶつ》の救済力を主張して放埓《ほうらつ》な行いを正当化する者もあらわれた。この結果、朝廷は念仏口称を禁止し、それを行う者を流刑もしくは処刑することを命じたのであった。

したがって、法然は京都から土佐に流されたし、親鸞は遠く越後に配流《はいる》の身となった。これは一二〇七年親鸞三十五歳のことであった。その四年後一二一一年に宮廷は法然と親鸞を赦免し、法然はやがて都に帰ったが、親鸞は関東に下り、田舎に住むことを選んだ。

多くの学者の意見が一致しているところによれば、親鸞は配流の間に結婚し、六十三歳のときになってはじめて京都に戻ったのである。妻をめとり、田舎に留まるという果敢な決断の理由は、客観的な研究によっては十分に説明できないものである。しかし、親鸞が彼に与えられた夢告によってそのような苦難に満ちた道をたどるよう勇気づけられたにちがいないと考えることは、ある程度許されるであろう。もしそうであるならば、この夢が親鸞の人生において中心的かつ強力な役割を果たした神話であると考えることはまったく自然なことである。

この夢告は親鸞の孫、覚如《かくにょ》の編集した「本願寺聖人親鸞伝絵《ほんがんじしょうにんしんらんでんね》」の第三章に報告されている。本書第五章に既出であるが、敢えて以下に再掲する。

建仁三年（一二〇三）四月五日の夜寅《とら》の時（午前四時）、聖人（親鸞）夢想の告げましましき。かの記にいはく、
六角堂の救世菩薩《ぐぜぼさつ》、顔容端厳《かおかたちたんごん》の聖僧《しょうそう》の形を示現《じげん》して、白衲《しろきのう》の袈裟《けさ》を着服せしめ、広大《こうだい》の白蓮華《びゃくれんげ》に端坐《たんざ》して善信（親鸞）に告命《ごうめい》してのたまはく、

行者宿報設女犯《しゅうほうせちにょぼん》
我成《じょう》玉女身被犯《ひぼん》
一生之間《しけん》能荘厳《しょうごん》
臨終引導生極楽

といへり。救世菩薩、善信にのたまはく、「これはこれわが誓願なり。善信この誓願の旨趣を宣説《せんぜい》して、一切群生《ぐんじょう》にきかしむべし」と云々。そのとき善信夢のうちにありながら、御堂の正面にして東方を見れば、峨々《がが》たる岳山あり。その高山《こうざん》に数千万億《すうせんまんおく》の有情《うじょう》群集せりとみゆ。そのとき告命のごとく、この文のこころを、かの山にあつまれる有情に対して説ききかしめをはるとおぼえて、夢さめをはりぬと云々。[8]

この夢は親鸞にとって信じられないほどの驚くべき夢であったに相違ない。それまでの仏教においては、女性は男性よりも劣っているとされたばかりでなく、精神的、肉体的、および道徳的に「汚れて」いるものとされてきたのである。実際、第二次世界大戦の終結まで女性はある種の寺や山に入ることを禁じられていた。しかしこの夢では救世菩薩つまり観音が清僧《せいそう》の姿で現れ親鸞に、自分が玉女となって彼と結婚し、結婚生活を荘厳し、彼の死にあたっては浄土へ導くことを誓うという永遠のドラマを示すのである。救世菩薩の誓いの化身としての玉女／妻によって荘厳されたのであるからには、結婚は浄土往生を得るための道となるのである。さらに、念仏者

にとって本質的に重要なのは、必ずしも非婚の誓いを守ることではなくて、阿弥陀仏の本願の一つであるところの観音の誓いの意味を敬虔なこころで認識し、広めることである。「白衲の袈裟を着服せしめ、広大の白蓮華に端坐」する観音のイメージは、世俗的生活の中での念仏を象徴する。白衣はインドにおいて、俗人の着るものである。蓮は善導が悟りの華の隠喩として賞賛している。この蓮は、念仏が称えられるたびに、浄土の池に咲くのである。言い換えれば、この夢告は阿弥陀の本願、つまりこころからの願いの表現なのであり、すべての念仏者が、その生き方や身の処し方にかかわらず、浄土に生まれることを可能にするのである。次に示す法然の有名な言葉はこのことを述べているのである。

現世を過ぐべき様は、念仏の申されんかたによりてすぐべし。念仏の障りになりぬべからん事をば、厭い捨つべし。一所にて申されずば、修行して申すべし。修行して申されずば、一所に住《じゅう》して申すべし。ひじりて申されずば、在家になりて申すべし。在家にて申されずば、遁世《とんせい》して申すべし。ひとり籠《こ》もり居て申されずば、同行と共行《ぐぎょう》して申すべし。共行して申されずば、ひとり籠もり居て申すべし。

この夢告が配流中の親鸞に、妻をめとり、俗人として家族をもつ生活をするための基盤を提供したと考えることは困難ではない。親鸞がそのような行動をとったのは、部分的には、流刑中の厳しい年月を生き延びるための一つの方法であったと考えることもできよう。さらに、流刑者の生活は、彼をして内面へと向かわせ、専修念仏の光の下で、自分自身の深部を感じ取り、内省させたことであろう。専修念仏は阿弥陀の第十八願、つまり本願に基づくものである。大無量寿経《だいむりょうじゅきょう》には次のように述べられている。

たとひわれ仏をえたらんに、十方の衆生、心をいたし信楽してわがくにに生ぜんとおもふて乃至十念せん、もし生ぜずば正覚をとらじ。ただし五逆と誹謗《ひぼう》正法とをばのぞく。[10]

かくして親鸞は例外の条件を述べた後半の部分を、文字通りではなく、心理的に解釈したのであった。彼にとって二種類の悪行、つまり「悪人」が自分自身の中に存在していることに気づくことは、真宗の中核をなすものであった。親鸞は、自分自身の中に悪の存在することこそが、彼を救いに導くまさに本質的なことであるという、彼の洞察を深めたに違いないのである。弟子の唯円が『歎異抄《たんにしょう》』の中で引用している親鸞の有名な言葉は「善人なをもて往生をとぐ、いはんや悪人をや」である。[11] これは、もし自分が自分の悪行を否定するならば、浄土に生まれることは不可能であるということを意味している。むしろ、自分の影（シャドウ）と対決することが本質的に重要なのである。すなわち、拒否された自分自身、悪にほかならないところの自分との対決である。

すべてを抱きしめてくれる阿弥陀の本願からでさえ除外されているのは、ほかならぬ自分自身であることに気づくためには、われわれは影と対決しなければならないのである。したがって、救いをもたらす阿弥陀仏の慈悲を絶対的に必要としているのはわれわれ自身なのである。

このことを考えると、親鸞が自分を「愚禿《ぐとく》」（愚かでしかも髪を剃った人）と名づけ、また自分を「非僧非俗」（僧と呼ばれる資格なく、しかも在家信者でもない）と呼んだことは完全に理解できるのである。この自己定義によって親鸞は、自分が信心深い人々の間からばかりでなく、世俗的共同体からも追放された悪人であることを示しているのである。

この夢告は親鸞に啓示と展望を与えたと同時に、彼がそれによって生きるべき神話となったのである。覚如は「本願寺聖人親鸞伝絵」の後半において、次のように書いている。

聖人越後国より常陸国に越て笠間郡稲田郷と云所に隠居し給。幽棲《ゆうせい》を占《し》むといへども道俗跡をたづね、蓬戸《ほうこ》を閉《とざす》といゑども貴賤衢《ちまた》に溢る。仏法弘通《ぐつう》の本懐ここに成就し、衆生利益の執念たちまちに満足す。此時聖人被仰《おおせられて》云、救世《ぐぜ》菩薩の告命《ごうめい》をうけし往夢《おうむ》、既《すでに》今と符合せり。

一二一一年、親鸞三十九歳の年、四年間の配流は許された。師の法然は京都に戻り、八十歳で示寂した。しかし、親鸞は東国（今日の関東・東京地方）に行き、京都には戻らなかった。東国は京都からは遠く離れた田舎であった。その東国で親鸞は庶民とともに生きた。その暮らしの中にあって、親鸞は専修念仏を続けるとともに、その地方の人々——農夫、商人、職人たち——の間に念仏を広める努力を惜しまなかったのであると考えられる。覚如は上記引用において、親鸞が「救世菩薩の告命をうけし往夢、既今と符合せり」（いま私が経験しつつあることと、あの時の救世菩薩からの夢告はまったく一致しているのだ）と述べたことを記している。

したがって、真宗的生き方は肉食妻帯（妻とは坊守《ぼうもり》である）を特徴とする世俗的で混乱した生き方であるとの厳しい批判を受けた。

## 結論

坊守の概念は、人のもつ悪人、つまり否定された側面を拡充するものである。悪人つまり影を意識することによって、自己《セルフ》の全《まった》きものになろうとするプロセスが始まるのである。自己《セルフ》とはこころの全体であり、同時にその中心であり、分裂を癒し、バランスを回復するのである。このプロセスの結果は、新しい意識をもち、中心化された人間の誕生である。この新しい意識において、宇宙生成的エロス、つまり本願について語ることができるのである。したがって坊守は、こころの中の寺の守護者であると考えられる。つまり「こころの中でものごとの起こるに任せる」という聖なる女性的機能である。かくして、念仏行者は阿弥陀仏の本願によってエンスタシー、つまり彼の存在全体の中心に導かれ、故郷に帰り、浄土に生まれるのである。核戦争による人類絶滅、生態系の危機、無慈悲な暴力の可能性についての不安と恐怖に満ちた現代にあって、人間の生き残りのための戦いにおける自我の女性的機能の重要性は、強調しすぎることはないのである。

原注

1　C. G. Jung, Memories, Dreams, Reflections. Recorded and edited by Aniela Jaffé, translated from the German by Richard and Clara Winston (New York: Pantheon Books, 1961), p.353. 河合隼雄・藤縄昭・出井淑子訳『ユング自伝——思い出・夢・思想』一・二、みすず書房、一九七二年・一九七三年（引用文は二巻二〇九頁参照—訳者）。

2　本章の日付や年齢は通説となっているものである。

3　C. G. Jung, "Commentary on 'The Secret of the Golden Flower,'" in "Alchemical Studies," CW. vol.13, par. 20. 湯浅泰雄・定方昭夫訳『黄金の華の秘密』、人文書院、一九八〇年（引用文は日本語訳四七頁参照—訳者）。

4　Mircea Eliade, Yoga: Immortality and Freedom (New York: Pantheon Books, 1957), p.77. 立川武蔵訳『ヨーガ』一・二、エリアーデ著作集九・十、せりか書房、一九七五年。

5　Miyuki, Mokuser., "The Ego, Jibun, and I – My Search to Become More of Myself during Four Decades in the West." Eranos 67-1996. 日本語訳は本書所収。

6　注1参照。

7　この点の詳細については、Miyuki, Mokusen, "The Importance of the Dreams of Honen in the Formation of Nembutsu Practice in Kamakura Japar.," Journal of Bukkyo University – Los Angeles Extension, vol.3, August 1996.　日本語訳は本書所収。

8　覚如「本願寺聖人親鸞伝絵」、『親鸞聖人全集』第八巻、言行編二、親鸞聖人全集刊行会、一九五七年。

9　『知恩院版元祖大師御法語』より。英訳は、An Anthology of Teaching of Honen（A Translation of Ganso Daishi Gohogo – Chion'in Edition), volume 1, by Joji Atone and Yoko Hayashi, ibid, p.37.

10　親鸞『教行信証』参照。鈴木大拙による英訳は、Gutoku Shaku Shinran, The Kyogyoshinsho: The Collection of Passages Expounding the True Teaching, Living, Faith, and Realization of the Pure Land, translated by Daisetsu Teitaro Suzuki and edited by the Eastern Buddhist Society (Kyoto Shinshu Otaniha, 1973), p.88.

11　唯円『歎異抄』。英訳は、The Tannisho, A tract deploring heresies of Faith, (Kyoto: Higashi Hongwanji, 1961), p.6.

編者注

1　エンスタシー(enstasy)については、第5章の編者注5を参照。

# Ⅳ 自我・わたし・そして「自分」ということ

# 第8章　女性的なるものの新しい布置——普遍性を求める私の旅路

## 第1節

ユング派分析家、かつ著述家であり、カリフォルニアのスタジオシティに住むマーヴィン・スピーゲルマン博士は、一九八一年「サイコ・エキュメニカル・グループ」（宗教横断的な心理学者のグループ）を組織した。その時のメンバーには、心理療法家と宗教関係者の両方がいた。具体的には、ユダヤ教正統派のラビ[*1]、カトリック教司祭、二人のカトリック修道女、監督派教会の牧師、「キリストの教会」派の牧師、そしてユング派分析家であり、かつ浄土真宗の僧侶である私である。[1] そのグループで絶えず繰り広げられた対話は、私にC・G・ユングの「人間にとって決定的な問いは、彼が何か無限なるものと関係しているかどうか、ということである」[2] という問いかけを思い出させる。

その「サイコ・エキュメニカル・グループ」での対話を深めていくなかで、われわれは無限なるものに対する関心と、それへのコミットメントを自分たちが表現し、また、そうすることによって、われわれに共通する精神性を共有するように試みたのであった。そのように感じることがたびたびあったのである。時にはわれわれの対話は非常に強いフラストレーションと疎外感を産みだしたこともあった。これは、無限なるものを表現しようと試みるときのわれわれの語彙の不十分さからくるものであろう。私はといえば、自分の二つの夢が、われわれの対話を意味のあるコンテクスト、つまり私の個人的な神話のなかに位置づけるのに役立ったと思う。その個人的神話は「心理横断的な」母体をもつのである。私がチューリッヒのユング研究所にいる間に見た二つの夢は、人間の宗教性に対する私の考え方に非常に大きな影響を与えた。今日私は、それらを私の心における女性なるものの誕生、もしくは再生のきざしだと考えている（第3節を参照）。

「人間にとって決定的な問い」すなわち、「彼が何か無限なるものと関係しているかどうか」についてのユングの問いは、「おのれを知れ」というソクラテスの命題の精神で理解することができる。ソクラテスの探究は、古代以来ずっと東洋と西洋の両方において見られるものである。ブッダは自身を知るための探求をアナートマンの教義[*2]として明確に述べた。「非アートマン」とはすなわち、自我が自分自身とみなすものは何であれ、「真の自己」もしくはアートマンではないということである。[3]

「汝の神を愛せ」や「汝の隣人を愛せ」というイエスの教えは、神と人間との関係における本物の自己への探求として捉えることができる。なぜなら、神や仲間の人間と向き合うことで、人間は「本物」の、つまり真正の自分自身を経験する可能性をもっているからである。ユングは現象学的立場から、個性化のプロセスつまり彼が自己《セルフ》実現と名づけた自己知への探求は、ある種の根本的な心の衝動であり、自己《セルフ》すなわち意識と無意識の両方を含む人格全体が、自我の一生を通じた活動を通して意識的にそれ自身を認識するために作用することを意味していると述べた。[4]

自己知への探求、すなわち「人間であるということは何を意味するか」という問いに答えることは、原子力による災害や生態学的危機への恐れに基づいて科学技術文明を批判する多くの批評家たちが差し迫って求めるところである。この文明の賞賛すべき成果に、生態系の破壊または原子力による破壊の可能性をはらんだ悪魔の種が含まれていることは皮肉なことである。アウシュビッツや広島・長崎を経て、ロバート・リフトン[*3]は「迫害や大虐殺の可能性は、人類全体の問題であるだけでなく、人間だけの責任である」という。[5] われわれの多くは同じ恐怖を感じているのである。さらに悪いことに、広大、複雑、人工的なテクノクラート[*4]的構造に関する「非現実性の感覚」が広がり続けている。われわれの多くにとって、技術的文明による非現実的で曖昧な世界に直面し、そのような世界の中で生きることは無意味なのである。それゆえに、われわれは無視され、寸断されたと感じるのである。アメリカの思想家であり社会評論家であるサム・キーンは、「人間、すなわち作り手」という現代のホモ・ファーベル[*5]は、全能感と無能感、そして期待の間に揺れながら「統合失調症」に苦しむ、と述べている。[6]この点については一九五九年三月に「フェイス・ツウ・フェイス」というBBCのテレビ番組の中でユングがジョン・フリーマンとのインタヴューにおいて述べた言葉から引用しよう。第三次世界大戦に関するユングの考えを尋ねられたとき、彼は「われわれの心理的な態度の変化が切迫している」、それゆえに「われわれはもっと心理学を研究しなければならない」と指摘した。さらに彼は次のように続ける。

　われわれは人間性に関してより理解する必要がある。なぜなら、存在する唯一の本当の危険は、人間自身なのだから。人間は非常に危険でありながら、われわれはそのことについて哀れなほど無知である。われわれは人間について何も、ほんのわずかなことも、知らないのである。われわれこそが迫りくるあらゆる悪の根源なのであるから、人間の心を研究しなければならないのである。[7]

「われわれの心理的な態度の変化が切迫している」というユングの言葉は、科学や技術の驚くべき進歩によってもたらされた心理歴史的な状態を視野に入れて考えることができる。科学や技術が、国家と宗教の両方の境界線を撤廃したことは周知の事実である。そのため、自分のアイデンティティを、他者との区別に役立つ「特定のカテゴリー」、例えば、国家、民族、文化、宗教などに制限することは、人々にとってまったく非現実的であり、またいっそう危険なことであるように思われる。われわれの社会経済の状況の現実は変わり続けており、人間の心理的態度も同じように変わってきている。地域的な方向性や考え方は、今日の変化してきている生活の状況においては、ますます時代遅れになってきている。したがって、「人間であるということは何を意味するか」という問いは、国際社会での生存のために非常に切迫しており、かつ重大なことである。普遍性を求める私の旅路は、ソクラテスの「おのれを知れ」という終わりのない探究と、地球規模で生存するための必要性の両方に関係していると私は考える。この探究において、自我が女性的な態度で機能することは最も重要であると私は考える。そして自我の女性的機能には、たましいには何か無限なるものとつながることが必要なのだという事実を受容し、対応することが含まれているのである。

## 第2節

私は仏教の僧侶として、約三十年前にマーヴィン・スピーゲルマン博士にユング派の分析を受け始めた。私は仏教徒としての私の体験が、どのように西洋哲学や宗教的教訓と結びつくのかを理解したいと考えた。私の生き方のこれら二つの側面を結びつけようと努力するなかで、私は心の過程への注意をますます深めていく必要があったし、それはますます緊急なことであると感じられた。すなわち、それはユングが個性化の過程と呼んだものである。この内なる衝動は、私をチューリッヒのユング研究所での研究へと赴かせた。一九六七年十二月、私は研究所でのトレーニングを終え、修了証明書を得た。その後一年間、ありがたいことに私はチューリッヒの大学で宗教学を研究するための奨学金をスイス東アジア・伝道協会から提供された。分析家としてチューリッヒにいる間に、宗教学を研究できるこの機会は、大変ありがたかった。日本で私が受けた教育では、西洋の科学や文化が強調されており、私は西洋文明の基礎として、宗教学や聖書を研究したいと強く望んできたからである。さらに、その当時の私のアナリザンド[*6]はすべて西洋人であり、私は彼らの心をより深く理解するためには、キリスト教の神話や精神性に関する知識が必要だと感じていた。

私がキリスト教徒の人たちと個人的なレベルで本当に出会ったのは、チューリッヒに到着したあとになってのことであった。私は仏教の僧侶として十年間アメリカに住んでいたのであるが、キリスト教徒との「意味のある」かかわりはなかった。一九六四年九月の終わりごろに、私は妻と娘のノリコとともにチューリッヒに着いた。われわれはハイデルベルグ大学神学教授である故ヴェルナー・コラー博士のおかげで、国際留学生ハウスに約一ヵ月間滞在することを許された。その時、コラー教授は親切にもわれわれがユング研究所周辺のアパートに引っ越せるように手配してくださった。しかし、そこは七ヵ月後にならないと利用できなかった。したがって、およそ半年間は、われわれはチューリッヒの北東に位置するブリュッティレーゼンという小さな村に住んだ。そして私はそこから研究所まで電車で通った。

ブリュッティレーゼンに滞在している間、キリスト教の精神性に関する忘れがたい体験の一つが起きた。およそ十一月の中旬ごろ、私のもとに無名の送り主から二つの小包が届いたのである。それらは中古や新品の玩具《おもちゃ》や服でいっぱいであった。そしてさらに、われわれが今まで味わったことのない美味しいスイスのキャンディも入っていた。妻と私、そして特に娘のノリコは、大変喜び、その送り主の優しさと心づかいに感謝した。間もなく、その小包の送り主がアグネス・Hさんという学校の先生であることがわかった。彼女は二～三日前にノリコが雪のなかで遊んでいるところをたまたま見たのであった。チューリッヒでは十一月初めに雪が降り始め、ロサンゼルスにいたわれわれにとっては、非常に寒かった。アグネス・Hさんは、家主さんのところにおしゃべりに来ていたのであるが、その時たまたま、二歳くらいの幼い日本人の女の子が薄着のまま雪の中で遊んでいるのを見かけたのであった。われわれはまったく寒い冬のための準備をしていなかったので、彼女の親切に対してとてもありがたく思った。われわれからの感謝の手紙へのアグネス・Hさんからの返事には、「聖母マリアが私にそうするように言われたので、私は聖母の御名のもとにそうしたのです」とだけ書かれていた。アグネス・Hさんを通して、われわれは彼女のような数人の熱心な聖母マリア信者と知りあった。先に述べた私の二つの夢は、そのようなキリスト教の人々のなかに生きる精神性との外的な出会いを内在化したものにちがいない、と私は思うのである。

## 第3節

私が引用したい最初の夢は、私がチューリッヒに着いて約半年後に見たものである。その主な部分は次のとおりである。

おそらく六十歳ぐらいのビジネスマン風の上品な紳士が、私を立派な寺院へ導いた。その寺は第二次世界大戦の破壊のあと再建されたのであった。その寺は、護国寺、つまり「国を護る寺」の末寺であって、「芸術の場」ということで有名な寺であった。

われわれは約五メートルの深さのある丸い穴の中心に立つ観音菩薩の大きな石像のところへ来た。像の上方半分だけが見えた。それは胸の辺りに穴のある白い石像であって、そのなかに幼児としての聖母マリアがいたのである。どこか、地下の方から盆踊りの音楽が聞こえてきた。私にはその観音像の周りで踊っている人々が、踊ることによって、石像に「精神」を吹き込んでいるのだとわかっていた。また、私は以前にも大きな会で同じような像が崇敬されていたのを知っており、それらが間もなく開かれることになっている若い仏教徒の別の大きな会のために準備されているということも知っていた。私はその紳士に、なぜ赤ん坊姿の聖母マリアが観音菩薩の胸に抱かれているのか、と尋ねた。しかし、彼はその事実を否定するだけであった。

この夢における主な象徴は、ブッダの慈悲を示す観音菩薩の白い石像に関係している。しかし、不思議なことであるが、観音像の胸のあたりには穴があり、その中にはキリストの母、聖母マリアが赤子の姿で入っているのである。私は目覚めたとき、自分の身体や心がすばらしく軽くて、あたりが光り輝いているように感じた。まるで盆踊りを楽しんでいたかのようであった。この夢における強調すべき点は、身体や感情にあった。

日本の盆踊りによって「活力を吹き込まれる」必要のある「聖母マリア観音」のイメージは、仏教、キリスト教、そして神道からくるイメージを含んでいるのであって、宗教横断的なイメージである。盆踊りは、神道という本来の日本人の精神のあらわれと考えることができる。死者の精神に敬意を表すために、その盆の儀式（神事）は毎年七月十三日〜十六日の間に行われ、その盆踊りは死者の精神を迎えるために、生者たちが楽しむのである。

石の観音の胸のあたりにいる赤ん坊の聖母マリアは、私がチューリッヒに来て以来、特にアグネス・Hさんやその他の聖母マリアの信者など、多くのキリスト教の人々から受けた思いやりや親切に対する私の心からの感謝のあらわれであったと感じている。私にとって、マリア観音のイメージは、私の心にちょうどあらわれていた東洋や西洋の宗教性に関する新たな理解の象徴であった。しかし、もっと重要なことは、マリア観音のイメージが、私の心のなかにある東洋と西洋の間に橋を架けようという試みが正しい道であると私に確信させたことである。そのような「橋」は、もし存在するならば、外在化される以前にまずは私の「こころ」の中において生まれなければならないのだと私は確信した。

## 第4節

一九六六年四月十四日、私の二番目の娘アグネスが生まれた。私は彼女が大乗仏教で伝統的にブッダの誕生日とされている四月八日に生まれるかもしれないと考え、ワクワクしていた。彼女がその日をはずすと、私はその年の復活祭[*7]の日である四月十日に生まれることを望んだ。私がキリスト教圏である西洋にいる間に、イースターベイビーとして彼女が誕生するのは、私が追い求めてきた「橋」を具体化しようとする試みを非常によくあらわしたものだと考えていた。彼女が四月十四日に生まれたとき、たとえ彼女が世界の二大宗教に関する二つの重要な日をはずしたとしても、健康な子どもに会えた私はとても幸せであった。しかし、二〜三日後、四月十四日は『黄金の華の秘密』のテキストを口述した伝説的な祖師、呂巌の誕生日であることがわかった。その当時、私はチューリッヒのユング研究所の修了論文のためにその原文を勉強していた。この原文は道教のヨーガの手引書であり、そして、いわゆる「三つの宗教の統合」の精神で満ち溢れていた。それはすなわち、儒教、仏教、道教のことであり、今日の宗教横断的な動きの中国による先駆けと考えられるものであった。私はこの思いがけない発見に心をうたれ、そしてユングのいう自我のはからいを超えた共時的な布置というものが、アグネスというこの新たな命の誕生において生じたにちがいないと確信した。

　アグネスの誕生の二日後、私がこの共時的な布置の一部と考えるもう一つの忘れられない夢があらわれた。その夢には、仏教の僧侶である私の叔父が出てきた。彼は「五百の井戸」を意味する五百井《いおい》という名であった。夢の中での彼のイメージは、いろいろな意味で妻を助けてくれた婦人科医であり、聖母マリアの信者でもあるT医師とつながった。夢の中で、T医師は「これは子羊のようだ！」と言いながら新たに産まれてきた赤ん坊を私の妻に手渡したのである。私にはその赤ん坊とは次女アグネスのことであるとわかった。しかし、私はT医師のことばの裏側に感じた秘密に深く感動した。

　ユングは因果的につながりのない（例えば身体的な出来事と精神的な状態）二つあるいはそれ以上の出来事や状態が、それにもかかわらず、因果的ではない法則によって意味のあるつながりになっている、という現象を説明するために「シンクロニシティ」（共時性）という言葉を用いた。そして、私の内面やチューリッヒに来てから外面的に起きていること、例えば夢や夢のイメージからの連想、そして多くの出来事などが、意味のあるつながり、すなわち共時的であるとはっきりと理解できるのである。キリスト教徒にとっては、ユングが共時的であると示したことは、神の摂理、すなわち神の恩寵であるとみなされるであろう。同様にして、仏教徒であればそれを縁起の法、すなわち、すべてのダルマ（法）が相互に依存し合ってともに生起するダイナミックなリアリティとして見ることができる——ここでダルマとは身体的、心的、および霊的なすべてのレベルの宇宙において生じているあらゆる事象を意味している。道教はシンクロニシティをタオ、すなわち起こり得る森羅万象すべてに通じている道のあらわれや働きとして正しく理解していた。そして、このように理解するとき、ユングがシンクロニシティとして考えたことは、これらの宗教において見られる伝統的な考えを経験によって明確化したものである。ユングは次のように述べる。

シンクロニシティとは、一致、共鳴そして調和といった古代からの概念を現代的に洗練したものである。それは哲学的な想定ではなく、経験や実験に基づいたものである。[8]

# 第5節

二つの夢は、まるで「稲妻」のように、私のこころを強く揺るがした。私は「ヌミノース」を感じた。この言葉は、ルドルフ・オットーがその有名な著書『聖なるもの』のなかで、恐るべき神秘性（mysterium tremendum）、圧倒的な力（majestas）、魅了する神秘性（mysterium fascinans）の観点から宗教的体験を説明するのに用いた言葉である。[9] それらは私のこころの深い部分にとどまり、そして私の「心理的かつ宗教横断的な神話」の基礎となった。このようにして、それらは私の「宗教的」または「民族的」なアイデンティティと呼ばれ得るものについての好奇心をかき立て、そして、こころに関する多くの疑問をもたらした。例えば、なぜ夢の中の観音像は石でできており、そのうえ、なぜ聖母マリアは生まれたばかりの赤ん坊なのか。像に「たましいを吹き込む」ための儀式は何を意味しているのだろうか。初めてそのような儀式が見られたのはいつごろなのだろうか。なぜその儀式は盆踊りによって行われているのか。「子羊」とは何を意味しているのだろうか。仏教の僧侶である私の叔父と女性の婦人科医であるT医師の両方から「子羊」を受け取ったことは何を意味しているのだろうか。なぜ次女アグネスは「子羊」なのだろうか。観音菩薩の石像の胸のあたりにある赤ん坊の聖母マリアのイメージと、「子羊」のようなアグネスのイメージという二つのイメージは特に神秘的であった。

菩薩、つまり「悟りを開く途上にあるもの」は、大乗仏教特有の概念である。大乗仏教によれば、菩薩が自分自身の解脱《げだつ》を求めるのは、他者の解脱のためなのであって、生きとし生けるものすべての幸福のためには、自分自身が悟りを得ることを延期するのである。彼は、この輪廻《りんね》の世界にたった一人でも苦しむものが残っている限り、輪廻の世界、すなわち苦と悲しみの世界を離れ、涅槃《ねはん》に入ろうとはしないのである。観音菩薩（アヴァロキテシュヴァラ）は、蓮の花を持つもの（蓮華手観音《れんげしゅかんのん》、パドマパーニ）とも呼ばれ、チベット、中国、そして日本の仏教においてもっともよく知られた菩薩である。アヴァロキテシュヴァラとは、「慈悲をもって見下ろしてくださる菩薩」という意味である。「彼はこの世の悪を苦しむ有情のものすべてを、慈愛をもって見守る」のである。[10]中国においても日本においても、観音菩薩は「世界を慈しみ深く観るもの」であり、「男性の姿ばかりでなく、女性の姿でも描かれる。中国でも日本でも、観音は極東のマドンナである」[11]。

女性としての観音のイメージは、古代ヒンズー教の経典にまでさかのぼることが可能である。ハインリッヒ・ツィンマー[*8]によれば、蓮の花を持つ女神（パドマパーニ）としての観音菩薩（アヴァロキテシュヴァラ）のよく知られたイメージは「古代リグヴェーダ文献[*9]への補遺テキスト」の中にあり、彼女は「既にそのころからシュリあるいはラクシュミという古典的な名前で呼ばれていた」[12]。私は浄土真宗の寺の出身であるが、観音は浄土真宗の本尊阿弥陀仏、すなわち「無量光仏[*10]」の慈愛の象徴（化身）と考えられてきた。阿弥陀の慈悲を表現する永遠の女性、観音は私の夢では「石」の観音としてあらわれている。ユングは、彼の著書『結合の神秘』において、錬金術的象徴としての「石」について詳しく検討している。

ユングの大きな功績の一つは、錬金術の言葉のあいまいさを明らかにしたことである。錬金術的プロセスは、無意識の展開過程を象徴的に示しているのである。夢はその一部分なのである。ユングによれば、「石（ラピス）の生成は錬金術の一般的目標なのである」[13]。彼は次のように述べている。

> ……錬金術師たちはこのこと（ラピスの物理的な性質）を非常に重要視したし、この「石」は彼らの術（錬金術）の存在理由そのものであったが、それを単に物理的なものと考えることはできない。なぜならば、その石は生きており、たましいと精神を持つこと、さらにそれは人間あるいは人間のような生き物であることが強調されたからである。[14]

私の夢のなかで、マリア観音像は盆踊りによって「精神を吹き込まれて」いる途中であった。「石像にたましいを与える」、「命を吹き込む」方法は、生きている者たちが自分の身体を動かして、先祖の霊たちの訪問を感謝する盆踊りなのである。そのことをこのイメージが意味していると、私は受け取ったのである。盆踊りは、仏教にある盆の物語に関係している。[*11] 盆という祭礼は、餓鬼《がき》[*12]（サンスクリットでプレタ preta）という苦しみに満ちた生存形式から解放された「母」あるいは女性のための祝祭なのである。

盆の祭礼、死者のための祭りは、日本では六〇六年から行われている。それは盂蘭盆経《うらぼんきょう》[*13]に基づいているが、この経は、もともとインド起源の仏教を中国土着の先祖崇拝と接ぎ木するために中国で作られた「偽経」であるとされている。中国では、この祭礼は五三八年、梁武帝の在位中に始まったとされている。盂蘭盆経によれば、十弟子のひとり目連尊者《もくれんそんじゃ》の母親は餓鬼道《がきどう》に堕ち苦しんでいた。その母親を救うためには、比丘《びく》[*14]のすべてに布施を行えばよいと、釈迦牟尼仏陀《しゃかむにぶっだ》は目連尊者に教えたのである。目連は、母親だけではなく、過去七世代にわたっての先祖の霊を解放するために、その教えを実行したのであった。しばしば浄土真宗の僧侶が口《こう》にする日本の口誦《しょう》伝説《でんせつ》によれば、目連尊者は喜びのあまり、踊り出さずにはおられなかったのであって、それが盆踊りの起源となったのである。[15]その起源がどのように説明されるかは別として、カリフォルニア大学の故足利《あしかが》教授によれば、盆の祭りは「喜びのときであり、世を去ったいとしい人々を静かに偲《しの》ぶときであり、此の世を超えた無限の世界との連続性を象徴する美しい行事」なのである。[16]

心理学的に見れば、盆の物語は、「母親」つまり女性性を解放するために「自我」を犠牲にする物語である。釈迦牟尼仏陀によって示された「自己《セルフ》」の要求に従う目連の行為が自我の犠牲を象徴している。この意味で、盆踊りは自我が自己《セルフ》に対して受容的であることによって女性的に機能するというかたちでの、女性なるものの再生の喜びを象徴的に表現しているのである。自我の女性的な働きは、こころの自己《セルフ》中心的機能である。そこでは自我は、自己《セルフ》に奉仕して機能するのである。したがって、マリア観音の夢は、女性の象徴を豊かに含んでいる。しかし、女性的なるものの具象化、物質化は、多くの共時的現象の形で現れている。その最高潮は、私の次女アグネスの誕生という事実である。マリア観音の夢のおよそ一年後、私は夢の中で「子羊」というかたちでアグネスを受け取ったのであった。

私は今でも、「子羊」の夢から目覚めたときの驚きの感情を覚えている。アグネスという名前が、聖女アグネスと結びついており、聖女アグネスのアトリビュート（持ち物）が羊であり、キリストが「神の子羊」とされていたこと（ヨハネによる福音書一章二十九節）[17]を知ったときも大変驚いたのである。したがって「子羊」アグネスの誕生は、浄土真宗の僧侶である私の叔父五百井と、聖母マリアを深く信じる産婦人科医T医師が象徴するところの自己《セルフ》に奉仕する女性の誕生を象徴するのであった。私は、叔父とT医師はそれぞれ、観音の石像と新しく生まれた処女マリアの具象化であると感じた。何よりも、私は、次女アグネスの誕生の背後にある神秘によって深く感動させられた。アグネスは、観音菩薩のハートの中に置かれた幼子姿の処女マリアの「具象化」であると感じたのである。「子羊」の夢を見るであろうとは知る由もなく、私は生まれたばかりの子どもにアグネスという名前を与えたのであったが、それは、アグネス・Hさんやその他の人々のおかげで私が経験していたキリスト教的精神性への感謝の念を込めたものであったのだ。

## 第6節

これら二つの夢は、東洋と西洋との間の「懸け橋」たらんとする私の試みに重要な影響を与えたのであった。ユングは著書のなかでしばしば、例えば私が夢のなかで経験したような心的現実（サイキック・リアリティ）は、「現に働いているもの（that which works）」[*15]を意味すると指摘している。したがって、これら二つの夢は、私の人生における他の経験や出来事よりも、もっと「リアル」であって、より豊かな意味を伝えるものであると言えた。錬金術師たちにとっての「石」が「女性なるもの」であったのと同じく、私の夢はサイコ・エキュメニカルな旅を続けるための母体となったのであった。

サイコ・エキュメニカルな懸け橋の探求にあたって、私は、マリア観音の石像をめぐってどこまでも続く盆踊りのイメージによって魅せられたのであった。それは、あたかも、私の「心臓」チャクラのなかで、女性なるものが再生したことを祝う、祭りが続いているかのようであった。このイメージは、あたかも精神的エネルギーが私の心のなかで絶え間なく流れ、私の「ハート」のなかで古い自己《セルフ》が新しい自己《セルフ》に変容を続けていることを示しているかのようであった。この私の心的なハートは、クンダリーニ・ヨガでいうところの第四のチャクラ、アナーハタのエネルギーセンターであった。

ハインリッヒ・ツィンマーによれば、アナーハタは、「心臓のレベルにある蓮の花であって、その中で世界の神性の最初の実現が経験される」のである。ここで、聖者たちはブラフマンの音（サブダ sabda）を聴くのであり、これがアナーハタ・サブダ、すなわち「二つのものがぶつかることなく起こる音」なのである。[18] つまりアナーハタ音は、作られた音ではなく、したがって、特定の事物性を超越している。つまり、自我にとらわれ、モノにとらわれ、すべての存在の深い根元に無知であるわれわれの世界を超越しているのである。[19] したがって、心理学的に言えば、心臓チャクラ（アナーハタ）の活性化は、自己《セルフ》が自我の一生を通じてそれ自身を実現するという意味での個性化を意味する。ユングを引用すると、「聖パウロの言葉のように、私が生きるのではなく、キリストが私の中で生きる」のである。その意味は、彼のいのちが客観的なものとなったということである。つまり、それはもはや彼自身のいのちではなく、より大きな存在、プルシャ*16のいのちとなったのである。[20]

仏教徒として私はアナートマンという概念を、個性化プロセス、自己《セルフ》実現の過程として心理学的に理解する。自己《セルフ》の変容的エネルギーに直面するとき、自我は、女性的かつ受容的に働くようになり、自我が自分であると考えるものは何ごとであれ、すべてアートマン、すなわち「真の自分」ではないことに気づくのである。そのとき、自我ばかりでなく、自己《セルフ》もまた変容を経験し、自我のいのちにおいて自身を実現することによって「犠牲にされ」「空《から》にされる」のである。ユングが下記のように述べるとき、彼はこれを意味していたのであると、私には思われる。

……人間の本性として、自分自身への気付きを深めることへの抜きがたい恐れがあるのだ。それでも、我々をして意識化へ駆り立てるものは、自己《セルフ》であって、自己《セルフ》はそれ自身を我々の犠牲に供することによって、逆に我々から犠牲を要求しているのである。[21]

すでに述べたように、二つの夢によって私は、サイコ・エキュメニカルな探求における個人的神話を与えられたし、内的にも外的にも生き生きとした対話を進めることが可能となった。大学で私は多年にわたって「世界の宗教」や「宗教学入門」などを教えてきた。さまざまな宗教的背景をもつ学生たちとのディスカッションを通じて、これらの基礎科目を教えることによって私は、東洋であれ西洋であれ、宗教的生活の中心部（ハート）を理解することの重要性に気づくようになった。分析家としての私の臨床実践においても、異なった民族、異なった宗教に属する多くのアナリザンドを経験し、意味のある人生を求める探求が、分析においても本質的に重要であることに気づいたのである。

私にとっては、意味への探求は、私の個性化プロセスにとって本質的に重要であり、その意味で「宗教横断的」（サイコ・エキュメニカル）である。私のサイコ・エキュメニカルな旅路は、異なった世界観や宗教信条の統合を迫るのである。しかし、ユングがジョン・フリーマンとのインタヴューで述べたように、「存在するただ一つの真の危険は人間自身」であって、したがって「我々は、人間の本質をもっと理解する必要がある」のである。このためには、「汝自身を知れ」というソクラテス的な探求は、個性化の文脈のなかでその価値を再考することができるのである。この点で、ユングの言葉をもう一つ引用しておきたい。

……もし我々が、ここ、この人生において、我々が既に無限なるものとの結びつきを持っていることを理解し、感得したならば、欲望も態度も変化するのだ。結局のところ、我々が体現する本質的なものの故にのみ、われわれは何ものかであるのだ。そしてもし我々が何も本質的なものを体現しなかったとしたならば、人生は浪費されたのだ。他の人々との我々の関係においても、決定的な問題は、その関係において無限なるものの要素が表現されているかどうかなのである。[22]

原注

1　J. Marvin Spiegelman, "East and West: A Personal Statement," in J. Marvin Spiegelman and Mokusen Miyuki, Buddhism and Jungian Psychology (Phoenix, Arizona: Falcon Press, 1985), pp.10-11. 森文彦訳『仏教とユング心理学』、春秋社、一九九〇年。

2　C. G. Jung, Memories, Dreams, Reflections. Recorded and edited by Aniela Jaffé. Trans. Richard and Clara Winston (New York: Pantheon Books, 1961), p.325. 河合隼雄・藤縄昭・出井淑子訳『ユング自伝——思い出・夢・思想』二、みすず書房、一九七三年。

3　アートマンの説については、Mokusen Miyuki, "The Pure Land Practice of Nien-fo: A Jungian Approach," in J. Marvin Spiegelman and Mokusen Miyuki, Buddhism and Jungian Psychology (Phoenix, Arizona: Falcon Press, 1985), pp.141-142. を参照。森文彦訳『仏教とユング心理学』、春秋社、一九九〇年。

4　個性化プロセスのユングによる定義については、C. G. Jung, "Conscious, Unconscious, and Individuation," in The Archetypes and the Collective Unconscious. CW. vol.9, i, par.275. を参照。また、C. G. Jung, Two Essays on Analytical Psychology, CW. vol.7, par.266 を参照。

5　Beverly Beyette によって引用された Robert Lifton の発言。"Harnessing a Healing Art in the Battle Against Violence," Los Angeles Times, September 26, 1984, Part V.

6　Sam Keen, Apology for Wonder (New York: Harper and Row, 1969), p.118.

7　C. G. Jung Speaking: Interviews and Encounters. Edited by William McGuire and R. F. C Hull (Princeton: Princeton University Press, 1977), p.436.

8　C. G. Jung, "Synchronicity: An Acausal Connecting Principle," in The Structure and Dynamics of the Psyche, CW. vol.8, par.995.

9　Rudolf Otto, The Idea of the Holy, Translated by John W. Harvey. 4th impr., Oxford, 1926. ルドルフ・オットー、山谷省吾訳『聖なるもの』、岩波文庫、一九六八年。

10　Joseph Campbell, The Hero with a Thousand Faces (Princeton: Princeton University Press, 1949), pp.149-150. 平田武靖他監訳『千の顔をもつ英雄』上・下、人文書院、一九七八年。

11　Ibid. pp.151-152.

12　Heinrich Zimmer, Myths and Symbols in Indian Art and Civilization (New York: Harper and Row, Publishers, 1962), pp.90-102.

13 C. G. Jung, Mysterium Coniunctionis, CW. vol.14, par.759. 池田紘一訳『結合の神秘』、人文書院、一九九五年。
14 Ibid., par.773.
15 盂蘭盆経、大正大蔵経一六：七七九。要約については、小野玄妙『仏書解説大事典』、大東出版、一九三二年、二一五頁参照。盆の祭りについての詳細な議論は、Ensho Ashikaga, "The Festival for the Spirits of the Dead in Japan" (Western Folklore IX:3, July, 1950), pp.217-228 参照。
16 Ibid., p.228.
17 George Ferguson, Signs and Symbols in Christian Art (Oxford: Oxford University Press, 1961), pp.20-21, 102-103.
18 Heinrich Zimmer, "The Chakras of Kundalini Yoga," Spring, 1975, p.33-34.
19 C. G. Jung, Psychology and Alchemy, CW. vol.12, par.8. 池田紘一・鎌田道生訳『心理学と錬金術』一・二、人文書院、一九七六年。
20 C. G. Jung, "Psychological Commentary on Kundalini Yoga," Spring, 1975, p.31.
21 C. G. Jung, "Transformation Symbolism in the Mass," in Psychology and Religion: West and East. CW. vol.11, par.400.「ミサにおける転換象徴」、村本詔司訳『心理学と宗教』、人文書院、一九八九年。
22 C. G. Jung, Memories, Dreams, Reflections, p.325. 河合隼雄・藤縄昭・出井淑子訳『ユング自伝――思い出・夢・思想』二、みすず書房、一九七三年。

編者注

1 ラビ：ユダヤ教の指導者。
2 アナートマンの教義：アートマンとはウパニシャッド哲学での概念で、個人の中心的な主体としての「我《われ》」である。この中心主体たる我がじつは世界の根本原理であるブラフマンと同一であると考えられた。これが梵我一如《ぼんがいちにょ》の哲学である。仏教はこのような意味での我の存在を否定した。これがアナートマン（非アートマン）の教義である。
3 ロバート・リフトン：Robert Lifton（1926－）。アメリカの精神科医。主著に『終わりなき現代史の課題』など。
4 テクノクラート：政治経済や科学技術について高度の専門的知識をもつ行政官・管理者・技術官僚。
5 ホモ・ファーベル：「作る人」の意味のラテン語。工作人とも訳される。フランスの哲学者アンリ・ベルグソンの言葉。人間とは何かを定義する言葉には「ホモ・サピエンス（智慧のある人）」などがあるが、ベルグソンは、人間の本質はものを作ることにあると考えた。

6　アナリザンド：被分析者。

7　復活祭：英語では“Easter”。キリストの復活を記念するキリスト教会最大の祝日。毎年三月二十一日以降の満月のあとの最初の日曜日（Easter Sunday）が祝日となる。

8　ハインリッヒ・ツィンマー：Heinrich Zimmer（1890－1943）。ドイツ生まれのインド学者。主著に、Myth and Symbols in Indian Art and Civilization および、Philosophies of India など。

9　リグヴェーダ：古代インドの聖典であるヴェーダの一つ。

10　無量光仏：阿弥陀仏の別名。阿弥陀仏は、元来はサンスクリットの「アミターバ」の音を漢字に当てたもの。これには二つの意味があり、一つは時間的な無限性を意味して「無量寿」（無限の生命）という。もう一つは、空間的な無限性を意味して、ことごとく十方に行きわたり、遮るもののない光、一切の衆生を救い取る光を意味する。無量光仏はこの後者の意味。

11　盆踊り：盆踊りの起源は中国の偽経であるが、それが日本に伝来し、夏祭りという広く行われる行事と結びついたことの背後には、宗教横断的（エキュメニカル）なイメージの働きがあった。つまり仏教とともに、神道（＝古来からの日本人の精神性の現れ）との親和性も大きな要素であったと思われる。一九〇頁参照。

12　餓鬼：六道（六つの生存形式）の一つ。仏教には輪廻の考え方がある。われわれ衆生は、その業に応じて、六種類の生存形式（六道）をとる。六道とは、天（神的存在）、人間、阿修羅（魔神）、畜生（動物）、餓鬼（鬼神）、地獄（最低の存在）である。餓鬼は欲深い存在であって、常に飢えと渇きに悩まされるとされる。

13　盂蘭盆経：中国で作られた偽経の一つとされる。釈迦の弟子である目連尊者が餓鬼道におちた亡き母親を救うために供養を行ったところ、母にも供養の施物が届いたという話が説かれている。日本でも説経節など中世の語り物の一つとなり、広く知られた。

14　比丘：仏教に帰依して、具足戒を受けた男性。修行僧。

15　“that which works”については、本書第９章「自我・私・そして『自分』ということ」の原注13を参照。

16　プルシャ：インドの神話における世界最初の存在。原人プルシャの身体から太陽、月、神々、人間など世界のすべてが生まれたとされる。

# 第9章　自我・わたし・そして「自分」ということ
## ——西洋滞在四十年：より自分自身となる探求の旅

人間にとって決定的な問いは、その人が永遠なるものとふれているかどうかということである。……究極的には、我々が体現する本質的なものだけに価値があるのだ。そしてもし、我々が本質的なものを何も体現しなかったとしたら、人生は浪費されたことになる。[1]

## 第1節

四十三年間にわたって西洋社会で暮らしてきたおかげで、私は、永遠なるものと自分の結びつきを実感するようになったと思っています。そう言えるのは、日本人としての私は、自分の自我を、状況適応的に表現する傾向があるということに気づくからです。これは、西洋人の自我表現とはしばしば対立しています。状況適応的自我*1(contextual ego)は、与えられた状況を「受容」して働き、その状況に相応しい役割を演じようとするからです。それとは対照的に、西洋の自立実体的自我*2(entity ego)は、状況に対して自己を主張し挑戦したり、それを(都合の良いように操作するとまでは言わないにしても)変えようとしたりします。

状況に応じて機能する日本人の自我というのは「日本人は二十以上もの一人称単数を、その時々に与えられた特定の状況に応じて使い分けている」という事実によって指摘することができます。[2] この事実は西洋人にとっては奇異と思われるかもしれません。しかし、それは自我を現実原則とみなす観点からは、適切であると考えられます。現実原則とは常に変化して止まない状況に対して適応する機能であります。状況適応的自我にとっては、状況の要求にたいして柔軟に対応することが現実的だからです。これは日本のような農耕社会においては特に言えることです。そこでは、人々はときには幾世代にもわたって同じ場所に住むのです。二十もの異なった「私」という一人称単数の中で、**自分**《じぶん》という言葉は、自我が日常生活と永遠なるものの両方と結びついていることへの気づきを表しています。日本人の「私（I）」が、**自分**という言葉で表現されるということが、日本人は「不可解」として特色づけられる理由を理解する鍵となるでしょう。

　**自分**という言葉は、**自**《じ》と**分**《ぶん》から構成されています。自は「**みずから**」つまり「自発的に」という意味と同時に、「**おのずから**」つまり「自然に」を意味します。「**分**」は「部分」を意味します。それゆえ、**自分**という日本語の「私」は、意識（**みずから**）と無意識（**おのずから**）という切り離すことのできない二つの要素（**分**）をもつ「私」、すなわち自我として解釈できます。**みずから**と**おのずから**の両方についている「**から**」という接尾語は「血統」または「生まれ」を元の意味とし、「根元」「由来」あるいは「事柄の経過」をも示します。[3] したがって、「**から**」という言葉は、なにかしら自然で自発的・創造的なものを意味します。そしてそれはヌミノーズムな力の存在を示唆しますし、その力は、人間と自然の両方がその一部分である統一的でダイナミックな生命プロセスとして経験されるのです。事実、日本語の**いのち**という言葉は、語源的には「息」あるいは「生命エネルギー場」を意味する「**い**」または「**いき**」と、「力」を意味する「**ち**」とで構成されています。また「**ち**」という言葉は、雷の別名である「**いかずち**」とか大蛇の別名「**おろち**」という言葉に見られるように自然の中に見出される脅威的な力に関係します。[4] それゆえ、古代の日本人は、人間と自然の両方に生命の根源的なエネルギーを構成する「**ち**」の「いぶき」、すなわち目に見えないヌミノース的な力・働きを感じていたに違いありません。さらに、「息」また「いのち」という言葉は、ともに語源的に共通しているということは注目に値します。ラテン語の *spiritus*、ギリシャ語の *anemos*、ヘブライ語の *ruah*、中国語の *ch'i*（気）という言葉には、「息」と「いのち」の両方の意味があります。[5]

　この「気」中心の世界観（*Weltanschauung*）に、自分としての日本人の「私」という概念が見いだせます。われわれは、自分自身と宇宙とが一つの場所、同一のシステム、そして同じいのちの過程を構成しているものであることを見、そして感じます。状況適応的自我は生命（いのち）のヌミノーズムを、分割不可能ではあるが双対的な生命力溢れる、いくつかのエネルギー場において、それ自身を表現しているものであると感じます。一つは私的／個人的（**みずから**）の場であります。もう一つは、意識と集合的／普遍的（**おのずから**）の場であります。さらにもう一つは、意識的生活を包み込み、支えている無意識のフィールドであります。したがって**自分**としての日本人の「私」は、ユングの立場から見れば生きているサイキ（the living psyche）としてイメージすることができるのです。

> 意識は、それがどんなに広範囲にわたろうとも、海に囲まれた小島のように、無意識という大きな円の中の小さな円に留まる。そして無意識は、海と同じように数限りない豊富な生命、それを終始補充して止まない豊富な生命を生むものであって、その豊かさは我々の憶測を超えたものである。我々は無意識の深さ・可能性を憶測しないで、無意識の内容の意味・効果、そして性格を長い間知っていたのかもしれない。というのは、無意識は無限に変化するものであり、従って可能性もまた無限のものであるからだ。無意識を知る唯一の方法は、無意識を意識の反対方向へ追いやることではなく、無意識と意識が協調し易くなるような、意識的態度の獲得を試みることである。[6]

ユングはまた、自己《セルフ》に対する自我の関係、すなわち無意識に対する意識の関係について、円を例にとって述べています。

自己《セルフ》は単に（円の）中心であるばかりでなく、意識と無意識の両方を包む円周の全体でもある。自我が意識的サイキ・こころ（the psyche）の中心であるように、自己《セルフ》は意識・無意識よりなるサイキ・こころの全体の中心である。[7]

それゆえ、サイキ・こころが「気」中心的に、すなわち自己《セルフ》中心的に機能することは、自我機能を「気」「自己《セルフ》」に従属させることになります。そこでは自我が「女性的に」機能していると見られます。「女性的」というのは、活性化した自己《セルフ》への対応にさいして、受容的であるからです。このような自我の女性的受容性は、サイキ・こころの超越的機能の活性化へと帰結していきます。この超越的機能によって、「一つの態度から別の態度への変容が促進される」[8]のです。こうして意識的生活は、無意識のはかり知ることのできない豊富ないのちの働きによって変容されるのです。自己《セルフ》をこのように見る立場から、ユングは、自分自身の人生を次のように述べています。

〝自己《セルフ》〟という言葉は、この無意識の基底［無意識の背景 unbewussten Hintergrund］を言い表すためにふさわしい言葉であると私には思われた。意識におけるその実際の代表者が、自我なのである。自我の自己《セルフ》との関係は、動かされているものと動かしているものとの関係、あるいは客体と主体との関係である。なぜならば、自己《セルフ》から放射されている決定的な要因は自我をそのすべての側面から取り囲んでおり、したがって、自我の上位に立つものであるからである。自己《セルフ》は、無意識と同様に、アプリオリ（a priori）[*3]な存在であり、そのなかから自我が生まれてくるのである。自己《セルフ》は、いわば、自我の無意識的な原形（prefiguration）なのである。私を作り出すのは私ではない。むしろ、私はたまたま私であるのだ。このことに気づくことは、宗教現象の心理学にとって、基本的に重要なことなのである。[9]

この引用部分においてユングは、サイキ・こころの「気」中心的、自己《セルフ》中心的、つまり女性的な働き方が、宗教現象の心理学にとって本質的な役割を演じていると考えています。またユングは、サイキの自己《セルフ》中心的な働き方が個性化（individuation）であると述べているのです。それをユングは「自分自身になること」あるいは「自己実現」であるとも言っています。

個性化は単一の均一的な存在になることを意味しています。そして、個性というものが、われわれのもっとも内的で、究極的で、そして他に比べようのないユニークさを意味する限り、それはまたわれわれ自身の自己《セルフ》になることを意味しています。したがって、個性化を「自分自身になること」［zum eigenen Selbst Werden］、あるいは「自己《セルフ》実現」［Verselbstung, Selbstverwirklichung］ということができるのです。[10]

「自分自身になること」と訳した場合の個性化は、**みずから**のこととして、もっと**自分**になることを自我が意識していることを示します。一方、「自己《セルフ》実現」と訳した場合の個性化では、**おのずから**のこととして、もっと**自分**になることを自我が意識しているのです。さらに“Verselbstung”と“Selbstverwirklichung”という二つのドイツ語の単語は両方とも「自己実現」（self-realization）と訳されるのですが、私としては、自己《セルフ》が自分自身を自我の生活の中で、それを通して実現したいという内的な衝動を意味するものと捉えたいと思います。それゆえに、われわれは、なにごとか無限なるものに関係しているものとして人生を意識するようになるのです。

**自分**をこのように個性化との関係において理解するとき私は、自伝『思い出・夢・思想』の中でユングが、自身の二つの夢を取り上げて、「永遠の人、自己《セルフ》、そして時空の中に生きる地上の人間［自我］の間の関係という困難な問題」を解決しようと試みたことを思い出します。この二つの夢、「魔法のランプ」「ヨガの瞑想」[*4]をユングは、無意識が「私の経験する現実を投影」しているものであると解釈しています。これによって、自我意識の世界（**みずから**としての**自分**）が、無意識（**おのずから**としての**自分**）によって、その一部分として生成されるのです。ユングは次のように言っています。

これらの夢の目的（die Tendenz＝傾向性）は、自我意識と無意識との間の関係を逆転し、無意識を経験的人格を生成するものとして示すことである。この逆転は、「相手の側」の意見においては、われわれの無意識的存在こそが現実であって、われわれの意識的世界が一種の幻影、見かけの現実（eine scheinbare）にすぎないということである。それは特定の目的のために構築されたものであり、あたかも夢の中にある限りそれが現実であるように思われるようなものである。このような事態は、**幻化**《げんか》（*maya*）という東洋の観念[*5]に非常に近いことは明白である。[11]

私の見解では、**自分**としての日本人の「私」は、それが**みずから**としての自分であろうとも、また**おのずから**としての自分であろうとも、ヌミノースなるものの「**息**」すなわち「**ち**」によって生成されているものであり、それは**幻化**という観念にも、またユングの無意識に対する考えとも一致し得るものです。人間であれ、自然であれ、あるいは自分であれ、その一部として生成されるものは何であれ、いのち、生成者、「**ち**」の息、すなわちヌミノースなるものと同じようにリアルなのであります。それはユングが“Verselbstung”また“Selbstverwirklichung”と呼んだものであり、ヒンズー教の**幻化**、あるいはヴィシュヌ神の「創造的エネルギー」[12]なのであります。このことは日本に最初に仏教を紹介したとされている聖徳太子（五七四－六二二）に帰せられている言葉にも明白に述べられています。すなわち「唯仏是真《ゆいぶつぜしん》　世間虚仮《せけんこけ》」（仏陀のみが真実であり、世間は空しく一時的なものである）であります。ブッダという言葉は、「目覚める」ということを意味するサンスクリット語の動詞 *budh* から派生しています。それゆえブッダは「目覚めている人」と翻訳できます。夢から覚めると、人は夢とは異なった現実を見ることになります。世界や人生の移ろいゆく本性に目覚めると、人生と世界を違った目で見るようになります。外の世界では何も変わっていないのに、見る目が変わるのです。

すると、目覚めるという意識的行為は、宇宙生成的（cosmogonic）な行為ということになります。**幻化**という言葉は、必ずしも「幻想」を意味しません。それは経験的には、サイキ・こころ（the psyche）の働きに応じて「実在」となるのです。**幻化**を一つの世界観として理解することは、ユングが、サイキ・こころは実在（reality）であると考えているのと一致します。つまりそれは、ドイツ語でいう“die Wirklichkeit”、英語では「that which works＝現に働いているところのもの」[13]という意味においてなのです。ユングはさらに次のように述べています。

ある人は『いのち』をサイキ・こころと同一視する。しかし、目立たないが、ほんの少数の人々は、心的な現象（the psychic phenomena）を一つの独立した存在範疇《はんちゅう》とみなして、そこから必然的な結論を引き出すのである。あらゆる存在にとって必要不可欠な条件であるところの存在範疇、つまりサイキ・こころが、あたかも単なる準存在にすぎないように扱われるのは、実に逆説的なことである。心的存在（psychic existence）こそは、我々が直接的知識をもっている唯一の存在範疇なのである。なぜならば、最初に心的イメージ（a psychic image）として現れない限り、何も知ることができないのであるから。心的存在のみが存在として直接的に証明し得るものなのである。[14]

## 第2節

十年ほど前、日常生活と永遠性が結びついている日本人の状況適応的自我についての私の見解を述べました。「西洋における私の三十年の回顧」という題の論文で私はこう記しました。

西洋に長くいればいるほど、ますます私（**自分**としての私）は、自身が「日本人」であることを発見する。

このことは奇妙に聞こえるかもしれないが、私の中にある日本人的な特質を意識的に自覚することは、私がより自己《セルフ》になることに役立ってきた。この自己《セルフ》（ユングの言う意味での心理的無限）は、他者および他者の自己《セルフ》と共有されるものである。[15]

「より自分自身となる探求の旅」という本論文の副題は、「よりおのずからとしての**自分**となる」「より私自身となる」、すなわち「永遠なるものに関係している者としての**自分**となる」という私の自覚の深まりに関与しています。[16]

私は、大阪にある寺の次男として生まれました。私の生まれた寺は東本願寺、つまり真宗大谷派に属しています。浄土真宗では、長男が寺の継承者になるのが一般的です。ですから次男は仏教を学ぶ必要はないわけです。しかし、一九四五年二月から一九四六年三月という一年余の間に起こった一連の事柄が、私を僧侶にする、つまりより私自身になる、あるいは**おのずから**としての**自分**になる、さらに永遠なるものと関係するものとしての「私」となるということに、決定的な役割を果たしています。なぜあなたは僧侶に、アナリストに、そして大学教授になったのですかと質問されたとき、私はいつもそれらの体験を思い出すのです。それらの体験が日本では仏教や他のアジアの宗教の研究に、アメリカでは哲学の研究に、そして後にはスイスでユングの分析心理学の研究に、私を駆り立てたのでした。そうした体験というのは、私が十六歳から十七歳の間に起こりました。それらは全部で六つの体験ですが、これら六つの体験はまことに強烈なもので、自分の中で「**いのち**」つまり「**ち**」の「息」が目覚めたことを私に実感させました。それらはすべて、常に躍動している「永遠なる今」の働きを私に自覚させてくれた父に深く関係しています。それによって私は、内に根を下ろし、確固とした真性に根差した者、みずからとしての私自身となることができたのです。当時、日本は太平洋戦争に負け、帝国主義国家から民主主義国家への劇的な変革が起こっていました。私自身にもまた根本的な変容が起こり、精神的再生を経験していたのです。

〈第一の体験〉

一九四五年の春浅き頃でした。敗戦が近づき、日本の多くの都市が空爆の繰り返し攻撃にさらされ、軍事政府は、日本は世界に類を見ない国、すなわち戦争に決して負けたことのない「神国」であるから、日本人は最後の勝利まで闘わなければならないということを、以前にましてますます強烈に宣伝していました（日本が連合軍に降伏したのは同年の八月十五日でした）。それで、海軍兵学校や陸軍士官学校に入隊した青年たちは、肉体的にも精神的にも大変賞賛されました。十八歳以上の若者はすべて徴兵の対象となり、十五歳の少年にすら神風という特別攻撃隊に応募することが奨励されたのです。老人や子供は、都市から強制疎開させられる一方、働けるすべての人々は竹槍で戦う訓練をさせられたのです。私の兄も学徒動員令によって徴兵され、一九四三年の初めに陸軍に入隊しました。一九四四年の春、私が十六歳の時、中学の担任教師は、私を含め何人かの生徒に神風特別攻撃隊に応募することを勧めました。

私が、神風特別攻撃隊に応募する許可を得ようと、父に尋ねた時のことは今もって忘れることのできない決定的瞬間でした。私の意図を聞くや否や父は顔を真っ赤にして「そんな馬鹿なことを考えるな」と私を怒鳴りつけたのです。「お前は寺に生まれたのだ。今やお前の兄は徴兵されてしまっているのだ。お前の兄の身に何かが起こったら、この寺を継ぐのはお前しかいないのだ。軍隊での訓練というものは冷酷で非人間的であり、お前が進んで応募するようなところではない。もしお前が本当にそうしたいというなら、俺はお前を勘当する」。父の声は雷のような響きでした。私は、父が真剣に家族の系譜を保とうとしていることを実感しました。しかし、次のような思いも起こったのです。「父は天皇に不忠な臣民である。そのために死ぬような拷問にかけられるだろう。

父の言ったことが誰かに知られたら、父ばかりでなく父と関係しているすべての人たちも深刻な事態におちいることになる。自分は一体どうしたらいいのだろうか」と私は深く困惑し、苦慮しました。だが心の奥底ではほっとしていたのです。それは真実《まこと》の父を見出したからです。父は彼自身、つまりほんものの**自分**である人だったのです。翌日、担任教師に私が寺の生まれであることを言うと、彼は即座に私の言葉を遮《さえぎ》り、自分が思慮の足りない要求をしたと言ってくれました。当然ながら、思わぬ方向で私の窮地が解決されたことで、私は幸福感に満ち、改めて私の真実《まこと》の父を感謝の念とともに、ありがたく感じたのでした。

〈第二の体験〉

一九四四年の夏、私は、大阪の北東約十五マイルに位置する枚方《ひらかた》の工場で弾薬作りに動員されました。作業は、一週間昼に作業をすると翌日は夜勤になるように組まれていました。大阪が初めての空襲を受けた時は夜勤日でした。午前五時頃、夜勤を終えて京阪電車に乗り大阪に帰りました。電車の駅から私の寺までは歩いて十分ぐらいでした。家に歩いて行く途中、道の両側の家並みは残っており私の家も安全だろうと思っていました。だが道の角を曲がった途端に家並みはなくなり一面廃墟となっていました。

私は、寺の門があったとおぼしきところに立ちすくみました。静寂の瞬間でした。自分の内なる世界と外の世界が一体に溶け合っていました。突然私は、何か強烈なものが私の中で目覚めたことに気づきました。私は、自分の存在の根底から、内的な泉がほとばしり出てきたことを感じました。と同時に、雲一つない真っ青な早朝の空の下で春の陽光を浴びながら、自分が透明であり宇宙の中心にしっかり根づいているのだという感覚がありました。この感覚は、稲妻のように私を襲い、続いてすべてであると同時に無である自分が今ここに存在しているのだという実感が起こりました。どのくらい三門の前に立っていたのか記憶はありません。誰かが私の両親は無事であること、また近くの幼稚園で両親が私を待っていることを教えてくれる声をぼんやりと聞いていたのです。

その声を聞いた途端、私の両親は今新たに私に与えられたのだ、自分は何と幸運な人間だろうという考えが最初に浮かんできました。こころ静かに祝福された感情とともに、私は両親に会うために廃墟を後にしました。しかし、幼稚園には母しかいませんでした。父はどこにいるのかと母に聞いたところ、母はただ「知らないよ」と言うだけでした。私たちは、もし大阪が空襲に遭い家族が離散した場合、枚方の工場近くの茨木にある父の生まれた寺で会うという取り決めをしていました。母に会って間もなく父の消息がわかりました。人の言うところでは、父が阿弥陀仏の仏像と寺の過去帳を持ち、茨木の方角に歩いて行った姿を見たというのです。仏像と過去帳は真宗寺院の住職にとって存在理由そのものであるということを私は熟知していましたが、それらは一人ではとても運びきれない重いものであることも知っていました。そのような父の姿に、再び私は真実《まこと》の父を見たのです。父にとっては、真宗こそは「**いのち**」そのものだったのです。母も私もこの父の話を聞いて心より安堵しました。

〈第三の経験〉

第三の経験は八月十五日、太平洋戦争敗戦の日に起こりました。その前日、私たちは、明日天皇の重要な詔《しょう》勅《ちょく》が放送されるからラジオを注意して聞くようにと言われました。天皇すなわち現人神《あらひとがみ》の生《なま》の声、玉音《ぎょくおん》を聞くということは、当時の日本人にとっては考えることもできない恐れ多いことだったのです。天皇がラジオを通して話している間、両親や他の人々が頭を下げていた光景を今でも鮮明に思い出すことができます。しかしながら、玉音放送は一体何を言っているのか明確には聞き取れなかったのです。にもかかわらず、戦争は終わり、日本は降伏したのだということを私たちは悟りました。戦争が終わり私はとても幸せでした。というのも、戦争中私の父は、私が徴兵されるのを避けるため医学を勉強することを勧めていたからです。当時、医学を勉強すると徴兵免除となっていました。医学を勉強し徴兵を逃れれば、兄が戦争から帰らぬ人となっても私を寺の後継ぎとすることができたからです。私は中学レベルの科学はよくできて成績もよい方でした。だが化学は好きではなく、他の科目――おもに人文科学系の勉強を楽しんでいました。科学に興味はなく絶対に医学には向いていないと考えていました。

玉音放送の間、私の両親も他の人々と同じように泣きました。しかし、私はまったく白けたムードでいたのです。より広大な未来が自分に開けてきた、もうこれで医学の勉強を強いられないからと感じていました。再び五ヵ月前に寺の廃墟に佇《たたず》んだ時に体験したのと同じような静寂のとき、真実の時が訪れたのです。私は自問していました、「お前は日本が戦争に負けたのになぜ泣けないのだ。お前は自分の国を愛していないのか。お前は日本人ではないのか」と。それらの問いは私の中で自ら結晶し、私は再び宇宙の中心、存在の根底に根づいている自分を体験し、さらに透明な宇宙の中で、すべてであり同時に無である自分を感じたのです。私はもう一度新しい生命が与えられたのだと感じました。

〈第四の経験〉

第四の経験は、終戦の翌日に起こりました。私は畑に出て熟《う》れたトマトをもぎ、新鮮な味を楽しんでいました。空には雲一つなく、晴れ渡った美しい日でした。その空に爆音が聞こえました。見上げると、上空にアメリカの飛行機が飛んでいるのが見えました。私は、飛行機に向かって両手を高く振って終戦の喜びを表しました。「戦争が終わり、この美しい夏の日を私たちは楽しんでいる。なんと素晴らしいことではないか。ここにこうして私たちが生きている。平和とともに祝おうではないか」という意志を伝えたかったのです。飛行機のパイロットも私とまったく同じ感じを抱いているに違いないと無邪気に思いこんでいたのです。しかし驚いたことに、その戦闘機は私をめがけて機銃掃射《きじゅうそうしゃ》をはじめました。心身ともに化石のように硬直し恐怖のため一インチも動くことができなくなりました。多くの弾丸が地面に当たって煙が舞い上がり、私の近くで線を引いて駆け抜けたのです。戦闘機が戻って来て再び私を射撃し始めました。これは冗談でもなければ間違いでもないと気がつき、私は、空気の抜けた風船のようにその場に崩れ落ちました。私の心はまったくの空白でした。死ぬという思いもなければ、パイロットに対する憎悪の念も起こりません。数秒後、生への渇望が私の中から怒濤《どとう》のように湧き上がってきました。私は、気が狂ったのではないかと思いました。その直後、死と生の境を細い糸か薄紙一枚で分けているような神秘な線があるということを不思議に感じました。私はいずれ死ぬとしても、その死は無意味な死ではありえないだろうと確信しました。生と死は分かち難《がた》くあること、生は今ここに常に与えられてあるということ、そして生はただ生きることを意味するものであるということを納得させられました。過去二回体験したような、すべてであり同様に無である自分という目覚めは、私の新たな生命はヌミノーズムなものによって演出されている永遠のドラマの一部であるという実感に私を再び導いてくれました。

〈第五の体験〉

第五の体験は、翌年二月に起こりました。一九四六年の一月中旬、兄が上海から家に帰ってきたのです。兄の帰還はあまりにも突然でしたので家族は大喜び。特に父の喜びは大変なものでした。二月中旬、私はジフテリアに罹《かか》り隔離《かくり》されました。ワクチンを手に入れることもできず、容態は絶望的な危機を迎えていました。しかし、奇跡的にも、進駐軍の医療部隊のもっていた最後のワクチンを手に入れることができるという話を家族の者が聞いてきました。ワクチンの効き目はすぐ現れ、私は間もなく帰宅を許され家族の介護を受けるようになったのです。そして、ゆっくり快方に向かっていきました。この出来事はまったく逆説的です。半年前に私は、アメリカ人によって殺されそうになり、逆に今はアメリカ人に救われたのですから。再び私は、意味なく死なないし、何かしら大きな力のあるものの継続的な庇護《ひご》下にあることを実感したのでした。

〈第六の体験〉

第六の体験は、私が在宅治療している間に起こりました。めったに病気をしたことのない父が、ちょっとした風邪から肺炎に罹ったのです。それでも家の者は大丈夫だと思っていました。父の幼友だちである医者が父を診察し、治ると言ったからです。だがある日、父の息遣いが荒くなり喘《あえ》ぐようになり、私はすぐに母を呼びました。医者が駆けつけ兄も学校から戻りました。家族全員が父の死に際にいることができたのは幸運なことでした。家族の者が筆で父の唇を水で湿らせ、これからの長い旅路で水に困らないようにという象徴的な儀式を順番に行いました。父の死後間もなく親戚の者全員がやってきましたが、誰もが思いもよらない突然の死に驚いていました。二日後、父の葬儀が執り行われました。敗戦後一年で不便な交通事情の中を、多くの人が弔問《ちょうもん》してくれました。奇妙なことに私は泣けませんでした。喜びや悲しみの感情もなく人生の不幸を観察する傍観者であるかのようでした。そんな私を見て私の叔父が「お前の好きなお父さんのためになぜ泣けないのか」と言ったのです。もちろん私には答えることができませんでした。

しかし、葬儀中に僧侶の読経《どきょう》を聞いているとき、私は突然泣けてきました。何かヌミノーズムなものが、私の生命の根源から解放されたように感じました。稲妻のように父が浄土に生まれたという強烈な実感があり、それとともに、そのはっきりとしたイメージが私のこころの目に映ったのです。それらのイメージとイメージに関連する考えには、力あり聖なるものがそれ自体を顕現《けんげん》していると感じました。浄土に生まれることで父は永遠かつ本質的な父となり、私の最善を願ってくれているのだという感動の涙でした。この体験が、寺に生まれたという私の精神的遺産の重要性を目覚めさせてくれたのです。父は常々私に「お前は他の寺の後継者として養子に行くには独立心があり過ぎる」と言っていました。しかし、真実《まこと》の父から受けたメッセージは、私は私なりに僧侶となることができ、自分自身の本来性を体験し得る人生の道を求めることができるということだったのです。この体験は、自分の人生の本来的な方向、真実《まこと》の方向を得ることが自分なりにできるという意味において素晴らしい導きの光となるものでした。

これら六つの体験について深く考えてみますと、そのいずれもが、非常に破壊的な体験でありえたことが、今になってみるとわかるのです。しかし、実際には非常に建設的な体験だったのです。それらの体験はすべてお互いに拡充し合い、自我が生活していく過程を通して、それ自身を自我の内部において実現していく生命の流れという言語に絶するヌミノーズムの領域を指し示しているのです。上述したように、自己実現（Verselbstung, Selbstverwirklichung）としての個性化というユング心理学の基本的な仮説は、自己《セルフ》が意識生活の中で、あるいは意識生活を通して、自らを実現しようとする**おのずから**の傾向性を持つという事実なのです。これらの諸体験は、ユングの言う客観的サイキ（the objective psyche）が生きている現実であることを実感させてくれます。客観的サイキは「自己中心的《セルフ》」な強烈ないのちの底流、すなわち**おのずから**なる**自分**としての私であり、それはまた、自我中心的ないのちの流れ、すなわち**みずから**なる**自分**としての私とともに流れているのです。このように考えると、私はユングが次のように述べていることを思い起こします。

人間の本性には意識化に対する抜きがたい恐怖心がある。だが、われわれを意識化に駆り立てているのは、自己《セルフ》なのであって、自己《セルフ》はそれ自身を犠牲として私たちに奉げることによって、犠牲を求めるのである。[17]

# 第3節

こうした諸体験により、私はヒンズー教・儒教・道教・仏教といったアジアの諸宗教、とりわけ親鸞の浄土真宗に興味をもつようになったのです。私は、東京大学に入り、インド哲学・梵文学部で内なる自己の探求にかかわるようになりました。大学二年の時、私は華厳《けごん》仏教を専攻することに決めました。卒業論文は「華厳における観方の研究」というテーマで書きました。華厳を研究したことで私は曹洞禅《そうとうぜん》の実践へと導かれましたが、同時に真宗大谷派の僧侶として得度も受けました。

一九五四年にロサンゼルスに来てから、私は、カリフォルニア大学ロサンゼルス校で哲学を専攻し、自己の探求を続けました。私は、ジョン・デューイ（John Dewey）のプラグマティズム、とりわけ彼の〝観念は、問題のある状況に直面して、それを解決する道具である〟という考え方に魅力を感じました。それで一九六一年に〝A Naturalistic Interpretation of Religion〟（「宗教の自然主義的解明」）という題で修士論文を提出しました。その論文では、「苦」（duhkha＝安易でない／人生の車輪が脱線している）、すなわち病・死というような人生の問題を取り除くことを目的とするブッダの八聖道、つまり中道の教えと、ジョン・デューイの道具主義と言われる自然主義哲学とを比較対照することを試みました。[18] その後クレアモント大学大学院で哲学の研究を続けているうちに、ライプニッツ（Leibniz）の朱子学《しゅしがく》の理解に興味をもつようになりました。西洋の技術と東洋の文明を統合するという幅広い哲学を構想しているライプニッツへの興味は、私の目を開いてくれました。ライプニッツは、私がアジアの諸宗教と哲学を幅広い心理学的および哲学的文脈の中で考察することを助けてくれたのです。「宗学理気二元論の形成に対する仏教的影響の分析」（An Analysis of Buddhist Influence on the Formation of the Sung Confucian Concept of Li-ch'i）と題した私の博士論文は一九六四年九月に受理され、同年十月、チューリッヒのユング研究所でユングの分析心理学を研鑽《けんさん》するため、私はヨーロッパへ旅立ちました。私は道教禅のテキスト『金華宗旨《きんかしゅうし》』をテーマにした「黄金の華の秘密：その研究と翻訳」（Secret of the Golden Flower: Studies and Translation）[19] と題する資格論文を提出し、三年にわたる分析者としての訓練を終了しました。またとても幸運なことに、ユング研究所での訓練を終えて一九六八年から一年間、スイス東アジア伝道協会（Swiss East Asia Mission）が、チューリッヒ大学神学部で神学の研究をすることを援助してくれました。西洋の宗教を学ぶことは長年の夢だったのです。特にチューリッヒに来てからは、私の友人・隣人そして被分析者のほとんどがキリスト教徒でしたから、この夢はさらに切実なものとなっていたのです。一九六九年五月、サンタ・バーバラにあるカリフォルニア大学で、宗教学部の講師として一年契約で教えることになりました。それから一年四ヵ月後、今度はカリフォルニア州立大学ノースリッジ校に移籍しました。

一九五四年十月に日本を発ってから四十三年間が経過しました。最初は、ロサンゼルス別院に開教師として赴任し、真宗大谷派の僧侶として仕事をしながら、東京大学大学院での学問を続けることが目的でした。その時からチューリッヒでの四年間を除き、私は、主にロサンゼルスに住んでいます。この都市は、多くの異なった民族文化が混ざり合う坩堝《るつぼ》としてよく知られています。「ロサンゼルス市では百五十以上の異なった言語が話されている」という新聞記事を数年前に読んだことがあります。明らかにロスでは多くの異なった意識があり、また多様な生活様式・価値観・世界観が動いているのです。そうした多種多様な文化環境の中で「私は日本人である」ということをより強く意識するようになり、嫌でも日本人としての自分を見出すことを強いられてきたのです。これは偶然な出来事かもしれませんが、ロスではまったく現実となっている多層文化に関する論争が、アメリカの大学などの研究機関で過去十五年ほど前から取り上げられています。ロスのような多層文化都市に見られるような生活は、雑多な文化が溶け合った坩堝というよりも、サラダ・ボールとして象徴的にあらわす方がもっと現実感をもっています。それは多種多様な文化が混ざり合って多くの味覚や料理を創造しながら同時に各文化の本来的風味を保っているということです。

私はカリフォルニア大学ノースリッジ校（California State University, Northridge 以下CSUNと略す）で三十三年間教鞭《きょうべん》をとっています。一九六九年にCSUNで教え始めたころは「宗教学入門」「世界の宗教」「仏教」「アジアの諸宗教」というような科目を勉強する学生は主として白人系やユダヤ系であり、アジア系やアフリカ系の学生はほとんどいませんでした。今では異なった文化的背景をもった多くのアジア系、そして少数ですが、アフリカ系の学生がそれらの科目を勉強しています。また私は、ユング派の分析者として異なった民族・宗教の人たちとも接触しています。もし私が、日本で生活していたなら、今経験しているような多層文化の現実を経験するようなことはありえなかったと思います。逆説的ですが、この多層文化の現実が私をして、自分が日本人であるということや他者との関係において自分であるということをますます自覚させるのです。

この逆説的現実は、日本語の性質に関連させて理解できます。この論文の初めの方で述べたように、日本語には二十以上もの一人称代名詞があります。「私」という日本語の一人称単数代名詞の使用は機能的であり、状況的なのです。「私」と「あなた」という言葉の適切な使い方が、そこにかかわり合う人たちの関係の性質を示すことになります。このことは日本人にとっては、生活の文脈が「私」と「あなた」の両方を機能的に定義していることを明らかに示しています。西洋の自立実体的な自我にとっては、奇妙とまではいわずとも、特殊な行為と見えるかもしれませんが、日本の日常生活では、人々が出会うとき、その関係のあり方によって、異なった呼びかけ方、異なった表現の仕方をするのです。例えば、私は、父であると同時に、夫でもあり、息子でもあり、友だちでもあり、目上でもあり、目下でもあり、上役でもあり、下役でもあり、先生でもあり、分析者でもあります。これらの関係にあっては、それぞれ特有の言語表現が要求されます。日本人としての私は、どのような一人称代名詞を使うべきか、また相手に対してどのような二人称代名詞がふさわしいか、あるいは敬語を使うべきか使うべきでないかを知っています。この状況は相手の日本人にとってもまったく同じです。この点において、日本人の「私」は状況的であると同時に機能的であって、概念的に定義づけられる実体《エンティティ》ではないのです。

したがって日本語は、自分が関係的な存在であるという日本文化に固有な感覚を反映しています。ヨーロッパの言語では、一人称単数代名詞は、英語では“I”ドイツ語では“*Ich*”フランス語では“*Je*”などたった一つの言葉しかありません。しかし、日本語では日常ふつうに使われている一人称単数代名詞にはいくつもの言葉があるのです。皆さんが使う“I”(私)という言葉にしても自分の置かれている状況における地位を示します。例えば、改まった関係では「**わたくし**」という言葉が使われ、私的な友人関係では「**ぼく**」という言葉が使われ、より私的な関係または自分が目上の立場にある関係では「**おれ**」という言葉が使われたりします。しかし、同じ一人称単数代名詞でも「**自分**」という言葉は、多くの場合いろいろな関係性にかかわらず自由に使われています。このように状況的である日本語は、的確な言葉の使い方を通して豊富な情報を伝えることができます。言葉のやり取り、つまり言語表現から、会話している人たちの性別、関係、地位などを推測することができるのです。

ヨーロッパ言語と比較して日本語が混乱して聞こえるのは、日本語では文章の主語をあらわす言葉がしばしば省略されるからです。特に文章の前後関係が明白な場合、一人称代名詞が省略されます。言い換えれば、関係性の中に埋没しているときの主語は、私とあなたを峻別《しゅんべつ》する二元論的論理から見ると、曖昧なのです。しかし、他者との関係性の中での文脈がいったん明確になると「私（I）」と「あなた（You）」が適切に、あるいは調和的に機能し始め、与えられた状況における最適な表現が与えられるのです。このようなことは西洋的自我にとっては、病的とまでは言わなくても、考えられないことのように聞こえるでしょう。しかし日本人の状況適応的自我から見ると、日本語と反対に主語を強調することはとても奇妙に見えるのです。こうした複雑な日本語の特性によって、日本では外国人は日本語を完全に使いこなすことはできない、と多くの日本人は考えるのです。他方では日本語の曖昧《あいまい》さが外国人を困惑させ、日本人の性格は不可解であるとか「無表情（ポーカーフェイス）」であるとか言わしめているのです。

著名な禅学者鈴木大拙《すずきだいせつ》師（一八七〇－一九六六）が、「若き日の思い出（Early Memories）」という講演の中で、ある国の人々のたましいを理解するうえでのカギとなるのは、その民族の言葉を話せるようになることであると述べています。この講演で、鈴木大拙師は十五歳のころから英語を教え始め、まず能登半島の蛸島という小さな村で、それから彼の生まれ故郷である金沢から十五マイルほど離れた町、美川で教えていたころのことを回想しています。英語を教えた時、彼は「持つこと（having）」を強調する英語の性質に非常な戸惑いを感じるようになったのであります。例えば、英語の「A dog has four legs.　犬は四本の足を持っている」を日本語に訳した場合、

have 動詞は決して使われません。日本語では「一匹の犬には（as for a dog）」「四本の足（four legs）」「があります（exists, or are（is）found）」となり、「持つ」を意味する言葉は使用されません。また容易に理解されることですが、英語（およびドイツ語、フランス語、その他の西洋言語）では「持つ」こと、すなわち所有が強調されているのにたいし、日本語の場合には自然の現象を暗示する「ある」という言葉（be 動詞）が使われています。言語の違いはその他の文化的差異を説明するかもしれません。「持つこと」を強調する文化では、人々は「持つこと」つまりもっと多くのモノを獲得する方向へと動機づけられるようになるでしょう。その結果、人々は互いに競争し合うようになります。言い換えれば「持つこと文化」の結果として、所有・権力・二元論・競争に価値を置く自我中心的生活態度が生まれるかもしれないということです。

自我やモノに縛られない日本人の状況適応的な「私（I）」の本質は、仏教における「無我（non-ego）」（anatman）の教えに現れています。この教えは千手観音《せんじゅかんのん》（Sahasrabduja）像によって象徴的に示されています。千の腕は阿弥陀仏の無条件の慈悲をあらわすとされています。無条件ですから、阿弥陀仏の慈悲は「無我」かつ「無心」のものであり、自我／モノに縛られることから自由なのです。限りなき阿弥陀仏の「無我」「無心」の働き・慈悲は、さまざまなものをもって動き回っている数多くの手によって表現されています。観音の千の手は、それらのものを必要とする人々、そして嘆き悲しむおびただしい人々に思うままに与えようと、疲れを知らず差し伸べられているのです。しかし、注意深く観察すると、観音の四本の腕と四本の手は中央で静止しているのです。観音の腹部とみぞおちに位置している二つの手は、印像（mudra）、印を結んでいて、観音が禅定《ぜんじょう》（dhyana, samadhi）・自由（おのずからの働き）・自在（おのずからのあり方＝enstasy）の状態にあることを示しており、一方、観音の胸部に位置している二つの手は、ブッダへの尊敬を示す「合掌（anjali）」の形をしています。[20]「禅定」すなわち「自身の存在に沈潜《ちんせん》する」という自由自在の境地において、観音は「みずから」なる自分中心の働きをあらわす左手を、仏のこころである**おのずから**なる自分の働きを象徴する右手の上においています。そして「合掌《がっしょう》」において観音は、その自由の境地において、全身全霊をあげて合掌している両手を通じて阿弥陀仏の**おのずから**なる永遠の慈悲の流れに浴しているのです。この禅定と合掌という二つの手印は**みずから**なる自分と**おのずから**なる自分としての「私」という、日本人の状況適応的自我なる**自分**、「気」中心の世界観（*Weltanschauung*）の象徴的表現として捉えることができると思います。

また有名な仙厓《せんがい》禅師（一七五〇－一八三七）の禅画に、両側に賛《さん》のある柳の木の絵があります。[*6] 左側には「堪《かん》忍《にん》」と書かれ、右側には「気に入らぬ　風もあろうに　柳かな」という句が書かれています。[21] 大地にしっかりと根を下ろし、どのような風が吹こうとそのままに、風に受け応えし自由に自然になびく柳の木のイメージは、仙厓にとって無心という禅の生活を端的《たんてき》にあらわしているものとして喜ばれたに違いありません。『金剛般若経《こんごうはんにゃきょう》』の中の有名な言葉では、無心を「応無所住而生其心《おうむしょじゅうにしょうごしん》」（まさに住する所なくして、その心を生ぜよ）——どこにも心を留めさせないようにして心を起こせ（dwelling nowhere, yet arising everywhere）という菩薩の慈悲心のありようとして特色づけています。柳の木は、常に浮き沈みするいかなる状況にも呼応して我慢強く受容的に応ずるものであり、**おのずから**なる自分と**みずから**なる自分とが同時に働いている状況適応的自我として捉えることができます。

アナリストとしての私は、自立実体的自我と状況適応的自我との対比に関して、私自身が文化的に暗黙裡《あんもくり》に前提としていることのいくつかを問題にせざるを得なくなったことがあります。二十年ほど前、才能に恵まれた学校教員で中年の女性を分析したことがあります。三人の子どもの母親である彼女は、陽気な気分で私のオフィスを訪ねてきました。「私は、今日はとても幸せです。それは、私の息子が十八歳となり、家から出ていく計画をしているからです」と言うのです。間もなくわかったことですが、彼女が本当に言いたかったことは、その息子は何かと厄介者だったので、今や十八歳となった彼の親としての法的責任から解放されるのが嬉しいということだったのです。こうした家庭の事情を聞いて、私は、あっけにとられました。彼女にとって幸せなことが、日本人の私にとってはまったく幸せな境遇などではなかったのです。十八歳の少年といえば、日本ではまだ両親の指導と保護が必要です。さらに、日本ではたとえ結婚した息子でも、家の伝統を受け継ぐということで両親と同じ家に住むこともあるからです。当時経験したことでさらに驚いたことがあります。私と同じアナリストである友人のうち何人かが、自分の両親について話す時、両親の名前を呼び捨てにすることでした。このことは私にはまったく理解できないことで、たとえ今日の近代化された日本においてもそのようなことは絶対にありえないことだと思います。日本では「長幼序あり」というように年上の人を敬うことを示す儒教的規範と価値観が強調され、何世紀にもわたり受け継がれてきました。日本の社会には身分・地位・年齢・性別など多くの階層的な要因が働いています。日本語には「敬語」と呼ぶ多くの表現があり、日本人の状況適応的自我が年上や目上の人、特に自分の両親と話すときには、敬語は使い分けなければならないのです。

「**れる**」「**られる**」という二つの敬語は、「**気**」中心の世界観（*Weltanschauung*）から見ると、分けることができません。それゆえこの二つの敬語の考察は、日本人の**自分**としての「私」を理解するうえで必須なものとなります。**尊敬**という日本人の概念は恐怖あるいは**畏敬**に基づく情感で始まると言われます。「**れる**」や「**られる**」はいずれも「敬語」として古代から使用されてきましたが、そうした語は「**いのち**」または力ある者・「**ち**」という「いぶき」（**気**）がより多くある者として、威力ある者や優越した人に恐れを抱くという意味での尊敬をあらわす敬語です。敬語はこうして自然界の出来事と同じく威力あるもの・優越した人をその好むままにさせることによって、それらから距離を保つためにも使われてきたのです。付言すれば、「**れる**」「**られる**」はともに、自発・可能・受け身を示す助詞としての働きがある接尾語としても使われてきました。[22] 語源的には「**れる**」「**られる**」はともに自動詞「**生**《あ》**る**」から派生したと想定されていて、ある状況とか事柄・事件・出来事が「生まれる」ことを意味するのです。よって「**れる**」「**られる**」は、本来的には自発を示す**おのずから**なる状況や出来事を、いのちの自発的・自然的な流れである「**無為**」、すなわち人為・努力に寄らないで、事をあるがままの自然な発生・展開の過程に任せるということを示しています。

さらに「自発」なる発生、人為によらない自然なる展開過程は「可能」ということでもあり、それは**おのずから**出てくる可能性とか、あるがままである・あるがままになる可能性であって、いずれも自然の成り行きがそのように「することができる」ということをも含んでいます。現代日本語では「することができる」という言葉が使われていますが、「**できる**」は元は「**でくる**」で、「**でくる**」は元は「**でてくる**」を意味する「**いでくる**」です。強調されていることは「自然」の成り行きでものごとが人為によらず、その**おのずから**なる展開をすることで、日本語の諺《ことわざ》では「人事を尽くして天命を待つ」と表現されています。端的に言えば、われわれの**いのち**は自我の自覚の外に流れているということなのです。こうして「**れる**」「**られる**」という言葉はいずれも受け身をも示していて、それは自らが関与していなくても、さまざまな状況や活動を受けていることにおいて、受動的に巻き込まれるということです。自分としての日本人の状況的「私」は、間違いなく人間と自然とを同一の過程とする「**いのち**」、すなわち「**気**」中心の世界観（*Weltanschauung*）に関係しているのです。

# 第4節

ユングが提示する「人間にとっての決定的な問い」すなわち「人類は永遠なるものと関係を持っているかどうか」という問いがここに改めて浮上してきます。私の理解では「自己実現」（Self-realization）、本来的自己となること *Verselbstung* そして自己《セルフ》がみずからを実現しようとする内在的傾向（*Selbstverwirklichung*）は、「**気**」中心の宇宙において今・ここで・現に事実として働いている現実（*die Wirklichkeit*）であり得るのです。では、どうすれば自由自在に**みずから**として**おのずから**機能する**自分**、あるいは**全分の自分**としての「私」になることができるのでしょうか？　仙厓の柳、そして千手観音の千の腕はこの「現実」の当処《とうしょ》 *Wirklichkeit*（働いていること）を語っているのです。どのようにすればこの「現実」の当処の実現が可能となるのでしょうか？　この質問には俳聖《はいせい》芭蕉（一六四四－一六九四）の臨終時における有名な場面を私に思い出させます。

芭蕉が五十一歳で死が近づいてきたとき、「旅に病んで　夢は枯野を　かけ廻る」という俳句を作りました[23]。芭蕉の弟子が芭蕉に「これは辞世《じせい》の句と心得たらよいか」と聞いたところ、芭蕉は「これは辞世というわけでもなく、辞世でないわけでもない。生涯の間に作った句は、一つ一つが辞世である」と答えたそうです[24]。

芭蕉自身、憑《つ》かれたように旅を続けたと言っています。しかし、彼は仙人でもなければ世捨て人でもありませんでした。むしろ彼は人生を深く愛していました。愛すれば愛するほど、ますます死においてその人生を生き続けるのです。旅にあっての芭蕉には、旅の一歩一歩が死の影に覆《おお》われており、それゆえその一瞬一瞬が彼の全存在「**いのち**」をかけて生きられる究極そのものになったに違いありません。このように芭蕉は、一瞬一瞬をこの上なく美しいものとして、すなわち永遠の生命「**いのち**」そのものの顕現《けんげん》として経験したのに違いありません。そうならば芭蕉にとっては、彼が弟子に語ったように、彼の生きている間に作った俳句は、そのいずれもが辞世の俳句であったに違いありません。

芭蕉は人生の旅における彼自身の究極の関心、すなわち死の当処《とうしょ》において生きている態度を語っていると私は確信します。芭蕉は、死または死んでいくということは、人生の一部であり、生きることと切り離せないということを示しています。芭蕉にとっての俳句は、全人として今・現にここにある自己・全分の「**いのち**」を生きる道なのです。このことは彼の有名な句「やがて死ぬ　けしきは見えず　蝉《せみ》の声」にも見ることができます。鈴木大拙師はこの俳句を“Of an approaching death / Showing no signs / The cicada's droning.”と英訳しています。この俳句について、鈴木大拙師は次のようにコメントしています。「……茲《ここ》に完全にして己に足り世に足りる蝉がいるのだ。……啼《な》ける間は生きていて、生きている間は永久の命だ。無常を思い煩《わずら》って何の益があろう[25]」。

啼くということに全存在をかけている短命な虫は、芭蕉の**いのち**の外的表現であり、俳人を深く感動させたに違いありません。芭蕉は永遠の生命・**いのち**・自己《セルフ》の現成《げんじょう》を、短命な生き物が啼いていることに感じ、その感動をこの俳句に、あるいは彼の創作したいかなる俳句においても巧みにあらわしたのです。この考えから見れば、彼が作ったいかなる俳句もそのすべてが辞世の句であったに違いありません。

Self-realization, *Verselbstung* あるいは *Selbstverwirklichung* としての自分が、永遠なるものとの関連において生活しているという自我の目覚めは普遍的に見られ、特に宗教的な人々・芸術家・運動選手などにはよく知られています。仏教のクラスにいた学生との会話を私は今もはっきりと覚えています。彼は、優れた水泳選手でオリンピックの水泳チームの一員にもう少しで選ばれるところでした。その彼がある日、私の研究室に来て自分の最高新記録を達成した時の体験を話してくれたのです。彼は仏教の「**無我**（anatman）」の教えに関連してその体験を話してくれました。「（その時）私は、水と自分の身体の間にある一枚の薄紙の上を滑っているように、自然に何の造作もなく泳いでいました。これは「**無我**」の体験、すなわち自我を否定するのではなく、自我が何かより大きな、より強力な何か（Atman＝いのち）とともに働いている**無我**の体験であったに違いないと思います」。彼の自然に任せた、意識的努力から離れた努力は、ユングの“Verselbstung”あるいは“Selbstverwirklichung”として理解することが可能です。すなわち自我の機能が、「**いのち**」「**息**」（気）あるいは自己の自発的で自然な働きと一緒に動いているということです。

無常（anitya）ということは内的なるもの・外的なるものにかかわらず、いかなる現象（dharma）にあっても否定することはできません。外的世界の現象ばかりでなく、われわれの心理的働きに関係する内的現実・心・サイキ（the psyche）における現実、すなわち概念・感情・イメージは、永遠に固定されるものでは決してありません。われわれの生活は、肉体的・心理的・精神的なものですが、それは絶えざる変容に直面していて、常なるものではありません。生命は、時間と空間という範疇《はんちゅう》にあるものとして、自我によって捉えられ閉じ込められるものではありません。われわれの生命は創造的であり、われわれの意識もまた創造的なものなのです。しかし、この現象的に変化する世界こそは「**ち**」の顕現《けんげん》、すなわち威力的であるもの・聖なるもの・現にあるもの、そして存在そのものの顕現の世界以外の何ものでもないのです。自分が存在するということは、より深く「おのずから」としての自分自身になることであり、永遠なるものすなわち今ここに顕現している「**ち**」をますます具体化することを意味します。禅では、仙厓の柳のイメージが示すように、**自分**としての「私」について「日中の宝石、定色なし」[*7]（日光の受け方・当たり方によって宝石は多種多様の色に輝く）と言います。孔子は『論語』の中で「五十にして天命を知る」と言ったと伝えられています。[26] より「おのずから」としての自分自身になるという私の探求は、五十年目にはどのようなものになるのだろうかと思うのです。

原注

1 C. G. Jung, Memories, Dreams, Reflections. Recorded and edited by Aniela Jaffé. Translated from the German by Richard and Clare Winston (New York: Pantheon Books, 1961), p.325. 邦訳は、河合隼雄・藤縄昭・出井淑子訳『ユング自伝——思い出・夢・思想』二、みすず書房、一九七三年。

2 森本哲朗『日本語——表と裏』、新潮社、一九八五年、九一頁。

3 大野晋他編『岩波古語辞典』、岩波書店、一九七四年、三三五頁a。

4 同上、一二二頁c。

5 同上、八四〇頁c。

6 C. G. Jung, "Psychology of the Transference," in The Practice of Psychotherapy: CW. vol.16, par. 366. 林道義・磯上恵子訳『転移の心理学』、みすず書房、一九九四年。

7 C. G. Jung, "Individual Dream Symbolism in Relation to Alchemy," in Psychology and Alchemy: CW. vol.12, par. 44.

8 C. G. Jung, "Definitions," in Psychological Types: CW. vol.6, par. 828. 林道義訳『タイプ論』、みすず書房、一九八七年。

9　C. G. Jung, "Transformation Symbolism in the Mass," in Psychology and Religion: West and East: CW. vol.11, par. 391.「ミサにおける転換象徴」、村本詔司訳『心理学と宗教』、人文書院、一九八九年。

10　C. G. Jung, Two Essays on Analytical Psychology: CW. vol.7, par. 266.

11　C. G. Jung, Memories, Dreams, Reflections. p.324. ユングの二つの夢とその評論については、前掲書、pp.322-325を参照。

12　サンスクリットの"maya"という言葉は、一般的に"world of illusion"（幻想世界）を意味すると捉えられている。しかし、オックスフォード大学東洋宗教倫理のスポルディング教授と故R.C.Zaehnerは、この理解は「不運なこと」であるとして、バガヴァッド・ギータ（Bhagavad-Gita）四に現れるサンスクリット語のatma-mayayaについての詳細なコメントで、それを"by my [vishunu's] creative energy（私［ヴィシュヌ］の創造的エネルギー）"と翻訳している。「…mayaという言葉は、"world of illusion"という意味で英語に実用的に取り入れられている。これは不運なことで、最初にして最も偉大なインドの一元論者であるシャンカラ（Sankara）にとっても、mayaは第二のない一なるものである絶対現実［Brahman ブラフマン］の観点からの幻想を意味するに過ぎない。経験的には、それは現実なのである。」（The Bhagavad-Gita: With a Commentary Based on the Original Sources: Oxford University Press, London, New York, 1969, p.183.）

13　ユングは、彼の多くの著作の中でWirklichkeitとしての現実を"that which works"（働いているそのもの）として語っている。"empirically real"（体験的現実）としてのmayaについての我々の議論を考える場合、次の引用は適切なものである。「ヨーロッパ人がインドで最初に注目したのは、自分がどこにでも見る外見的な形態のものである。しかし、それはインド人が見るようなインドではない。それはインド人の現実ではない。現実とは、ドイツ語の"Wirklichkeit"が意味しているように、**働いている**そのもの自体なのである。我々にとって、働いている現実そのもの自体の本質は、現象世界である。しかしインド人にとっては、それは魂（soul）［atman/Brahman アートマン／ブラフマン］である。世界はインド人にとって、単なる見せ物または見かけだけのものであり、その現実は、我々ならば夢とでも呼ぶであろうところの存在に近い。」（"The Psychology of Eastern Meditation." in Psychology and Religion: West and East: CW. vol.11, par. 910. 強調はユングのもの）

14　C. G. Jung, "On the Liberation Book of the Great Liberation." Ibid. : CW. vol.11, par.769.

15　Mokusen Miyuki, "A Reflection of my Thirtieth Year in the West." in J. Marvin Spiegelman and Mokusen Miyuki, Buddhism and Jungian Psychology (Phoenix, Arizona: Falcon Press, 1985), pp. 15. 邦訳は、「西洋での三十年間を過ごして」、森文彦訳『仏教とユング心理学』、春秋社、一九八五年、所収。

16　心理的永遠性という自己に関してのユングの考えに沿って言えば、私は永遠性に繋がっている状況適応的自我という考えのもとで、自己という言葉に変えて私自身（my Self）という言葉を使いたい。つまり、「より私自身になる」という表現は、ユングがドイツ語で言う Verselbstung または Selbstverwirklichung すなわち〝自己実現（Self-realization）〟としての個性化の仮説と一致する。

17　C. G. Jung, "Transformation Symbolism in the Mass," in Psychology and Religion: West and East: CW. vol.11, par. 400. 邦訳は、村本詔司訳『心理学と宗教』ユングコレクション三、人文書院、一九八九年、所収。

18　John Dewey の "problematic situation"（問題のある状況）としての dukhha（苦）についての私の理解は、スミス教授（Huston Smith）の dukhha についての "naturalistic"（自然主義的）な説明によって支持される。彼は「出くわした状態において、人生がちぐはぐになっている。どこかに支障がある人生が、継ぎ目からほどけている」と述べている（Huston Smith, The Religious Man. Harper and Row, New York, 1958, p.112.）。また筆者の "Living with Duhkha." Buddhism and Jungian Psychology: pp.117-125 前掲書「苦と共に生きる」参照。

19　Elizabeth Freivogel-Steeffen, tr., Kreisen des Lichtes: Die Erfahrung der Goldenen Blute: Otto Wilhelm Barth Verlag, Weiheim/OBB 1972. A paperback edition, 1984.
ポルトガル語訳：Margrit Martincic, and Daniel Cammrinha, Da Silva, tr. A doutrina du Flor de Ouro: Eiditora Pensamento, Sao Paulo, 1984.

20　印像（mudra）と合掌（anjali）については、中村元他共編著『岩波仏教辞典』、岩波書店、一九八九年。「印像」八四頁、「合掌」一二四頁。

21　Nancy Wilson Ross, The World of Zen: Vintage Books, New York, 1960, p.140.

22　大野晋他共編『岩波古語辞典』、一四二九－一四三〇頁。

23　岩見護『日本芸道と仏教のこころ』(Japanese Way of Arts and the Heart of Buddhism)、永田文昌堂、一九五八年、四四頁（英訳は筆者）。

24　同上、四六頁。

25　D. T. Suzuki, Zen and Japanese Culture. Princeton University Press, Princeton, 1970. p.252. 邦訳は、鈴木大拙、北川桃雄訳『禅と日本文化』、岩波書店、一九四〇年、一八二－一八三頁。

26　Wing-tsit Chang, translated and compiled, A Source Book in Chinese Philosophy. (Princeton: Princeton University Press, 1963), p.22.

編者注

1　状況適応的自我：原語は“contextually functioning ego”もしくは“contextual ego”など。
2　自立実体的自我：原語は“reified ego”もしくは“entity ego”など。
3　アプリオリ：先験的。「経験に先立って」存在する。
4　二つの夢、「魔法のランプ」「ヨガの瞑想」：河合隼雄・藤縄昭・出井淑子訳『ユング自伝――思い出・夢・思想』二、みすず書房、一九七三年、一六八頁以下を参照。また本書所収、第10章「自我機能の文化的基盤」を参照。
5　幻化：サンスクリット語のmayaに対応する漢訳仏教経典での訳語。英語ではillusionとされる。
6　仙厓のこの絵は、本書第12章を参照。
7　「日中の宝石、定色なし」：中国宋時代の禅公案集「従容録」第十八則「趙州狗子」に見える。

# 第10章　自我機能の文化的基盤

C・G・ユングは、そのアイデンティティが自己《セルフ》の中に根づいている人のみが集合的な人間の病を癒すことができると主張している。ユングの意味するところを考察しつつ、私は、西洋人が集合的なるものと意味のある関係をもつうえでの自我の「女性的」機能を開発することが重要であると主張したい。自己《セルフ》の東洋での象徴と西洋での象徴を対比することによって、自我の男性的機能モードと女性的機能モード、およびそれぞれの価値について考察できるのである。

ユングは「多数と対比するとき個人には価値がないというのが、普遍的に、また全員一致で同意されている一つの信念である」という問題を指摘している。[1] ユングはさらにこの態度が破壊的であるのは、それが精神的および道徳的な喪失へと導くからであると指摘している。というのは、「個人が集団の中では道徳的にも精神的にも劣ったものになるというのが、群集心理の基本的な公理」であるからである。[2] この困った状況に対処するための方策として、ユングは個人の価値を強調する。ユングは「その個性が集団のそれ自体と同じ程度にまで十分に組織化された人間だけが、原初的な集合性に抵抗することができる」と述べている。[3]

私の理解するところによれば、「個性が十分に組織化された人間」という表現でユングが意味しているのは、E・エディンガーの言葉を借りると、「個性化しつつある自我」(the individuating ego) である。個性化しつつある自我とは、自我すなわち意識の中心が、自己《セルフ》と対決する弁証法的プロセスの中に深くかかわっていることである。ここで自己《セルフ》は「意識と無意識両方の中心であり、かつその両方を包み込む全体である」。[4] 自我と自己《セルフ》との間の弁証法的プロセス――ユングはこのプロセスを個性化と呼んだ――が始まると、活性化された自己《セルフ》は、こころの暗い側面、つまり無意識を統合するという仕事を、容赦なく自我に課するのである。個性化しつつある自我は、無意識の脅迫的な力によって危険な状態になる。エディンガーはこれを苦しむ英雄としてのキリストになぞらえている。ユングはこの状況について、「自己《セルフ》の元型が支配するとき、葛藤状態に入ることが避けられない……そして人が十全なるものになるためには、彼の（自我の）意図とは正反対のものによって苦しまざるを得ない」と述べている。[5]

エディンガーは『自我と元型』Ego and Archetype において、キリストを「個性化する自我のパラダイム」であるとしている。[6] しかし、ユング自身は道教における「黄金の華」という宗教的シンボルについても考察しており、苦難と対決する英雄像が個性化する自我の普遍的イメージであるかどうかについて疑問を投げている。道教の錬金術的基本文献である『黄金の華の秘密』へのコメンタリーにおいて、ユングは東洋と西洋の宗教的象徴の間の大きな違いを指摘している。

パウロ的なキリストの象徴において、西と東の最高の宗教体験は互いにふれ合うのである。悲しみに満ちた英雄キリストと、宝玉の真紅の広間に咲く黄金の華――これはまた何という対照であろうか！　想像も及ばないほどのちがい、お互いの歴史をへだてる深淵は何と大きいことか。これこそまさに、将来の心理学者たちが取り組むべき重大な課題である。[7]

キリストも黄金の華も自己《セルフ》のシンボルである。上記引用においてユングは、宗教的象徴におけるこの対比、無限ともいえる相違をどのように理解すればよいのか、という疑問を提出しているのである。

東洋と西洋の間の宗教的シンボルの違いは、自己《セルフ》との関係における自我の機能の違いとして理解することができる。自己《セルフ》への自我の反応がキリストという象徴に反映されている場合、それは「男性的」な機能として特徴づけることができる。キリストは苦しむ「英雄」すなわち運命と対決するものとイメージされているからである。これに対して、花咲く黄金の華によって意味されているのは、宇宙的な調和と平和である。花は母なる自然に対して開かれており、受容的である。この意味において、この場合の自我機能は「女性的」ということができる。

「黄金の華の秘密：研究と翻訳」という論文において私は、農業主体の中国と、遊牧主体の西洋という生活様式の違いを対比させることによって、自我機能の東洋的あり方と西洋的あり方の違いを論じた。また私は、道教的な復帰（return）の教義と西洋的な救済の教義に関連してこの問題を考察した。[8] 私の基本的な仮説は、自我が自己《セルフ》からの要求に対して対応する方法は東洋と西洋、それぞれにおいて自我が置かれている社会的・歴史的文脈によって必然的に条件づけられているということであった。自我は現実原則として機能するのであるし、したがって、既存の状況に適応するからである。それゆえ、宗教的象徴は、自己《セルフ》との関係において自我が機能する異なった方法の結果であると考えることができる。自我の機能は東洋と西洋それぞれの文化的状況によって引き起こされ、条件づけられるからである。

キリスト教における救済は、時間と空間の外にあってそれらを超越する父なる神の手の中にある。この男性的な神のイメージは、ユダヤ・キリスト教的な伝統の母体であるところの、遊牧民的な文化の表現として理解することができる。心理学的に見るならば、遊牧民的生活における自我は、自然と仲間の人間の両方と対決して生きるために、独立し、責任をもち、意思決定する能力がなければならない。遊牧民的文化においては、意識の力強さ、安定性、明確さが必要であることは明らかであり、個性的であることが高く評価される。このようにして、個人は神と個人的な関係に入る用意ができていなければならない。したがって、遊牧民的文化においては、自我は男性的に機能し、神と他者に対応する際、その個性と責任を主張することが適切なことなのである。活性化された自己《セルフ》に直面するとき、自我は男性的に対決するのであり、それが「悲しみの英雄」たるキリスト、つまり「個性化する自我のパラダイム」によって象徴されるのである。

遊牧民的、キリスト教的西洋とは対照的に中国は伝統的に肥沃な黄河の流域を中心とした農民的文化である。人間を含めたすべての生き物は母なる大地から生まれ、そこへ帰っていく植物的な循環的パターンが特徴的である。「その根に復帰する」という道教の考え方は農耕民族の基本的なリズム感の表現である。[9] 母なる大地のイメージと父なる神のイメージの違いは、印象的である。母のイメージは生命を与え育むものであり、外部にある超越的な裁判官ではない。母なる大地の胸に抱かれることによって人々は、世代から世代へと同じ場所で平和な生活を続けることができるのである。

農耕生活において高く評価されるのは、独立と個性ではなく、関係と調和である。自我の力、安定性、明確さは、受容性と人間関係の適切さについての強い感覚との関連において評価されるのである。したがって、調和的な共同体生活を作り出すためには、こころの「女性的な」はたらきがもっとも重要になるのである。活性化した自己《セルフ》と直面するとき、それ自身を実現し、黄金の華を産みだしたいという自己《セルフ》の欲求と調和をとり、それを助けるように、農耕社会での自我は女性的に機能することが適切なのである。

文化によって自我の機能するモードが異なるという観点は、文化ごとの宗教的象徴に見られるばかりでなく、夢にも表現される。つまり自己《セルフ》元型に直面するさい自我機能が「男性的」態度をとるか「女性的」態度をとるかは、異なった文化の中で育った個人の夢にも見て取ることができる。この点を説明するために、C・G・ユングの二つの夢と、荘子の夢を取り上げよう。キリストや黄金の華という宗教的象徴と同じく、これら三つの夢は、自己《セルフ》に直面したときの自我の男性的はたらきと女性的はたらきを表現していると理解することができる。重要なのはこれらの夢は、意識的生活が、英雄としてのキリストであろうと美しい黄金の華であろうと、何かしら永遠なるものすなわち自己《セルフ》と関係づけられていることの必要性を指し示していることなのである。

ユングは彼の自伝の中で、以下に引用する二つの夢を提示するに先立ち、次のように述べている。「永遠の人、自己《セルフ》と、時空の世界における地上の人との関係についての困難な問題は、次の私のふたつの夢に示されている」[10]。最初の夢はユングが一九五八年十月に見たものであるが、その中でユングは自分の存在が二つのUFOによって投影されたものであることを経験しているのである。

私は驚きの感情とともに目覚めた。半分夢の中で、ある考えが頭にひらめいた。すなわち、「われわれは空飛ぶ円盤がわれわれの投影であるといつも考えている。しかし、今や、われわれが彼らの投影となったのだ。私は魔法の幻灯から、C・G・ユングとして投影されている。しかし、誰がその機械を操作しているのか」と。[11]

第二の夢は、一九四四年、ユングが重い病気の後に見たものであるが、その中でユングは自分自身の顔をもつヨガ行者としての自己《セルフ》に出会うという恐ろしい経験をしているのである。

……私の方に向かってひとりのヨガ行者が結跏趺坐《けっかふざ》し、深い瞑想にふけっているのを見た。近づいてよく見ると、彼が私の顔をしていることに気がついた。私は深いおそれのためにはっとして目覚め、考えた。「ああ、彼が私について黙想《もくそう》している人間だ。彼は夢をみ、私は彼の夢なのだ。」彼が目覚めるとき、私は此の世に存在しなくなるのだと私には解っていた。[12]

ユングによれば、この「ヨガ行者の像は、私の無意識の出生前の全体性を示すものであり、夢の場合によく生じることだが、心の中の〝極東〟すなわち私自身に対立し、疎遠な心の状態を示している」[13]。無意識的全体性すなわち「自己《セルフ》は三次元の存在に入るために、人間の形態を装う。そのことは海中に潜るために潜水服を着るようなものである」[14]。

ユングの夢は、それが自己《セルフ》を受容するのではなく、むしろ「対決」しているという意味で、自己《セルフ》への「男性的」対応を見せているということができる。遊牧民的自我は自己《セルフ》に対決するさいに、その個性を主張するのである。自我が自己《セルフ》に出会うとき、必然的に葛藤が生じる。ユングを「驚きの感情とともに」、また「深いおそれのためにはっとして」目覚めさせたのは、この葛藤である。ＵＦＯからの投影を引き戻したとき、あるいはヨガ行者が目覚めたときには、あきらかにユングの自我はもはや存在しなくなるのである。

ユングのヨガ行者の夢を、有名な道教の思想家荘子の夢と、自我の男性的、女性的はたらきの観点から比較することは非常に興味深い。「荘子」から引用する。

いつか荘周《そうしゅう》は、夢の中で胡蝶《こちょう》になっていた。そのとき私は喜々として胡蝶そのものであった。ただ楽しいばかりで、心ゆくままに飛びまわっていた。そして自分が荘周であることに気づかなかった。ところが、突然目がさめてみると、まぎれもなく荘周そのものであった。いったい、荘周が胡蝶の夢を見ていたのか、それとも胡蝶が荘周の夢を見ていたのか、私にはわからない。けれども荘周と胡蝶では、確かに区別があるはずである。それにもかかわらず、その区別がつかないのは、なぜだろうか。ほかでもない、これが物の変化というものだからである。[15]

明らかに荘子は夢から醒めたとき、驚いてもいないし、恐れてもいない。ユングの「狩猟民的」自我とは異なり、この夢において荘子の「農耕民的」自我は自己《セルフ》と対決しないし、その個性を主張することもないのである。変容を経験した蝶は無意識的全体性、自己《セルフ》の象徴的表現と考えることができる。したがって、荘子の夢は自己《セルフ》と直面するときの自我の女性的はたらきを示していると考えることができる。――ここで女性的とは、無意識によって提示されるもの――それが荘子であろうと蝶であろうと――に対して受容的であることを意味する。荘子の言葉を借りると、「物の変化」（物化）は受け入れられ、享受されるのである。

荘子の夢は彼の「万物斉同《ばんぶつせいどう》」の哲学を拡充するものである。荘子はこの夢を「斉物論篇《せいぶつろんへん》」の最後に置いている。それはあたかも、荘子の哲学の本質を含んでいると考えられるこの章の結論であるかのようである。「万物斉同」の一つの側面は、すべてを道《タオ》つまり自己《セルフ》、すべての対立物のパラドキシカルな統一の観点から見ることである。荘子は彼の夢を引用しつつ、この哲学を「彼は是より出で、是は亦彼に因る」説、すなわち「方生《ほうせい》の説」（すべてのものは互いに依存し合ってのみ存在する）という。[16]「荘子」によれば、

物は彼《か》れに非ざるは無く、物は是《こ》れに非ざるは無し。彼れよりすれば、則ち見えざるも、自ら知れば、則ち之を知る。故に曰わく、彼れは是れより出で、是れは亦彼れに因ると。[17]

方生の説、つまり相互依存性は、調和、関係性、協力の重要性を強調する農耕生活とメンタリティの表現と見ることができる。この観点に立てば、すべての対立物は、それぞれのはたらきが全体の一部となっているものと考えられるのである。荘子の死は蝶の生であり、荘子の生は蝶の死であるが、それらはともに「方生」（相互依存性）のダイナミックな全体の部分として受け入れられるのである。荘子と蝶はともに「これ」と「あれ」として、相互に条件づけられているのである。

受容的であるという意味での自我の女性的はたらきを受動性や無感動な諦めと混同してはならない。[18]これは蝶としての荘子と、荘子としての蝶の間に何らかの区別があるということで、荘子が明らかにしようとしている第二の点である。「何らかの区別」を意味する中国語は「分 fen」であり、これは文脈によって「部分」「区分」「境界」などを意味する。実際、バートン・ワトソンは fen を区分（division）、「機能」（function）、「次元」（dimension）、

「割り当てられたもの」(what has been allotted) などと、場合によって訳し分けている。つまり、すべての対立物は、ダイナミックな全体の中で、"fen" つまりそれぞれの役割を与えられているのである。したがって「分」"fen" とは時／場合、場／状況、能力／地位をあらわすのに適切な表現なのである。「割り当てられたもの」とは、道《タオ》のパラドキシカルな全体性、対立物の合同、すなわちユングのいう自己《セルフ》に道教で相当するものから切り離すことは決してできないのである。したがって、個人が道《タオ》と調和して機能することが理想なのである。満開になった黄金の華は、その人の分が道《タオ》と調和してはたらく個人を表現したものなのである。黄金の華を咲かせるためには、女性的にはたらく自我が状況をそのままに認識し、それを受け入れ、耐えるのである。この態度が、農耕民的な中国の環境においては本質的に重要とみなされているのである。

しかし自我が、活性化された自己《セルフ》に対して、女性的なやりかたで直面するとき、悲しみや苦しみがないというのではない。また、無意識の力の脅迫に対して自我が男性的なスタイルで対決するときに、平和と調和が存在しないというのでもない。「悲しみに満ちた英雄」たるキリストが、死を征服した勝利者であり、平和と至福に満ちた永遠の命の可能性を人類にもたらしたことをわれわれは知っている。またわれわれは、黄金の華が、苦しみと悲しみと結びついたパーソナリティの暗黒面を表現するところの泥の中に、その根をもつことを知っているのである。

男性的に方向づけられた自我にとって、宗教の目的は、ユングの言葉を借りると、個人のたましいにとっての「悪からの解放、神との和解、来世での報い」である。[19] 皮肉なことであるが、ここに男性的自我にとっての危険性と困難がある。というのは、男性的自我の強調され過ぎた個性と独立は、自然的人間への対立としてはたらく場合があり、その結果、男性的自我が自然的人間のリズムに対して調子を合わせることが困難になる場合があるのだ。これとは対照的に、女性的自我にとっての危険性は、集合性の中にそのアイデンティティと個性を失うことである。ルーツと自然、つまり未分化な全体性に「帰る」ことや、調和のある人間関係を農耕民族的に強調し過ぎることによって、人間の尊厳の形而上学的な基盤を失ってしまいかねないのである。

したがって、「悲しみに満ちた英雄」としてのキリスト、および黄金の華という二つの象徴は、どちらも、葛藤する対立物から成り立っている自己《セルフ》の矛盾に満ちたパラドキシカルな全体性の、相互補償的および補完的な側面を示すものと理解されるのである。ユングが『黄金の華の秘密へのコメンタリー』において指摘しているように、これら二つの宗教的象徴の間には「深く測りがたい相違点」が存在する。しかし、そのどちらもが、それぞれの文化において、意味のある人生を送るためには、自我が自己《セルフ》と関係をもつことの必要性を示しているのである。

「個性化しつつある自我」のイメージは、ユニークな個性を追い求めている孤独な個人のイメージと混同してはならない。苦難の英雄としての「個性化しつつある自我」の観念は普遍的なものではないのである。差異と分離を強調する自我意識の立場から見ると、個性化しつつある自我はたしかに孤独な放浪者と見えるであろう。しかし、永遠の人間、つまり自己《セルフ》の視点から見ると、個性化しつつある自我はその根本が自己《セルフ》、永遠の生命に根差しているのであるから、自己《セルフ》のそれ自身を実現しようとする欲求によって動かされていると受けとめられるのである。このように理解することの古典的な格言は、聖パウロの有名な言葉である、「最早われ生くるにあらず、キリスト我が内に在りて生くるなり」（新約聖書ガラテヤ人への書、第二章二十節）。その根が、自己《セルフ》にあることを経験しつつある自我についての、このパウロ的な観点を拡充するものとして、ヴェーダーンタ哲学[*1]にあるアートマン（個人の自己《セルフ》）とブラフマン（宇宙的自己《セルフ》）との統合性、単一性を引用することができる。

その根が自己《セルフ》の中に根づいている個人についてのユングの考えを明確にするため、高名なユング派アナリストにして著述家であるバーバラ・ハナーが報告しているユングの言葉を引用しておこう。ハナーはこれを「もっとも印象的な出来事の一つ」と形容している。

一九五四年ごろ、彼（ユング）はチューリッヒ心理学クラブでの討論会に招かれ、席上、原子力戦争がおこると思うかどうか、また原子力戦争がおこるとしてどうなると考えるかと質問された。彼は次のように答えた。「それは、どれだけ多くの人々が、自分の中で対立物の間の緊張に耐えられるかに依存すると思います。もし十分な数の人々がそれに耐えられるならば、状況はもつでしょうし、われわれは数えきれないほどの危険性をなんとか避けてゆき、最悪の破滅、つまり原子力戦争という形での対立物の間の最終的な衝突を回避することができるでありましょう。しかし、もしそのような人の数が十分でなくて、戦争が勃発するならば、それはわれわれの文明の最後を意味することは避けられないでしょう。これまでも非常に多くの文明が、規模は小さいとはいえ、最後を迎えてきたのです[20]」。

ユングが「自分自身の内部にある対立物の間の緊張関係に耐えることのできる」個人についてどのように考えていたか。私の理解は、それが自我の女性的なはたらきを開発することの必要性を示しているということである。個人をして、与えられた状況を、たとえそれがいかに苦しいものであろうと、そこからの出口を発見するために、受容的な態度で受け入れ、耐えることを可能にするのは、こころの女性的なはたらきなのである。したがって、女性的方向づけは、個人が集合性との間に意味のある関係を見出すための鍵なのである。

その自我が自己《セルフ》の中に根をもっている個人のみが技術文明の病と大衆化社会の病を癒すことができるというのがユングの主張であった。このテーゼの重要性を検討する中で、私は、個人が集合的なるものとの間に意味のあるつながりを創造するためには、自我の女性的、受容的なはたらきを開発することの必要性を主張した。男性的に方向づけられた社会において、自我の男性的な機能を開発することは、個人にとっては生き延びるか否かの問題である。しかし、核戦争の危険性、生態系の危機の時代にあっては、多くの人々は自分が「無力で」「無価値で」「断片化された」と感じているのであって、自我の女性的機能を開発することは、人類全体が生き延びるために、もっとも重要なことなのである。ユングが個人の重要性について語るとき、彼は、女性的で受容的な方向性を開発することの必要性を示しているのである。

原注

1 C. G. Jung, The Undiscovered Self (Present and Future). CW. vol.10. (New York: Pantheon Books, 1957), par.524.
2 Ibid., par.536.
3 Ibid., par.540.
4 C. G. Jung, Psychology and Alchemy. CW. vol.12. (New York: Pantheon Books, 1944), par.44.
5 C. G. Jung, Aion. CW. vol.9 (2). (New York: Pantheon Books, 1951), par.123.
6 E. E. Edinger, Ego and archetype. (Baltimore, Maryland: Penguin Books, 1973) Chap.5.
7 C. G. Jung, Commentary on "The secret of the golden flower." CW. vol.10. (New York: Pantheon Books, 1929), par. 79.　和訳は湯浅泰雄・定方昭夫訳『黄金の華の秘密』、人文書院、一九八〇年による。
8 未公表論文（Zurich: C. G. Jung Institute, 1967), pp.40-42. E. Freivogel-Steffen によるドイツ語訳は、Kreisen des Lichtes: Die Erfahrung der Goldenen Blute (Weilhelm/OBB.: Otto Wilhelm Barth Verlag, 1972), pp.60-62. 参照。
9 「老子」第十六章「あらゆる生物はいかに茂り栄えていても、それらがはえた根元にもどってしまうのだ」（夫の物の芸芸たる、各々其の根に復帰す）とある。――英訳は、A.Waley, The way and its power. New York: Grove Press, 1948. ※日本語訳は、小川環樹訳注『老子』、中公文庫より（訳者）。
10 C. G. Jung, Memories, Dreams, Reflections. Recorded and edited by Aniela Jaffé. (Trans.) Richard, and Clara Winston. (New York: Pantheon Books, 1961), pp. 322-323. 河合隼雄・藤縄昭・出井淑子訳『ユング自伝――思い出・夢・思想』二、みすず書房、一九七三年。
11 Ibid., p. 325.

12　Ibid., p.323.
13　Ibid., p.324.
14　Ibid., p.323. ※ここまでユングの自伝からの引用文は、河合・藤縄・出井訳『ユング自伝──思い出・夢・思想』、みすず書房（訳者）。
15　Wing-tsit Chang, A source book in Chinese philosophy.（Princeton, New Jersey: Princeton University Press, 1963）, pp.190-191. 和訳は、森三樹三郎『荘子 内篇』、中公文庫、一九七四年、七六頁。
16　Ibid., pp.182-183.
17　Chuang, Tzu, Burton Watson. The Chuang-Tzu.（New York, London: Columbia University Press, 1964）, 和訳は、森三樹三郎『荘子内篇』、中公文庫、一九七四年。
18　ユング派の学者、著述家であるジョン・ペリー（John Perry）は、「中心への中国的な道」というカセットテープ化された講演において、「道教を理解するためのカギは、受容性の原理であるが、これを受動性・無感動な諦めと混同してはならない」と指摘している。（Los Angeles: C. G. Jung Institute, 1975）
19　C. G. Jung, The Undiscovered Self（Present and Future）. CW. vol.10.（New York: Pantheon Books, 1957）, par. 513.
20　B. Hannah, Jung, His Life and Work.（New York: G. P. Putnam's Sons, 1976）, p.129. 後藤佳珠、鳥山平三訳『評伝ユング──その生涯と業績』二、人文書院、一九八七年。

編者注
1　ヴェーダーンタ哲学：インド哲学の主流の一つ。ヴェーダとウパニシャッドに基づき、宇宙の本質であるブラフマンと自己の本質であるアートマンとの究極の同一性（梵我一如）を説く。

# V　二十一世紀の危機

# 第11章　混沌氏の術

まず初めに、C・A・マイヤー教授の八十歳の誕生日に際してこころからのお祝いを申し上げたい。マイヤー先生は、私が一九六四年から一九六八年までチューリッヒのユング研究所で学んだときの私のアナリストだった。また、私は一九六八年秋、チューリッヒからロサンゼルスに戻って以来、ずっとマイヤー先生との接触を続けてきた。臨床実践や、大学での講義をしているとき、私は常に先生の存在を感じてきた。そういうことから、「荒野と、現代人の魂の探索（Wilderness and the Search for the Soul of Modern Man）」と題されたマイヤー先生の論文へのレスポンスを書く機会を与えられたことを感謝している。これは個人的なレスポンスである。しかし、それはまた、マイヤー教授が論文の中で示している人間性への関心を共有するものであり、先生が明らかにしようと試みておられる論点を拡充するものである。その点で「普遍的」な問題を扱っていると、私は信じている。

「混沌氏の術」あるいは「カオス」は、荘子の中の説話の一つである。マイヤー教授の論文を読みながら、私には二つのイメージがつきまとってやまなかった。それはあたかも、その二つのイメージが「荒野は自然に等しい」という教授の主張に対応するかのようであった。その一つは混沌氏の技術を実行している老人のイメージであり、もう一つはニューヨーク市のど真ん中で自動車を運転している一匹の犬のイメージだった。

ニューヨーク市で車を運転している犬は、私がチューリッヒで資格候補生だったときの最初のアナリザンドだったHMの夢からのイメージである。当時HMは、知的に優れた大学生だったが、情緒的には「混乱」していた。彼は自分の自由な精神（freigeistig）を誇りにしていたが、一方では倦怠感、不安、落ち込み、そして自殺衝動に悩まされていた。彼は七回目の面接に、「原子爆弾」と題された詩と一緒に、次のような夢をもってきたのだが、そこには彼のこころの状況を見ることができる。

バーリ（熊という意味）という名の私の飼い犬がニューヨーク市の真ん中で自動車を運転している。人々はこの犬が運転できるほど頭がいいと思っている。しかし、自分はバーリが愚かであることを知っている。私は、自分の飼い犬を自慢したいので、運転する犬を面白がっている人々に本当のことをいうつもりはない。しかし、正直にいうと、人々に本当のことを隠しておくのはとても苦痛であった。これまでのところは事故を起こしてはいないが、犬の運転はとても危険であった。私は間もなく破滅的事態が来るだろうと考えている。（夢の終わり）

混沌氏の術の物語は、古代道教の哲学者で紀元前四世紀の人であると信じられている荘子によって伝えられている。この物語は「荘子」外編第十二天地篇にある。[1] バートン・ワトソンの訳によれば、次のようである。

子貢《しこう》が南方の楚《そ》の国に旅行をし、晋《しん》の国に帰ろうとして漢江《かんこう》の南にさしかかったとき、ひとりの老人に出会った。その老人は畑つくりをするために、坂道を掘って井戸の中にはいり、瓶に水をくみ、かかえて出ては畑にそそいでいる。ひどく労力ばかり多くて、しかもいっこうに仕事の能率があがらない。そこで子貢は老人に声をかけた。

「水をくみなさるなら、よい機械がありますよ。一日のうちに百ほどの畝《うね》に水をやることができ、労力はたいへん少なくて能率があがります。あなたは欲しいと思いませんか」

すると、畑つくりの老人は、顔を上げて子貢を見ながら答えた。

「そりゃ、いったい何だね」

「それは木を細工してつくった機械で、うしろが重く、前が軽いようにできています。これを使うと、まるで軽い物を引き出すように水をくみあげることができ、しかも速度がはやいので、あたりが洪水になるほどです。その名ははねつるべといいます」

すると、畑つくりの老人は、むっと腹をたてたようすであったが、やがて笑って答えた。

「わしは、わしの先生から聞いたことがある。機械をもつものには、必ず機械にたよる仕事がふえる。機械にたよる仕事がふえると、機械にたよる心が生まれる。もし、機械にたよる心が胸中にあると、自然のままの純白の美しさが失われる。純白の美しさが失われると、霊妙《れいみょう》な生命のはたらきも安定を失う。霊妙な生命のはたらきの安定を失ったものは、道から見離されてしまうものだ、と。

わしも、その機械のことなら知らないわけではないが、けがらわしいから使わないまでだよ」

これを聞いた子貢は、顔をまっかにして恥じ入り、下を向いたまま答えることばもなかった。(中略)

そのあと、子貢は魯《ろ》の国に帰り、孔子《こうし》に畑つくりの老人のことを話した。すると孔子はいった。

「その老人は、混沌《こんとん》氏の術をちょっとばかり生かじりした程度の人間だよ。その一を知って、二を知らない。心の内を治める道だけは知っているようだが、外の世界に処する道は、まったく心得ていないよ。

もし真に混沌氏の術を学びとって、一点のくもりもない澄みきった心のままに素の境地に入り、いっさいの人為をすてて朴の状態に帰り、自然のままの性や心を身にいだいたまま、世俗の世界に遊ぶものがあったとしたら、お前はもっとびっくりしたにちがいない。

それに混沌氏の術というのは、わしやお前の力では、とても理解できない、たいへんなものだよ」[*1]

ニューヨーク市で自動車を運転する犬のイメージと、混沌氏の術を行う老人のイメージは、無関係のように見えるけれども、両者の間には関連があるし、C・A・マイヤー教授の論点を拡充するものであると、私は考える。教授の論文の次の部分を読んだとき、私はHMの夢を思い出したのである。

われわれの祖先は、自然の危険な側面に対して非常に注意深かったし、謙虚な態度を持っていたのであるが、今やその危険な側面は外界においてはほとんど消え去ってしまったのである。しかし、それは内界に向かったのである（外部世界の荒野と内部世界の荒野は別物ではないのだ！）。したがって西洋社会の全体は、内的な危険性からだけでも、物理的および心理的な破断限界点に急速に近づきつつあるのだ。これは真剣な問題である。というのは、外部世界の荒野が消え去ってしまったならば、それは不可避的に内部から強力な形で再生してくるのであり、そのときそれは瞬時に投影されるのである。敵が作られ、敵は恐ろしい姿をもって、われわれがあの美しい秩序を無視してきたこと、尊重してこなかったこと、情け容赦なく介入してきたことに対して復讐するのである。[2]

上記引用におけるキー概念は投影という概念である。C・G・ユングによれば、投影とは「主観的な出来事を客体の中へ移し出すこと」を意味する。[3]しかし、これは無意識的なプロセスであるから、対象の中へ投影された主観的内容は意識されないままである。これは意思によって投影することは不可能であることを意味する。投影は個人もしくは集団において、ただ「起こる」のである。C・A・マイヤー教授は次のように指摘する。「……もし外部世界の荒野が消え去ってしまったならば、それは不可避的に内部から強力な形で再生してくるのであり、そのときそれは瞬時に投影されるのである」。したがって、ニューヨーク市内で無茶苦茶な運転をする犬は、HMのこころの中の荒野が投影されたものと考えることができる。HMの優れた知性が彼の心の危険なアンバランスを生ぜしめているのである。

ＨＭの「ワイルドな犬」のような、分析の中で現れる重要な夢イメージは、主観的レベルで理解することができる。この場合、夢見手は、彼の人生の文脈の中での同じような経験と結びついたそのほかのイメージや観念あるいは感情を使って、問題となっているイメージを拡充する努力を払うよう求められる。事実、ＨＭの分析はこの方向へと向かっていったのであった。彼は自分の生き方を、哲学にしろ宗教にしろ、旧式の価値観に束縛されない「自由な精神」であると誇りにしていたのであるが、それを再検討せざるを得なくなった。いうまでもなく、彼の知性をもってすれば、自分を「自由な精神」の持ち主であると考えることを正当化することはたやすいことであった。彼にとって、精神的自由を謳歌することは、意識的にも無意識的にも、自分の人生を不当にわたくしする自我の行いであるにほかならないことは明らかであった。彼の驕《おご》り（ヒューブリス）――つまり、すべてのものごとを自分のお気に入りの価値基準によって判断するという自我意識の驕《おご》りと視野の狭さ――の結果、彼自身の本質はひどく阻害され、彼は人生の無意味さと自殺衝動に悩まされるに至ったのである。ＨＭはＣ・Ａ・マイヤー教授が次のように述べているところの現代人の典型例とみなすことができよう。

……神経症はわれわれの時代の疫病となったのであり、現代人の傲慢さに対して与えられた罰なのである。……人間は、外的世界の中で行方不明になった結果、彼のたましいから疎外されており、したがって彼は自身の内的本質から疎外されているのである[4]」。

マイヤー教授の言葉によって、われわれは次のような重要な疑問に到達する。ＨＭの夢は、現代の集合的な神経症についても何事かを語っているのではないであろうか。ＨＭの傲慢さと神経症は、いわゆるテクノクラートが支配する現代社会の一般的状況と見ることができるのではないか。言い換えると、非常に知的な人物であるＨＭの夢を、主観的水準において、「こころ」の犠牲において「あたま」が過度に発達したことによる彼個人の神経症と理解してよいならば、それはまた、現代社会の病理というより広い文脈の中で客観的水準において理解することもできるのではないか。

興味あることには、この夢を報告したあと、HMは「原子爆弾」という題名の詩を取り出し、それについて話したいと述べたのである。これは私の予期していなかったことで、不思議に思った。この詩はかなり長いものであった。そのため最初の三分の一くらいしか検討することができなかった。その主題は、原子爆弾の爆発によってしか「癒す」ことのできないほど耐え難い人生の陳腐さであった。このイメージは悲観的であるばかりでなく、破壊的にも聞こえるかもしれない。しかし、HMが真に訴えたかったのは、ものの完全な破壊のあとでやって来る新しい生命と価値観の誕生であった。破壊的な「爆撃」がHMにとって肯定的な意味をもっていたことの決定的な理由は、第二次世界大戦中アメリカの空軍がチューリッヒの工場地帯を誤爆し、それの衝撃によってHMの母親が「破滅的な」ショックを受け、そのため、HMは予定日よりも二ヵ月の早産で生まれたことであった。この、爆撃と母親の恐怖によって自分が二ヵ月早く生まれたことについて、HMは何かしら肯定的なイメージをもっていたのである。しかし、今日の高度技術の時代にあっては、われわれは核戦争が勃発したあと、どのような希望が残されているかを真剣に自問しなければならない。核攻撃の応酬の結果、完全な破壊のあとにどのようないのちがあり得るであろうか。

テクノクラシーの首都たるニューヨーク市内で荒っぽい運転をする犬のイメージは、核の恐怖の問題の表現としてまことに適切であるように思われる。ワイルドな犬が自動車を運転する光景を喜んで見物している人々は、技術的人間の傲慢さのシンボルである。この夢の中の人々とは違って、HMは破滅的事態を恐れていた。主観的水準においては、無意識と接触をもとうと自我が努力することによって、意識内容がより豊かになり拡大することを示していると理解できる。言い換えれば、彼の自我は「こころ」を犠牲にすることによって「あたま」を過大に発展させることの問題点を意識し始めたのであり、このため、彼の自我は大多数の人々と距離を置き始めたのである。

ニューヨーク市内を運転する犬とそれを面白がって見物する人々のイメージによって、われわれはまた、客観的水準におけるもう一つの重大な問題に気づくのである。それはテクノクラート的人間の意識の性質の問題である。テクノクラート的人間の意識は、領土拡大を求める盲目的本能によって突き動かされ、生存欲と権力欲によって駆り立てられているという意味で、「ワイルドな犬」のイメージによって適切に象徴されているのではないであろうか？　マイヤー教授のいう現代人の傲慢さがこの犬の危険な運転と同じものであることは否定できないように思われる。この犬の「あたま」は肥大し、破滅的事態が近づいていることに気づかず、状況をコントロールできると誤解しているのである。マイヤー教授が指摘するように、無意識の中に消えていった荒野は、危険な状況を作り出しているのである。ロバート・リフトンや多くの人々はアウシュビッツと広島・長崎のあとでは、大量殺戮の犠牲になる可能性は人類共通のものであるばかりでなく、特に人間が原因となる危険性であると感じている。[5]

さらに悪いことに、巨大技術の複雑で人工的な構造についての「非現実感」が広まっている。多くの個人にとっては、このように非現実的で不透明な技術文明の世界に対決し、その中で生きることはあまりにも無意味なことであり、人々は自分たちが疎外され、断片化され、まったく統合されていないと感じているのである。アメリカの哲学者サム・キーン*2は、現代のホモ・ファーベル（homo faber ＝道具を作る人、哲学者ベルグソンの用語）は「統合失調症」を病み、「万能感と不能感の間を行きつ戻りつしている」と述べている。[6]　ＨＭの夢の中においても、犬の知性を信頼する人々と破滅を恐れるＨＭという両極端が示されているのであって、これもホモ・ファーベルの苦しみを表現しているのである。

核戦争の危機であれ、断片化され意味を失った人生であれ、現代社会の病理が人間の作ったものであることは明らかである。ここでの人間とはホモ・ファーベルのことであるが、マイヤー教授のいうように、計画し、コントロールし、操作する者としてのホモ・ファーベルのイメージは、聖書の創世記における人間のイメージにまで遡ることができる。神の似姿として造られたものとしてのホモ・ファーベルは、自分の目的のために計画し、コントロールし、操作することは神のご意思であると主張してきたのである。ホモ・ファーベルが遂行する「神聖な」任務は、一方では物質的な繁栄をもたらしたが、他方では内的および外的両面の意味における自然の収奪と破壊をもたらしたのである。かくして、ホモ・ファーベルは内的には精神的断片化、外的には生態系の危機と核による破滅の危険に直面している。マイヤー教授のいうように、ホモ・ファーベルがこころの内的リアリティに目を向け、人生の新しい方向づけをもたらすための新しい神話を探すべきときが来ているのである。混沌氏の術という道教の神話が扱っているのは、この問題なのである。

　畑を耕す老人は、ニューヨーク市内を運転する犬と同じ程度にばかげているように思われる。孔子によればこの老人は、「混沌氏の術をちょとばかり生かじりした程度の人間」なのである。それにもかかわらず、老人の言葉は子貢に大きな衝撃を与え、彼に自分の生き方を振り返らせたのであった。また孔子は仁（jen）によってタオ（道）を教え、こころの清らかさを養い、簡素な生活をすることの重要性を強調した。これが、荘子が孔子をして子貢に混沌氏の術を説明させた理由であるに違いない。この道教的要素を取り入れることによって、この物語は、儒教と道教に共通する基盤を明確にしているのである。

　ここで老人の言葉の意味するところを考えてみたい。畑を耕すためにもっとも苦労の多い方法を意識的に選択するという考え方は、C・A・マイヤー教授が「荒野と、現代人の魂の探索」の中で示しているところの、機械化された技術的世界がこころに与える悪影響に関する同じ結論を示しているのである。

　私の理解するところによれば、老農夫の言葉は、マイヤー教授のいうマクロ宇宙とミクロ宇宙の相関関係という考え方に基づいている。したがってそれは、マイヤー教授が「投影の効果とマクロ宇宙とミクロ宇宙の相関関係」を議論するときに使った「膠州の雨乞い師」を拡充するものである。*3

さらにいうと、これは計画する人、コントロールする人、操作する人としてのホモ・ファーベルの場合に見られるような自我の男性的機能とは対照的な、「自我の女性的機能」と呼ぶことのできるものを明らかにすることである。孔子が適切にも述べているように、自我の女性的機能は、混沌氏の術のように、術（art）なのであり、内的および外的な自然を癒すプロセスに関係している。これは雨乞い師の物語が示しているところである。

老人の言葉は、マイヤー教授のいう「人間による介入」の危険性を思い起こさせる。老子や荘子のような道家《どうか》が人為《じんい》のもつ危険な側面に対して批判的であったことはよく知られている。ユングは『黄金の華の秘密』の中で、道教の原理である無為について次のように述べている。

> ……時折生じたことであるが、ある患者がもやもやした可能性の中から成長して、自分自身を乗りこえてしまうといった例は、私にとって貴重な経験になった。その間に私が洞察することができたのは、人生の最大にして最も重要な問題というものは、根本的には、すべて解決することのできないものである、ということであった。こういう種類の問題は、あらゆる自己調節的システムには必ず内在する二元対立性を表現しているからである。それらは決して解決されるわけではなくて、ただ成長することによって超えてしまうだけなのである。……新しいものは外部からくることもあれば、内部からくることもある。**彼らはそれを受けいれ、それによって成長してゆくのであった。**……ただしこの新しいものは、全く外部からだけとか、全く内部からだけくるといった分け方はできない。……
>
> ところでこの人々は、みずからの解放をもたらす進歩を達成するために、何をしたのであろうか。私が見てとることのできた限りでは、彼らは何もしなかった（無為）のである。ただ、物事が生じてくるままにしておいたのであった。呂祖師がこの書で教えているところによれば、光は、日常の仕事を投げすてなくても

その固有の法則に従って回るからである。**物事を生じるがままにさせること、**行為することなくして行為すること、つまりマイスター・エックハルトのいう自己放下は、私にとって道に至る門を開くことのできる鍵になったのである。人は**心の中において物事が生ずるままにさせておくこと**ができるにちがいない。このことはわれわれにとって真の技術なのであるが、多くの人びとはそのことを知らない。彼らの場合、意識は常に助力したり、矯正したり、否定したりして、介入しようとし、どんな場合にも、魂の過程が単純に生成してくるのをそのままそっとしておくことができないからである。[7]（強調は引用者）

このコメンタリーにおいて、ユングはこころの内と外の両面において、ものごとの生じるに任せ、それ自身の成り行きに任せるという受動的態度の重要性を強調している。またユングは、この無為の態度を意識的介入の態度と対比している。受容と介入というこれら二つの態度は、ユングの内向と外向という概念と関係させて理解することも可能であろう。受容的態度の場合、心的エネルギーは「内部」（主体）に向けて流れる。介入の場合、それは「外部」（客体）に向かって流れるのである。しかし私は、これら二つの態度を自我の機能の面から、「女性的機能」と「男性的機能」と呼びたい。「雨乞い師」も老農夫も、ユングが知られざる可能性と呼んだものを意識している。自我意識は知られざる可能性に対して受容的になり、「女性的に」機能する場合もあれば、「男性的な」積極性をもって機能する場合もあるのである。中国の伝統的な言葉によれば、女性的機能は陰であり、男性的機能は陽である。陰も陽もタオ（道）の「対立物の一致（coincidentia oppositorum）」という働きのあらわれなのである。

「対立物の一致」としての、タオ（道）の機能は、易経《えききょう》の繋辞《けいじ》伝においてもっとも適切に定式化されていると思われる。繋辞上伝第五章には「一陰一陽之謂道」（一陰一陽するこれを道という）とある。リヒャルト・ヴィルヘルムによると、「暗（陰）として現れ、また明（陽）として現れるものはタオ（道）である」と訳されている。[8]

同じ部分はジェームズ・レッゲの訳では「不動と動の連続した動きがタオ（道）と呼ばれるものを構成する」とされている。[9] これらの訳に見られるように、タオ（道）の働きは、対立物の間のバランスを取ることによって、それらを結びつけるところにある。したがって、陽つまり男性的自我の働きが強すぎると、バランスが失われ、破壊がもたらされる。老農夫が畑を耕すため機械を使うことを拒否したことと、彼が子貢に語った言葉は、この恐れを示しているし、彼が自我の女性的機能を特に強調していたことを示している。

　いうまでもなく、正確な翻訳は非常に困難であり、ほとんど不可能である。特に中国語を英語などヨーロッパの言語に訳す場合、どのような学者がいかに努力しても難しいことである。したがって、「機械」「機械にたよる仕事（機事）」「機械にたよる心（機心）」などの言葉をB・ワトソンは“machine”“machine worries”“machine heart”と訳し、H・A・ガイルズは“cunning implements”（狡《ずる》い仕掛け）、“cunning in their dealings”（狡い行い）、“cunning in their hearts”（狡いこころ）と訳している。[10] かくして、自我の男性的機能の操作的な行いを示しているのである。人のこころ、つまり人間としての気遣い（human concern）は利益の上がる、生産性向上のために機械や装置を使うことで失われるのである。生産性向上は、成功、競争、所有と結びついており、自我の男性的な計画、コントロール、操作の行為はそれらに向けられるのである。このようにして、人間は人間らしい心配、気遣い、こころを失い、その結果、機械の心をもった機械に変えられてしまうのである。かくして彼は、こころの純粋性と単純さ——これらはタオ（道）すなわち陰陽の働きと一致するのである——を失うのである。

　したがって、こころの純粋性と単純性を失うことは、タオ（道）の働きとの接触を失うことなのである。繰り返すが、老農夫は次のようにいうのである。

　機械にたよる心が胸中にあると、自然のままの純白の美しさが失われる。純白の美しさが失われると、霊妙な生命のはたらきも安定を失う。霊妙な生命のはたらきの安定を失ったものは、道から見離されてしまうものだ。

H・A・ガイルズによると同じ部分は次のように訳されている。

こころの中に狭さを持つものは純粋にはなれないし、こころが腐敗せざるを得ない。こころが純粋でなく腐敗しているものは精神（spirit）が落ち着かない。精神が落ち着かないものはタオ（道）の乗り物として不適なのだ。[11]

ここで「霊妙な生命のはたらきも安定を失う」「精神が落ち着かない」などと訳されている中国語は「神生不定」である。これは文字通りには「神の誕生／出現が焦点を失う」という意味である。ここでのキーワードは「神」である。これは易経の繋辞伝では「陰陽不測之謂神」（陰陽測らざる之を神と謂う）と定義されている。[12] この神（shen）という言葉は通常は精神（spirit）と訳される。B・ワトソンもH・A・ガイルズもそう訳している。しかし、それが先に論じたような一陰一陽の意味でのタオ（道）の機能であることは明らかである。タオ（道）の機能の測りがたい深さについて、荘子は別のところで次のようにいう。「唯道は虚に集まる。虚とは心斎なり」（道はからのところに集まってくる。からであることこそこころの斎である）[13]（荘子内篇人間世《じんかんせい》篇第四）。したがって、中国語でいうところの「神生不定」とは、自我による計らいがおこり、したがってタオが出現しなくなるとき、タオの機能は不定となる（焦点が定まらなくなる）ということである。「荘子」の中には、人間による介入、つまり自我の男性的機能が過大になるときの危険性を示すよく知られた物語がある。そこでは混沌氏の死が語られているのである。（荘子内篇応帝王篇第七）

南海の帝を儵《しゅく》といい、北海の帝を忽《こつ》といい、中央の帝を混沌という。儵と忽があるとき混沌のところで出会った。混沌がこころからもてなしてくれたので、儵と忽は混沌の恩義に報いる相談をした。「ほかの人には誰にでも七つの穴があって、それで見たり聞いたり、食べたり息をしたりしているが、あの人にはそれがない。ひとつ穴をあけてみよう」。毎日一つずつ穴をあけていったところ、七日目に混沌は死んでしまった。[14]

著名なユング派アナリストのマリ＝ルイズ・フォン・フランツ（Marie=Louise von Franz）は、この物語は非常に意味深いという。なぜならそれは「工芸、技術、意識を過大評価するわれわれの文明の、あまり感心できない側面を映し出しているからである」[15]。ここでは儵《しゅく》（短さ）と忽《こつ》（素早さ）が、考えのなさ、突然であること、急がしさ、とめどなさ、予期しないこと、などの意味で、使われていることに注意しよう。これはホモ・ファーベルによる自然、技術あるいは政治の操作の危険性を表現しているのである。混沌とは生命の創造的母体としての無意識の象徴なのである。それは二人の皇帝（儵《しゅく》と忽《こつ》）によって表現される意識の介入によって殺されるのである。この破壊の神話は、核兵器による全面的破壊と生態学的危機によってわれわれが今日直面している恐ろしい状況を表現している。

四十年近く前、一九四六年のことであるが、ユングは核戦争の危険について深刻に警告している。

ドイツで勃発した戦争の災厄は普遍的な心的状況の結果であった。真の危険信号はドイツの上に漂っていた火災信号ではなく、原子力エネルギーが人類に自分自身を完全に滅ぼしてしまうだけの力を与えたのに、われわれが、原子力エネルギーの手綱を手放してしまったことである。この状況は六歳の男の子が誕生日のプレゼントにカバンいっぱいのダイナマイトをもらったようなものなのだ。[16]

ユングは「普遍的な心的状況の結果」について心配しているが、彼はそれを「誕生日のプレゼントにカバンいっぱいのダイナマイトをもらった六歳の男の子」に例えている。現代のホモ・ファーベルについてのこのイメージは、得意げにニューヨーク市内を運転する「ワイルドな犬」のイメージにも一致するし、無邪気な善意と感謝から「たまたま」混沌氏を殺してしまう二人の帝、儵と忽のイメージにも一致する。あの老農夫であれば、それが、ホモ・ファーベルが、自然に対する過度の介入と、タオ（道）とともに機能するはずのこころの純粋性と単純さを無視したことに対して、払わなければならない対価であるというであろう。したがって、ホモ・ファーベルにとっては、自我機能の女性的な働き方を開発することが非常に重要である。それは、男性的自我にとってはなんとなくナンセンスなことのように見えるかもしれないし、苦しい努力を必要とすることは確かであるのだが。

ここで私はユングについてもう一つの物語を思い出す。核の危険について警告してから八年ほど後のことであるが、ユングはチューリッヒ心理学クラブで、同じ主題についてもう一度講演した。ユング派アナリストにして著述家でもあるバーバラ・ハナーがその場面を記憶している。

一九五四年ごろ、彼（ユング）はチューリッヒ心理学クラブでの討論会に招かれ、席上、原子力戦争がおこると思うかどうか、また原子力戦争がおこるとしてどうなると考えるかと質問された。彼は次のように答えた。「それは、どれだけ多くの人々が、自分の中で対立物の間の緊張に耐えられるかに依存すると思います。もし十分な数の人々がそれに耐えられるならば、状況はもつでしょうし、われわれは数えきれないほどの危険性をなんとか避けてゆき、最悪の破滅、つまり原子力戦争という形での対立物の間の最終的な衝突を回避することができるでありましょう。しかし、もしそのような人の数が十分でなくて、戦争が勃発するならば、それがわれわれの文明の最後を意味することは避けられないでしょう。これまでも非常に多くの文明が、規模は小さいとはいえ、最後を迎えてきたのです」[17]。

ユングのいう「自分の中で対立物の間の緊張に耐えられる」個人とはその自我が、過度に発達した男性的自我に対抗して、女性的に機能し、測りしれないほど深いタオ（道）すなわち陰陽の働きがおこることを許すような人々である。男性的自我機能が「常に助力したり、矯正したり、否定したりして、介入しようとし、どんな場合にも、魂の過程が単純に生成してくるのをそのままそっとしておくことができない」のに対して、彼らの自我は「こころのなかでものごとが起こるに任せる」のである。[18]

「ものごとをおこるに任せる」こと、つまり道教の言葉でいえば無為《むい》は、自我の男性的機能——計画と介入——とは一致しない。したがって男性的自我は、タオ（道）が対立物の合一を求めるその求めに直面することを恐れるのである。この恐れをC・A・マイヤー教授は雨乞い師の言葉を借りて記述している。「わしがここに来たとき、この場所がおそろしくタオから離れていることにすぐ気づいたよ。ここにいるおかげで、わし自身も自然とタオから離れてしまった」。雨乞い師にとって、「タオから離れている」ことは、彼の存在と宇宙の全体的否定を意味したに違いない。それは彼を恐ろしく不安にしたので、彼は失われたタオを再建することを迫られたのである。かくて、雨乞い師はいう。「わしにできたことは、自分を取り戻すために、荒野（自然）のなかに引っ込んで、瞑想することだけだった」。マイヤー教授の指摘するように、「タオに戻る」という雨乞い師の仕事は「大仕事」であったに違いない。それでも、その仕事はなされなければならないものであった。というのは「タオから離れていること」は、マクロ・コスモスであろうとミクロ・コスモスであろうと、「宇宙から離れていること」であるからである。

タオに戻ることだけでなく、タオと接触することも困難な仕事である。これは混沌氏の術を実行する老農夫によって証明されている。彼はホモ・ファーベルの操作的男性自我の危険性に十分気づいていた。ホモ・ファーベルの傲慢さは人間を、こころを失った機械に変えてしまいかねないからである。雨乞い師と老農夫の行動は――一人は瞑想するため荒野に身を隠し、他方は荒野で農作業に精を出すのである――現代人にたましいを探す方法を示唆するであろう。われわれがテクノクラティックな機械の非人間的な動きの結果として自分自身を破壊してしまわないためには、われわれは自我の女性的機能を開発し、タオもしくは自己《セルフ》にそれ自身の道を歩むことを許さなければならない。マイヤー教授の論文を読みながら私に、ニューヨーク市を運転する犬と古代中国の農夫という一見すると何の関係もないイメージが浮かんできたのは、それらが、マイヤー教授が非常に深い洞察をもって解き明かしておられる「荒野と、現代人の魂の探索」というテーマを拡充するからであった。

原注

1 Chuan Tzu, The Complete Works of Chuan Tzu, trans. Burton Watson.（New York: Columbia University Press, 1968）, pp.134-136.
2 C. A. Meier, in A Testament to the Wilderness,（Zurich: Daimon Verlag, 1985）, p.6.
3 C. G. Jung, Psychological Types（CW. vol.6）.（Princeton: Princeton University Press, 1971）, pp.457-458. 林道義訳『タイプ論』、みすず書房、一九八七年。
4 C. A. Meier, in A Testament to the Wilderness,（Zurich: Daimon Verlag, 1985）, p.2.
5 Robert Lifton quoted by Beverly Beyette, "Harnessing a Healing Art in the Battle Against Violence," Los Angeles Times, Sept. 26, 1984, Part V.
6 Sam Keen, Apology for Wonder.（New York: Harper and Row, 1969）, p.118.
7 C. G. Jung, "Commentary on 'The Secret of the Golden Flower,'" Alchemical Studies（CW. vol.13）.（Princeton: Princeton University Press, 1967）, pp.15-16. 湯浅泰雄・定方昭夫訳『黄金の華の秘密』、人文書院、一九八〇年。
8 The I Ching, trans. Richard Wilhelm.（Princeton: Princeton University Press, 1967）, p.297.

9　I Ching, Book of Changes, trans. James Legge.（New York: Bantam Books, 1964）, p.355.
10　Chuang Tzu: Taoist Philosopher and Chinese Mystic, trans. Herbert A. Giles.（London: George Allen and Unwin, 1961）, p.125.
11　Ibid., 同じ頁。
12　A Source Book in Chinese Philosophy, trans. and comp. Wing-tsit Chan.（Princeton: Princeton University Press, 1963）, p.266.
13　The Complete Works of Chuang Tzu, trans. Burton Watson, p.58.
14　Ibid., p.97.
15　Marie-Louse von Franz, Patterns of Creativity Mirrored in Creation Myths,（Zurich: Spring Publication, 1972）, p.93.
16　C. G. Jung, "Epilogue to 'Essays on Contemporary Events,'" Civilization in Transition（CW. vol.10）.（Princeton: Princeton University Press, 1976）, p.242.
17　Barbara Hanna, Jung, His Life and Work.（New York: G.P. Putnam's Sons, 1976）, p.129. 後藤佳珠、鳥山平三訳『評伝ユング――その生涯と業績』二、人文書院、一九八七年。
18　上記注7参照。

編者注

1　現代語訳は、森三樹三郎『荘子・外篇』中公文庫より。
2　サム・キーン：Sam Keen。一九三一年生まれ。アメリカ出身の哲学者、作家、大学教授。愛、生命、宗教、現代社会などさまざまな問題を考察している。
3　「雨乞い師」：本書所収、第1章「宗教とユング心理学」および第14章「いのち（生命）セラピー試論」を参照。

# 第12章　世界平和と仏法——自然法爾をもとに

　ご紹介いただきました冒幸でございます。大変有意義なお集まりにお招きいただきまして、光栄に存じております。非常に大きな会というので、これは私自身が、どなたかがお話しになるのを聴かせていただきたいというような気がいたしております（笑）。

「世界平和と仏法」、世界平和と仏法はどうかみ合うのかということでございますが、私の話はときどきわかりにくいといわれますので、最初にポイントをいってしまいますと、「世界平和」の世界というのは、私の世界、みなさま一人ひとりの世界、それが仏さまの世界と、いわゆる餓鬼・畜生・修羅というような煩悩の世界とかみ合っているということに尽きるのです。

　これを、いま、ご紹介いただきましたようにユング派の分析者という立場から申しますと、非常に新しく聞こえる表現が出てまいります。それはどういう表現かといいますと、人間の心理学、心理と、そしてその人の人生の見方、世界の見方、それは分けることができない。「ユニティ・オブ」という言葉を使うのですが、"The unity of psychology and cosmology"——〝サイコロジー〟は心理学、〝コスモロジー〟というのは世界がどのように見られるか、ということなのでございます。

　ですから「内と外が一つ」「一つではあり得ない、二つ」というようなことで昔からみなさまもご承知のように、「不一不二」とか、あるいは「如し」「一如」です。如来さまという言葉がございますが、如来、タターガタですが、その言葉は「如去」と訳してもいい言葉でございます。「如来如去」、来て去り、来て去りというような言葉でございますが、ですから、あるといったらあるし、ないといったらない。非常にこれはユニークな考えで、いまからずいぶん世界中が注目するのではないかと思います。

内と外は一つである、そういうことを申し上げたい。だから自分の「業」"Karman"という言葉を使いますと、みなさま方、何か古くさいと思われますが、じつはアメリカで講義しておりますと、「業」という言葉は非常に新しい。新しい世界へ若い学生たちを導入していくのです。そのようなわけで、古いという考え方はございません。神がつくったこの世界画像、それが自分だ。いや、そうではない。「業」――人間のはたらき、そしてあらゆるもののはたらきも入ってきますし、人間を中心に考えますと、人間のしたこと、私のしたこと、そしてみなさんのされることです。それは多くの場合、自分になされたことに対する反動として動いてまいります。なされたから、するのだ。相手の方は、自分がしたからといいますが、じつはなされたからするのだ。反動、反応、あるいは報復の世界と申してもいいと思うのですが、そういう考えですが、非常にこれは自然です。

反動という言葉は悪いですが、何かにコレスポンド（correspond)、反応して、私たちは生活しているわけでございますから、ものごとが、あるいは行為が、みんな絡み合っている大きな世界である〝一の世界〟が考えられます。人間はその中の一部、その中に生まれ、生きていくのだというようなことですが、ふつうはそのようには考えない。人間、私も、その中の一部ではあるけれども、私が責任をもって生きる世界だけが私のもので、それが私の世界のすべてであるというような自分中心の考えをしていきますと、これは個人主義にも通じますし、創造者、神、仏、あるいはほかの人々のことを考慮しなくてもいいという利己主義といわれる考え、生き方になっていくわけでございます。

そういう「業」という言葉と、「輪廻《りんね》」サムサーラ"samsara"というサンスクリットの言葉ですが、カルマとサムサーラ、これは、反応し合って生きている、自分たちのあり方として考えてもようございます。"action""reaction"という英語を使って説明することもあるのですが、なされたことに対して仕返しをしていく、その世界が絡み合って、そして衆生、生きとし生けるもののいのち、生活の現実が動いていく。サムサーラという言葉は「輪廻」と申しましたが、中国・日本では「輪廻」という表現となっております。もとの意味は「一緒に浮き沈みする」という意味なのです。ですから、なしなされたカルマ・行為がお互いに複雑に絡み合って起こっているいろいろな現実を、お互いに責任をもってつくり合っているのであり、そのような現実において浮き沈み合っているという自覚をもって生きている、それが人間の生き方、生活であるというわけでございます。カルマとサムサーラは、ともにいのちのあり方の自覚である、といえます。

ですから「仏さまの世界がそこにある、煩悩《ぼんのう》の世界とかみ合っている」といいましたが、佛教大学は浄土宗の大学、私は浄土真宗大谷派の僧籍がございます。そういう浄土宗、浄土真宗、いずれも往生浄土の念仏を実践します。私なりに申しますと、念仏の実践は自分のいのちのあり方の自覚となっていきます。そういうサムサーラは「お念仏のまにまに」というような言葉で、じつはあらわされていくわけでございます。

人間の世界は、同時に競争の世界でございますから、当然人を押しのけて、あるときは修羅《しゅら》のように、あるときは餓鬼のようになっていく、というような話になります。人を押しのけて、人を苦しめても何とも思わないというような地獄、あるいは恥知らずな畜生の世界も出てまいります。それが「お念仏のまにまに」というような味わいといいますか、自分の自覚とともに動いていっているわけでございます。

じつはそのように考えているのでございまして、副題に「自然法爾をもとに」とございますが、もとのサンスクリットの言葉に帰して考えますと、比較的わかりやすくなるかと思います。

その原語は「ダルマター」“dharmatā”というのです。ダルマは法ということで、ターという言葉は接尾語で、それが語尾につくとその言葉は抽象化されるということでございますから、「法そのもの」「法そのまま」、そうなりますと「念仏のまにまに」ということにもつながってまいる言葉でございます。

浄土宗のご開山、元祖と申されるのだと思いますが、法然上人、その「法然」は自然法爾です。「法」「然」という言葉も入っておりますし、また爾は然と同義ですから、「法然」は「自然法爾」を意味すると考えてもよいと私は思っております。

私はずいぶん長い間、もう四十年になると思うのですが、アメリカで、一年三ヵ月はサンタ・バーバラのカリフォルニア大学（UCSB）で教えておりました。あれは一九五八、九年のことだったと思います。それからいまの大学に移っておりますが、主に「仏教」のクラスを教えております。それから「宗教学入門」ですが、これも私がやるかぎり、仏教の立場に立った入門になっていくわけでございます。特に仏教のクラスを教えていると申しますと、みなさん方はおそらく、どのように教えているのか、ということにご興味をもっておられるかと思います。「よう、四十年も教えているな」ということですが、あ、三十年か。どうも失礼しました。まあ、一年ぐらいどうでもいいような感じでございますが、じつはここまではちゃんと難しい話をしましたが、これからはちょっとくだきます。

というのは、記録写真を撮るということで、この服を借りました。だから、本当の目幸黙僊にならないと、これはちょっとやりにくいですな。すみません。これは本当の話です。私は僧籍があると大きなことをいいましたが、嘘はいいません。

あちらで「仏教」を教えておりまして、四、五年前からですが、初めに坐るのです。坐るといいましても、この椅子と同じようなのが、あちらの大学の教室にもございますから、椅子に坐るときにはこういう具合に前ひざの傾斜が三十度ぐらいになったら坐りやすいんですね。

教える前は、やっぱり緊張するので、だからこうして坐るんですよ。まず肩をリラックスさせて、上半身を前後左右に揺り動かしたあと、深呼吸を二、三度ばかりする。これは昔、曹洞宗の方から座禅を習いました。いまもそこそこやっておりますので、自然にできると思うのですが、このように坐ることを数分やりますと、私自身が非常に変わると思うのですが、室内の空気も変わります。ユニティあるいはワンネス・オブ・サイコロジー・

アンド・コスモロジーと大きなことをいいましたが、内と外は一つであると、そういうことを教えようと思ったら、こういうことをした方がいいのではないかということに気づきまして、じつはやり出したのです。もちろん、年の功がだいぶ入っておりますが（笑）。もう七十も過ぎましたからずうずうしくなっておりますから。それで学生が入ってきてもシーンとして入ってきます。シーンとしておりますと、話をする学生もいますが低い声でしています。イントロダクション、いわゆる「宗教学入門」のコースをやると、そううまくはいきません。それは人数が多いのです。「宗教学入門」の学生というのは、五、六十人おりますし、その大部分は一年生とか二年生です。だけども、「仏教」は多くても三十人。学生も、三年生、四年生、大学院生、学科も理科系・工学系などさまざまで、心理学系の学生も数人はいます。そういうコースが三つできることがありますから、九十人。これを三十年もやっておりますと、ずいぶんの数になると思うのです。

中には私の「仏教」をとる人は、話が面白いということで聞きに来るのがいるようです。話の内容は逸話です。その逸話を通して、何か考えさせられたというようなことを聞いたこともありますし、また学生たちがお互いに語っているのを聞いたことがあります。それは日本から来た留学生が、偶然あるところでパート・タイムとして働いたわけです。お金がないので小遣い稼ぎにやったわけでございますが。そうすると、その小さい工場か店か何かでしょうか、「ボス」といいますが、そこの主人が「ああ、お前はCサン（カリフォルニア州立大学ノースリッジ校、California State University, Northridge を略して CSUN）へ行っているのか。それならミユキという人の『仏教』を受講したか」なんていわれまして、その留学生は日本人でしょう。おかしな名前の日本人だな、これは女の先生かと思って来たらしいのですが、どういたしまして（笑）。つまりそのボスがそういう若い者にすすめたらしいのです。二、三人、そういう人がいました。

口でしゃべっていても、実際にそれをどこで伝えるかといいますと、私のカルマでです。私のそういう、考えてきたこと、してきたことに基づく話、歩いたり、手を使ったりして表現している所作、いわゆる「業」です。

それで、坐るということをしますと、あちらの「業」も、静かにしている方がいいという、そのようなリアクション、反動が出てまいります。私は、実際の体験によって一番大事な東洋の考えの一つであるカルマ・サムサーラを、いわば体認・体得することになるのではないかと思います。いつもは目に見えないのです。だけど、反応として返ってくる。〝目に見えない何か〟そこに温かい学生の気持ちが流れているでしょう。これは、もうそんなことをいわないでも、誰にでもわかることだと思います。

そういう具合にクラスをやっていきますと、二分や三分ということもありますが、五分ぐらい早くクラスに行って坐るということが、大切になる。十分ぐらい早く行って坐りますと、気持ちがずいぶんと違ってきます。私自身の言動、体の動きも入りますから、言葉だけではなくて、体もこころもずっと違ってきます。そうしますと、非常にやりやすい。あっという間に時間が過ぎたりしまして、何を教えたのかな、逸話ばかりですが、いわゆるストーリー、筋のある話です。昔からずいぶん仏教の世界にはたくさんの話がございます。だから、それだけで終わることもあります。

今日は、そういうことで、内と外ということを強調する意味におきまして、私が、あちらで教えていて一番大事にしている『筏経《いかだきょう》』を持ってきました。『蛇喩経《じゃゆきょう》』の中の一部分を仮にそのように呼んでいるのです。この『筏経』はみなさまにお配りした資料①にありますが、誰でもわかる話です。こういう逸話が仏典にはたくさんございますから、これはほんの一例でございます（のちにまたふれます）。

そのようにして学生と、ずっと三十年以上、あかずに続けております。時には討論がはずんで『筏経』だけで一時間以上かかることもあるのですが、あちらの大学では一週間に、月・水・金と一日おきに教えておりますが、一時間ずつこういうコースが週に三時間組まれているのです。「仏教」のコースを三つ教えましたら、「入門」のコースを一つ教えるとか、だいたい四コース、一日に四時間というようなスケジュールでずっと教えているのです。一時間、正味五十分、学期のはじめにこのお経を使って討論をやりますと、比較的やりやすい。それが済みましたら、この『蛇喩経』の全体を一応紹介するのです。『筏経』につづくその次の部分は難しい教義の話になっていきますが、それは今日は端折《はしょ》りまして、学期の最後近くに取り上げる図12－1を見ていただきましたらおわかりになると思うのですが、「六道輪廻（転生ではございません）の図」です。

図12－1の下の説明はチベット仏教研究で有名な寺本婉雅先生のもので、この輪廻図の由来がこのように、インドのアジャンター石窟内の壁画に見られるものと記されています。これはチベットのものですが、ネパールにもございます。それから図12－2は図12－1の説明です。一番下にラマ・ゴビンダ（Lama A. Govinda）とありますね。この人はドイツ人で、もとミネラリストといって、鉱石学の人で科学者です。初めはテーラヴァーダ・ブディズム（Theravāda Buddhism）、つまり上座仏教、または南方仏教を修習します。次にチベット仏教の瞑想を修習されます。チベットで納得いくまで仏道を修められたと思うのですが、このラマ・ゴビンダが書いた“Foundations of Tibetan Mysticism”というドイツ語で書かれた本の英語本からのものです。チベット仏教はタントラ仏教[*1]ともいわれています。日本の仏教でいうと、真言宗の教えに近いと思ってもよいと思います。真言密教、秘密の法、ということで、『チベット神秘主義の基礎』、この本は非常に読みやすい、わかりやすい本です。日本語で真言の教えを読まれたら大変難しいと思いますが、その中にある「インド・チベットの輪廻図」についての一応の説明です。

次に、図12－3はこれは日本で翻刻されています。下段説明の拡大（図12－4）にあるように、初版は天保年間ですから一八三〇年代ですね。そして、基づいているお経がはっきりしております。「説一切有部ノ毘奈耶律第三十四」とあるように、戒律のテキストに基づいております。駒込の西教寺というお寺の住職であった潮音[*2]、現在ですと駒込は文京区だと思います。この人が翻刻し出版したわけでございますが、その上段の美しい図が図12－5でございます。図12－4の「毘奈耶《ビナーヤ》」[*3]からのテキストも、佛教大学の係の方がリサーチしてつくってくださいました。こういう文献をきちっとしていただきまして、ありがとうございます。ここに、拡大をしていただ

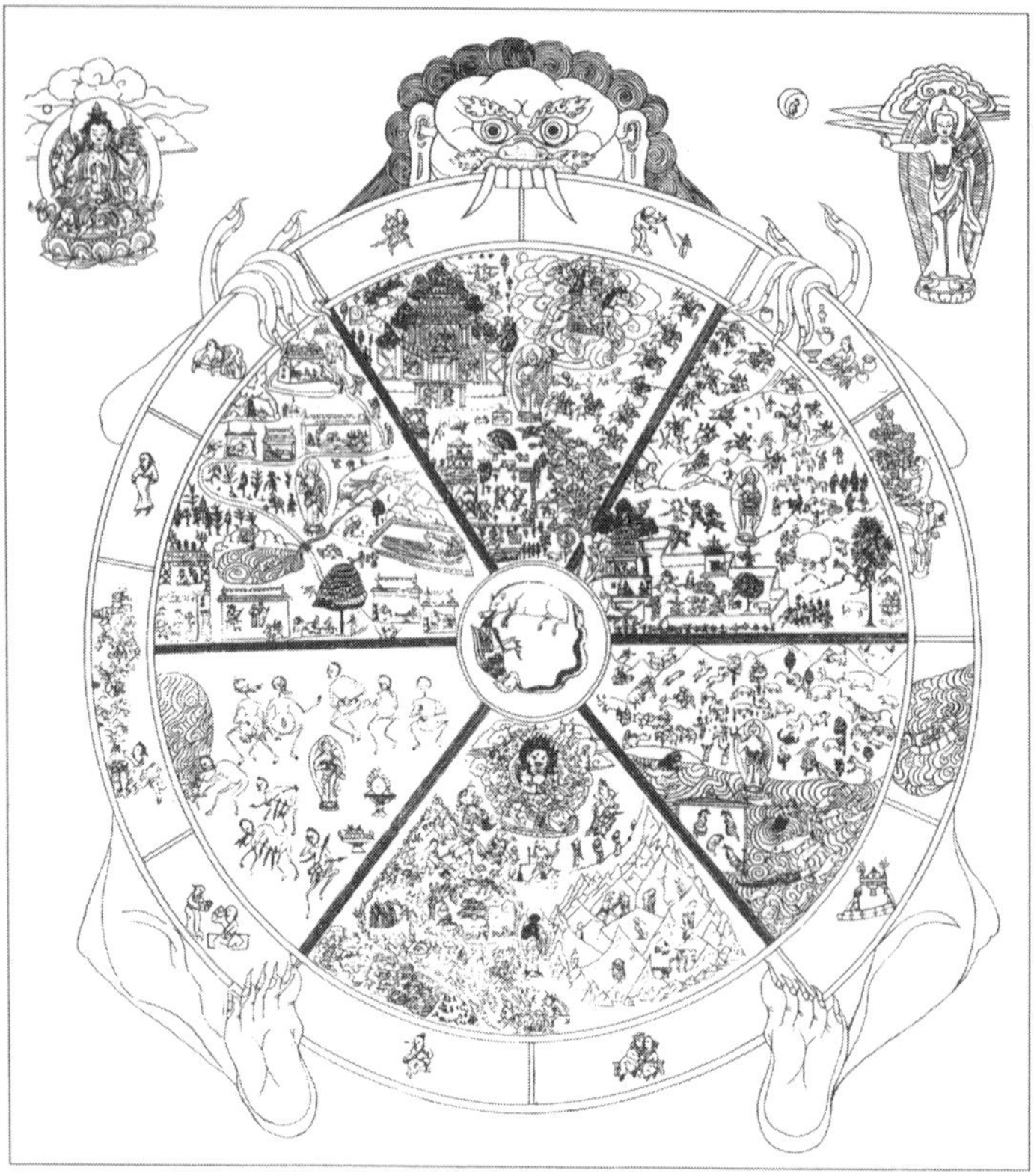

この二十因縁の六趣生死輪廻図は西暦６世紀年代のものにして同８世紀頃インド沙門ワンデ・イシーがアジャンター洞窟内の壁画より模写してチベットに将来せしものにしてチベットサムエ廟に現存す。

（出典：寺本婉雅『行の中道実践哲学——根本仏教縁起観』国書刊行会、1981年）

図12-1　六趣生死輪廻図

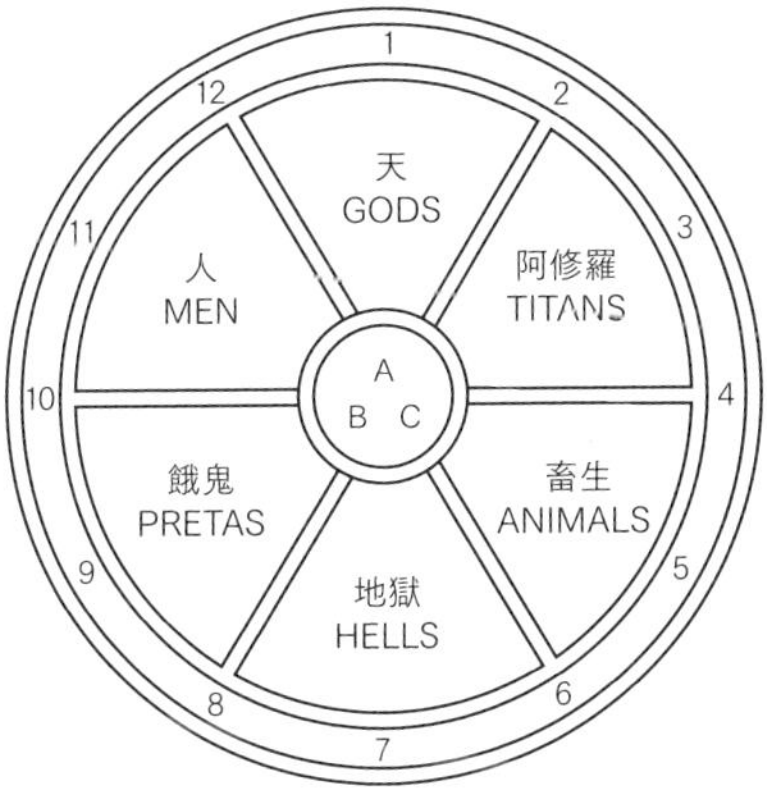


中心円：三毒（貪・瞋・癡）
中円：六道
外円：十二因縁

A. Delusion(*moha*)　愚癡
B. Greed（*lobha, rāga*）　貪欲
C. Batred(*dyesa*)　瞋恚

| | （十二図縁） | |
|---|---|---|
| 1. Blind woman: ‘ignorance’ (*avidyā*) | 盲目の女 | 無明 |
| 2. Potter: ‘karmic formations’ (*saṁskāra*) | 壷作り：業の形成力 | 行 |
| 3. Monkey: ‘consciousness’ (*vijnāna*) | 猿：意識 | 識 |
| 4. Two men in a boat: ‘mind and body’ (*nāma-rūpa*) | ボートの中の２人：こころとからだ | 名色 |
| 5. House with six windows: ‘six senses’ (*sadāyatgana*) | 六窓の家 | 六処 |
| 6. Pair of lovers: ‘contact’ (*sparša*) | 愛するもの同士 | 触 |
| 7. Arrow piercing eye of man: ‘feeling’ (*vedanā*) | 目を矢に貫かれた男 | 受 |
| 8. Drinker, served by woman: ‘thirst’ (*trsnā*) | 飲酒者、女にかしずれている | 愛 |
| 9. Man gathering fruit: ‘clinging’ (*upādāna*) | 果実を求めている男 | 取 |
| 10. Sexual intercourse: ‘becoming’ (*bhava*) | 性交者 | 有 |
| 11. Woman giving birth: ‘birth’ (*jāti*) | 出産中の女 | 生 |
| 12. Man carrying corpse on his back: ‘death’ (*maraṇa*) | 背にお棺をかついでいる男 | 老死 |

（出典：ラマ・ゴビンダ『チベット神秘主義の基礎』、New York: Samuel Weiser, 1969, p.242）

図 12-2　六趣生死輪廻図の解説（ラマ・ゴビンダによる）

図12-3　五趣生死輪図（潮音）

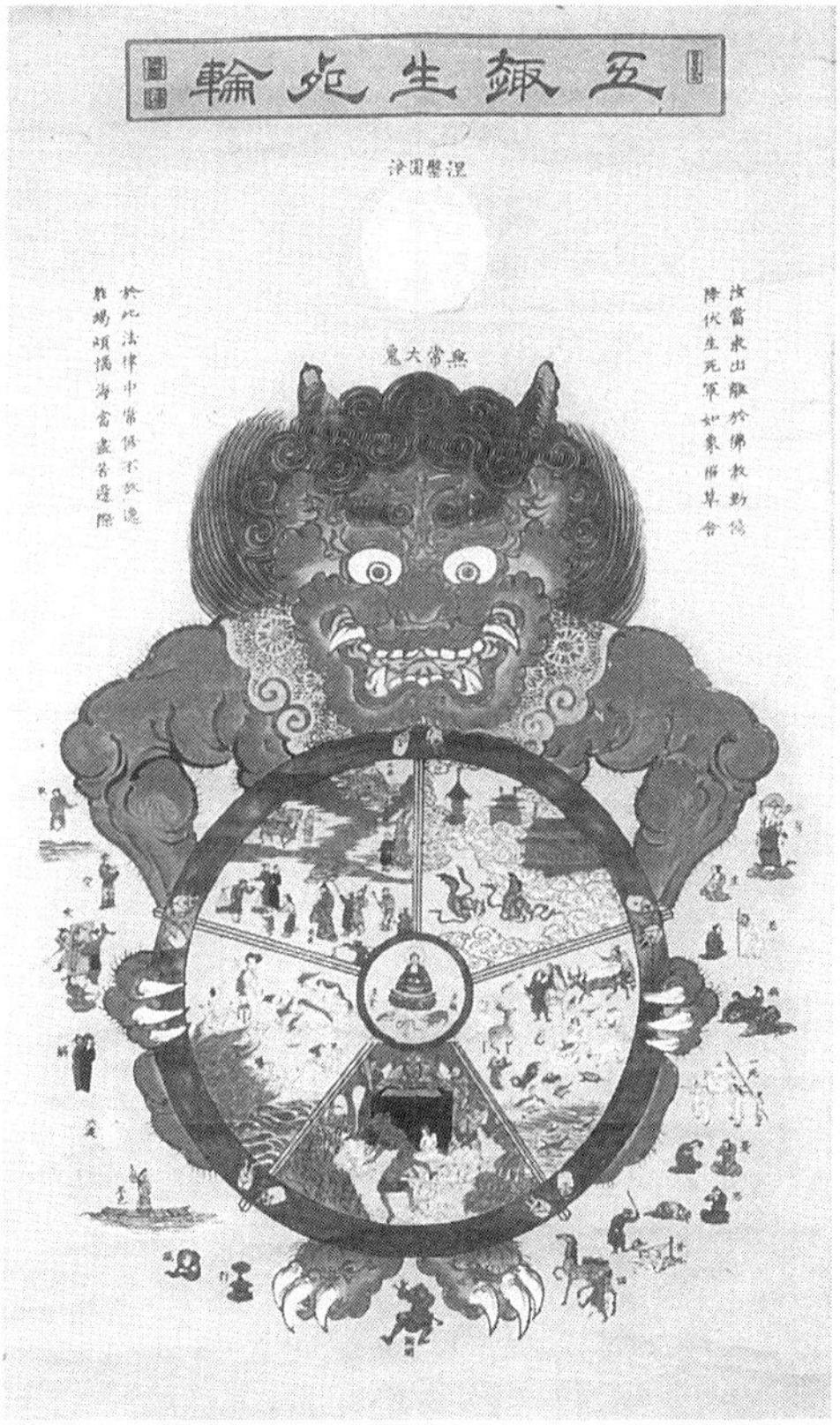


図12-5　五趣生死輪図（図の拡大）

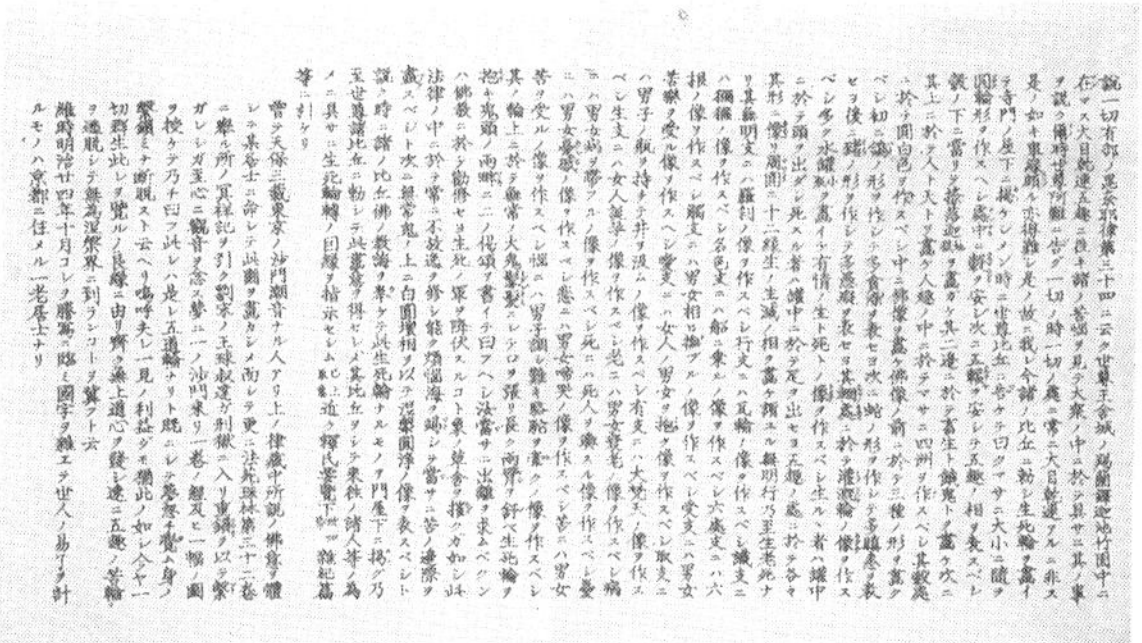

図12-4　五趣生死輪図（説明部の拡大）

図12-6　輪廻図（白道が結ぶ地獄と浄土）

きました。だから非常にわかりやすいです。とても今日の時間ではこの戒律のテキストの文面まではカバーすることができませんので、お帰りになりましたらどうぞお読みください。いま一つ図12－6、これもチベットでございます。先のチベットの輪廻図（図12－1）と似ておりますが、少し内容は変わっています。白道が地獄から阿弥陀仏の浄土に出ています。中国で二十世紀の初めに出版されたとされています。

これらの輪廻図を、じつは最後に使うのです。輪廻図には、全仏教を流れているすべての教えが入っております。もともとディスカッション、講義とか討論のためではございません。瞑想のためにつくられているわけです。瞑想というとちょっと大げさに聞こえますが、私が先ほど申しましたように、クラスの初めに坐るというようなことは、念仏、座禅、どの修習であれ、いずれも瞑想の世界に入っていきます。仏に帰依することにはじまるのが仏教の伝統ですから、先ほども仏さまにご挨拶申していて、「三帰依文」[*4]を唱えたくなったのですが、「自ら仏に帰依し奉る」。私にはリズムのいい言葉でございます。合掌して帰依します。頭が自然に下がりまして、自分の頭がハートに入って、体に入ります。坐るのもそうだと思います。考えがずいぶん違ってくるはずです。頭だけの理屈では、どうも通じない。見えるものだけでも通じない。聞こえるものだけでも通じない。声なき声とか、見えない何かがずっと動いてまいります。そういう頭の下がった世界、それが非常に大事になってきます。

もともとお釈迦さまは、菩提樹の下に坐られて悟りを開かれたと、みなさんご承知だと思います。あのような話も、もちろん、何度もやるんです。「仏教」のコースだけでなく、「入門」のコースでもします。実際に体の動作が入ってきますから非常に使いやすいのです。だから、いってみれば、そういう昔から伝わっているイメージを主とした世界を通してのイメージ（図）ですから、誰でもわかります。言葉は二の次、三の次ということで、この講演は本になるそうですが、言葉は二の次、三の次といったら具合が悪いかもしれませんね（笑）。言葉が一番大事であるといわないといけないかもしれませんが、昔から「言は意を尽くさず」（『易経』）と、これは私の好きな中国の言葉ですが、言葉は意を尽くさない。自分の思っていることを、言葉によっては十二分にあらわすこと、伝えることはできないということなのです。言外のものに聞かなければならない。特に仏教はご承知のように「無常」ということを申します。すべては移り変わっていくと。移り変わっていくことを言葉にあらわす、これはちょっと不可能です。瞬間、瞬間、変わっていくいのちのあり方を人間はしていますから、だから合掌とか坐るという行為で示した方がいい場合がいくらでもございますし、あるいは絵で示す。そうしますと図12‐7、8の二点ですが、これは仙厓、*5たしか十八世紀から十九世紀にかけて活躍された臨済宗のお坊さんでございますが、こういう絵が仙厓にはどっさりございますから、その中の二つをここに持ってきているわけでございます。

図12‐7、これは比較的わかりやすい。図12‐8もわかりやすいです。「無常」「無我」の教えの説明に使いやすい。もともとわかりやすい図を二つあげたのでございますが、「堪忍」、堪え忍ぶ、もとの意味は六波羅蜜*6の「忍辱」でございます。そして、「気に入らぬ風もあろうに柳かな」でしょう。柳というのは、風が吹きますとふらふらと揺れに揺れますが、決して倒れないと、そういうことを仙厓和尚はいおうとしたわけなのです。自由自在に環境に順応して、自分のいのち、それを見失うことなく、ちゃんとしたルーツがはっきりしていますから、だから揺れるわけです。

「無我」という教えが、じつは西洋では一番誤解されております。我を否定する。我は自我と考えていくわけです。ここらあたりから、私は心理学をやって、それもユングの深層心理をやってよかったと思うのです。そうですから、学生に対する説明はユング心理学的にやっていきますが、心理学というのは、アメリカ人も日本人もヨーロッパ人も、人種の差違には関係ございません。人間の心理は共通のものです。その心理が外の世界と一つであると、そういうことをいうのにピシャッと合うわけですが、柳のこれは、自分をどっしりとするために重心をどこに置くかというような話になっていくのですが、そういう人でなければ、本当にどっしりしていなければ、目先のことにとらわれて、時の流れに流されてしまってとんでもないことをやるのではないか、とこういう考え

図12-7　仙厓「堪忍柳画賛」（出光美術館所蔵）

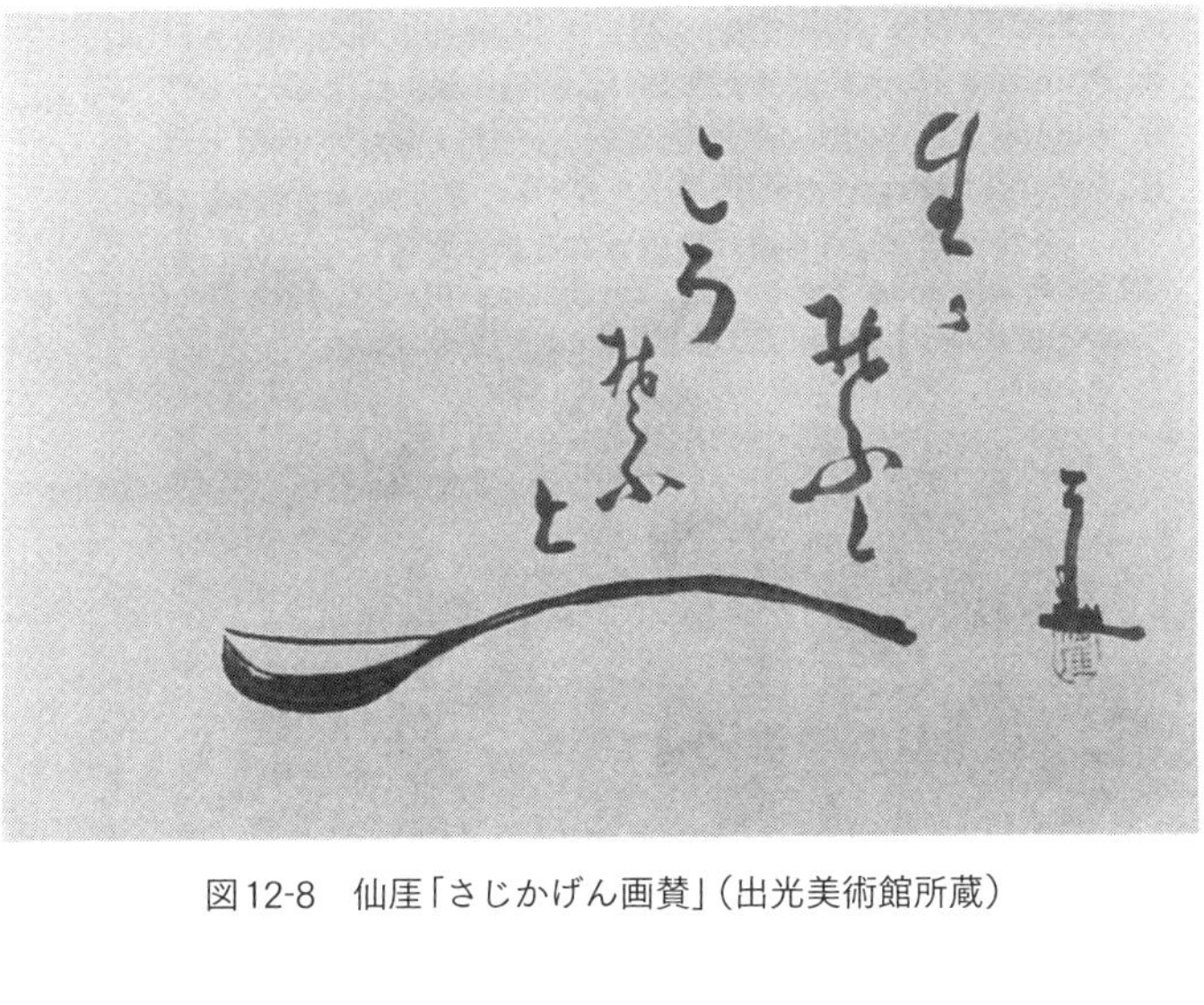

図12-8　仙厓「さじかげん画賛」（出光美術館所蔵）

です。時の流れに流される人は、たいてい頭だけの利害関係で動く可能性があります。

今日、昨年九月十一日のアメリカ合衆国における同時多発テロ（以下「ナイン・イレブン」[*7]と記す）以来、アメリカではずいぶん、業・輪廻・無常・無我というようなことが語れる現実が、政治・経済それから宗教、もう社会一般にずいぶん起こっております。いずれそういうことにも言及しますが、本当にこういう考え一つを持ち込むと、とても学生やアメリカ人の心にも訴えることができると思います。

図12－8の絵は、これはお医者さんのさじです。薬はさじ加減だという漢方の時代で、十八世紀から十九世紀にかけての仙厓の時代ですから、これはお医者さんのお薬で生かそうと殺そうとさじ加減ということになっているのです。同じ薬が毒にもなれば薬にもなる。同じ材料ですから、それはいったいどうすればいいのかというようなことなのです。絶対に正しい、という答えはございません。お医者さんの場合は患者さんの症状に合った適切な薬の量が必要なのです。多くても少なくても病気は治らない。そういうことだと思います。

柳の場合は外から来る現実にふらふらと適切に反応しているわけでございます。台風のあとで、大きな強い杉の木が倒れましても、ほんの小さな柳の木はちゃんと残っている。それをちょっと想像されたら、こういう絵がどのように若いアメリカの青年たちに伝わっているか、私もそういう調査をしたことはないですが、興味深いです。アメリカの学生といいますと、白人だけではございません。私が教え出した一九七〇年頃はおもに白人、ユダヤ人です。それからだんだんと変わっていきまして、いまは世界中の人がいます。もちろん黒人もいます。しかし黒人が仏教をとることは少ないです。まだまだ彼らの現実がそういうことを学ぶ必要がないのだと思います。それはわかっていただけると思います。それからラテン・アメリカ系の人もあまりいませんが、いることはいます。いわゆる中南米の人たちです。もちろん白人系の中南米の人たちで、そうはたくさんでもありませんが、数人は「仏教」のクラスにおります。それから東洋人、中国とか韓国、ベトナム、インドネシア、フィリピン、いろいろな国の人が学生として来ています。いってみれば私にとっては非常にやっていることが楽しいクラスで、何かこう仏教を通して私なりに理解したいのちのあり方を知ってほしいと、何か理解してほしいと、私も彼らの質問に応じていろいろなことを考えさせられますし、ともに道を求めるということでしょうか、そういう業をしているわけです。共業です。ともに業を分かち合ってやっているわけであります。

ですから、こういう絵を持ってきますと、初めにえらい難しいことをいったでしょう。輪廻と悟りの世界。輪廻の地獄・餓鬼・畜生・修羅の世界、人間の世界、それと悟りの世界は一枚になって動いているということを申しましたが、そのことです。たとえば、この日本でつくられた潮音の図12－3を見ますと、「無常大鬼」がかかえている輪廻の車輪の真ん中に仏さまが坐っておられます。車輪が転じて回るところの中心におられるのです。そして一番上には円が描かれていて、「涅槃円浄」とございます。涅槃の世界、これは仏の世界です。輪廻の世界ではございません。仏の世界は、円の内・外にあるわけです。輪廻の世界は仏の世界と「不一不二」ということです。

「無常大鬼」これは鬼を無常に喩えているのです。無常といいますと、日本では手垢がついて非常に陳腐に聞こえがちですが、そうではありません。無常の大鬼というのは、無常は普遍的なもの、現実、事実であって、何一つとして頼れるものはない。頼りとするもの、執着しているものはすべて崩れ去ってゆく。残酷な鬼だ、と。「ナイン・イレブン」のあのテロリズムの事件は、そういうことをお話しするのにとてもいい例になるのです。それ以降、ずいぶん世の中が変わり出していますから。いまのアメリカではそれがひしひしと感じられます。

無常“anitya”というこの言葉。英語で“constant”「常の」とか、“permanent”「永久の」という言葉がございますが、サンスクリットで“nitya”このニトヤが「常」と訳されておりまして、“nitya”に否定をあらわす「ア」

がその前につくとアニトヤ“anitya”、「常」の否定ですから「無常」「常なるもの無し」。辞書を引きますと、このニトヤには永久の、常のという意味とともに「連続している」という意味もあり、したがってアニトヤは「いつもではないのだ」ということになり、いつもとは少し変わったものも無常に入るわけで、事実、「時折の」「不規則の」「普通でない」などという意も見られるのです。英訳としては、普通は“impermanent”（永遠でない）というのです。“permanent”というのは「永久の」ということですが、“impermanent”（永久でない）の前の im という言葉は否定をあらわし、サンスクリットの場合の a と一緒です。“not-permanent”“not-nitya”というようなことなのです。

ですから、こういう無常転変の世界にいますと、自分のあり方は柳と一緒です。絶えず世の中の風に順応していかなければいけない。本当の自分が“atman”（アートマン）といえるとしますと、“anatman”（アナートマン）は「無我」のサンスクリットの原語です。自分は自分ではあるが、自分でない。「不一不二」です。柳を想像してみてください。念々違う風向きに順応していると想像してくだされればよくわかります。右からの風、左からの風とか、順応の仕方が違いますから、順応している自分にこだわっていたら駄目なわけです。いつも変わっていかなければ駄目なわけです。いつも変わっていかなければ駄目だ。それが当然の、また自然の自分、ひいては人生のあり方だということです。

ご承知のようにブッシュ大統領もずいぶん変わりました。「ナイン・イレブン」の一つをとりましても、それはもう変わっています。初めは「パール・ハーバー」真珠湾、さらに「クルセイド」[*8]なんていいだしたでしょう。「報復をしなければ」「十字軍をやらねばいけない」と。それはもうこの頃はいいません。今度は「アクセス・オブ・イーヴル」“Axis of Evil”——悪の枢軸国、そして大統領であった父親と同じようにイラクをなんとかせねばとかいっております。まさしく修羅、勝負の鬼の感があります。非常事態にあって、政策が変わるのは当たり前のことなので、別に節操がないというようなことにはつながらない。無常の世界というのはそういうものです。たえず変わらなければ死んでいることです。生きていないということになってしまいますから、ごく当然のことです。

ダルマ（dharma）、現象というのはじつはそういう意味なのです。これは小文字で書きますと、すべてのもの、森羅万象、一切の現象、そして事象そのすべてが、そういうようになっていると。すべてというのは現象としての、事象としての悟りの世界も入ってくるわけです。こういうアニトヤ、無常の世界はサムサーラ（samsara）、流転・輪廻の世界です。「諸行無常」といいます。この場合の「行」は、時とともに流れ去りゆく現象、事象で、悟りの体験も、そうであるというわけです。ところがアナートマン、無我をいうときには「諸法無我」となっていくのです。この場合、法というのは、これは行と同じくすべてのもの。そして先述のように、法は「自然法爾」、ダルマター(dharmata）です。法であること、法そのもの。それは、変わる世界、無常・アニトヤと、そして変わって変わらないといいますか、そういう常・ニトヤの世界、涅槃の世界にじつは入っていくのです。だから常・ニトヤは変わらないのかというと、また語弊があるわけです。

いってみればあらゆるもの、事象・現象はみんな諸行無常、アニトヤ・サムサーラ（輪廻）とニトヤ・涅槃との中間にあって、そのテンション（緊張）のあらわれなのです。パランスを保つ、緊張感を失ったらバランスが崩れますから、緊張を持続している、そうしますと現象としての法がある。そしてそれはやがて諸行無常で消えてゆく、違う法に変わってゆく。私はクラスではそういう具合に教えてゆくわけですが、そのときに、ああ、なるほど、変わってゆく現象の裏に変わらない何かがあるということ、つまりダルマターに目覚めて、それから自分のいのちのあり方が変わったとしたら、法の意味が変わってきますので、これは英語の場合、ちょっと小文字のダルマではだめですから、大文字の"Dharma"にしたらどうか。それが仏の教え、仏教として教えられている法としての「諸法無我」であるというような説明をしているのです。諸行無常は、これは変わりゆくもの、移りゆくものです。流れ去ってゆくものです。このように考えてきますと、「諸法無我」には目覚めにおける緊張感がございます。これは、先の潮音「輪廻図」の真ん中に見られる坐仏のイメージが語っている、と思われます。これが迷いと悟り、煩悩と涅槃、死と生をば生きているいのちの重さ・尊厳であり、あり方だと思います。このような考えがユング心理学では、人間のこころの真相を理解する場合、その根底にございます。

人間には目覚める働きがあるといってもいいわけです。これはあらゆる人間、仏教徒だけではございません。キリスト教徒にも、イスラム教徒にも当然備わっているものなのです。ところが人間中心の人たちには、そういう自覚が判然とは見られないようです。仏教にはそれがある。どこにあるのかといいますと、先ほどいいました帰依のこころ、頭を下げてというところにあるのです。頭で考える「一」とか「多」とかいう問題ではなくて、ここまで来ますと、無常遷流の現象は「多」の世界ですが、たくさんいろんなものがありますが、これらはみんな小文字のダルマといってもいいのです。チョークもダルマです。マイクもダルマです。お釈迦さまの教えもダルマ、大文字のダルマでしょう。なんでもダルマです。しかし、それが大文字のダルマになるのは現象としての小文字のダルマが不変の理法としての大文字と「不一不二」である、という事実に目覚めた体験において語られている、ということです。

このように考えておりますのも、じつは、ダルマの語源に基づいていえると思うからです。ダルマの語源は“dhṛ”で、これには「保持する」という意味があることから来ているのです。保持されたもの、同時に保持するものと考えてもいいと思うのです。「業」と一緒で、働きかけるものと働きかけられるものが表裏をなしているのです。反応として、先に、動かざるものが動いてくるというような意味のことをいいましたが、これも、もしみなさんが納得されるとしたら、じつは老子の言葉に基づいて私はいっているのです。

どういう言葉かといいますと、「反は道の動」（『老子』第四十章）というのです。道が動くということは何だといったら、反応だということで、そしてこのあとに無から有が生じるということをいうのです。だから「無というのは何もない」というように頭で考えているものではないのです。現実に動いているもの、反動的に動いている何ものかが私たちの世界に入ってきまして、「これだ」と、見えざるものに目を見開かせてくれる、「それが道だ」と。だから仏教を仏法、さらに仏道というような場合に含蓄の深い、豊富な内容の言葉になっていきます。仏法というと教法、仏陀が説かれた法、あらゆるものが法であり、それはテンション、保持するもの、保持されるもののバランスを支えているテンション、いずれ崩れていくものですから、非常に短い期間における現象としての小文字のダルマ、これは無常です、そういうことなのです。非常に短い瞬間瞬間のいのち。そのいのちを支えているもの、見えざるもの、それが大文字のダルマ、不変の理法、それが小文字のダルマの自《おの》ずからなる遷流の道、自然法爾・ダルマターといえます。

アビダルマ仏教[*9]はこれを現象としての法・ダルマ、七五分の一秒の早さで行・住・移・滅という四過程において絶えず動いている、遷流転変しているというようなことを、もう大分以前に西義雄教授の論文で読んだのですが、いまは誰もこういうことをおっしゃいませんね。しかし量子力学の世界では、すでに一九三〇年頃かと思いますが、けっこうこういう考え方は通用しております。量子の世界では、量子があるとかないとかいうことはもういえない。現在どこにあるということはいえない。それは量子が絶えず流動しているからです。どこに量子があったかということをいいたければ、スピードをかけます。何かが動いたら、何かがあったのではないか。そこにあったということはわかる。けれども、動いてどこへ行ったか、いま、現にどこにあるか、ということはわかりません。わからないことは一切いえません。だから、あるとかないとかという二元論的考えはできない。こうなってきますと、こういうような有か無か、これかあれか、ではなくて、有も無も、これもあれも、というような「不一不二」の考えにはずいぶん普遍性があるのではないかといえます。インフォメーション・エナジーもそうです。あれは見えません。しかし、キーを叩いたら、キーはたくさんあるでしょう。パッと出てきます。あらゆる世界の情報が入ってくるというのでえらい重宝ですが、ちょっとそういうことを考えていただくと、こういう「不一不二」といった仏教の考え方はとても興味があります。

いま、仏教といいましたが、これは仏道ともいわれてきているでしょう。私の話は仏法、仏の教法、ということになっています。そうすると、今度は、仏道、仏法ともいわれてきている仏教を英語にすると“Buddhism”(ブディズム)。これはどういうことなのか。先ほど私のクラスで講義をはじめる前に坐ると言いましたが、ここに、もう一つじつは大事なことがあるのです。コースのタイトルは、私のクラスは「ブディズム」という題です。仏教は英語では「ブディズム」と訳されていますが、この訳は百害あって一利なしだというのです。だけど他の言葉を使ったらみんなが理解しないから仕方がないので、私のコースは「ブディズム」。強いていえば、昔から東洋でいわれている仏法とか仏道とかいう言葉をなんとか英語にできないか、ということです。仏法なら「ブッダ・ダルマ」“Buddha Dharma”でいいわけです。そういう具合にじつは考えてやっていくのです。ブッダ・ダルマが一番使いやすい言葉になっていきます。だから、一学期十六週間ありますから、十六週間ぐらいかかったらみんなブッダ・ダルマということに洗脳といったら悪いですが、慣れていきます。なかなか面白いです。

英語のイズムというのは、これは辞書にもあるように、自我が勝手にいっている意見のことです。だから私が理解する仏教、ブッダ・ダルマが私のブディズムであるわけです。いわば、私なりの勝手な理解ということになりかねないのです。ご承知のように、オウム真理教は大変な間違いをしました。あの教祖さんのブディズムは、仏法でもなければ、仏道でもなければ、仏教でもございません。輪廻・流転を意味するサムサーラを「転生」と説いていますが、まず「転生」ということは、仏教ではないのです。通俗的によく使われているこの言葉が非常に危険な犯罪を招いたようです。個人の生活感情としてはございます。そういった方がいい。生前や死後のことは、誰にもわかりません。しかしいま、誰もがわかることは、こころの内も外も、念々刻々に移り変わり、絶えず新たな現実が出てきます。大風が吹いたら誰でもなんとかしてその風を防がなければいけないし、それも阿修羅になって全力をふりしぼって、戸を閉めたりいろいろやるのではないでしょうか。戦争が一番いい例です。あれは殺さなければ殺される。殺し合うというのは地獄の世界になっていきます。ですから、これはどうしようもない。

人間は生きているかぎり、いろいろな現実が出てきます。お腹が減ったらやはりおいしいものを食べたい。必要以上に食べたら下痢をする。そうしますと、私はやっぱり餓鬼みたいなことを、おいしいものを食べ過ぎて餓鬼であったなと思ったところで、べつに違和感はありません。転生にまでもっていく必要はございません。いま自分が自覚しているこころの動き、意識の働き、それが地獄の働きである。そうでしょう。「可愛さ余って憎さ百倍」なんかも、いい例かもしれません。愛し合っていた人に裏切られた、愛し合っていたと思っていただけであった。二人で天上のように楽しい時を過ごしていた。ところが時が移りまして、愛するその人が、色目を使ってほかの人と何か怪しいようだと疑いが起こったら、途端に猜疑心が起こります。競争心も起こる。阿修羅です。ええい、殺してやろうかという地獄の世界に行きます。もっと好きな人といたい。これも餓鬼の一種でしょう。執着がきついと、そんなことになっていきます。それでは一体人間とは、どのようないのちのあり方なのか、という問題が出てきます。

先に人間には目覚める、法に目覚める、といういのちの働きがあるといいました。人間以外のいのちのあり方にはそれがない。たとえば餓鬼には飢餓の苦しみ、修羅には勝敗のあけくれのみというのです。ただ人間のみが念々変わっていく、その瞬間瞬間の心のありかた、いのちというのは瞬間瞬間に動いておりますから、いのちの質、生活の質ということに目覚める、その目覚めが、人間としてのいのちのあり方だというのです。自分のいのちのあり方ということを大事にしたければ、問題は生き方の質です。量ではありません、長生きしたとかいうことではない。どのようないのちを送ったかという、その質を問題にしなければ、ということになると、いま、ここに動いている自分の心に目を絶えず向けていなければいけない、これが「生死輪」が瞑想の対象とされている理由です。

瞑想は、仏教では観という言葉を使います。観法とか、内観の法といいます。この観という言葉は、道教が使っているのです。道観というと、道教のお寺のことです。道教というのは、中国の宗教となっていますが、道教は仏教とは分かちがたい流れを中国では形成していると私は理解しております。言葉を変えましたら、道教も仏教も、あるいはダルマを語るヒンドゥー教でもようございます。あるいはイスラム教もミスティシズム(mysticism)といいまして、神さまとの交流を図るスーフィズム(sufism)[10]がありますし、キリスト教もたとえばセント・フランシス[11]が非常に瞑想に耽っていた。そういうことになってきますと、この瞑想の世界というのは、何もインドとか中国、道教とか仏教とかの独占物ではございません。さらに、瞑想体験は宗教体験として心理学の研究対象として考えられます。これが私の場合、宗教学科にあっていろいろな宗教をユング心理学を使って教えているということに対するいい説明、言い訳でなければ説明、ということになっていきます。

このイズムというのは、あるいは言葉を換えていうならば、この自我というのは、私はこうだ、私はこう思うと主張をします。それも自分勝手な主張になりかねません。自我、パーソナリティ、また、個性“individuality”などとふつういいますが、日本では我が強いといったらあまりいい言葉ではありません。アメリカでは我が強くなければ駄目なわけです。「俺はこうだ」、指導者がそうなのです。それがいま行き詰まっているわけです。仏法をブディズムとしてしまうと、帰依のこころもなければ、いのちのあり方に対する目覚めも反省もなく、人間界をはずれた生き方になる可能性が現実として露骨に見られています。

「ナイン・イレブン」。これから話の本題に入れると思うのですが、自我の世界というのはもちろん人間の社会生活にとって必要です。しかし、自我がオーバーに、自我主張をするというのは自我肥大といいますが、インフレーションです。これが起こったら人間の生き方は終わりです。「アメリカは世界の指導国だから、他の国々のきめたことなどは無視してもよい」とか、「俺は大統領だから何をしてもいい」というような話になると大変です。「俺は社長だ、あるいは重役だから、当然たくさんボーナスや給料をもらってもいい」とか。それが大きな電力会社エンロン*[12]とか、情報会社ワールド・コム*[13]の破綻とかにつながって、ものすごいまビジネスの世界で問題になっています。アメリカでは人間界とは思えない生き方、様相が見られます。餓鬼・畜生・修羅が人間の仮面をかぶって自我主張を叫んでいるようです。日本でもそうだと思いますが、それらの会社が日本に来ておりますから。ですから、考えてみましたら、自我は必要だけれども、どうぞみなさん、あのさじ加減を思い出してください。生かそうと殺そうと、自我の使いようです。誰が自我を使うのだというような話です。それは神さんだと、そういうことをいうのは、心理学ではありません。これはユングの心理学で上手に（上手にでしょうなあ）神の代わりにセルフの働きとして理解・説明できるのです。学問というのは仮説がありまして、説明が上手であれば、納得でき、これで一応めでたし、めでたしです。

ここにユング心理学の説明のための二つの図（図12－9、10）がございます。図12－9の円錐形の図を見たらおわかりになるかと思うのですが、一番上に自我がございまして、その次が意識、意識の野です。これは“Field of consciousness”という言葉ですが、意思の野、野原には木や草があるように、雑多なイメージ・考え・感情が意識内容としてあるということです。これは動いているのです。意識が念々に動きまして、その意識を統合して働いているのが自我です。ですから、意識の動きに応じて順応していく、現実に適応していく自分。これが自我、もちろんこれは社会的人間としての大切な働きです。そうでなければ自分の行為に対して責任をとる主体としての、同一性と連続性が見られなくなります。そうすると自我のアイデンティティの問題が出てきます。同一性の問題です。しかし、その下に無意識の世界がありまして、それが個人的無意識、集合的無意識、それから意

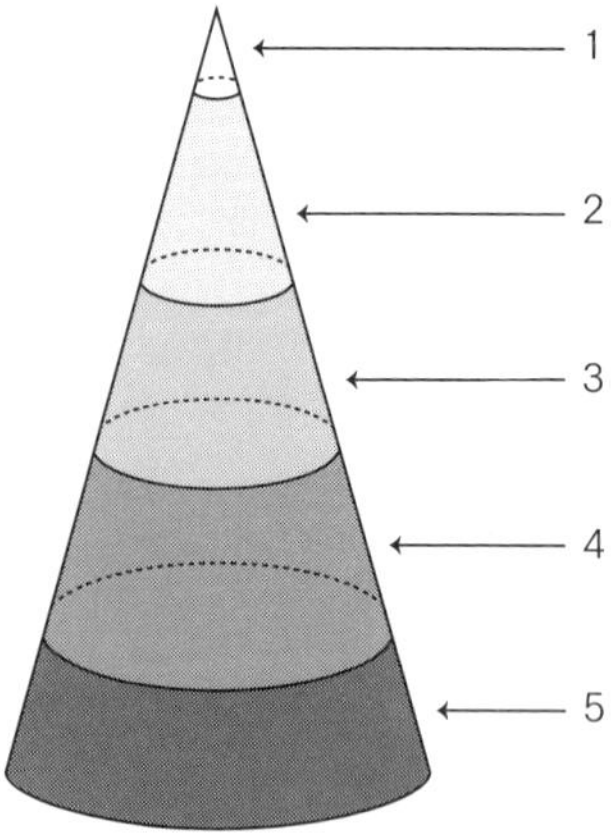


1. The ego（自我）
2. Consciousness（意識）
3. The personal unconscious（個人的無意識）
4. The collective unconscious（集合的無意識）
5. The part of the collective unconscious that can never be made conscious
（意識されることのない集合的無意識の部分）

図12-9　心の構造

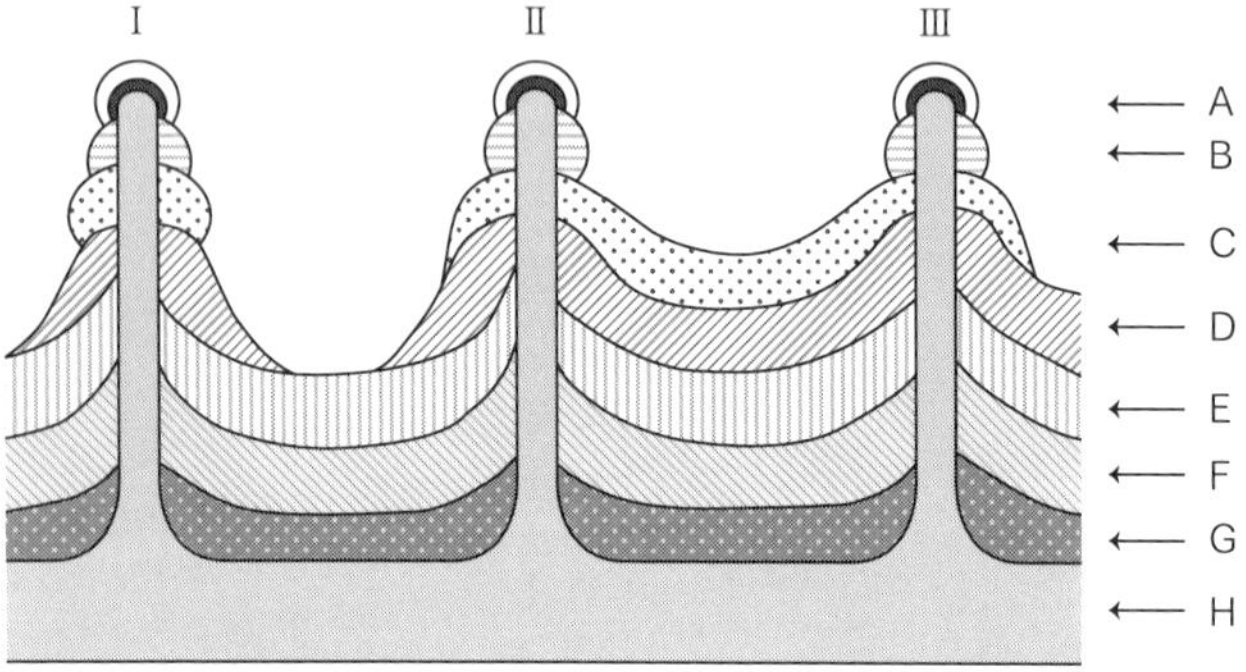


I. Isolated Nations（個々別々の国家）
II. and III. Groups of Nations (e.g., Europe)（諸国家のグループ）
A. Individual（個人）
B. Family（家族）
C. Tribe（種族）
D. Nation（国家）
E. Ethnic Group（人種グループ）
F. Primitive Human Ancestors（人類の先祖）
G. Animal Ancestors（動物の先祖）
H. Central Energy（中心的エネルギー）

（出典：Jolande Jacobi, Psychology of C. G. Jung, Routledge a Kegan Paul Ltd. London: Sixth Edition [revised], 1962）

図12-10　心の系統発生的図式

識されることのない集合的無意識の部分とございます。

この図は立体図みたいな感じで、自我の統合をあらわすのにはいいのですが、これを平面図、それも上からの鳥瞰図（bird's eye view）になおしてみますと、真ん中に自我があって、その周りに意識の野があり、ここは無意識から絶えず材料が来ておりますから、たとえば、私がいまここで話をしているのは、これは自我が、一生懸命筋が立つようにやっているのです。自我の論理「あれかこれか」でございますから、コンフューズ、混同しないようにやろうとしています。そうしますと、意識だけでなく、無意識の中の忘れていたことなども意識されてきます。この材料は、これは使えないと思うと、意識の野から無意識にと行きます。このような無意識の内容、忘れていたこととか、抑圧されていたこと、これは意識しようとしたらできますから、こういうようなことを個人的無意識“The personal unconscious”といいます。

その周りに集合的無意識といいまして、神話とか、それからおとぎ話、それから宗教体験の叙述、宗教の教義などにあらわれているイメージや考えには、一応集合的、西とか東とかいわなくてもいい、その意味では普遍的に見られるものだという内容がございます。だからいってみれば、自我というのは氷山の上の方に見られる部分です。氷山というのは海面下の見えない部分が大部分九五パーセントですか、そんなのでしょう。見える部分はほんの一角であるわけです。自我意識の働き、エネルギーは意識下、無意識の大きなエネルギーに支えられている、ということです。ですからこの下の方の無意識のエネルギーが枯渇すると、自我のエネルギー、働きも駄目になるわけです。無意識のエネルギーというのは自我エネルギーよりもずっと強大なわけです。火山でもよろしい。火山が噴火します。大きな火が、エネルギーが放出され、周りを破壊していくとともに、新しい地形を創造していくということを想像されてもいいわけです。創造と破壊は「不一不二」で、同じエネルギーの働きということになると、無意識のエネルギーを創造的に意識生活にもたらすためには、意識の中心として意識・無意識を統合する自我というのは非常に大事な働きをやっているわけです。そうでなければ人間の生活とはいえない。

自我、あるいは自我意識、日本語でいいますと自分というのはだいたいみなさん知っておられます。漠然としていますが、しかしその自分というのは時・所に応じて、状況に応じてころころ変わっていきます。日本語の「こころ」、その語源ではありませんが、一般には「こころ、ころころ」という具合にいえるそうですから、こころころころ、自分もころころと、こころがころころ変わっていくにしたがって自分も変わっていく。願わくは創造的にです。「君子豹変」、君子、西洋文化では紳士、その文化における理想的自我像、ということです。生かそうと殺そうと、というような、あるいは柳です、そういうようなこととちょっと関係がございますから、どうぞそのイメージを取り上げてください。

ユングはエネルギーのことを説明するのに図を考案しています。図12-10です。大きなすごいエネルギーに支えられて自我のエネルギーが働いているということですが、そうなってきますと図12-10の説明になっていくのです。一番下が「H. Central Energy＝中心的エネルギー」です。これがずっと大きく流れています。そのエネルギーはまず動物の先祖として現れる。これが「G　動物の先祖」でしょう。生存競争、弱肉強食の世界。人間も動物ですから、当然動物のもつ大きなエネルギーがある、神として祀られる文化もあるくらいです。そしてその次が「F　人類の先祖」と。当たり前です、人間は動物ですから。それから人種、そして国家・種族・親戚でもいいでしょうか、一族・家族・個人が出てきます。個人は先述の円錐形の図でも示されるように、自我中心で動いております。ところがその個人は「I・II・III」であらわされているように、個々別々の国家とか、諸国家のグループということになっております。この図はわかりやすいと思います。

この図に基づいて違う絵を描いてみますと、今日のグローバル時代、あるいはエコロジーの問題と関連して仏教を考えるのに使うことができるのです。それは上から見た平面図に書き直したらよろしい。それは同心円の図です。図のまん中に個人がいます。個人の自我、これが中心に働いていますが、一応自我というのが固定しているとしますと、まず自我の周りに自我意識の円があり、自我意識の周りには、前述のように個人的無意識、そして集合的無意識がずっと広がっています。この自我意識、第一の円ですが、その向こうに何があるかというと、第二の円の家族があります。家族というのは同じような考えをだいたいするのではございませんか。それが青春期になりますと、若い人は時代の流れとともに当然、違ったように考えるからここに問題が起こってきます。もちろん、思春期の問題も考えられます。家族は一族郎党と一緒にいるわけで、一族郎党という第三の円の中にある。その一族郎党、それは国家という第四の円の中にある。国です。そういう具合に考えていくのです。そうすると人間という種全体という第五の円、その次が、人間だけでなく、すべての種、動物も植物も含めての第六の円、地球があるということになるのですが、これがグローバル時代を語る視点としての地球です。ここで止められるかといったら、そうではございません。第七の円が宇宙、その中に地球は全宇宙との関連において存在しているのではございませんか。ですから、これは一応人間中心ですが、ここにあらゆる生きとし生けるものも入れていったらどうなりますか。すべてはいのちの絡まり合いで、業・流転・輪廻の考えは、その事実を語っているのではないか。そのいのちと流れている中心的エネルギーというユングの考えは、もっと考慮されてよいと思われます。これは一切衆生を語る仏教になっていくのです。仏教はエコロジーといえます。

衆生主義という言葉は不適当ですが、衆生を中心として考える。人間を中心とするのは人間主義です。まさしくこれは主義でけっこうです。勝手に人間が、人間が中心だといっているわけです。この考えは西洋の文化の根底にあります。これは旧約聖書の創造神話にそういう話はずいぶんはっきり出ておりますが、それも一時間ぐらいはかかりますので、やめておきますが、はっきりしているのです。神はすべて、人間を中心にして世界・万物をつくり、人間に与えたというわけです。そういう考えがいま、世界中、科学技術文明の名においてずっと広がっております。ですから戦争をしても、科学技術の粋をあつめて性能の高いものすごい殺人兵器を使っていくわけです。原子爆弾もそう、インターネットも冷戦時代の発明です。「ナイン・イレブン」は、科学技術文明を使っての修羅がもたらした事件だといえます。人間をどう定義するか、イスラムの人はイスラム教を信じている者のみとなれば、テロリズムは当然起こってきます。キリスト教の人はわれわれのみというと、クリスチャン・ファンダメンタリズムという原理主義者です。原理主義という言葉が当てはまる宗教のあり方になっています。語弊があるかもしれませんが、一神教はともすれば神と人との二つの同心円で考えがちで、自我の「あれかこれか」の論理に基づいて排他的になる傾向があるのかもしれません。もし、宗教のあり方として仏教を捉えるなら、衆生主義ならば、まあまあということだと私は思います。ずいぶん違った考えで、こういう衆生主義の考えをこれから形を変えて西洋の人たちが考慮していくのではないかなと思います。少なくとも私の学生はそういう論文を書くことがありますから、些細なことかもしれませんが、こころに留めておいていただければありがたいと思います。考えが全然違うのです。

昨日いや、一昨日でしたか、どこかで話をしていたのですが、霊長類研究についてです。河合隼雄先生のお兄さん、兵庫県立人と自然の博物館館長の河合雅雄先生は、かつて京都大学の霊長類研究所所長をしておられたはずです。それで、外国でもモンキー研究をやっていますから、何でやるのかといったら、人間も霊長類に属するので人間の理解にも役立つし、さらには人間の病気を治すためにモンキーを研究するのでしょう。きっと医学的に何か面白い成果があるのだと思います。人間中心主義のサイエンス、科学です。日本のモンキーセンターの人たちは餌をやったり餌づけをしている。それも、非常に人間的にやっているのを見たり、たとえばモンキーの顔なんかを人間の名前をつけて覚えるそうですが、そういうのを見ると、ヨーロッパやアメリカの外国の研究者は、不思議に思うそうです。「あれはサルではないか。なんで人間の名前をつけるのだ」と。太郎だ、花子だ、一郎だとやっているのです。黙僊というのはないでしょうけれども、ちょっとややこしいですし（笑）。それは面白いこととは思いますが、外国の人たちが、不思議がるのだそうです。人間の考え方がどんなに文化伝統によってコントロールされているか、規制されているか、いい例です。子供の頃、家・家風に合わないと、私なんかはよくいわれたり叱られたりしました。「お前は目幸家の恥だ」などといって。私には別に何のことはない、小さい頃でしたので、「ああ、そうかいな」と思ったことを覚えています。「日本人の恥だ」「人間の恥だ」そんなこともいえるのではないのでしょうか。「恩知らずは、犬・畜生にもおとる」などといいますが「お前は動物の恥だ」というようなことはいいません。だから、なかなかこれは面白いのです。笑い話のようですが、そうではないのです。

いまエコロジーということはそういうことをいっているわけでしょう。いのちというものは、お互いに関連し合って、あらゆる形であらわされてはいるが、それでいて、一つの輪をなしているわけです。関連性については、水谷幸正先生は『仏教・共生・福祉』という本の中に、共生は縁起のことだと確か書いておられたと思うのですが、本当にそのとおりです。いのちのかかわり合いは、よりつもたれつでしょう。そういうことです。よりつもたれつ、そして機縁が動けばそれが縁となって、何かが起こるのも、これも縁起の世界です。動いているのです。しょっちゅう機縁となり合って、ものごとは動いていっている。「無常」あるいは「無我」の違う表現が縁起という。日本では「縁起でもない」といいますが、そんな考え方では駄目なのです。いままでと違って、こういう言葉が生かされなければいけないと思います。

先ほども、通信教育部長の清水稔先生が「新しい考え」といっておられましたが、縁起、これは古い考えですが、エコロジーという新しい考えに哲学的基盤を与える考えともなります。縁起、衆生主義的考えとか、法とか。あるいは、「不一不二」「物心一如」などもそうです。ものすごく面白いです。こういう考え方が西洋にはありません。自我中心の西洋の世界にはございませんので、仏教の考えには、グローバル時代にふさわしいものがある。そして人生の生き方を考えるのに大事な考えがあるのだと、私はそう説明して、そうでもいわないと、自我文化の強いアメリカで、仏教は教えられませんし、それに多くの学生は、やはりグローバル時代の生き方を求めておりますこともあって、三十年という長い間、自分なりに面白く、また楽しく講義しています。こういうようにやっていますと、学生は興味をもってくれるし、なかなか考えさせられる質問もするし、面白いものです。

考えてみましたら、もうとっくの昔に孔子が、「温故知新」といっています。「故《ふる》きを温《たず》ねて新しきを知る」というのは、これはもうわれわれにとっては常識です。ところがアメリカという国は、新しいものがとにかく一番大切にされますから、ずいぶんあり方が違います。古いものをどんどん放っていきます。あるいは改良していきます。これは資本主義のあり方で、古いものを捨てて新しく変えていかなければ社会の経済機構が働かないということなのですが、こういう行き方をやっていたらゴミがたくさん出てきまして、たくさんのゴミの処理が問題となります。日本もそうだと思います。そしてこのエコロジー、いのちと関連のある、生態学的研究者によればこれはもうどうしようもないので、何とかしなければ、というようなことなのです。

エコロジーというのは生態学、生物とその環境との関連を研究する学問なのです。一九三〇年頃からあったらしいのですが、ある土地を取り上げまして、そこに生きている生物のあり方と環境との関係を研究するのです。森林の中だったら水が流れているとか、岩とかがある。どのような樹が何本あるかとかいろいろ動物だけではなくて、植物も入ってきます。ですからあらゆる環境のそういう要素が大きく取り上げられまして、その生物にとっての一番いい環境は何だろうというようなことになっていくのでしょうが、生態学をやっている人たちは特にその考え方をもっていて、これは今日時代の先端を行っています。なぜかというと、科学技術文明がつくり出した資本主義の経済機構がとんでもなく地球を汚染してしまっているからです。経済機構というと、もう人間の欲とかそういうものが入ってきますから、少しでも他人を押しのけて自分さえよければという仏教の餓鬼・畜生といった〝古い考え〟になりますが。古くして新しい考えということにもなると思います。ですから、仏教の「縁起」という言葉など、今からもっと違うように考えていかなければならない、そして生かされていかなければならないと私は考えております。

この縁起に関係するのが、「業」ということですから、こういうような考えというのは、日本ではどうか知りませんが、きっとみなさんもあまり大切にしておられないのではないかと思いますが、私が教えている多くの学生は「業」ということをもっと知りたいから「仏教」の講義を受講したといいます。キリスト教文化の善か悪かという二元的な思考とは異質物ということもあり、また、人種の数だけ違った文化、考え方があるということなどもあって、ものすごく引きつけるのだと思われます。その上何かといったら責任ということを非常に大事にしますから、アメリカの個人主義のいいところですが、責任に関連してやはりこういう「業」という考えが興味の中心になるからだとも思います。

じつは『筏経』をここで読んでみたいと思うのですが、おそらくみなさん大変わかりやすい内容なので驚かれると思います。このお経ですが、筏の喩《たと》えだけではありません。先に申したように『蛇喩経』と称されるお経の一部です。ここに翻訳者（干潟龍祥氏）の註釈がございますので、それを読んでみますと、

本経はアリッタ比丘が、世尊が障礙《しょうげ》の法なりと説かれたことも実際は障礙とならずとの悪見を生じたのにちなんで、これを呵《か》し（叱られた）、次に法を学んではその真意義を理解すべきを、蛇捕りの喩えをもって教え、次に渡脱した者は法に執着すべからざることを、筏の喩えをもって説き（これが筏の喩えです）、次に実有ならざるものに焦労すべからざること（エネルギーをすり減らさないということです）、一切無常なること、解脱すべきことを教え、解脱者の喩種々をあげ、また如来は虚無論者にあらざること、聖者の階梯《かいてい》等を説く。

この干潟先生の言葉からもわかるように、この『蛇喩経』には仏教の大事な教えが全部説かれております。ところが私は学生時代にそういうことを聞いたことはございませんでした。教えるようになってこのお経を読んで「ほう、これは面白い」と思ったわけで、それで学生とは、学期のはじめに、とりあえず極めてわかりやすいこ

の『筏経』の部分だけですが、一字一句、慎重に取り上げて読んでいます。蛇捕りの喩えはその後の部分で、これは釈尊がよく使われたようです。

『筏経』ですが、これは二つのパートに分かれております。教えを誤解したために仏典に残っている人です。だから誤解するのもよろしいようです。アリッタという男は、教えを誤解したために仏典に残っている人です。

アリッタという男は、ここにしか名前が載っていないので、どんな人かは知りません。とにかく釈尊が、障礙の法、悟りのさわりとなるそういう法として欲の追求を斥けられたのに、元鷹飼のアリッタは、自分の理解ではそういう教えも障りにはならない、ということを説いているというわけですから、これは釈尊や仏弟子たちにとって迷惑な話です。アリッタは誤解している、それが悪見、仏・仏弟子を謗《そし》る自らをも破滅に導く悪い見解であり、間違った生き方になる。つまり「正見」に反するのです。八正道の一番初めに正見という言葉がございます。

弟子たちは釈尊に、「アリッタがそういう間違ったことをあなたの教えとして説いていますよ」と。そういったことを機縁としまして、そこで弟子たちはアリッタを説得しようとするのですが、アリッタは、頑として悪見に固執するのです。こうして釈尊は、一人の弟子に「では、そのアリッタを連れて来なさい」とおっしゃったわけです。そしてその弟子とアリッタが一緒に来ました。

そうしますと、釈尊は弟子たちの前でアリッタを厳しく叱責し、悪見は仏・仏弟子を謗るのみか、自らの破滅となることを告げ、さらに論争に勝つとか饒舌《じょうぜつ》を楽しむために法を学ぶことを誡めます。蛇捕りの話はそのあとに説かれています。要旨は次のようです。「蛇を捕らえるときにどうするか、もちろん首を捕らえるだろう。もし、胴とかしっぽを捕らえたらどうだ、手などを噛まれて、毒蛇であったら命がなくなる。そうだろう。私の教えもちゃんと理解をしないと命とりになる」と。この蛇喩《じゃゆ》のあとに筏の喩えが説かれます。こうしていつの間にか釈尊は、一応釈尊の教えに目覚めたと自認している、アリッタを告発した弟子たちに向かって説いておられます。

ですから、非常に面白いです。悪見、正見、両方とも生かされているわけです。正しい教えというのは間違った教えと照らさなければいけない。

なぜ「ナイン・イレブン」に非常に意味があるのかといいましたら、あの事件をよく考えてみますと、正しい宗教、あるいは教えとはなんだろう、少なくともこのような問題意識が起こると、この事件、事象、その中に、ブッダ・ダルマ、仏法とか仏道とか、仏教といわれる教えが輝いていると私自身思いますし、ユング心理学の考えもその中に見られるのではないかということです。それではこのお経を読みます（資料①参照）。

「比丘達、予は汝達に度脱し、執着せざらしめんが為に筏喩《ばつゆ》の法を説かん、（ちゃんと目的がはっきりと述べてあります）、其を聴き、善く思念せよ、今将《まさ》に説かん」と。彼等比丘は「畏承《かしこま》りぬ」と世尊に諾《こた》へぬ。かくて世尊説きたまはく、「比丘達、譬《たと》えばここに街道を行く人ありて、道に大水流を見たりとせよ、（大きな川があった）、而して此の岸は危険にして恐怖《くふ》あり、彼の岸は安穏にして恐怖なし、（この岸は危ない）、而も此の岸より彼の岸に行くに渡舟なく、又橋もなし。（さあ、どうして行こうか）。彼乃思はく、「此は大水流なり、而して此の岸は危険にして恐怖あり、彼の岸は安穏にして恐怖なし、而も此の岸より彼の岸に行くに渡舟無く、又橋も無し。（これです。自覚が起こっているわけです。ああ、ここの岸は危険だ、いてはだめだ。なんとかして安穏な彼の岸に行きたい。こういう気持ちは誰にでもあるはずです。自然な心の動きです。もうここでいい。危ないけれど、ここにいようかという人間はいません。誰にでも見られるこういう心の動きは、菩提心につながるのだと思います）。

いざ我、草・木・枝・葉を収聚《しゅうしゅう》して筏を組み、其の筏に依りて、手足を以て努力して安全に彼岸に渡らん」と。（願いが起こってきます。彼岸に渡ろうという願いです。正しい状況を知って、そこで願いが出てくる。さあ、向こう岸に行かねば、と。ところが願いが起こってからが大変です。自分でその材料をあつめて、筏を組まねばなりません）。

比丘達、是に彼の人は草・木・枝・葉を収聚して筏を組み、其の筏に依りて、手足を以て努力して安全に彼岸に渡るべし。（筏を組んでちゃんと渡ったのです。渡るのは大変です。筏を組むのも大変ですが、大水流もありますから、手足を使って筏を動かすのは大変な努力が必要です。もしかしたら雨期であったりして、渡りそこなうかもしれません。みなさん、蛇やら筏といったら何かおかしな話に思われるかもしれませんが、お釈迦さまの時代は、紀元前二五〇〇年です。遊行僧として、托鉢をしておられたわけですから、原野を行けば毒蛇がたくさんいたかもしれない。あるいは悪い昆虫、毒虫もいたでしょう。あるいは時によっては筏を組んで彼の岸に渡らねばならないこともあったと思います。だから非常に地に足の着いた、現実的な教えであるということを頭に置いてください。今の状況で理解したら、ちょっとこれはできないかもしれません）。

渡りて彼岸に達せる彼に次の念生じたりとせよ、即、「此の筏は我に益する所多かりき、我此の筏に依りて手足を以て努力して安全に岸に達せり、いざ我此の筏を或は頭に載せ、或は肩に担ぎて欲するままに行かん」と。（どうですか。この筏はありがたい。私を救ってくれたということで感謝して、この教えはありがたい、もう本当に。だから頭に載せるか、肩に担いで旅を続けよう、というわけでしょう）。

比丘達、其を如何に思ふや、彼の人は是の如く作《な》して彼の筏に対し作すべきを作せる者なりや」。（筏の喩えの教えです。その有難い教えに対してそういう態度をとる、それは適切か）。

〔諸比丘曰く〕「然らず、世尊」。〔世尊曰く〕「比丘達、彼の人如何《いか》にせば彼の筏に対し作すべきを作す者なりや。比丘達、かく渡りて彼岸に達せし彼の人、次の念を作すとせよ、（自分で問うて自分で答えておられます。自明の話だからだと思われます）。

即、「此の筏は我に益する所多かりき、我此の筏に依りて手足を以て努力して安全に岸に渡れり、いざ我此の筏を或は岸に曳上げ、或は水に浸して後、欲するままに行かん」と。比丘達、彼の人是の如く作さば、彼の筏に対し作すべきを作せる者なり。（それはそうです。比丘達、放って行きなさい。邪魔になるだろう。いつまでも背負っていくなと。諸行無常を一つここに入れたら、すぐにわかります。状況が変わる。だから、そんなに何に執着しているのだ、百害あって一利なしということです。まあファンダメンタリスト、原理主義者といわれる人に対するこれは戒めかもしれません）。

比丘達、是の如く予は、度脱《どだつ》し、執着せざらしめんが為に、筏喩の法を説きぬ。（これはダルマです。そういうダルマを説いたのだと）。比丘達、実に筏の喩を知る汝達に従りて、法も亦捨離せらるべし、況《いわん》や非法をや」。

これはダルマ、私の説いたダルマ、教え、あなたはそのダルマによって悟ったのだというと、あなたにとってダルマになります。しかし、執着すれば、そのダルマはダルマではなく非法となる、障碍《しょうがい》の法となる。ましてももともと障碍の法とされた教えは、なおさら執着してはならない、と。あなたにとってはダルマであっても、しかしそれは他の人に対しては毒かもしれないということもあります。

こんなのは面白いのです。ユングも面白いことをいっています、「自分が言ったりしたりすることは、あなたにとっては薬かもしれないけれど、他の人には毒でもありうるぞ」と。さじ加減ということと同じようなことをいっています。人によって法を説くということは、昔から対機説法といわれています。仙厓もそうです。時・処そして聞く人の資質、興味などに応じて、それにふさわしい教えを説く、それがその人の目覚めに役立てば、その人にとってダルマになっていきます。

ですから、アリッタが誤解したようなのは、悪見です。それはアーダルマです。これは気をつけねばいけない。だから自分は正しいと思っている弟子たち、一応悟っている弟子たちに対して、目覚めに導いてくれたダルマ、さらにはその目覚めの境地——これも先述のようにダルマ——に執着すると、それはアーダルマ・非法となる、そういう訓戒の言葉がここにあるのだと思われます。

このあとはもっと面白いのです。面白いといいますか、専門になり、ちょっと難しくなりますが、その要旨は、先述の「諸法無我」に行く教えです。無我の教えは「五蘊《ごうん》無我」といいまして、わかりやすくいいますと、お前の体も心も内も外も無常遷流の法でころころ変わるのだから、そのいずれにもとらわれるな、と。心にとらわれたら「私の方が正しい」とか、意見の相違となり、喧嘩になります。「ナイン・イレブン」がそうでしょう。「ジハード」といって神の闘いだとイスラムはいいます。あんなに、五千人も殺されたら、殺された方にとっては悪魔の闘いです。神が悪魔に変わってしまうのです。やられた方にとっては。そんなことになってしまうのです。それで、「われわれはクルセイズ、十字軍だ」というのです。まるで中世です。中世に時代を移さなければいけないような話になっていくのです。修羅、勝負の鬼です。このように教えに執着すると、全部アーダルマになるのではないかと、いおうと思えばいえます。

諸法無我、この教法は五蘊で説かれています。「五蘊無我」というのは、これは『無我相経』といいまして、非常に大事なお経の中の教えになっているのです。これはあとで、もしご興味があればくわしくお話ししますが、要点をいえば、五蘊、五つのともに生起するもの、そのいずれもがアートマン、我ではない。そして五蘊とは、色・受・想・行・識です。一応、受は感覚、感情、想は考え、行は業・業の流れ、識は意識でこころの働きとされ、その対象となるのが色とされています。この五蘊はともに生起するもの、「内外一如」そして無常遷流のダルマというのです。

ところがこの『蛇喩経』では仏陀は五蘊の次に世間を加えているのです。ですから五蘊無我に世間を一つ加えることによって、これを「六見処」というのです。いわゆる六つの見処、我に対する見解があるがいずれも正見ではない、と。正しい見というのは無常にともなう無我のあり方をいっておられるわけなのです。

世界、世間。世間というのは、これはみなさんもご承知くださったと存じますが、仏の世界も、それから迷いの世界も、人間の世界も重なっている。初めに申しました、そういうことなのです。ですから、英語でいいました、サイコロジーとコスモロジー、こころの内と外、それは「不一不二」だと申したと思うのですが、そういうことにつながっていきます。

なんとかうまいことまとまったようでございますが、大概まとまらないで困るのですが。今日はだいぶ初めに写真を撮られましたので緊張してしまいました。「ナイン・イレブン」のことはようございますか、この事件を契機にいろいろと考えさせられています。ちょっともうひとこと加えますと、エンロンの破綻はあの前後から大きな問題になっていたのです。あれはエネルギーの会社でしょう。上の方の人は株価が上がるものだから面白いほど利潤を得たというのです。株価というのは実際のお金ではないそうです。私は、株はまったく知りませんが、新聞で読んだだけですので誤解しているかもしれません。株価がどんどん上がって、それでたくさん儲けているというので、みんながエンロン株を買いに行くわけでしょう。だから結局は買った人の欲が問題になっていくのではないかという話がこの頃出てきております。私が日本に来る前ですが、一つだけそういうことが新聞に載っていました。『ロサンゼルス・タイムス』です。その次はワールドコムというインフォメーションのカンパニー、あれも同じ状況なのです。両方とも含めて、その論評は人間の貪欲がつくり出した地獄の世界だと、そういう書き方をしていました。人間の仮面をかぶった餓鬼の世界とも申せます。

貪欲の世界は際限がありませんから、この図12-3の輪廻図を見れば、そういうことが比較的はっきりわかると思うのですが、そういうことです。仏様と一緒にいますから。つまり、目覚めの働きが誰にもあるということですから。それは経済的な問題です。経済的な問題は必ず政治的問題に絡みます。政治献金に重なっていきますから、ブッシュ大統領も、それからチェイニー副大統領も、検察庁が入っているはずで、どこまでその真実を調査していけるかはわかりません。大変な問題になっています。一般はもちろん不景気で大変です。

　ところがこの二月頃からさらに大変な問題が出てきたのです。問題は昔からあるのです。それはカトリックの教団の神父さんたちの問題です。子供に対するアビューズ、虐待です。子供にいたずらしますと、いたずらされた子供というのは一生が台無しになります。それは心理分析なんかをやったらよくわかります。どうしてそういうことが起こったかというような話で、これも新聞で知ったのですが、彼らには檀家と合議制というものがないのです。プロテスタント、新教の方はあるはずですが、旧教の方、カトリックにはないのです。神父さんだけで話を決めていくから、いたずらした神父はそれが問題となる前に他へ転任にする。転任したところでまたやる。転任を命ずるのはビショップ[*14]でしょう。ですから、ビショップが六人、リザインです、聖職をやめています。ローマ法王がちゃんとその許可を下すそうです。それで大変な問題になっています。だから精神的にも、経済的にも、政治的も、一度に暗い面の陰が出てきました。科学技術文明のチャンピオン、物質的繁栄を誇り二十一世紀のリーダーとしてデモクラシーの理想を高く掲げているアメリカです。これは一体どういうことでしょう。人間の意識がこのような暗黒面をえぐり出しているということですから、すべて意識の目覚めに関連することですから、そのエネルギーは相当なもので、そのためアメリカが変われば、世界もみな変わっていくと考えたいものです。それも人間回復の方向に向かって、と願うのは、私一人だけでしょうか。

　私が「ナイン・イレブン」を見たときに初めに思ったことは、日本は世界中でただ一つだけ声を大きくしていえることがあると。それは原爆です。原爆の犠牲者、唯一の犠牲者として大きく何か叫ぶべきだったと思います。私は非常に非現実的なところがありまして、靖国神社を広島に移したらどうかぐらい思うのです。そうしたら誰も反対しません。原爆反対、今も核危機ということは大変なことになっていませんか。環境の汚染も大変です。だけど、一番問題なのは内の環境です。自分たちのこころのひずみというか、すごく腐敗、堕落していませんか。だからこれは大きな声でよう言えませんが、みんな一緒に考えてなんとかしたいなとは思います。そういう願いがあるとしか言えません。

私が尊敬する鈴木大拙先生は、禅を世界に広められました。あの方は「本願」という言葉、「願い」という言葉は英語にはならないとおっしゃいました。ならないということは英語の文化にはないということです。そういうことなのです。ですから今日ここで上げましたたくさんの仏教の言葉は全部、英語にはございません。これを英語で講義するなんて、昨日もあるところで日本語で話をしましたが、「本当に英語で教えているのですか」といわれまして、昨日の日本語はだいぶスムース、上手だった。今日はちょっと緊張したからわかりにくかったかもしれませんが、私も言いたかったのです――"I think so."私も教えているのかどうかわからないけれども、とにかく一応理解できる英語になっているということです。だから誤解されている可能性は十二分にあります。話をもとへ戻しますと、『筏経』は誰でもわかる話なのです。わりといい英語になっていますから、それをずっと扱っています。それから絵を見て補っていく。それで一応はコミュニケーションはできているのではないかと思っています。

お暑い中を恐縮でございます。本当にご清聴ありがとうございました。

資料①　『蛇喩経』

本経はアリッタ比丘が、世尊が障礙の法なりと説かれたことも実際は障礙とならずとの悪見を生じたのにちなんで、これを呵し、次に法を学んではその真意義を理解すべきを、蛇捕りの喩えをもって教え、次に渡脱した者は法に執着すべからざることを、筏の喩えをもって説き、次に実有ならざるものに焦労すべからざること、一切無常なること、解脱すべきことを教え、解脱者の喩種々をあげ、また如来は虚無論者にあらざること、聖者の階梯等を説く。

「比丘達、予は汝達に度脱し、執着せざらしめんが為に筏喩の法を説かん、其を聴き、善く思念せよ、今将に説かん」と。彼等比丘は、「畏承りぬ」と世尊に諾へぬ。かくて世尊説きたまはく、「比丘達、誓えばここに街道を行く人ありて、道に大水流を見たりとせよ、而して此の岸は危険にして恐怖あり、彼の岸は安穏にして恐怖なし、而も此の岸より彼の岸に行くに渡舟なく、又橋もなし。彼乃思はく、「此は大水流なり、而して此の岸は危険にして恐怖あり、彼の岸は安穏にして恐怖なし、而も此の岸より彼の岸に行くに渡舟無く、又橋も無し。いざ我、草・木・枝・葉を収聚して筏を組み、其の筏に依りて、手足を以て努力して安全に彼岸に渡らん」と。比丘達、是に彼の人は草・木・枝・葉を収聚して筏を組み、其の筏に依りて、手足を以て努力して安全に彼岸に渡るべし。渡りて彼岸に達せる彼に次の念生じたりとせよ、即、「此の筏は我に益する所多かりき、我此の筏に依りて手足を以て努力して安全に岸に達せり、いざ我此の筏を或は頭に載せ、或は肩に担ぎて欲するままに行かん」と。比丘達、其を如何に思ふや、彼の人は是の如く作して彼の筏に対し作すべきを作せる者なりや」。〔諸比丘曰く〕「然らず、世尊」。〔世尊曰く〕「比丘達、彼の人如何にせば彼の筏に対し作すべきを作す者なりや。比丘達、かく渡りて彼岸に達せし彼の人、次の念を作すとせよ、即、「此の筏は我に益する所多かりき、我此の筏に依りて手足を以て努力して安全に岸に渡れり、いざ我此の筏を或は岸に曳上げ、或は水に浸して後、欲するままに行かん」と。比丘達、彼の人是の知く作さば、彼の筏に対し作すべきを作せる者なり。比丘達、是の如く予は、度脱し、執着せざらしめんが為に、筏喩の法を説きぬ。比丘達、実に筏の喩を知る汝達に従りて、法も亦捨離せらるべし、況や非法をや。」(『南伝大蔵経』第九巻・中部経典・根本五十経篇)

資料②　『ユング自伝』二

「私の感動は、サンチの丘が私にとって中心的な何ものかであるということを示していた。それは、その場所において、仏教が新しい現実において、私にあらわれてきた、ということである。ブッダの一生は、セルフ(das selbst, the self) の現実として、すなわちセルフが一個人の生涯にわたって透徹し、かつ権利を要求した現実として、私は理解した。ブッダにとってセルフは、あらゆる神々の上位にあり、また人間存在と世界の全体の本質をば定置するのである。セルフは〝一なる世界〟“unus mundus”として、存在自体の側面及び認識された存在の側面をもまた包括するもので、セルフなくしては（個々人の）世界は存在しない。ブッダは、十分に、人間の意識の尊厳が、その宇宙創造性にあることを洞見し理解していたのであり、意識の光の消滅ということが誰かに起これば、世界が無に帰ることを、明らかにみていたのである」。（目幸黙僊訳）*15

編者注

1　タントラ仏教：密教の経典がタントラと名づけられていることから、密教全般をタントラ仏教と呼ぶことが多い。
2　潮音：江戸時代末期、江戸駒込西教寺の僧侶であった。画工に命じて「五趣生死輪図」（図12－3）を作成し、木版刷りを刊行した。「五趣生死輪図」は一種の地獄図であって、日本ばかりでなく、チベット・ネパールなどの国々で流布しているという。
3　毘奈耶：仏教において教団に属する僧侶（比丘）が守らなければならない戒律のこと（律＝Vinaya）。
4　三帰依文：仏法僧の「三宝」に帰依したてまつるという意味の誓いの言葉。特に真宗大谷派の三帰依文には「自ら仏に帰依し奉る～」との言葉が含まれている。
5　仙厓：仙厓義梵（一七五〇－一八三七）。臨済宗の禅僧、画家。軽妙洒脱な禅画を残した。
6　六波羅蜜：波羅蜜あるいは波羅蜜多とは、パーリー語またはサンスクリット語で「達成」「到達」「完遂」を意味し、さらに彼岸に達するための行を意味する。後者の意味では「布施」「持戒」「忍辱」「精進」「禅定」「智慧」の六つの波羅蜜があるとされ、これを六波羅蜜という。
7　ナイン・イレブン：二〇〇一年九月十一日、米国で発生した同時多発テロを「ナイン・イレブン」と呼んでいる。
8　クルセイド：Crusade。「十字軍」を意味する英語。十字軍は、キリスト教徒が聖地エルサレムを奪回することを名目として起こした軍事行動である（第一回十字軍は一〇九六年）。第一回十字軍から九百年後の二〇〇〇年三月、ローマ・カトリック教皇ヨハネ＝パウロ二世は「十字軍は間違っていた」と正式に謝罪している。二〇〇三年三月、米国大統領ジョージ・W・ブッシュは、イラクのサダム・フセイン大統領が大量破壊兵器を保持しているとして、米国を中心とする多国籍軍を組織し、イラクに侵入し、フセイン政権を排除した。その際、ブッシュ大統領はこのイラク戦争を「十字軍」になぞらえた。

9　アビダルマ仏教：アビダルマとは「論書」の意味。ブッダの死後、数百年の間に、仏教教団はさまざまに分裂した。これらを総称して部派仏教という。また、部派ごとに独自の論書（アビダルマ）を作成して、自派の主張を行ったので、部派仏教のことをアビダルマ仏教とも言う。

10　スーフィズム：イスラム教神秘主義。

11　セント・フランシス：イタリアの聖人、アッシジの聖フランチェスコ（一一八二－一二二六）のこと。フランシスコ修道会を創立した。

12　エンロン：アメリカ合衆国テキサス州に存在した総合エネルギー取引とＩＴビジネスを行う巨大企業。不正経理、不正取引による粉飾決算が明るみに出て、二〇〇一年十二月に破たんした。

13　ワールドコム：アメリカの情報通信会社。二〇〇二年七月に破たんした。

14　ビショップ：Bishop。「僧正」。キリスト教での高位聖職者。カトリックでは「司教」という。一定地域（司教区）における最高位である。

15　ユング自伝：ヤッフェ編、河合隼雄他訳『ユング自伝』二、みすず書房、一九七三年、一一一頁、参照。ただし、この部分は目幸教授の訳によるものである。

# Ⅵ　いのちセラピー

# 第13章　全身体的〝思考〟

ふつう思考といえば「頭」によっておこなわれると考えるのが常識である。それゆえ、全身体的〝思考〟、すなわちからだ全体でする〝思考〟というような思考がはたしてあるのか、もしあるとしても、それが思考と呼ばれ得るものかどうか、そのようなことを以下、ユング分析心理学の観点から考えてみたい。

## 第1節　全身体的〝思考〟という言葉について

まず全身体的〝思考〟という言葉についてであるが、この言葉は、世界的に著名な禅仏教の学者、鈴木大拙が、一九五四年、スイスのエラノス会議においておこなった講義『禅における新意識の目覚め』のなかで使ったものである。[1] 彼はこの講義において、十二世紀後半北宋の末、廓庵《かくあん》禅師[*1]の作とされる禅の古典『十牛図《じゅうぎゅうず》』[*2]にふれ、その第十入鄽垂手《にってんすいしゅ》図[*3]に画かれている「はら」の突きでた布袋《ほてい》様の姿を説明して、「彼の〝はら〟(his "belly")は全宇宙を呑みこんでいる」と説明し、さらに〝はら〟について、次のように注を加えている。

このことは未開的に思われようが、〝思考〟("thinking")を〝はら〟〝こころ〟(the heart)[*4]、あるいは〝横隔膜の領域〟(the diaphragmic region)に位置づけることは、全く意義のあることである。からだ全体(the whole body)でなされる、換言すれば、全〝人〟(the whole "person")でなされるある種の〝思考〟が存在するのであり、この〝思考〟は概念化を越えている (beyond conceptualization)[2]。

いうまでもなく、概念化を越えている〝思考〟は、思考ということはできない。それにもかかわらず鈴木大拙は、そのような〝思考〟があるとして、〝はら〟による〝思考〟、〝こころ〟による〝思考〟、〝横隔膜〟による〝思考〟などといいかえ、まだそれでも不十分と感じたのか、「からだ全体でなされるある種の〝思考〟」、「全〝人〟でなされるある種の〝思考〟」などとも表現して、その意を伝えるのに心を労しているようである。

思うに、日本語には「はらのある人」とか「はらの坐っている人」などという表現があり、したがって「はらで考える」といわれても、日本人には何となくわかる気がする。「こころで考える」ということも同様に、「こころに聞け」というような用語から推して、これもまた何とか理解できよう。また「からだ全体で考える」ということも、「からだが覚えている」などといわれることより、推測できよう。このことは特に芸事・芸道に従事した人には納得しやすいと思われる。かつて、弓の達人より「弓はからだで射る」ということを聞いたことがあるが、これも「からだで考える」ということに通じよう。少なくとも何らかの理由で、からだにもある種の〝思考〟が存在することをあらわしていると思われる。

しかし、科学技術文明が支配的な今日、思考は「頭」がする仕事であって、「からだ」はもちろん、「ハート」や「はら」など、身体の一部でする思考が存在する、というようなことは、およそ無意味にきこえよう。特にこのような考えを英語に表現しようとした場合がそうで、鈴木大拙は上にみたように、この「ある種の〝思考〟」を説明するのに、いろいろと言葉をおきかえて、その意を伝えるのに苦労をしているのである。

ところが、このような現代の常識に反して、サイコセラピーの過程において、治療がくりかえし、からだを通してなされることがある。それは、もともとセラピーにくる人は、自我の世界、「頭」で考えた世界が行きづまっているのが通例で、その行きづまりが打破された場合、「頭」でする思考とは異なった「ある種の〝思考〟」の体験によるものと考えることができるからである。
この「ある種の〃思考〃」は、いわば自我の根源にあって、それを包みこえている生命の働き、といってもよい。それは人間の生命がもつ創造的働きで、その創造的生命が自我を通して働くことによって、自我の行きづまった世界が打破せられ、ここに「頭」でするのとは違った「ある種の〃思考〃」が体験せられる、と考えられる。かかる「ある種の〃思考〃」は、自我意識にとっては〃新〃意識であり、もし思考という言葉を使って表現するとすれば、「ハート」〃思考〃とか「はら」〃思考〃などといった表現にならざるを得ないといえよう。

## 第2節 「ハート」〃思考〃

この「ある種の〃思考〃」が今日厳然《げんぜん》として存在し、またそれが現代の科学技術時代においても、十分に意味をもつものとわれわれに考えさせるのは、ユング(Carl Gustav Jung, 1875-1961)がその『自伝』において語っている、北米ニュー・メキシコ州のインディアン、プエブロ族の族長との対話である。ユングは一九二五年の初めに北米旅行をして、この族長オチウィアィ・ビアノ(Ochwiay Biano「山の湖」)との会話により、深く西洋文化のあり方を反省せしめられたという。族長はユングに次のように語る。

「見てごらん。白人たちがどんなに残酷な顔つきをしているかを。その唇はうすく、鼻は鋭く、顔には深いしわがよっていてひだでゆがんでいます。彼らの目つきは何かを凝視し、たえず何かを求めています。一体何を求めているのでしょうか。白人たちはいつも何かを欲し、いつも不安で落ち着きがありません。いったい何を彼らが欲しがっているのか、私たちにはわかりません。私たちには彼らが理解できないのです。彼らは気違いだと思います」。

私は彼に、どうして白人はすべて気違いであると思うのか、その理由を尋ねた。

「彼らは、自分たちは頭で考えると言っています」と、彼は答えた。

「それはもちろんその通り。それでは一体あなた方は、どこで考えるのですか」と、私は驚いてこう尋ねたところ、

「私たちはここで考えます」といって、彼は自分のハートを指さした。[3]

このプエブロ族長の「ハート」で考えるという言葉は、ユングを長い瞑想（meditation）へと導くとともに、ユングをして「はじめて自分の生涯において、白人の本当の姿を画いてみせてくれ」「われわれの弱みをえぐり出し、目をふさいでいた真理を暴露」してくれた、と述懐《じゅっかい》せしめる。ユングはいう。

われわれの考え方からいえば、植民地化、異教徒へのミッション、文明の流伝などと称していることが、いま一つの顔をもっているということである。その顔とは、残酷な意図をもって、彼方の石切場にえじきを求める肉食鳥のそれであり、海賊やおいはぎといった人種にふさわしい顔である。[4]

ユングのいう西洋文明の〝今一つの顔〟、それは宗教や文明の美名のもとに実現せられた、「ハート」を無視した強食弱肉の文化に外ならず、次々と新しい餌食《えじき》を求めては貪欲飽くことなき残忍さとともに、世界を支配してきた西洋文明の、いわば集合的〝影〟の自覚である。西洋の科学技術文明は物質的幸福繁栄をもたらしたものの、その反面、内面的精神文明の貧困さをももたらした。こうして人々は今日、外には核戦争の脅威、環境破壊の危機を憂え、内には道徳的腐敗堕落を嘆くにいたった。「頭」偏重の結果招いた科学技術文明の弊害《へいがい》、矛盾、行きづまりに対する反省・憂慮は、現代人の誰もが持つものである。この意味では、プエブロ族長の「ハート」で考

えるという一言は、現代文明に対する頂門《ちょうもん》の一針《いっしん》といえよう。

## 第3節　神話的〝思考〟の必要性

族長「山の湖」は、さらに人間が意味のある存在として生きてゆくのに、〝神話〟がいかに大切であるか、ということをユングに知らしめた。少し長くなるが、ユングの語るところを紹介する。それはテクノクラシーの巨大な歯車の中に組み入れられ、記号化されてしまって、その個性を失った現代の人間にとって、人間存在の意味を深く考えさせるものがあると思われるからである。

### 1　〝父なる太陽〟

ユングはインディアンたちが、みんな異様なまでにその宗教について、堅く口をとざして何一つ語ってくれないのをみて、宗教の秘密を守ることこそは、彼らをして白人の支配に抵抗せしめる力を与えるものであり、またそれは彼らに団結と統一を与えるものであるということに気づく。しかし族長が、問わず語りに、白人たちが自分たちの宗教を妨害することについて不満をぶちまけて次のように語ったことより、ユングは彼らの宗教がどのようなものであるかを知るにいたる。

「どうしてアメリカ人たちは、われわれをほっておいてくれないのか。何ゆえに彼らは、われわれが〔宗教的〕ダンスをするのを禁止するのか。どうしてわれわれの若者たちを、学校からキバ（Kiva ＝宗教儀礼が行われる場所）へ連れ出して、彼らに宗教を教えることを困難にするのか。われわれは何もアメリカ人を害したりはしないのに」と。

長い沈黙のあと、彼は語を継いだ。

「アメリカ人たちはわれわれの宗教を根絶しようと思っているのだ。どうして彼らは、われわれをほっておいてくれないのか。われわれのすることは、何もわれわれのためにだけしているのではなくて、彼らのためにもしているのだ。誰もが、それによって利益をこうむるのだ」

ユングは、族長が興奮して語っていることよりして、彼らの宗教についてきわめて大切なことを語っていることに気づいて、次のように質問した。

「それでは、あなたがたが自分の宗教においてしていることは、全世界を益するものと考えているのですか」

族長は、生き生きとして、次のように答えた。

「もちろんですとも。もしわれわれがそれをやらなければ、一体世界はどうなるのでしょう」

こういって彼はうやうやしく太陽を指さした。ユングはそのような彼の姿をみて、会話がプエブロ族のミステリーにふれはじめていることを感ずる。族長はいう。

「要するに、われわれは世界の屋根の上に住んでいる人間なのです。われわれは、父なる太陽（Father Sun）の息子なのです。そしてわれわれの宗教で、毎日父が空を行くことを助けているのです。われわれは、これを自分たちのためにだけでなく、全世界のためにしているのです。もしわれわれが、われわれの宗教を実践することを中止したとすると、十年もすれば太陽はもう昇らなくなってしまうでしょう。そうすると、世界は永久に夜となってしまうでしょう」[5]

この族長の言葉を聞いて、ユングは、個々のインディアンがもっている〝尊厳さ〟、静かな落ち着きが何に由来するかを知る。それは、彼らが太陽の息子であり、その父たる太陽の運行を助けているという、宇宙的責任の遂行に由来するのである。こうしてユングは次のように反省する。

「これ（宇宙的に意味をもつ尊厳さ）に対して、われわれの自己弁護、すなわち理性によって述べられた生存の意味を対比してみるならば、それがいかに貧困なものであるかということを認めざるを得ない。……知識はわれわれ（の生存理由）を豊富にはしてくれない。（否、逆に）それはかつて出生の権利としてその中に住んでいた神話の世界から、自分たちをますます引き離すものなのである[6]」

およそ、父なる太陽の運行を助ける、などという神話的〝思考〟は、現代人にとって無意味に聞こえよう。しかし現代人は、その科学・技術思考のうえに立って、この族長「山の湖」のように、人間存在の尊厳は、父なる太陽の創造的働きを助ける宇宙的責任の遂行にある、と信念をもって宣言することができるか。このようにユングは、西洋文明を反省せしめられたのである。

## 2　〝母なる大地〟

このようにプエブロ族の族長はユングに〝父なる太陽〟を語ったが、テールケン（Barre Toelken）によると、彼らはまた、〝母なる大地〟をも語るのである。そしてこの〝母なる大地〟は春になると妊娠して、すべての生き物のためにその食物を生みだす準備をする。それゆえ、どんなに白人の技術者たちが、豊富な収穫を得るためにスチールの鋤《すき》を使って耕作をすすめても、彼らはそれを拒絶する。彼らにとっては、妊娠中の〝母〟を傷つけることなど、およそ考えられないことである。彼らの中には春になると、その靴をぬいで地上を歩くものもあるという。テールケン自身、その土地で出会った彼らの一人に、次のように尋ねた。「それでは、もし自分が足で土地をけったとしたら、何もかも台なしになって、その結果、何も収穫はなくなるのか」と。この問いに対して、そのインディアンは「そのようになるかどうかは、自分にはわからない。しかしそのようなことをすれば、あなたがどのような人間であるか、ということがまぎれもなくそこに示されている」と答えたという。[7]

「ハート」で考えるプエブロ族にあっては、〝父なる太陽〟〝母なる大地〟の保護のもとに、彼らは一つの家族として、宇宙的調和関連の中に生きていると信じている。彼らにとっては、この宇宙は暖かい両親に抱かれた家庭なのである。「頭」で考えれば、その方がずっと能率的で収穫がよいとわかっていても、妊娠中の母親を傷けるということは、その神話的〝思考〟に基づく〝こころ〟の論理にあっては通じないことである。かかるプエブロ族の「ハート」〝思考〟は、同じく神話的〝思考〟といっても、旧約聖書創世記にみられるそれとは異質的なものがある。この両者の違いを考えてみることによって、「ハート」〝思考〟の特質が明らかになると思う。

## 第4節　旧約聖書創世記神話との比較

旧約聖書創世記（第一章から第二章第四節）によると、神は六日にして全宇宙を創造し、七日目には安息をしたといわれているが、第一日目は、神は暗黒から、「光あれ」と言葉をもって、まず光と暗《やみ》とを分かち、こうして昼と夜とが創られた。ついで神は二日目には蒼穹《おおぞら》を、三日目には草や樹を、四日目には日月星辰《せいしん》を、五日目には水に魚、空に鳥を、六日目には、地上に昆虫、家畜、獣を創った。さらに神はその像に似せて人間を創り、その六日間に創ったすべてを人間に与え、それらを治めよと命じた。

この創造神話を素直にみると、神は自分の像に似せて創った人間に、地上のすべてのものを与え、人間を通してそれを治めようとした、ということが中心になっているといえよう。この点では、プエブロ族の、〝父なる太陽〟の運行を助けてゆく宇宙的責任が人間にある、という考えと、本質的に異なることに気づく。それはまず、プエブロ族の神話では、宇宙のすべてが調和関連して、一つの大きな生命を一緒に生きている、ということがその根本的考えで、人間が神の意志により地上のすべてを治めるという考え方ではない。次に、創世記の神は全能で、人間に助けてもらわなければその運行が十年にして不可能になるような〝父なる太陽〟とは、根底的に異なったものである。同じように地上のすべてのものに責任がある、という考え方がみられるものの、創世記にあっては、神の意志に基づいて地上を治めるという政治的権力的な支配者のイメージがみられ、プエブロ族の方は、〝父なる太陽〟の運行を助け、あるいは〝母なる大地〟の生産力を傷つけないようにして一切のものが調和の中に生きてゆくことを助ける、という全宇宙に対して道義的責任をもつ、神に奉仕する協力者としての人間の姿がみられる。第三に、人間の尊厳ということに焦点をあててみると、プエブロ族では、それが宇宙的責任の遂行という行為において語られているも、創世記では、それは人間が神の似姿《にすがた》において創られたことに求められている。

このようにして人間は、神の似姿において創られたがゆえに他のすべてに勝れたものとされ、それと同時に、他を支配するものとして他のすべてから疎外せられている。この神にもっとも近いとされている人間が、よく知られているように創世記第二章第四節以下、第三章の終わりにいたる物語によると、禁断の果《み》を食べたがために神の怒りにふれ、ここにエデンの楽園から追放せられる憂目にあい、神からも疎外せられてゆく人間の歴史が展開してゆくのである。これが原罪とか堕落（the Fall）といわれる物語で、それは人間が神の意志に背いた行為をした紡果招いた自業自得のものであり、この人間の神に対する背徳行為を背景として、イエス・キリストによる十字架上の死による贖罪《しょくざい》という、キリスト教の重要な教義が成立するのである。

ところがこの創世記第二章以下の物語には、永く西洋文化を支配してきた二元論的思考の淵源《えんげん》があると考えられる。このことに関連して、特に次の二点に注意したい。その一つは、神が「土の塵《ちり》を以て人を造り生気《いのちのいき》を其鼻に嘘《ふき》入《い》れ」、こうして人は「生霊《いけるもの》」となったこと（第二章第七節）、今一つは、禁断の果《み》を食べたアダムとイヴを楽園エデンから追放した理由が、「視《み》よ、夫人《かのひと》我等の一《ひとり》の如くなりて善悪を知る、然《され》ば恐《おそら》くは、彼其手《そのて》を舒《の》べ、生命《いのち》の樹の菓実《み》をも取りて食《くら》ひ、無限生《かぎりなくいき》んと」（第三章第二十二節）と述べられていることである。神はエデンの園に、各種の樹の外に、生命の樹および善悪を知る樹を置いたが、それと同時に善悪を知る樹の果《み》を食べることを禁じた。それは「之を食ふ日には必ず死」ななければならないからである（第二章第十七節）。要するに神は人間が、善悪を知って神と同じようになった以上、次には生命の樹の果実をも取って食べることにより、神と同じように、知識だけでなく無限の生命をも得るようになることを望まなかったのである。

　右の第一の点は、「こころ」と「からだ」を二元論的に分け、「こころ」の方を「からだ」より重視する考え方である。すなわち人間の生命は神が「土の塵」で作った「からだ」に、「生気《いのちのいき》」を其鼻にふき入れたことをいうのだが、逆にいえば、人間の「からだ」は「土の塵」同様、生命のない死んだもの、と考えられているのである。大地は「土の塵」で〝母〟などではなく、もともと死んだもの、そして神によりその支配が人間にゆだねられているもの、ということになると、人間は好き勝手なことを大地にしてそのすべてのものを支配してもよい、ということになろう。先のプエブロ族長がユングをして反省せしめたのは、まさにこの点であった。このような考え方からいうと、春になると妊娠した〝母なる大地〟を害《そこな》わないように靴をぬいで歩くプエブロ族の生き方は、滑《こっ》稽《けい》極まりないこととなる。

　第二の点、すなわち人間が善悪の知識を得ることによって神と等しくなったことは、逆に知識をもつことが、人間が神に至る道であると理解することが可能であるということである。善悪で代表される知識は二元的思考による知識である。創造者たる神と被造物、人間と他の生物、「からだ」と生気《いのちのいき》など、いずれも二元論的思考に立つもので、これは西洋文化の伝統的道徳観、世界観、人間観の根底となる考え方である。もちろん科学的思考も因果律を根本としているがゆえに、原因と結果という二元論的考え方のなかにある。このことは、旧約聖書創世記にみられる神話的〝思考〟は、今日の科学技術文明の基底となっていることを意味する。ちょうどプエブロ族の文化が、彼らの神話的〝思考〟のうえに立っていたように、西洋の科学技術文明はもちろん、精神文化もまた、このユダヤ・キリスト教の神話的思考を基盤として成立している、と考えることができよう。

このように考えてくると、科学技術文明がユダヤ・キリスト教的神話的思考に立っていることが明白になろう。その文化のなかにすむ現代人にとって、「からだ」あるいは「ハート」・「はら」といった「からだ」の一部で考えるなどということは、気違い沙汰となろう。それは「からだ」はもともと「土の塵」より造られた死んだものであるから。現代人にとって、〝父なる太陽〟とか〝母なる大地〟など存在しない。人間にとって本質的なものは、「からだ」ではなくて、生気《いのちのいき》なのである。この生気の働きによって「生霊《いけるもの》」となった人間は、禁断の果を食べて神の怒りにふれ、エデンの園より追放せられてしまった。禁断の果が「善悪を知る樹の果」とことさらにいわれているように、それはすぐれて二元論的思考に基づく知識である。すなわち「頭」で考える思考が強調せられているのである。この「頭」で考える思考が、人間を神にまで高めるものであるとせられてその重要性がさらに強調せられているのである。この「頭」偏重の文化は、その結果として今日の科学技術文明を、また物質的繁栄をもたらしたものの、その反面、「ハート」による〝思考〟の欠乏をもたらし、人間の内面的精神的生活をいよいよ貧困化してしまった。この内面的貧困が白人を貪欲にし、残酷にし、それが「からだ」にまであらわれていると、ユングに指摘したのが、先述のプエブロ族長「山の湖」の言葉であったと思われる。ここにわれわれは、「ハート」〝思考〟が、科学技術文明に対してもつと思われる意味を考える必要がある。この問題を、次にサイコセラピーを通して考えてみたい。

# 第5節　サイコセラピーにみられる全身体的〝思考〟

サイコセラピーをうけに来る人々は、一般的に知性のすぐれた、情緒の豊かな人が多いようである。「頭」偏重の現代社会にあっては、知性のすぐれた人ほど、「頭」がどんどんと発達してゆくあまり、「こころ」や「からだ」とのバランスを失う可能性があり、また「こころ」の豊かな、感受性の強い人間性のある人ほど、計算ずくめの冷たい理知の世界にあっては、息苦しく、いろいろと悩むことも多いようである。このような意味では、彼らは、科学技術社会の犠牲者とも考えられる。

ふつう「頭」と「ハート」を対比させて考える場合、「頭」は論理、知性など「男性的なもの」(the masculine)、そして「ハート」は愛、感情、情緒など「女性的なもの」(the feminine) を意味するとされる。現代の「頭」偏重のテクノロジー社会は、知性などの「男性的なもの」の発達は強調されるものの、「女性的なもの」は、さほど社会の適応にとって大切なものとはされず、したがって感情とか情緒は、未発達にとどまったり、あるいは不要なものとして抑圧されがちである。こうして無意識下へと抑圧された退行を余儀なくせられた感情は、原始的な情動となって、自我の生活を脅かすにいたる。すなわち、理由のない不安や焦燥、夜毎の悪夢、異常な食欲、不眠症、自殺の衝動などの種々の症状がそれである。したがって、新聞紙上に毎日のようにみられる犯罪、家庭の悲劇も、またこの「頭」偏重の現代社会の歪みのあらわれともいえるのである。

### 1　悪夢に苦しんだ女性

十数年前のことだが、私は当時二十八歳になる主婦を分析した。[8] 二歳年上の彼女の夫はある会社の管理職で出世街道を歩んでいたし、彼女はきわめて理知的で、優秀な成績で大学を卒業した女性であった。はた目には、彼女は何一つ不足のない幸福な生活にあった。けれども彼女の内的生活は想像もつかぬほど苦しいもので、例えば、夜毎の悪夢が、すでに一年数ヵ月以上も続いており、ひどい時には一晩に三度も四度も、悪夢に苦しめられていた。このような彼女の内的に苦しい生活は、すでに十年前、次の夢をみてからのことであるという。

「自分は誰かのベビーを手にもっていた。すると突然場面が変わって、友人たち数人と猿のように、巧みに木から木へと移りながら、そのベビーを投げ合っていた。ところが友人Gがそのベビーを自分に投げ返してきたとき、私はそれを受けそこなって地上に落としてしまった。私は、〝それみてごらん、とうとう私たちはベビーを殺してしまった〟と、Gに恨みと嫌悪の情のまざった複雑な気持ちでいった。ベビーは地上に落ちながら小さな白兎に変わって地上に死んで横たわっていた」。

理知的な女性ほど、感情的な面が抑圧せられて、それが意識化せられず、また意識化はしていても、自我の打算で動き、自分の本当の気持ちを殺してしまうことがある。友人Gはその性的遊戯の対象としてのボーイ・フレンドであったが、彼女はごく軽い気持ちで、割り切ってつき合っていた。この夢の四年後、二十二歳のとき、彼女は現在の夫と結婚したが、その時も愛情からではなく、自分で働いて生活するのが面倒になったから、という自我の計算から結婚したのである。「こころ」にもない結婚をしたということになる。ところが、一年ほど前から、夫が自分以外の女性と結婚していたら、もっと違った結婚生活を送ることができたのではないか、と自責の念にかられ、夫にすまなく思うようになった。さらにこのような気持ちに拍車をかけたのは、約半年前にみた夢である。それは「夫が彼女との結婚生活が不幸なために自殺をした」という夢で、そのためますます自責の念にかられるとともに、夫のために真剣に離婚を考えるようにもなった。こうして悪夢にうなされる夜が続き、理由もないのに盲目になるのではないかと恐れたり、さらに顔に湿疹が出たりして、肉体的にも精神的にも苦悩の日々が続いていた。

科学技術社会は理知的な発展を人間に期待する。理知にすぐれたこの女性は、そのような「頭」偏重の文化の犠牲者でもある。結婚、妊娠という人生の重要な行事も、自我の計算でなされ、「こころ」のない打算ずくめのものとなる。このような社会にあっては、女性までがその「こころ」を失い、またその「からだ」からも疎外せられてしまった「根」（root）のない人間とならざるを得なくなる恐れがある。こうして抑圧せられて行き場のなくなった「こころ」が、「からだ」を通して必死にそのはけ口をみつけようと試みた、といえよう。それゆえ、彼女のみた悪夢をはじめ、その夢も、また心身症的症状も、「頭」だけでは根のない人生になってしまうという、いわば魂の奥底よりの叫びの警告であると考えることができよう。彼女はこの魂の叫びに耳を傾け、その失った「ハート」を取り戻すために、絵をかいたり、セラミックス（陶芸）をしたりして、真剣に自分の気持ちを表現することに、努力に努力を重ねた。こうして傷つきながらもその結婚生活の危機を乗り越え、夫との間に子供をもうける気持ちになり、彼女なりに意味のある生活を見出していった。

このような彼女の歩んだ道を振り返ってみると、そこに一つの観察が可能となる。それは、人間は自我の世界、「頭」の世界だけで生きているのではなく、それを包み込んでいる生命の働きに支えられて、生きているのではないか、ということである。それは先述のように、人間の生命がもつ創造的働きで、かかる働きに支えられてこそ、自我意識の発達も可能となる。それゆえ「ハート」を犠牲にして、「頭」だけの世界が一方的に極度に発達した場合、「頭」は「ハート」からも、また「からだ」からも分離し、疎外せられ、ここに生命の、また「こころ」のアンバランスが結果する。「こころ」がアンバランスになれば、「頭」の働きも当然十分に「正常」な働きをすることができなくなって、自我の世界の行きづまり、ということが生じてくる。彼女の例でいえば、この自我の行きづまりは、すでに分析にくる十年前、男友達と木をとび渡りながらベビーを投げ合って遊んだ夢に、十分にみられよう。「ハート」とともに働かない「頭」にとっては、性の神秘も、生命の尊厳も存在せず、ただ自我の快楽を追求する遊びがあるだけである。この夢が相当な衝撃であったことは、彼女がそれを、十年間も気にして忘れられなかった事実が、何よりもよく語っている。このように夢は、往々にしていわば魂の奥底より叫ばれた、生命のアンバランスに対する警告であることがあるが、理知的な人々がよくするように、彼女もまた一向にこの夢の警告などというものには、耳を傾けようとはしなかった。こうして「ハート」のない打算的な結婚をして、「頭」と「ハート」の乖離《かいり》は、ますます堪え難いものとなり、悪夢、湿疹などの症状として、象徴的にあらわれてきたのである。「頭」によって犠牲にせられた「ハート」と「からだ」、それらをどうにかして取り戻し、「こころ」の、そして生命のバランスを回復して、自我の「正常」な働きをもたらさなければ、彼女の生命がますます危険に瀕《ひん》する、という魂の叫びを、この女性の事例は語っているといえよう。

この自我中心の生活の危機においてみられる、「こころ」のバランスを回復しようとする創造的生命の働き、この働きを、鈴木大拙にならって、「ある種の〝思考〟」という言葉を使って、種々に表現することができよう。この「ある種の〝思考〟」の存在は、この女性の例でいうなれば、彼女が夫との間に一児をもうけようと決心し、精神的・肉体的にいろいろな苦難によく堪えて母となった事実によって説明できよう。それは、新しい生命の誕生ほど人間に「ハート」の重要性を教えるものはないし、またその新生命の出生にいたる妊娠中のからだや食物に対する注意はもちろん、出産時の苦痛、出生後の配慮など、およそ「頭」だけの計算で割り切れることではないからである。生まれ出る新しい生命のために、いわば彼女の自我中心の生活は〝犠牲〟にせられるのである。換言《かんげん》すれば創造的生命が魂の底深くに目覚め、それが自我を通して働き、そのため自我は堪え難き苦難を体験したが、それによって自我もまた新しく生まれ変わることができたのである。

## 2　母親の愛情に飢えた幼児

「頭」偏重の、現代文化のしわよせは、次に述べる五歳になる男の子の場合、特に明白である。この事例は、児童専門のセラピストが最近、深い感激をもって語ってくれたものである。その両親はいずれも専門職で、そのためこの子は母親の愛情に大変飢えていた。そのことは、初めて治療にきたとき、その子が分析室に入るなり片隅に置いてあったベビー用のミルクボトルをみつけるや否やそれにかけより、吸いつき、顔を異常にゆがめ、大きな音をたてて激しく吸ったということによくあらわれている。

さてある日――その日は、セラピストはいささか疲れ気味であったが――、この子供は、まず暫《しばら》くいつものようにミルクボトルを吸ってひとまず落ち着き、それから十五分ばかり遊んでいたが、突然腹部の痛みを訴えた。しかし痛みはそれほどでもないとみえ、室の中央にある箱庭療法に使う箱の上にあがって遊ぶつもりか踏台をその前においた。子供はさらにシャツをぬぎだしたので、セラピストはそれを手伝ってやりながら、その動作にふさわしいリズムのメロディーを〝唱え〟、子供もまた勝手にその動作につれて勝手なメロディーを〝唱え〟はじめた。そして子供が箱庭の砂の上に腹ばいになったとき、セラピストは砂を手ですくって、その腹部の背にあたる部分に、メロディーを〝唱え〟ながら、手の砂を十字の形に置いた。二人はこの遊びに打ち興じて時を過ごし、子供の腹痛は、けろりと治ってしまった。そしてセラピストの疲労もとれてしまった。

この話はわれわれに、ナバホ（Navajo）インディアンの〝医療者〟(medicine man) が患者に実施する、砂を使っての治療法を想い出させる。医療者はナバホ族の宇宙創造神話（cosmogonic myth）を唱えながら砂絵のマンダラを画くが、それは患者をそのマンダラの中心においてなされる。こうして患者は、象徴的に宇宙創造の原時点に復帰し、宇宙創造過程の中心点に立って、新しく創造された宇宙とともに、新しく生まれ変わるのである。肉体的にも精神的にも、つまり全〝人〟として再生する。この全〝人〟は宇宙創造の原時点、中心点としての創造的生命そのものである。[9]

それゆえ、このセラピストがしたことは、治療というよりも、期せずしてナバホ族の宗教儀礼的過程を子供と体験することによって、子供に再生をもたらしたといえよう。十字架の形は、ユングによればマンダラの象徴である。彼が子供の腹部の背にあたる部分に、メロディーを〝唱え〟ながら、十字の形に砂を置いたということは、ナバホ族の医療者がマンダラを画きその中心点に患者をおくことと類似する。こうしてこのセラピストは子供と一体になって新しい宇宙を創造したのである。新しく創造せられた宇宙には病気は存在しない。子供の腹痛はどこかへいってしまったし、またセラピストの疲れもとれてしまった。ここに先述の、自我を通して働く創造的生命の躍動《やくどう》が、判然《はんぜん》とみられよう。この「本来的自己」の働きにより、子供の「こころ」のバランスが回復せられ、「正常」な自我の発展がなされる〝根本的体験〟が、「からだ」全体を通してなされた、と考えられる。子供の自我の発展は、全身体的体験を通して働いている創造的生命の自己実現に支えられて可能となるのである。

ユングは、このような自我の生活を犠牲にしてまでも実現しようとする創造的生命の働きが、洋の東西を問わず、普遍的にみられることを、その五十数年の長い分析体験、世界各地への旅行、未開人心理の研究、宗教、神話、お伽噺《とぎばなし》、アルケミー（錬金術）などの研究を通じて、経験的・現象学的に観察し、これを「自己実現過程」(individuation process) と呼び、その分析心理学の根本的仮説とみなした。[10] それは「本来的自己」が目覚めて、それが創造的にそれ自身を実現してゆく過程である。先述のように、この「本来的自己」の創造的働きを、鈴木大拙は「ある種の〝思考〟」として、いろいろな名前で呼んだのである。「からだ全体でする〝思考〟」もその一つだが、この全身体的〝思考〟は、上述の子供の事例においてみることが可能と思われる。「全宇宙を呑みこんでいる」布袋《ほてい》様の「はら」は、かかる創造的生命の働きを象徴するものといえよう。しかし全身体的〝思考〟と称さるべきものが、自覚的に明らかにみられると思われるのは、日本文化における修行という考え方においてである。

## 第6節　修行としての全身体的〝思考〟

全身体的〝思考〟は、それが思考といわれる限り、「頭」でする思考が訓練されるように、何らかの意味で訓練されるものでなければならぬ。それは論理的訓練ではなくて、「本来的自己」を身証し、生活の中に実現する工夫修練であって、東洋の宗教ではこれを修行と名づけてきた。その場合、特に「からだ」の修練が重視せられてきた。このことは、仏教やヨーガが調身《ちょうしん》を、また儒教が修身ということを説いていることにもみられるが、特に日本における芸道の世界において明白にみられると思われる。

## 1 「アーキタイプ」

ここで注意したいことは、われわれが自分自身に対し、また自分をとりまく環境に対して、どのようなイメージをもっているか、ということである。それは、このイメージの違いによって、われわれの生活が大きく影響せられるからである。ふつうイメージは内界のもの、心的なものとせられて、外界の物質的なものから区別せられ、二元論的に考えられている。しかし、われわれの生きている現実は、果たしてこのように判然と二元論的に分けられ得るものだろうか。心的現象としてのイメージは、現に働くものとして、われわれの行動や生活を規制しているのではないか。例えばプエブロ族のもつ「ハート」〝思考〟に基づくイメージを考えてみるとよい。〝父なる太陽〟〝母なる大地〟とともに〝神〟と共存する人間のイメージからは、科学技術の文明は出てこない。また原罪を犯した結果神の怒りにふれ、知識によって死せる大地のすべてを支配するという人間のイメージからは、宇宙のすべてと調和連関において生きるという生活態度は出てこない。心的現象としてのイメージは、このように考えると、人間生活のあり方を根底的に規制している、といっても過言でない。

このことはさらに、人間がそのなかで生活する直接の現実は、イメージとしての心的環境である、ということにつながる。環境というと外的な物理的環境と、われわれは思いがちである。これに対して心的現象論は、心的イメージこそ、われわれが直接に体験する〝現実〟であり、われわれはこの心的イメージによって生活し、また行動している、ということを明らかにする。[11] と同時に、あるイメージは、ある集団の全成員にもまた人類のすべてにも、普遍的に通ずるものがある、ということをも明らかにする。例えばプエブロ族の〝母なる大地〟のイメージは、彼らが共通にもつイメージであり、また、世界各地にみられる普遍的なイメージでもある。このような普遍的なイメージを、ユングは「アーキタイプ」(archetype) と呼び、この「アーキタイプ」が、集合的に人間の思考・行動を律していることを明らかにしている。[12] それゆえにプエブロ族は、春には〝母なる大地〟が妊娠したと「ハート」で考えて、その靴をぬいで歩くのである。したがって、「アーキタイプ」としてのイメージは、現象論的にみて、心的たるとともに、身体的であり、また行動的である。

心的たるとともに身体的でもある「アーキタイプ」は、ユングによればそれが体験されるとき、身体的に必ず強い情動をともなうものである。そしてそれは、個人の生命が危機にのぞんでいるときに経験されるものである。例えば先に述べた二十八歳の女性の夢がこのことをよく語っていると思われる。木から木へと猿のように飛びながら、ベビーをボールのように投げ合って殺す、という彼女の夢のイメージは「アーキタイプ」でいえば、「ネガティブ・マザー」のそれである。仏典が語る阿闍世《アジャセ》王の出生にまつわる話として、その母韋提希《ヴェーデーヒー》夫人が、彼を高楼から産み落として殺そうとした話、あるいは新聞紙上にみられる若い母親の幼児殺し、また胎児殺しなどを思い合わせて考えると、この「ネガティブ・マザー」のイメージは、普遍的なものであることが肯《うなず》けよう。そしてこのイメージが彼女の場合、人生の変わり目、危機において、しかも強い情動をもって体験せられている。さればこそ十年間もの間、その夢が忘れられず、この夢によってその自我中心の意識生活が、深い影響を受けてきていたことは、想像に難くない。

いうまでもなく、身体的疲労や強い情動の体験は、自我意識の働きを低下させる。心的現象論的にいえば、自我は、疲労や強い情動のためそのコントロールが弱められ、その結果、自我のエネルギーは内向 (introversion) し、こうして自我は内的世界、無意識界へと開かれ、その影響をうけることになる。こうして行きづまっていた自我は、創造的無意識のエネルギーを得て、それを意識にもたらし総合することにより、その意識内容がより豊富になり、ここに自我の再生ということがおこると考えられよう。創造的生命の働きとは、この無意識のエネルギーをさすが、このように自我がその行きづまりを打破し、生まれ変わっていく心的現象を、ユングは「自己実現過程」と名づけたわけである。人間の生命には、このような創造的働きがその無意識に蔵せられていると考えられる。深層心理学的にみて、この創造的無意識の働きを象徴的に語っているのが創造神話であると考えられる。したがって、先に述べたナバホ族創造神話の世界を再現した幼児もセラピストも、この無意識に蔵せられている「本来的自己」のもつ創造的エネルギーにふれることにより、「からだ」も「こころ」も〝新生〟することができたのである。

## 2　「からだ」の修練

右のように、「アーキタイプ」が心的たるとともに身体的なもので、それがわれわれの行動・生活を律しているというユングの心的現象論の立場は、東洋文化における修行、特に「からだ」の修練の重視、ということに新しい見方を提供する。このことを次に考えてみよう。[13]

座禅の指導をうけた人ならば誰でもが、端坐《たんざ》ということ、「からだ」を調整するということ、が何よりも肝要《かんよう》であることを知らしめられる。この端坐ということが根本になって、呼吸が整い、心が整ってゆく。姿は何とでも格好《かっこう》がつくものと、たいていの人が思っているが、これがそもそもの間違いである。言葉はごまかすことができるし、また心も偽ることができる。しかし姿は正真正銘、その人のありのままをあらわす。いわば姿はその人の「からだ」にも「こころ」にもおのずから現れてくるものとせられるのである。それゆえ、よき姿を願うものは、まずよき姿の体現者であるよき師について修行に精進する、ということがいわれる。

よき姿が肝要であり、それにはよき師につくことが大切なことは、いかなる芸道・芸事においてもみられるところである。例えば弓道に精進する人は、的を射るということよりも、その射る姿、すなわち「射《しゃ》」ということを第一に重んずる。このよき「射」の出ることを念願して、それを中心に日々の修練の生活が続いてゆく。数日でも怠けると、もとの木阿弥《もくあみ》になってしまうのである。この「射」の修練には、師のよき「射」の姿が、また師の厳しい修練の姿が手本となって、生活的に与えられている。この師の姿をまねることを通して、修練工夫をつみ重ねてゆくことにより、やがてよき「射」が出てくるのである。このことは、師もまた絶えざる修行精進にあって、片時も油断が許されない、ということである。弟子の「射」が深まってゆくということは、また師の「射」もそれだけ冴えてゆかねばならない。こうして師資《しし》が一丸となって、「からだ」を通し生活を通してよき姿、冴えた「射」の体認、身証に向かって精進を続けるのである。

「射」はいうまでもなく端坐の工夫と同じように、ある「型」にのっとって稽古《けいこ》・修練される。すぐれた先人たちが、代々にわたる修練のつみ重ねの結果として、いわばよき「射」を実現するのには、最良最捷の身体的状態として相伝せられてきたのが、この「型」である。このことは端坐にあってもそうで、仏陀の長年の勤苦修行によって得られた「悟り」を実現するには最高の身体的状態の姿が端坐である。それゆえ修行者は、まず「からだ」を調整し、「からだ」を通して先人の「型」・姿をイメージとして目前におき、身心を挙してその「型」・姿をまねることからその修練の一歩をはじめる。

ところが、この身体的状態としての「型」・姿には、いま一つの面がある。それはこの「型」・姿が、創造的生命がおのずから「からだ」を通して働いている態《たい》なのである。それゆえ、道元は端坐を「只管打坐《しかんたざ》」といった。只管《しかん》、すなわちひたすらということは、おのずからなる本来的生命の働きは、われわれの作意のよくするところでない、というのである。それは「証上の修」[*5]であり「諸仏自受用三昧に安坐」[*6]（『正法眼蔵《しょうぼうげんぞう》』辨道話《べんどうわ》）せる姿であり態である。永遠に新たにそれ自らを現成してゆく創造的生命の根源態にふれた感激が、「只管打坐」には身証・味得せられている。それゆえ、まず「からだ」を使って、師の端坐をまねるということ、そのことが、そのまま、創造的生命の働きが、「からだ」にも「こころ」にもおのずからあらわれている、ということになる。道元が「初心の弁道すなはち本証の全体なり」[*7]（『正法眼蔵』辨道話）、あるいは「最初の坐禅は最初の坐仏なり」（『正法眼蔵』坐禅箴《ざぜんしん》）と語る所以《ゆえん》である。

心的現象論よりいえば、端坐も、よき「射」も、生命の根源たる「本来的自己」という「アーキタイプ」の体現者である師の姿態を、「からだ」を通してまねることにより、その生活全体のなかに「創造的自己」が、おのずからあらわれてくることを体験せしめるものといえよう。そのとき弟子は、師と同じアーキタイプの体現者として、師の「からだ」を、また生活を相承する。このような師資相承[*8]のあり方を、道元は「迦葉尊者《カーシャパ》、したしく世尊の面授を面授せり、心授せり、身授せり、眼授せり」[*9]（『正法眼蔵』面授《めんじゅ》）と感激礼讃している、と考えるのである。鈴木大拙のいうからだ全体で考える「ある種の〝思考〟」とは、このように「からだ」を使って工夫修練することが骨子となっている、東洋の伝統的〝思考〟を指している、と思う。「からだ」はごまかしのきかない偽りのないものであるがゆえに、「からだ」による工夫修練は、理想としては当然生活の隅々にまで滲透するものである。ここに曹洞宗では「行持綿密《ぎょうじめんみつ》」ということが宗風として語られる所以があり、また日本の芸道において、生活の場が、また人生そのものが、修行の場と考えられるようになり、永遠の生命につながるものとして深い意味をもったものとなる。

## 第7節　結語

思うに鈴木大拙の語る「ハート」〝思考〟、あるいは「全身体的〝思考〟」は、心的現象論的にみて、「アーキタイプ」〝思考〟、創造的生命の〝思考〟ともいうべきもので、厳密な意味では〝思考〟とはいえないかもしれぬ。しかし「頭」による〝思考〟も、もともとは創造的生命の働きによるものである。ことにサイコセラピーを通して考えるとき、この二種の〝思考〟が、同じ「本来的自己」の創造的働きとして、バランスを得ることが、個人としても、また人類全体としても望ましいのではないか、と思われる。このように考えるとき、「こころ」より「からだ」を先に立てる東洋思想独自の修行という考え方が、ここに再評価せられて然るべきものといえよう。

原注

1　Daisetz T. Suzuki, "The Awakening of a New Consciousness in Zen," in Man and Transformation. Papers from the Eranos Yearbooks. Bollingen Series XXX. 5.（New York: Pantheon Books, 1964）, pp.179-202.

2　Ibid., pp.201-202.

3　C. G. Jung, Memories, Dreams, Reflections. Recorded and edited by Aniela Jaffé. Translated from the German by Richard and Clara Winston.（New York: Pantheon Books, 1961）, pp.247-248. 河合隼雄・藤縄昭・出井淑子訳『ユング自伝――思い出・夢・思想』一・二、みすず書房、一九七二年・一九七三年。

4　Ibid., p. 248.

5　Ibid., pp. 251-252.

6　Ibid., p. 252.

7　Barre Toelken, "Seeing with a Native Eye: How Many Sheep Will It Hold?" in Walter Holden Capps, ed., Seeing with a Native Eye, Essays on Native American Religion.（New York: Harper & Row, Publishers, 1967）, p. 14.

8　Mokusen Miyuki, "Resurrection of the Child: An Experience of the Child Archetype," Case Presentation at C. G. Jung Clinic of Los Angeles. March 22, 1978.

9　Cf. Mircea Eliade, Cosmos and History. The Myth of the Eternal Return. Translated by Willard R. Trask.（New York: Harper & Row, Publishers, 1959）, pp. 83-84. 堀一郎訳『永遠回帰の神話』、未来社、一九七〇年。

10　参考までに、ユングの「インディヴィデュエーション」の定義の代表的なものを左にあげる。
「インディヴィデュエーションとは、単一の、均質的存在になることを意味する。そして、個性がわれわれの〔心の〕奥底の、最後にある、他との比較を許さない独自性を包括している以上、それはまた、自分自身になることをも意味する。それゆえ、このインディヴィデュエーションという言葉は、〝自分自身になる〟とか、〝自己が自《みずか》らを実現する働き〟という言葉に、おきかえることができる」（C. G. Jung, Two Essays on Analytical Psychology. CW. vol.7, RKP, 1953, par.266.）

11　ユングの心的現象論については、次の箇所を参照されたい。C. G. Jung, "Psychology and Religion," in Psychology and Religion: West and East. CW. vol.11,（RKP, 1958）, pp.5-9.

12　ユングは「アーキタイプ」を心的現象として、いろいろな角度からその観察を述べている。この論文と連関していえば、次の所論がわかりやすい。

「アーキタイプは、それがあらわれた時、明らかに神的な性格（numinous character）をもっていて、それはもし〝魔術的〟（magical）という言葉が強すぎるとすれば、〝神霊的〟（spiritual）としか表現されるほかに、叙述することはできぬ。したがってこの現象は宗教心理学にとって、最も重要な意味をもっている。それは〔体験者を〕治癒するか、あるいは破壊するかのいずれかであって、決して〔体験者にとって〕無関心なものではない。もっともこのことは、ある程度の〔意識の〕明確性が達せられている場合のことであるが」。C. G. Jung, "On the Nature of the Psyche," in The Structure and Dynamics of the Psyche. CW. vol.8, (RKP, 1960), par.405.

13　この部分の所論については、立場は異なるが、玉城康四郎教授の全人格的思惟に関する数多くの論文、および湯浅泰雄教授『身体――東洋的身心論の試み』創文社、一九七七年、より多くの示唆をうけた。

※なお、引用文はすべて筆者の訳による。

編者注

1　廓庵禅師：中国宋代の臨済宗禅僧。詳細な伝は不明。

2　十牛図：悟りに至るプロセスを牧童と牛との関係の変化を示す十枚の絵によって示したもの。廓庵によるものが有名であるが、ほかにも普明禅師によるものなど、数多くの十牛図が残っている。また現代のアーティストによっても種々制作されている。十牛図に関するユング心理学の立場からのコメンタリーについては、目幸黙僊・J・M・スピーゲルマン共著『仏教とユング心理学』、春秋社、一九八五年、および河合隼雄『ユング心理学と仏教』、岩波書店、一九九六年等を参照されたい。

3　入鄽垂手：廓庵の十牛図の第十番目、最後の図。牧童と「布袋様」のような人物との出会いが描かれている。「入鄽」とは市場、すなわち人々の相交わる衢に入っていくこと。「垂手」とは、手に何も持たないこと。

4　ここの〝こころ〟は、こころの宿る器官としてのハート（心臓）を含めて意味していると思われる。

5　証上の修：本来悟っているうえでの修行。道元『正法眼蔵』辦道話のなかの言葉。

6　自受用三昧：自己が生きている真実を自ら受け自ら用いて、純一にその法楽を味わうこと。道元『正法眼蔵』辦道話のなかの言葉。

7　「初心の弁道すなはち本証の全体なり」：はじめて座禅することが、そのまま、本来の悟りの全体である。（以上、水野弥穂子校注『正法眼蔵』、岩波文庫参照）

8　師資相承：師匠から弟子へと直接伝えられていくこと。

9　「迦葉尊者、したしく世尊の面授を面授せり、心授せり、身授せり、眼授せり」：あるとき大勢の弟子たちとともにおられた釈迦牟尼仏は、優曇華の花を手に持って瞬きをした。そのとき、弟子たちの中にあって、マハーカーシャパだけがにっこりと微笑した。世尊は「私の正法眼蔵涅槃妙心はマハーカーシャパに伝える」と言われた。いわゆる「以心伝心《いしんでんしん》」「拈華微笑《ねんげみしょう》」の語源となったエピソードである。このエピソードは『無門関』第六則「世尊拈花」、『正法眼蔵』「面授」はじめ多くの禅家の文献にみることができる。

# 第14章　いのち(生命)セラピー試論
## ——東洋の目から見たユングの心理療法

### はじめに

副題の「東洋の目から見たユングの心理療法」が、筆者に与えられたテーマである。欧米滞在すでに四十数年(そのうち四年間はスイス)、アメリカの大学(宗教学科)で教え、また、ユング派分析者として、国籍・人種・文化・宗教の異なる人々と接してすでに三十有余年になる。それで、編者の一人・黒木賢一氏が、このようなテーマを選んでくださったのだと思う。そのテーマを、あえて、「いのち《生命》セラピー」としたのは、ユングの分析心理学に立脚してサイコ・セラピーに従事していると、この表現の方が、私にはピッタリとするからである。それは、一つには私が日本に生まれ育ったからではあるが、在外生活が長くなるにつれて、日本語の「いのち《生命》」*1という言葉がもつ意味の奥行の深さを感じるからでもある。

しかも、このいのちという言葉は、自分という言葉と不可分ではないか、ということに気づいたとき、フロイトの自我心理学、あるいはコフートのセルフ心理学に対して、自分心理学が考えられてもよいのではないか、と思うのである。電流が陰・陽両極の間に流れるように、いのちのエネルギーも意識・無意識、自我《エゴ》・自己《セルフ》を両極として流れると考えれば、心的現象論に立って心的内容の観察・叙述を試みるユング心理学は、自分心理学としてもよいのではないか、そして、そのセラピーは、いのち《生命》セラピーであるといえば、私自身にも、分かりやすいのではないか、と愚考するのである。

さしつかえのない範囲で、具体的な事例等をも織り込んで、とのことであるので、以下まずユングの語るインディヴィデュエーションを紹介し、次に筆者にとって忘れ難い事例によって、なぜいのち《生命》セラピーということを考えるようになったのかを説明し、さらに、ユングの逸話の紹介を通して、いのちのエネルギーが、意識・無意識、自我《エゴ》・自己《セルフ》を両極端として自《みずか》らを実現する働きを、ユングは、インディヴィデュエーションと名づけたのであり、その場合、自我《エゴ》の働きは自らなる自分の働き、そして、自己《セルフ》の働きは自《おの》ずからなる自分の働きとして理解できるのではないか、さらに、後者、自ずからなる自己《セルフ》の働きは、前者、自らなる自我《エゴ》の働きを包含して働いているがゆえに、これを「全分」の自分とか「本来」の自分と称することも可能で、禅語では、「本分人」[*2]あるいは、「本来の面目」などと表現されているのではないか、という主旨のもとに論述を試みることにしたい。

## 第1節　インディヴィデュエーション（個性化の過程）
### ——自己《セルフ》が自らを実現する働き

### 1　いのちの働きとしての無意識の働き

ユング自身しばしば語っているように、ユング心理学の根本的仮説は、インディヴィデュエーション（individuation＝個性化）である。それは、〝他との比較〟を許さない独自性を包括している〝個性〟をもった人、その人自身になることを意味している。

インディヴィデュエーションとは、単一の、均質的存在になることを意味する。そして、個性が、われわれの奥底の、最後にある、他との比較を許さない独自性を包括している以上、それはまた、自分自身になることをも意味する。それゆえ、このインディヴィデュエーションという言葉は、〝独自の自己《セルフ》になる（zum eignen Selbst werden)〟とか、〝自己《セルフ》が自らを実現する働き（Verselbstung, Selbstverwirklichung)〟という言葉に置き換えることができる。[1]

ユングのインディヴィデュエーションの理解にあたって留意すべきことは、ユング心理学は深層心理学であるということである。深層とは、サイキ・心の深い層、すなわち無意識を指し、意識という表層の底部にあり、意識を支えて働いているということを意味する。しかし、この意識と無意識とは、互いに関連し合って共働しているもので、両者を判然と区別し、分離して考察することは不可能なのである。それゆえ、ユングは、不可分離的に入りくんで共働している意識・無意識の関係を、大円と小円、ないし海と島との関係によって説明を試みている。

意識は、それがたとえどんなに広大なものであっても、つねに無意識という大きな円の中の小さな円たるにとどまる。つまりそれは（無意識という）海に囲まれた一つの島なのである。そして海と同じように、無意識は、それ自らを絶えず新たに補充してやまない、無数の豊富な生命を産むものであり、われわれがその底を測ることのできない（無限の）宝庫なのである」[*3]。

このユングの引用文は、個人の自我意識にのぼらない、したがって、無意識的なサイキ・心の働きの方が、意識の働きの領域よりもはるかに広大なものであり、どんなに意識の領域が拡大されて広大になったとしても、そのすべての内容が意識化されることは不可能である、というのである。しかも肝要なことは、意識に比べて無限の領域をもつ無意識の自ずからなる働きは、無限の創造性をも測ることのできないいのちの働きである、とせられており、したがって、表層の自らなる意識の働きの創造性も、この深層の無意識の創造的いのちの働きを母胎とするものである、ということになる。

## 2　無意識のエネルギー

さらに、ユングは、意識内容が自我《エゴ》を中心として総合されているように、意識・無意識の両領域を含むサイキ・心《こころ》の全体が、自己《セルフ》を中心として働いている、ということを叙述する。

自己は、単に意識・無意識の中心であるのみならず、またその両者を包括する円周の全体でもある。自己が、この（意識・無意識を含む）全体の中心である、ということは、あたかも自我が意識（領域）の中心であるようなものである。[2]

右のようなユングの考え方を球にたとえると、その表面のほんの一部分の明るいところ、それが意識の領域であり、自我は、その明るい部分の中心であるが、自己《セルフ》は球の中心として球の全体にわたって働いているのであり、明るい部分・意識のみならず、暗い部分・無意識の領域をも含めた球の全体なのである、ということになろう。

それゆえ、ユングが、インディヴィデュエーション、すなわち〝独自の自己《セルフ》になる〟〝自己《セルフ》が自らを実現する働き〟を語るとき、意識・無意識のサイキ・心《こころ》の全領域を通じて働いている自己《セルフ》・創造的いのちの自ずからなる働きが、それ自らを自我中心の意識の自らなる働きを通して実現していく働きを意味しているのである。したがって、自我が自己《セルフ》を体験すると、自我が無意識の創造的エネルギーによって新生することもあるが、破壊されることもある、ということになる。破壊なくして創造はないが、創造なき破壊はある、ということである。

「自己の体験は、意識・無意識を含めた全サイキ・心の体験である」とユングが述べるとき、注意すべきことは、無意識が個人的無意識とともに、集合的無意識の領域なり働きをも含んでいる、ということである。自我が忘却したり抑圧したりした個人の生活史に関する個人的無意識の内容だけでなく、人類が発生して以来、今日にいたるまでの諸体験が蓄積されているエネルギーの源泉ともいうべき集合的無意識の領域・働き――それは絶対に意識化されない、その意味では無意識そのもの――が、ユングの念頭にある、ということである。さらに、かかる集合的無意識の領域・働きは、個人的無意識そして表層の自我意識・自我の領域・働きの基底にあって、それらのあり方なり働き方を条件づけているエネルギーの源泉なのである。この点に留意すると、先に述べた無意識のエネルギーは創造的たるとともに破壊的であるというユングの考えも、例えば、次のように戦争における人間のあり方を例にとって考えると、首肯《しゅこう》できるのではないかと思う。

戦争という民族あるいは国家の存亡に関する状態がおこると、その敵国を鬼畜・悪魔とののしり、正義・平和あるいは神の名のもとに戦争を正当化し、総力をあげて勝利を得るためには、いかなる手段をも辞せず、およそ平和時には考えられないような非人道的な残虐な行為が、公然として行われる。とともに今日の核エネルギーの利用、あるいはコンピューターやインターネットによる情報革命時代の到来も、第二次世界大戦時の科学技術文明が、殺人兵器の研究を通して長足の進歩を遂げたことに由来する、とせられている。危機に際して人間は超人的な働きをする、ということが、民族・国家というレベルにおいてもおこる。

## 第2節　自我文化の行きづまり
### ――「私のからだですから、何をしようと、私の自由です」

### 1　「頭」偏重文化と自我の打算

いのちに対する日本人の態度が非常にユニークなことに、私が気づいたのは、三十年ほど前のことである。私は当時二十八歳になる主婦を分析した。[3] 二歳ほど年上の彼女の夫は、ある会社の管理職で、ヨーロッパやオーストラリアなどにも派遣されたりして出世街道を歩いていたし、彼女は知性に優れ、優秀な成績で大学を出た女性であった。はた目には、彼女は何一つ不足のない幸福な生活を享受しているように見えたが、その内的生活は、想像もつかないほど、苦悩にみちていた。一年数ヵ月ほど前から不眠に苦しみ、夜ごとの悪夢に悩まされ、理由もないのに盲目になるのではないかとの恐怖感に突然襲われたり、さらには、顔に湿疹が出たりして精神的にも肉体的にも苦悩の日々が続いていた。

現今の科学技術社会は、理知的な発展を人間に期待する。もともと知性の豊かな彼女は、いわば、このような「頭」偏重の文化の犠牲者であった。理知的な人ほど、その感情面が抑圧されて、自分の感情の意識化が未発達となり、またたとえ意識化はしていても、自我の打算で動き、本当の自分の気持ちを殺してしまうことがある。現に彼女の語るところによると、四年前、二十二歳のときに夫と結婚はしたが、それは愛情からでなく、自分で働いて生活するのが面倒になったから、という自我の計算からのものであった。

つまり、彼女は、「こころ」にもない結婚をしたのである。ところが、一年半ほど前から、夫が自分以外の女性と結婚をしていたら、彼はもっと違った結婚生活を送ることができたのではないか、と自責の念にかられ、夫にすまなく思うようになった。このような気持ちにさらに拍車をかけたのは、約半年前にみた夢である。それは「夫が彼女との結婚生活が不幸なため、自殺をした」という夢で、そのため彼女は、ますます自責の念にかられるとともに、夫のために、離婚をすることを真剣に考えるようになった。そのような彼女が、ある日、セッションがはじまるなり、「堕胎《だたい》をします」と明言し、その理由を尋ねたところ、ごくあっさりと、無表情で、「私のからだのことですから、何をしようと、私の自由です」(This is my body; so I can do whatever I want to do with it.)と告げたのである。

このような彼女の言動に接したとき、今でもはっきり憶えているが、私は驚愕《きょうがく》し、背筋に悪感《おかん》が走った。冷酷ともいうべき彼女の論理的な思考と、その思考に基づく結論、さらにその結論を実行に移す意志力に、畏《い》敬《けい》の念をすら感じた。と同時に、そのように理詰めで判然と、いのちを割り切ってしまってよいのかという疑問とともに、いのちに対する私の考えなり態度とは、まったく違う人間であることを痛感した。

彼女は学生時代以来、当時の対抗文化（Counter Culture）の流れにあって、新しい生き方を、東洋の諸宗教――禅、超越的瞑想（Transcendental Meditation）など――、意識拡大のドラッグ（ＬＳＤ・マリワナなど）、あるいは秘教的研究（Esoteric Studies）、アメリカ・インディアン文化などに求めていた一人であり、数人のサイコセラピストの友人にも恵まれ、また彼女自身も、自分のもっている可能性を実現するという願いを、かねがね語っていた。したがって、当然、上述の対抗文化が教えるいのちに対する尊重の念なり神秘感があるものと思っていただけに、右のような彼女の言動は、私にとっては大きな驚きであった。

## 2 「いのち」のメッセージ

対抗文化に惹かれ、新しい生き方を暗中模索していた彼女は、不眠・悪夢・数々の心身症的病状に悩まされ、「頭」偏重文化に生きる自我の打算ずくめな「いのち」のあり方が問題であることに気づき、さらにその症状は、「からだ」「こころ」を通して、「いのち」が、そのバランスを取り戻そうと必死になって送っているメッセージではないかと考えるようになる。このように考える転機となったのは、十八歳頃に、彼女が見た次の夢である。

自分は誰かのベビーを手にもっていた。すると、突然、場面が変わって、自分は、数人の友人たちと、まるで猿のように、木から木へと巧みに移りながら、そのベビーを投げ合っていた。ところが、友人のＧが、そのベビーを自分に投げかえしてきたとき、自分は、それを受けそこなって、地上におとしてしまった。〝それ見てごらん、とうとう私たちは、ベビーを殺してしまった〟と恨みと嫌悪の情の交じった複雑な気持ちで、自分はＧをなじった。みるとベビーは、地上に落ちながら、小さな白兎に変わって、地上に死んで横たわっていた。

こうして彼女は、自分の生き方が、すでに、十八歳頃から、その「こころ」を失い、また、「からだ」からも疎外されてしまった、「根」(root, ground) のない人間とならざるを得ないような生き方をしていることに、気づいたのである。

さればこそ彼女は、「いのち」の叫びに真剣に耳を傾け、失われた「ハート」を取り戻すため、絵をかいたり、セラミックス（陶芸）をしたりして、自分の気持ちを表現することに、努力に努力を重ね、傷つきながらも、その結婚生活の危機をのりこえ、夫との間に子どもをもうける気持ちになり、彼女なりに、意味のある生活を見いだしていった。

### 3　「全分」のいのちの中の「自分」のいのち

このような、彼女の歩んだ道を振り返ってみると、そこに一つの観察が可能となる。それは、「いのち」は、人間の自我の世界・「頭」の世界に閉じこめられない、という心的事実である。『古語辞典』によると、〝いのち〟は語源的に、次のように説明されている。

> いのち〔命〕　イは息（いき）、チは勢力。したがって、「息の勢い」が原義。古代人は、生きる根源の力を眼に見えない勢いのはたらきと見たらしい。……[4]

そして〝ち〟については、

ち〔霊〕　原始的な霊格の一。自然物の持つはげしい力・威力をあらわす語。複合語に用いられる。「いかづち（雷）」「をろち（蛇）」「いのち（命）」「たまぢはふ」など[5]。

とある。このように、「いのち」のちが「生きる根源の力」「目に見えない勢いの働き」、あるいは、「霊格の一。自然物のもつはげしい力・威力」とされているように、無意識のエネルギーの働き、威力を象徴するもの、と考えることができよう。

さらに、いのちは、一説によれば、〝いき（息）のうち（内）〟ということである。動物だけでなく、草も木も、生きとし生けるものすべてが共有するのが、いき（息）であり、いのち（命）である、と思うのである。つまり、いのちは、宇宙的関連において語られており、「私のいのち」とはいっても、いのち自体は、私のいのちとして限定せられても、それは、いのちの一部分であって、むしろ「自分のいのち」、すなわちおのれ（自）の分としてのいのち、全分のいのちのなかの一部分が自分のいのち、というように理解できると思う。全分のいのちは、したがって、その一部分である「自分のいのち」を包み越え、それを支えて働いている勢力となり、この場合には、おのずから己《おのれ》に働いているいのち、と考えられよう。それゆえ、いのちは生きとし生けるものすべてに見られるもの、すべてに働いている威力あるものであって、有名な禅語、「天地同根・万物一体」が表明するところであり、前述の創造的無意識というユングの考えにも通ずる、と思うのである。換言すれば、人間のいのちがもつ働きは二重の層においてあり、みずからする働きが、おのずからなる働きと重なり合って創造的な天地の働きの中にあり、その意味では、天地万物とともに、創造的に働いているということであり、かかる働きに支えられてこそ「頭」・自我意識の発達も可能となる。

ところが、科学技術文明にあっては、前述のように、知性の発達が強調せられ、そのため、「ハート」「からだ」を犠牲にして「頭」だけが発達する結果、「頭」は「ハート」からも、「からだ」からも疎外せられ、「いのち」

のアンバランスがおこり、「頭」の働きも、当然、十分に〝正常〟な働きをすることが不可能となり、ここに自我の世界の行きづまり、ということが惹起《じゃっき》される。彼女の例でいえば、かかる自我の行きづまりは、すでに分析を受けにくる十年前、男友だちと木を飛び渡りながらベビーを投げ合って遊んだ夢に、明らかに見られよう。「ハート」とともに働かない「頭」にとっては、性の神秘も、いのちの尊厳も存在せず、ただ、自我の勝手な遊びがあるだけである。この夢が相当な衝撃であったことは、彼女がその夢を、十年間も気にして忘れられなかったという事実が、何よりもよく語っている。このように気になる忘れ難い夢は、往々にして、いわば魂の奥底より叫ばれた、いのちのアンバランスに対する警告であるが、知性的な人々によくあるように、彼女もまた、一向にこの夢の警告などというものには、耳を傾けようとはしなかった。こうして「ハート」のない打算的な結婚をして、「頭」と「ハート」の乖離《かいり》は、ますます堪え難いものとなり、いのちのアンバランスに対する警告は、不眠・悪夢・湿疹などの心身症的症状へと増幅拡大され、自我をして、その〝正常〟な、バランスのとれたいのちの働きの実現へと駆りたてた、といえよう。彼女は自分の気持ちを表現するために、絵をかいたり、セラミックス（陶芸）をしたりしたが、失われたバランスを回復しようとする創造的いのちの働きは、このように、「からだ」「こころ」を通して、それ自らを表現するもので、これを創造的無意識の働き、と表現しても何ら違和感はない。

しかし、ここで注意すべきことは、創造的「生きる根源の力」は、「自然物のもつはげしい力・威力」であって、地震・大雨・洪水・台風といった自然の猛威が示すように、それは同時に巨大な破壊力でもある、ということである。そしてあたかも自然がその破壊的猛威をふるって自らを再生し、その創造力を活性化するように、人間のいのちも、自然のいのちの一部として、創造即破壊のいのちのエネルギーの表現として、そのエネルギーを生きていると考えられないだろうか。そして、全分の自然のいのちからの警告のメッセージを自分のいのちが受けとめて、偏ったいのちのあり方を自覚し、バランスのとれた方向へといのちのエネルギーが流れていく、という働きが、人間のいのちにも見られるのではないか。いのちの根源的エネルギーの働き、それが、ユングの語るインディヴィデュエーションであり、その場合の自我の働きは、自分の働き、すなわち、全分のいのちの働きのなかにある一部分の働きであり、みずからの働きはおのずからなる働きであり、おのずからなる働きはみずからなる働き、といえるのではないだろうか。

## 第3節　「人《にん》」としてのユング――「自分はユングであって、ユンギアンではない」

### 1 ユングの人間像

ユング心理学の話を求められると、私は、必ずユングの逸話をまず紹介することにしている。どうしてこのようなことをするのか、と自問自答してみると、一つには、彼の自伝『想い出・夢・思想』を読むと誰もが気づくと思うのだが、ユングの考えは、その無意識の体験と、不即不離であると思われるからである。それから、いま一つは、やはり自分の育った第二次世界大戦中には、義理人情とか忠君愛国という儒教的教養が強調せられ、学校においてだけではなく、家庭にあっても、父や母から「論語読みの論語知らず」とか、「人の振り見て、わが振り直せ」などと教えられたからだと思う。つまり、その人を判断するのに、その人が語っているところとその行実《ぎょうじつ》（行為の実際）とが一致していなければ駄目である、ということを教えられたからでもある。このような東洋における言行一致の文化は、西洋はもちろん、東洋にあっても、今日では見られないかもしれないが、理想の生き方として、自分なりに留意したいと思っている人も多いかもしれない。

ユングというと、私は、言行一致の東洋文化に育ったせいか、彼の二つの言葉が、まず念頭に浮かぶのである。その一つは、「自分はありがたいことに、ユングであって、ユンギアンではない」であり、いま一つは、「もしユンギアンがいるとしたならば、それは唯一人しかいない」という言葉である。さらに、このユングの言葉を想い出すとき、何故《なぜ》か、私は、ユングは「肚《はら》の坐っている人」「肚のできた人」であったに違いない、などと思うのである。ロサンゼルス在住の有名なユング派の分析者、エドワード・エディンガー（Edward Edinger）が私に語ってくれた逸話によると、晩年、ユングの家族が集まったときに、その孫たちがユングに、どうして彼のからだがそんなに大きいのか、と尋《たず》ねたところ、「大きくて、どっしりとしていないと、自分は空の彼方に飛んで行ってしまうから」と笑いながら答えたという。この話を聞いたとき、私は、ユングは、たとえ子どもであっても、自分がどっしりと根づいている〝いのち〟という生きる根源の力より、誠実に答えようとした人、すなわち、肚の底から応答をした人であったと思ったことであった。

これも晩年の逸話であるが、ユングは、もし新しい著述をするとすれば、禅の語録のようなスタイルで書きたい、と人に語ったということを、フォン・フランツ（Marie=Louise Von Franz）より聞いたことがある。私はそのとき、なぜか、唐代の禅僧・臨済の有名な「一無位の真人」[*4]「無衣の道人」[*5]といった言葉を想い出したことを記憶する。禅仏教を世界に紹介した鈴木大拙によれば、臨済の教えの真髄は、この「人《にん》」[*6]にあるという。この「人《にん》」は、どのような人生の情況に面しても、無位のゆえに、いかなる位をも取り得るし、無衣のゆえに、どのような衣をも着ることができる「人《にん》」であり、時・処・位にしたがって、自由自在に、生きる根源の力を十二分に発揮できる「人《にん》」なのである。生きる根源の力は宇宙に充溢《じゅういつ》しており、それが、みずから・おのずから・かかる「人《にん》」において、全分の自分、本分人として現実化せられているのである。

全分の、おのずからなるいのちの働きを、自分の、自らのいのちの働きとして生活する「人《にん》」については、ユングに分析を受けた著名な分析家たちが語るナスカピ・インディアン（The Naskapi Indians）についてのユングの逸話があるので、それを次に紹介する。

まず、先にもちょっとふれたフォン・フランツの伝えるユングである。[6] ある日、彼女は、彼の〝心理学的洞察および無意識に対する態度〟が、歴史的に最も古い宗教、例えばシャーマニズムや、あるいはナスカピ・インディアンの宗教と同じように思う、と彼女の観察を述べたところ、ユングは笑って、次のように答えたという。

「そのとおり。そのことは何ら恥ずべきことではありません。名誉なことです」。

フォン・フランツによると、ナスカピ・インディアンはラブラドル半島（カナダ大西洋岸）に住むインディアンで、彼らは聖職者も、また宗教儀式ももたないが、その夢に全面的にしたがって生活している。その理由は、彼らは、夢はハートに住むミイスタペオ（Mistap'eo）と名づける〝偉大なる人間〟より送られたものと信じているから、ということである。彼らの生活条件はきわめて厳しいものであるから、偉大なる人間・ミイスタペオとして生きなければ、彼らが生存することは不可能であることを語っている、と思うのである。後述するように、ミイスタペオは、ユングのいう「自己《セルフ》」の象徴であり、臨済にいわしめれば、三世十方を通じて、現今・目前に躍動する「一無位の真人」といえよう。

このナスカピ・インディアンの話は、サンフランシスコのユング研究所の創立者の一人であるジョセフ・ヘンダーソン（Joseph Henderson）の話によると、チューリッヒ・ユング研究所の最初の卒業生たちのために、その分析心理学の骨子の議義を依頼されたとき、ユングは、自分の考えは本を読んでもらえば理解してもらえる、という前置きで語った話である、ということである。このことは、ユングは、分析者として生きていくことは、最も古い宗教家、シャーマンの生き方にその範が示されているように、時・処・位に応じて、偉大なる人間・ミイスタペオとして生きることが肝要である、ということを語ろうとしたと思われる。ナスカピ・インディアン文化にあっては、その成員の一人ひとりがシャーマンなのである。本来の面目に生きる全分の自分であることが要求されているのである。

## 2　頭で考えるか、ハートで考えるか

次に同じくアメリカン・インディアンの話であるが、『自伝』によれば、五十歳、知命の年のユングは、一九二五年、北米に旅行して、ニューメキシコ州のプエブロ族の族長と対話して、深く西洋文化のあり方を反省せし

められたという。[7] このときのプエブロ族の族長オチウィアィ・ビアノ（「山の湖」）の言葉と、それにたいするユングの感想は、すでに第13章「全身体的〝思考〟」（三〇八頁以下）で紹介したので、重複は避けることとするが、要するに白人たちが頭で考えるのに対して、オチウィアィは「自分たちはここで考える」といって、自分のハートを指さしたのである。この言葉にユングは衝撃を受け、長い瞑想に導かれ、彼の生涯で初めて「白人の本当の姿」をつきつけられたのであった。ユングの次の言葉だけはここに再録しておこう。

われわれの考え方からいえば、植民地化、異教徒へのミッション、文明の流伝などと称していることが、いま一つの顔をもっているということである。その顔とは、残酷な意図をもって、彼方の石切場にえじきを求める肉食鳥のそれであり、海賊やおいはぎといった人種にふさわしい顔である。

このユングの言葉は、前述の無意識のエネルギーは創造的たるとともに破壊的である、という彼の観察を、文化史の事実として語るものといえよう。神の栄光を求め、より豊かな生活の実現をめざして進展してきた西洋文化が、創造的であればあるほど、その暗影を深くおとしている、ということを指摘しているのである。

### 3　西洋の文明の〝影〟の自覚

このように、プエブロ族長「山の湖」との対話は、ユングに西洋文化の〝いま一つの顔〟を自覚させた。それは宗教や文明の美名のもとに実現された、「ハート」を無視した弱肉強食の文化であり、絶えず新しい餌食を求めては、貪欲飽くことなき残忍さとともに、次々と世界を支配してきた悪魔的〝影〟を持つことをユングに自覚させた。かかる西洋文化の〝影〟の自覚は、さらに、ユングをして、西洋の科学技術文明が誇る物質的繁栄は、その内面的精神文化の貧困さをもたらしたことを嘆かしめ、また、今日のわれわれをして、外には核戦争の脅威、環境破壊の危機を憂慮し、内には道徳的腐敗堕落を嘆くにいたらしめている、ということを知らしめ、西洋文化の弊害・矛盾・行きづまりに対する深い反省へと導いた、と考えられる。このような西洋文化の〝影〟の問題については、先述の、「こころ」を失い、また「からだ」からも疎外されてしまったことに気づき、その本来的ないのちの働きの回復に努力した女性のケースが、何よりも雄弁に語っていると思うのである。

自我の利害打算のため、自《おの》ずからなる全分のいのちの働きから疎外された科学技術文明のなかに人間が意味のある存在として生きていくのに、一体どうすればよいのか。この焦眉の問題に対して、族長「山の湖」は、さらに、〝神話〟がいかに大切であるか、ということをユングに知らしめるのである。

## 4　父なる太陽

ユングは、インディアンたちが、みんな異様なまでに、彼らの宗教について堅く口をとざして何一つ語ってくれないのを見て、その宗教の秘密を守ることこそは、彼らをして白人の支配に抵抗せしめる力を与えるものであり、また、それは、彼らに団結と統一を与えるものである、ということに気づく。しかし、族長が、問わず語りに、白人たちが自分たちの宗教に干渉し妨害することについて不満をぶちまけて、次のように語ったことより、ユングは、彼らの宗教が、どのようなものであるのかを知るにいたる。

「どうしてアメリカ人たちは、われわれをほっておいてくれないのか。何ゆえに彼らは、われわれが〔宗教的〕ダンスをするのを禁止するのか。どうしてわれわれの若者たちを、学校からキバ（Kiva＝宗教儀礼が行われる場所）へ連れ出して、彼らに宗教を教えることを困難にするのか。われわれは何もアメリカ人を害したりはしないのに」と。

長い沈黙のあと、彼は語を継いだ。

「アメリカ人たちはわれわれの宗教を根絶しようと思っているのだ。どうして彼らは、われわれをほっておいてくれないのか。われわれのすることは、何もわれわれのためにだけしているのではなくて、彼らのためにもしているのだ。誰もが、それによって利益をこうむるのだ」

ユングは、族長が興奮して語っていることよりして、彼らの宗教についてきわめて大切なことを語っていることに気づいて、次のように質問した。

「それでは、あなたがたが自分の宗教においてしていることは、全世界を益するものと考えているのですか」

族長は、生き生きとして、次のように答えた。

「もちろんですとも。もしわれわれがそれをやらなければ、一体世界はどうなるのでしょう」

こういって彼はうやうやしく太陽を指さした。ユングはそのような彼の姿をみて、会話がプエブロ族のミステリーにふれはじめていることを感ずる。族長はいう。

「要するに、われわれは世界の屋根の上に住んでいる人間なのです。われわれは、父なる太陽（Father Sun）の息子なのです。そしてわれわれの宗教で、毎日父が空を行くことを助けているのです。われわれは、これを自分たちのためにだけでなく、全世界のためにしているのです。もしわれわれが、われわれの宗教を実践することを中止したとすると、十年もすれば太陽はもう昇らなくなってしまうでしょう。そうすると、世界は永久に夜となってしまうでしょう」

この族長の言葉を聞いて、ユングは個々のインディアンがもっている〝尊厳さ〟、静かな落ち着きが何に由来するかを知る。それは、彼らが太陽の息子であり、その父たる太陽の運行を助けているという、宇宙的責任の遂行に由来するのである。こうしてユングは次のように反省する。

「これ（宇宙的に意味をもつ尊厳さ）に対して、われわれの自己弁護、すなわち理性によって述べられた生存の意味を対比してみるならば、それがいかに貧困なものであるかということを認めざるを得ない。……知識はわれわれ（の生存理由）を豊富にはしてくれない。（否、逆に）それはかつて出生の権利としてその中に住んでいた神話の世界から、自分たちをますます引き離すものなのである」

「自分たちは父なる太陽の息子」であるとか、「父なる太陽の運行を助ける」などという神話的思考は、現代人にとっては、およそ無意味なたわごととしか思えない。しかも、現代人には、自我理性の所産である科学・技術的思考のゆえに、自分のいのちが、宇宙の生きとし生けるものとの関連において生きており、父なる太陽の創造的働きを助けるという宇宙的責任が課せられている尊いものである、という信念を宣言することなど、まったく考えもつかないことと思われる。それにもかかわらず、ユングはプエブロの族長の言葉によって、宇宙的関連においてあるいのちのあり方こそ、人間の生存に尊厳性を与えるものであるとの反省をせしめられているのである。

## 5　レイン・メーカー（降雨者）

ユング心理学の根本仮説、インディヴィデュエーションが、いのち《生命》セラピーとしての自らなるいのちの働きが自ずからなるいのちの働きと共働するものとして考えられるのではないか、ということを次のユングの逸話が如実に語っていると思う。それは一九二八年に『易経』の翻訳で有名なリヒャルト・ヴィルヘルム（Richard Wilhelm）がチューリッヒのユング・クラブで話したといわれるレイン・メーカー（the rain maker of Kiao-chau）の話である。[8]

バーバラ・ハナーの『評伝ユング』によると、ユングはこの話に深い共感をおぼえ、彼女に、自分の心理学を講義するときには、講義の前にこの話をするように忠告を与えたという。

ヴィルヘルムは、中国に長年、宣教師として滞在した人であるが、彼が住んでいた土地が旱魃《かんばつ》で、雨が降るようにと、中国人はじめ、キリスト教の人々、カトリックもプロテスタントも協力して降雨を祈ったが、全然効き目がないので、ついに最後の手段として、レイン・メーカー(降雨者)を他の土地から招待する。そのレイン・メーカーは、ひからびた老人で、来るなり、自分が泊まる小屋を要求し、その小屋に入って三日の間出てこない。四日目になって、一天にわかにかき曇り、雪の嵐が降り出す。真夏のこととて季節的にはまったく考えられない。町中は、もちろん、このレイン・メーカーの噂でいっぱいである。そこでヴィルヘルムは彼の小屋を訪れて、「一体どうして雪を降らせたのか」と聞く。老人は「そんなことは自分の知ったことではない」という。「では、三日の間何をしていたのか」とヴィルヘルムが尋ねたところ、老人は「そんなことなら、じつは、この土地に着いたとき、自分はこの土地が調和の状態になく、自分自身もまた道《タオ》の外にあるということを感じた。そして、道との調和においてある自分を取り戻すのに、三日間かかった。雨は自然に降ってきた」と答えたという。

## 第4節　おわりに

このレインメーカーがいった「道との調和においてある自分」との言葉は、いのちの根源的働きとしての道、全分のいのちに生きている自分、ということができる。ナスカピ・インディアンの語るミイスタペオ・「偉大なる人間」であり、「山の湖」が語る「父なる太陽の息子」であり、ユングのいう「自己《セルフ》」の働きの象徴でもある。そして、ユングがバーバラ・ハナーに与えた忠告は、明らかに、彼がミイスタペオについてフォン・フランツに語った言葉と相呼応して、ユングが自分の体験に基づいて提唱したインディヴィデュエーションを根本的仮説とするサイコ・セラピーは、いのち《生命》セラピーであり、宇宙いっぱいに働いている自ずからなるいのちの根源的エネルギーに自らのいのちを生きる「人《にん》」のイメージにあり、また、「人《にん》」たることを願う生活態度ではないかと考えられる。

原注

1　C. G. Jung, Two Essays on Analytical Psychology, CW. vol.7, par.266.
2　C. G. Jung, The Practice of Psychotherapy, CW. vol.16, par336.
3　目幸黙僊「全身体的〝思考〟」『思想』一九八二年八月号、岩波書店、九四－九六頁（本書所収）。
4　大野晋他『古語辞典』、岩波書店、一九七四年、一二二頁。
5　同上、八一五頁。
6　Marie-Louise Von Franz, C. G. Jung: His Myth in Our Time, (Boston, Toronto; Little Brown and Company, 1972), p.3. 高橋巌訳『ユング・現代の神話』、紀伊国屋書店、一九七八年。
7　C. G. Jung, Memories, Dreams, Reflections, (New York: Pantheon Books, 1961), pp.247-252. 河合隼雄・藤縄昭・出井淑子訳『ユング自伝――思い出・夢・思想』一・二、みすず書房、一九七二年・一九七三年。目幸黙僊「全身体的〝思考〟」『思想』八八－九〇頁（本書所収）。
8　Barbara Hannah, Jung: His Life and Work, (New York, 1976), pp.127-128. 後藤佳珠他訳『評伝ユング――その生涯と業績』一・二、人文書院、一九八七年。目幸黙僊『宗教とユング心理学・個性化について』、山王出版、一九八七年、三六－三八頁参照（本書所収）。

編者注

1 「いのち」という大和言葉は、意味としては「生命」であるが、人間の自我の世界にだけに閉じ込められない、無意識の創造的エネルギーを含めたものであることを著者は強調する。著者は東洋の目から見たユングの心理療法を考察するとき、それは「いのちセラピー」であると表現する。本章でのすべての「いのち」に「いのち《生命》」とルビを振ることは省略したが、本論文における「いのち」にはすべてそのような意味が込められていると思われる。

2 本分人：自己の真実に落ち着いている人。道元禅師『正法眼蔵』「現成公案」に「人、はじめて法を求めるとき、はるかに法の辺際を離却せり。法すでにおのれに正伝するとき、すみやかに本分人なり」とある（『正法眼蔵』、岩波文庫版参照）。

3 出典はC. G. Jung, The Practice of Psychotherapy. CW. vol.16, par.336。これは本書の第2章で引用されているユングによる四つの文章のうち、最初のものと同じである（四・四五頁参照）。

4 一無位の真人：『臨済録』中の言葉。いかなる枠にもはまらず、一切の範疇を超えた自由人。（入矢義高訳注『臨済録』、岩波文庫、二〇頁参照。）

5 無依の道人：『臨済録』中の言葉。なにものにも依存しない自立独尊の主体者（入矢義高訳注『臨済録』、岩波文庫、五九頁参照）。

6 人：鈴木大拙はこの「真人」について、「普通にいう人ではなくて、人をして人たらしめるところの存在理由とでもいうべきか、いわゆる見聞覚知の主人公である。深い意味でいう心または心法である。なんらの形態をそなえていなくて、十方を通貫しているところのものである。目で見るもの、耳で聞くもの、足で歩くもの、手でつかむものである。英語でいえば、普通、動詞のあとに付ける -er または -or である。これを臨済は真人という」と述べ（「無位の真人」『東洋的な見方』、岩波文庫）さらに、「臨済の言葉で云ふと、霊性は人である（「人」をすべて「にん」と発音す）。『一無位の真人』である。また『無依の道人』である。『臨済録』はこの人によって説かれ、この人のはたらきを記録したものである。この人がわかると、この書を貫通してゐるものが攫まれる」と述べている（「臨済の基本思想」『鈴木大拙全集』第三巻、岩波書店）。

# 第15章　ユングの心理学におけるからだ

## ——いのちセラピー試論（二）

### 第1節　はじめに

数年前、筆者は「いのち（生命）セラピー試論——東洋の目から見たユングの心理療法」（三木善彦・黒木賢一編『日本の心理療法』）なる論文[*1]において、心的現象論に立脚して日本語の「いのち」といわれている考えを心的現象として観察するとき、ユング心理学のサイキ（psyche）の考えをいのちに置きかえた方が、私にはピッタリするという趣旨の論述を試みた。その理由は、いのちという言葉は自分という言葉と不可分ではないか、ということに気がついたからである。陰・陽両極の間に流れる電流のように、意識・無意識を両極としてサイキのエネルギーも流れ、また自我（エゴ）、自《みずか》らなる自分（意識）の働き、そして自己《セルフ》、自《おの》ずからなる自分（無意識）の働きとして理解できるのではないか。また後者、自《おの》ずからなる自分（無意識）、それは前者、自《みずか》らなる自分（意識）の働きをも包含して働いているのではないか、さらには、この自《おの》ずからなる自分の働きをば、「全分」の自分とか「本来」あるいは「本当」の自分と称することも可能で、禅語では「本分人《ほんぶんにん》」[*2]とか「本来の面目」などと表現されており、ひいては、「本来の面目」「本当の自分」の体験を、「自己実現」（Selbstverwirklichkeit, Self-realization＝自己が自分自身を現実化する働き）とも訳されているユングのインディヴィデュエーション（Individuation）と理解できるのではないか、という主旨で論述を試みた。

「いのちセラピー試論（二）」として、いのち（生命）の流れは身体（からだ）・こころを両極として流れている、という観点から、ユング心理学におけるからだを心的現象論に立脚して考察することを試みるにあたって、何よりも強調したいことは、身（からだ）・こころはいのち（生命）の流れの中において、相互に関与し合ってバランスをとりながら、一如といわれるあり方において働いているということが、経験的にもまた体験的にも観察できることである。哲学における心身二元論、心と身とを二つの別個のものとする概念的把握ではなくて、いのち（生命）の流れにおける心・身一如の体験として観察し、叙述を試みるものである。さらに、この心身一如のいのち（生命）の働きの体験は、ともすれば東洋の、それも禅における体験とみなされがちだが、そうではなくて、地域・時代・文化といった特殊性をこえて、普遍的にみられる体験の事実ではないか、ということを考えたい。

## 第2節　個人的体験の普遍妥当性

### 1　ユングの個人的告白としてのユング心理学

ユングから直接分析をうけたJ・ヘンダーソン（Joseph Henderson）によれば、晩年のユングは、自分の心理学は〝一個人の体験の告白〟（a personal confession）として理解することが可能である、と語っていたという。ヘンダーソンは、心理学は科学であり、ユングの分析心理学も、その創始者ユングの個人的な特異性とは何ら関与しないと信じていたので、ユングのこのような言葉を聞いて困惑を感じたという。のちに『ユング自伝』を読んでヘンダーソンは、ユングの個人的体験が、その個人性をこえた集合的イメージと重なり合って明示されているのをみて、人種・歴史・信条という地域的、歴史的特異性に依存しないとされている集合的無意識の働きが、いずれの個人の体験においても、普遍妥当的なものとしてみられる、ということが根拠づけられており、自分の誤解・困惑《こんわく》が氷解したと述べている（Henderson, p.10）。

このようにヘンダーソンは、ユングが自分の心理学を、自分の個人的な体験の告白であるとしていたというのだが、事実、ユングは、その『自伝』プロローグの冒頭において、次のように述べている。

自分の生涯（Leben, life）は、無意識がそれ自身の意識化（意識を通しての現実化）を実現して行った働き（Selbstverwirklichung, self-realization）の物語（Geschichte, history）である。無意識にあるすべてのものは、生起すること（Ereignis, outward manifestation）を欲しており、人としての自分自身（Persönlichkeit, personality）も、その無意識に制約されている状態から発展して、自らを（意識・無意識を含めた）全一なるもの（Ganzheit, whole）として体験する（erleben, experience）ことを欲している。私は、自分自身の中のこのような生成発展過程を叙述するために科学的用語をもってすることはできない。それは、自分自身をば科学的問題として経験する（erfahren, experience）ことができないからである。本質的直感（die innere Anschauung, inward vision）よりして、いったい人（man, we）とは何であり、また、永遠相の下において（subspecie aeyernitatis）人間（der Mensch, man）は、そもそもどのように見えるのか、ということは、ただ神話を通してのみ、われわれは語ることができるのである。神話は科学よりも個人的であり、また、人生をより正確に語るものである。科学は平均的な概念をもって研究するもので、単一別個の個人の生涯の主観的な多様性を正当に取り扱うには、あまりにも一般的過ぎるのである。*3

## 2　いのち（生命）の体験・那一点

さらにユングは、その『自伝』において生涯を回顧して、自分のいのち（生命）の最大関心事、那一点*4を次のようにも語っている。

私の生涯は、一つの考え、一つの目標によって一貫せられ、また保持されてきた。それは、人格の秘奥へと滲入することであった。すべてはこの中心点から説明される。

また、私の仕事のすべては、この主題に関するものである。*5


このユングの言葉は、私に、東洋の諸宗教・思想が、体験的に「一」を強調していることを想起せしめるのである。それは、先に引用した『自伝』の表現でいえば、意識・無意識を含めた全一なるもの、すなわちサイキ「いのち」の体験の生涯を語り、また教えていると思うのである。周知のように、孔子には「吾ガ道ハ一以《も》ッテ之《これ》ヲ貫《つらぬ》ク」（『論語』里仁十五）があり、老子、荘子の「道」、ウパニシャッド*6の「梵我一如」、仏教の「生死の一大事」など、枚挙にいとまがない。「一」の体験を軸として考えると、ユダヤ教、キリスト教、イスラム教、あらゆる宗教は、いずれも「一」の体験に基づいており、〝神〟の名において「一」を強調し、「一」を中心としてそれぞれの地域的・歴史的・文化的生活を歩んできた、と考えられよう。

惟《おも》うに、日本語の「いのち」も、その語源が示すように、「一」の体験の表現として理解することが可能である。

以下これについてユング心理学を援用して考察する。

## 第3節　「いのち」・「からだ」・「身」

『古語辞典』によると、古代より「いのち」「からだ」「み」の三語は、お互いに絡み合って今日に至っていると思われる。さらに「いのち」は合成語で、「息」「生き」「ち」（霊）といった言葉よりなっていて、世界各国の言葉現象とも関連性がある、ということである。

## 1 「いのち」

「いのち」は『古語辞典』に、次のようにある。*7

いのち〔命〕 イは息（いき）、チは勢力。したがって、「息の勢い」が原義。古代人は、生きる根源の力を眼に見えない勢いのはたらきと見たらしい。だからイノチも、きめられた運命・寿命・生涯・一生と解すべきものが少なくない。

今日でも使われている「生きとし生けるもの」のイキ「生き」は、イキ（息）と同根とされている。つまり、生きているものすべてとは、息をしているものすべて、ということである。

そして「ち」については、

ち〔霊〕 原始的な霊格の一。自然物の持つはげしい力・威力をあらわす語。複合語に用いられる。「いかづち（雷）」「をろち（蛇）」「いのち（命）」「たまぢはふ」など。

とある。

それゆえ、古代の日本人は、人間と自然に働いている根源的エネルギーとしてのいのちが宇宙に充満していると感じていたに違いない。一息一息に働いている不思議な「いのち」の「いぶき」、目に見えないヌミノーズム的な力、働き、それはさらには天上のいかづち、雷、地上のをろち、蛇においてもみられ、したがって古代日本人は自然に対して畏敬の念を抱いて生きていたと思われる。

ここに注目すべきことは、上述のように、「息」「生き」という言葉は、同根であるということである。このような言語現象を『古語辞典』は、次のように説明している。*8

ラテン語の spiritus は息・生命・活力・魂、ギリシャ語の anemos は空気・息・生命、ヘブライ語の ruah は風・息・生命の根源の意。日本の神話でも「息吹（いぶき）のさ霧」によって生れ出る神神があるのは、息が生命を意味したからである。

中国語の chi（気）という言葉には、「息」のほかに「身体の根元となる活動力」「元気」という意味があるといわれている。*9

息は気息ともいわれ、日本の古代人は、この「気」＝いのちの根源的エネルギー中心の世界観の中にすべてのものとともに生きていた。それも自分自身と自分を取り巻く環境宇宙とが、一つの場、一つの体系、そして同じいのちの過程を構成しているということを見、また感じて自然との一体感が語られることになる、と考えられる。「いのち」のヌミノーズム、生きる根元的エネルギーの働きが、二つの部分においてその自身を表現しているのである。心理学的にいえば、その一つは、私的／個人的（みずから）、意識的領域において、いま一つは、集合的／普遍的（おのずから）、意識的生活を包み、それとともに働いている無意識的領域においてである。

## 2　「からだ」

英語で「からだ」というと、“body” という言葉が一つあるだけだが、日本語では、〝体〟と書いたり〝身体〟と書いたりすることは、周知のところである。事実『古語辞典』によると、この両様の漢字が記されており、次のように説明されている。*10

からだ〔体・身体〕　生命のこもった肉体を「身（み）」というのに対して、生命のこもらない形骸としての身体。同義語「から」よりも俗語的な性格が強かった。①生命や精神を捨象して考えた身体。②死骸。死体。③体格。体つき。

この「からだ」という言葉も、体とも、また「身」体とも書くことより、「いのち」同様、筆者にとっては、心理学的にみて豊富な内容のもので、語義としては、宇宙的関連において働いている根元的エネルギーに関与するものではないかと思われる。その上、同義語「から」にはその同根として、さらに二つの同音語があり、その一つ「から」〔萁・幹〕は「水分・生命の失われて死んだもの」の意で、①乾いて死んだ茎、②枯枝などを意味し、いま一つの「から」〔枯、涸・空・虚〕は、「水分が失われて死ぬこと、死んだもの」の意で、①水気のない、死んだの意、②乾いた、実質のないの意、（後略）とされているのである。いまは死んでからからになっているものも、かつては生きていたのである、ということで、身体と書くようになったのではないか、と思うのである。たべものはじめすべてのものを「もったいない」と大切にし、また人に対しても「相手の身になって考える」とか、「わが身をつねって、人の痛さを知れ」というような、思いやりの心を大切にする生き方、ふつう個人主義的生き方にあってはみられない生き方が、いまも十分にみられるということである。したがって「身体」という表現が使われてきているという事実には注意することが必要であると思うのである。

## 3　「み」

### a　Y夫妻の物語

心身一如は、いのちの流れが、身（からだ）・心を通じて流れている事実の体験を指すものということを知らしめられたのは、もう数十年くらい前になるが、当時、七、八歳の少年ケニーによってである。ある日、ケニーは父親とともに釣りに行った。その日は、どうしたことか、ケニーにもまた父親にも、雑魚一匹もかからなかった。ところが、いよいよ帰る間際になって、思いがけずケニーの釣り針にトラウト（鱒）がかかったのである。ところが、父親が「ケニー、よくやった」とほめながら、その魚をバケツに移そうとした途端、ケニーは大声で泣き出し、「お父さん、この魚は川に返してほしい」というのである。「この魚には、お父さんもお母さんも、自分と同じようにいるはずだ。だから、お父さん、お母さんからひき離されたら、自分も悲しいし、お父さん、お母さんも悲しいに違いない」と。父親は「何を馬鹿な」とばかり相手にもせず、帰り仕度をして帰宅した。そして、ケニーは帰るなり、同じ敷地にあった別宅に住んでいた祖父母に、泣きながら父親との魚釣りの一件を告げたのである。この祖父母Y氏夫妻は若くして成功した一世パイオニアの一人であり、できる人、まっすぐな人として尊敬を受けていた。二人とも安芸門徒《あきもんと》といわれる広島出身の念仏者であった。

じつは筆者は、このケニーの話を、その翌日、Y氏夫妻から聞いたのである。いまでもはっきりと想い出すのだが、Y夫人が、半ば泣き声で「あの小さな子供のケニーが、あのようなことをいうとは思えない。きっとあれは、私に対するお念仏のお催促《さいそく》です」といわれた姿である。

少年ケニーは、自分が釣った魚の身になっているのである。身も心もその魚になって言動しているといえよう。魚の身になったケニーの話を聞いた祖母は、「お念仏のお催促」という表現が示しているように、仏の慈悲の呼び声と聞いている身となっているのである。おそらくケニーの父親がこの義母の言葉を聞けば、何と思うか。彼はアメリカ生まれの二世のこととて、少なくとも理解に苦しむことと思うのである。

この「お念仏のお催促」という言葉は、Y夫人はことごとにいっておられた。ある日、思いがけずY氏は彼の同年輩の友人の訪問をうけた。そして、いつものように歓談の時を過ごしたが、その合間《あいま》に、彼はY氏に対する負債をすべて精算したいと申し出たのである。別にこれといって契約などはしていないし、辛苦を分かち合った親しい間柄のこととて不審《ふしん》に思い、Y氏はその理由を尋ねた。すると友人は、「いや、このようなことをいうのは、ちょっと気恥ずかしいが、じつは次のような夢を見たからだ」と前置きして、「先日、フレスノ*11にいる叔母が、夢の中で私に、〝もしお浄土に行ったら、アミダサンによろしく〟という言伝《ことづて》をしたので、ここ数ヵ月は、あちこち走り回って身辺の整理をしているところだ」と語ったのである。その後、約半年たって、彼は、浄土真宗的にいえば〝極楽浄土往生の素懐《そかい》を遂げた〟のである。Y氏夫妻は、その友人が、夢を通じて自分の人生の始末をつけていることを語ったとき、すこぶる奇異の念に打たれた、という。それは、あまりにもはっきりと、友人が死を目前にひかえて、いわば死に〝なじん〟で、自分のなすべきことを処理するため、そして叔母に代わって〝アミダサンによろしく〟というため、力いっぱい生きている姿に深い感銘を覚えたのである。Y夫人はその感銘を、次のように語った。「あの人は昔から律義《りちぎ》な人で、またその叔母さんも、フレスノでは誰知らぬ人もない篤信者《とくしんしゃ》で、あの人ならではの話である。本願他力《ほんがんたりき》*12、平生業成《へいぜいごうじょう》*13の念仏の教えが〝から念仏〟のようになっている今日この頃、主人にも私にも、あの方が遠慮がちに語ってくれたことが、〝響流《こうる》大音*14〟、宇宙いっぱいに響きわたっているお念仏のコーラスとして、素晴らしい力となって伝わってきました。いまさらのように、お念仏のお催促をいただいたことでした」。

生命（いのち）がこもっているか否かで「からだ」は身（み）といわれたり、身体（からだ）といわれるという『古語辞典』の説明を読みながら、筆者はユングが『自伝』の中で語っている〝靴造りの動作をしている老婦人〟の事例が、このことを雄弁に語っているのではないかと思ったので、それを少し長くなるが次に紹介する。

### b　靴造りの動作をしている老婦人

婦人病棟にもう四十年も床に臥している七十五歳くらいの患者で、五十年ほど前、入院したという老婦人があった。誰一人としてその患者の生活史を知るものとてなく、ただ一人、三十五年間勤めている婦長だけが少しばかり記憶していた。その患者は流動食だけを食べ、それも指の間から食物をこぼしながら、指で食べていた。時にはコップ一杯のミルクを二時間もかかって飲んでいた。ものを食べていない時には、手と腕とで奇妙な動作をリズミカルにしていたが、その意味はまったくわからなかった。助手のユングは、病める心の中で起こっていることを理解するのが精神医学だと考えていたので、その道をえらんだのだが、臨床講義では、彼女は早発性痴《そうはっせいち》呆《ほう》[*15]のカタトニー型[*16]として呈示されるだけで、しかも同僚は、まったくその診断に確信し切っている様子なので、ユングは、「なんと自分は、自分で自分の道がわからないような職業に従事することになった」と思ったという。

ところが、ある夜遅く、老婦人が神秘的な動作をしているのをみつけ、年老いた婦長に尋ねたところ、「自分の前任者は、彼女はいつも靴を造っているのだといっていた」と答えた。そこでユングは黄色くなった彼女のカルテを改めて調べてみたところ、そこには、確かに、彼女が靴直しの動作をする癖があるという記載があった。むかしは靴屋は膝に靴をはさんで、まさしくそのような動きをしながら、皮を通して糸を引っ張っていたことに気づいた。それから間もなくして彼女が死んだとき、その兄が葬式に来たので、その妹がどうして発病したのかと尋ねた。兄がいうには、じつは、彼女はある靴屋を好きであったが、何かの理由で、その靴屋が彼女とは結婚しないで、彼女を捨てたときに発病した、と告げた。靴屋の動作は、死ぬまで続いた彼女の恋人との同一視であった。

ユングはこうして早発性痴呆の心的起源（psychic origin）を最初に感づかされ、それ以来、精神病における意味のある関連に注意を向けたという。[*17]

ちなみにユングによれば、彼がこの老婦人の事例を語ったのは、患者の役に立つ臨床というのは診断ではなくて物語であるということを端的に示しているからにほかならない。

> 臨床的診断は、それが医者に一定の方向を与えるので重要だが、患者の役には立たない。決定的なものは、物語である。それだけが人間の背景と苦しみを示し、その点においてのみ、医者の治療が作用しはじめることができるから。[*18]

### c　「み」と永遠なるもの

身をもってその恋を貫き、恋人といのちをともに生きた老婦人の靴直しの動作には、胸を打つものがある。恋人を取り合い、そのためには殺し合いまでしかねないのも人間である。しかし、殺し合いは阿修羅《アシュラ》の身のすることである。身は生命のこもった肉体であるし、また霊、魂のこもった肉体でもある。「身を入れて」とか、「身も心も一つにして」とか、「全身全霊」とかいう表現もある。その身に、いのち、すなわち霊の働きがみられるということは、天神ともいうべき「いかづち」あるいは動物の「おろち」の働きをする身となるのではないか。つまり、いのちがこもっている身は、神にも動物にも、阿修羅にもなる働きがあり、その働きにおいて神の身になったり、動物の身になったりするのではないか。このようにみてくると、仏教でいわれる六道輪廻[*19]も、心的現象の事実となるのではないか。

老婦人は愛する恋人の身となった。ケニーは釣った魚の身となった。Y夫人は、響流大音、宇宙いっぱいに大きく響きわたっている念仏のコーラスを聞く身となった。Y氏の友人は、叔母に代わって〝アミダサンによろしく〟と伝言する身となった。そしてアミダサンは法身[*20]の如来として、その伝言を受け取られた。肉体を通して永遠なるものにと関与せしめるのも、身の働きを通して可能となるのではないか、と思うのである。否、永遠なるものの働きが、身の働きにおいてみられるのではないか。そのようなことを感じさせるのが、次のユングの言葉である。

人間にとって決定的な問いは、その人が無限なるものと触れているかどうかということである。これは、彼のいのちに関する焦眉《しょうび》の問いである。真に問題となるのは無限なるものである、ということを知りさえすれば、はかないことや、本当に重要でないすべての目標に興味を固着したりすることを避けることができる。

かくて、われわれは、自分個人の所有物とみなす本質的なもの、すなわち、才能や美点を世界が認知することを要求する。人が偽りの所有物を強調したり、本質的なものに対する感受性を欠いたりすればするほど、その人生はより満足の欠けたものとなる。人は限られた目的をもつが故に、限られていると感じ、その結果、嫉妬し、羨望する。もしわれわれが、この人生において、すでに無限なるものと結びついていることを理解し、感ずるならば、欲望や態度は変化する。究極的には、われわれが体現する本質的なことだけに価値がある。そして、もし、本質的なものを何も体現しなかったとしたら、人生は浪費されたことになる。*[21]

## 第4節　サンチにおけるユング

いのち（生命）の流れにおける心身一如の体験は、無限なるものとふれているということであり、それはまた、本質的なものを生活において、この身において体現しているということでもあるが、このような体験は、具体的には、いったいどのように考えればよいのか。この疑問を、ユングが語るインドのサンチ（Sanchi）での体験を通して、筆者なりに理解を試みたい。サンチには仏塔、仏の骨を埋めた塔があり、ユングは一九三八年に、そこへ行った。*[22]

サンチには、大塔――それは仏塔だが――を中心に二十五ないし三十基に及ぶ数個の塔群遺跡がある。大塔は大きな椀を二つ重ねた半球形で、四つの入念に装飾された門のある塀に囲まれている。四門は四方位に建てられており、東門から入ると、道を左にとって塔の周りを時計針の回る方向へと進み、一巡すると第二巡回の周行へと進んで行くことになる。サンチでの体験を、ユングは、次のように述べている。

サンチの卒塔婆《ストゥーパ》*[23]を訪れた時、私はある種の強烈な情動に圧倒された。その情動は、私がある物事、ある人物、ある想念に出会った時、その意味はまだ無意識であるが、私の内部で、しばしば展開して行くような性質のものである。……

広々とした平原の眺望、数々の卒塔婆そのもの、寺院の荒れ跡、そして聖地の寂寥とした静けさが、名状し難い渾然一体《こんぜんいったい》となって私を魅了し、金縛りにした。私は仲間からはなれてこの平原の圧倒的なムードに浸っていた。*24

情動のエネルギー、無意識（non-ego）の働きの覚知（awareness）が、自我（ego）によって覚知され、自我中心の意識的生活にと統合せられていく創造的いのちのパターン、それが、このサンチにおいておこったのである。するとしばらくして、日本人の巡礼者の一団が、小さな鐘を叩きながら来た。彼らはオーム・マニ・パドメ・フム（Om mani padme hum）というマントラ*25を唱え、フムのところで鐘をならしてやって来た。巡礼者たちは、まず仏塔の前でていねいに礼拝した後、東門（東西南北に門が一基ずつある）の中に入って、そこに安置されている仏像の前で再び礼拝し「聖歌の合唱」をした。そのようにして二重の環状通路の巡行を終える彼らを見ていたユングは、「自分の心も精神も（mind and spirit）彼らと巡行し、自分の言葉にならない気持ちを奇蹟的にも助けに来てくれたことに対して、自分の内の何ものかが、彼らに無言の感謝を捧げていた」と述べている。

ユングは、その折の激烈な感動、言葉にならない感動を、次のように語っている。

私の感動の激烈さは、サンチの丘が、私にとって中心的な何ものかであるということを示していた。それは、その場所において、仏教の新しい側面が私にあらわれてきた、ということである。ブッダの一生は、セルフの現実として、セルフが一個人の生涯にわたって透徹し、かつ権利を要求した現実として、私は理解した。ブッダにとって、セルフはあらゆる神々の上位にあり、また、人間存在と世界の全体の本質をば定置するのである。セルフは〝一なる世界〟(unus mundus) として、存在自体の側面及び認識された存在の側面をも包括するもので、セルフなくしては世界は存在しない。ブッダは、人間意識の宇宙創造の尊厳性 (cosmogonic dignity of human consciousness) にあるということを十分に洞見し理解していたのであり、意識の光の消滅ということが誰かに起これば、世界が無に帰することを、明らかにみていたのである。ショーペンハウエルの不朽の功績は、彼がこのことを認識したことであり、あるいは独自にそれを再発見したことにある。[*26]

ユングはこのあと、インディヴィデュエーション (Individuation)、すなわち自己実現、自己《セルフ》が自我の世界において自らを実現していく働きという観点から、ブッダとキリスト、さらに仏教とキリスト教の対比を試みているのである。ユングの語る人間と世界、その存在全体としてのセルフ、そのようなセルフの働きは、体験的なる「一《イチ》」の自ずからなる働きの表現として理解することが可能である。セルフの働き、「一《イチ》」なる世界、それは永遠なるもの、常に働いているもの、しかし、それがわが身を通して直接的に体験されると、自分のいのちが、本質的なもの、無限なものとの関連においてある、ということが体験される、と考えられよう。

## 第5節　「一」(イチ)：すべてを包む全一者

### 1　梵我一如とセルフ

ユングのすべてを包む全一者としての〝セルフ〟の考えは、フォン・フランツによれば、インド思想のアートマン (atman) より示唆をうけたとされている。アートマンは、ウパニシャッドによれば、個我の本質とされており、その個我の本質を知ることは、同時にブラーフマン (brahman)、梵、すなわち宇宙我・普遍我を知り、かつ知るということは、それを体験すること、それになること、といわれている。個々人の人格の最奥の中核アートマンが、そのまま普遍我・ブラーフマンそのもの、という考えは、両者は不一不二であるということで、中心がそのまま全体であるユングのセルフ・自己の概念に呼応する。ユングの考えているサイキ（心＝psyche）は、「すべてを包む全一者」であって、意識はここ、無意識はそこというようにそれぞれ別個の領域があって、相待《そうだい》し[*27]相剋《そうこく》しているのでない。このことを、次のユングの言葉が語っていると思う。

「自己」（self）という言葉は、この無意識の基底・背景にとってふさわしい言葉であると私には思われる。意識におけるそのときどきの代表者が自我（ego）である。自我は自己に対しては、動くものに対しての動かされるもの、主体に対しての客体という位置にある。というのは、自己が放出し決断を迫っている諸要素が、自我の全側面を取り巻いていて、それゆえに、自我は自己に従属するからである。自己は無意識と同様、自我が展開する以前（das Vorhandene 手近にあるものとして）の存在である。

いわば、無意識において自我はすでに形成されている。そのことは、私が私自身を造るということではなく、むしろ、私はたまたま私自身であるということなのだ。この自覚は、宗教的現象の心理学にとって、根本的に重要である[*28]

## 2　陰・陽・道

このような意識・無意識の関係についての考え方は、中国思想の易にみられる太極・陰・陽、あるいは陰・陽・道という考え方に通ずると思われる。太極を「すべてを包む全一者」としてのサイキとすると、陰と陽とは、無意識と意識という心的過程の両面となる。覚醒時には陽・意識の過程が、睡眠時には陰・無意識の過程が、それぞれ主としてみられるものの、そのいずれの過程にあっても、サイキは「すべてを包む全一者」として、いつも全体的過程として活動しているのである。そして、太極が、陰陽の相待・相剋・相補的関係において、バランスをとりながら、不断に生成発展して止まない、生きている自然・宇宙の全体的過程であるように、サイキも、意識・無意識の相待・相剋・相補関係において、バランスを取りながら、絶えず両者を高次元の統合へと、創造的に発展させている全体的過程である。上の引用文にみられる「……私は、たまたま私自身なのであるということなのだ」という言葉が、この考えを示していると思われる。

# 第6節　ヴェーダ (Veda)

## 1　ヴェーダ聖典

ヴェーダは、インド最古の文献で、バラモン教の根本聖典の総称である。アートマンの教義は、ヴェーダの最後におかれているウパニシャッドにあり、通常は、サンスクリット文学・印度学の世界的学者、辻直四郎の言にもあるように「宇宙万有の一元を宣示する哲学書」とされている。[*29] ヴェーダは「知る」を意味する語根“vid”より作られた単語で、宗教的知識を表わし、その知識を載せる聖典の総称となった、とされている。しかし、その知識は、リシ“Rshi”（聖仙）が霊感により感得した啓示とせられた知識である、ということを明記する必要がある。二元的理性的知ではないのである。その最初におかれているのはサンヒター（本集）と呼ばれ、簡単にいえばマントラ、すなわち讃歌・歌詞・祭詞・呪文の集録である。霊感により聖仙が神の啓示を讃《たた》え、高らかにその神秘的体験を詠じた詠吟文学でもある。

先に、ユングの自己、セルフがアートマン教義に示唆をうけているというフォン・フランツの考えを紹介したとき、アートマンとブラフマン、個人我と普遍我とは不一不二の関係にあることを指摘した。当論における心身一如、体験的「一」の考察にとって、不一不二、あるいは一如の観点は以下に引用する讃歌に豊かにみられるイメージである。例えば初章に、〝無もなかりき、有もなかりき〟、あるいはまた二節目に〝死もなかりき、不死もなかりき……風（呼吸）なく呼吸せり〟というように。

## 2　リグ・ヴェーダ讃歌*30

多くの讃歌において、ことに体験的「一」を語るものとして心理学的に考察するとき、「宇宙開闢《かいびゃく》の歌」と称されている讃歌が適切と思われる。

1．その時（太初において）無（asat）もなかりき、有（sat）もなかりき。そを蔽《おお》う天もなかりき。何物か活動せし、いづこに、誰の庇護《ひご》の下《もと》に。深くして測るべからざる水（原水）は存在せりや。

2．その時、死もなかりき、不死もなかりき、夜と昼との標識（明星辰）もなかりき。かの唯一物（tad ekam＝創造の根本原理）は、自力により風なく呼吸せり。これよりほか何物も存在せざりき。

3．太初において、暗黒は暗黒に蔽《おお》われたりき。一切宇宙は光明なき水波なりき。空虚に蔽われ発現しつつありしかの唯一物は、白熱（tapas）の力によりて出生せり。

4．最初に意欲（kama）はかの唯一物に現ぜり。こは意（manas＝思考力）の第一の種子なりき。聖賢らは熟慮して心に求め、有の親縁を無に発見せり。

＊後の文献と比較して考えれば、展開の順序は、唯一物↓（水）↓意↓意欲↓熱力（瞑想・苦行により体内に生ずる熱で、創造力をもつ）↓現象界となる。

5．彼ら（聖賢）の縄尺《じょうじゃく》は横に張られたり。下方はありしや、上方はありしや。射精者（能動的男性力）ありき、展開者（受動的女性力）ありき。自存力（本能・女性力）は下に、衝動力（男性力）は上に。

6．誰か正しく知る者ぞ、誰かここに宣言し得る者ぞ。

この展開（visrsti）はいずこより生じ、いずこより来れる。諸神は宇宙の展開よりのちなり。しからば誰か展開のいずこより起こりしかを知るものぞ。

7．この展開は、いずこより起こりしや。彼（最高神）は創造せりや、あるいは創造せざりしや。最高天にありて宇宙を監視する者のみ実にこれを知る。あるいは彼もまた知らず。[*31]

ユングが語ったサンチでの体験、ブッダの生涯を人間意識の尊厳、それが宇宙創造性にあると表現したが、それがそのまま、ユングのサンチにおける体験であり、その体験がさらにこの讃歌に重なり合っているように思われる。激烈な情動に圧倒され、聖地の寂寥《せきりょう》とした静けさと渾然《こんぜん》一体となり「いのち」そのものの「いぶき」となったユング、あたかも“tat ekam”[*32]、“that One”かの「一」となったユング、そのユングに鐘の音とともに聞こえてきた巡礼者のマントラ、このようにして巡礼者たちとともに巡行を終えたユングは、その全身全霊をあげて彼らとともに巡行して奇蹟的にも言葉にならない気持ちをあらわし得たことを感謝している内なる〝何ものか〟を感じている。

かくしてかの創造力そのもの、かの「一」“The One”は、“tapas”白熱、“kama”意欲、“passion”情動、“manas”思考にと、渾然展開する。それがユングにおける、ブッダとキリスト、仏教とキリスト教の対比論ではないか、と思うのである。

## 第7節　おわりに

「ユング心理学におけるからだ」というテーマで、心的現象論の観点から、いのちの流れにおける心身一如の体験を取り上げ、その考察を試みた。一如とか不二といった言葉は東洋だけのものかもしれないが、その体験は、いつ、どこにあっても、誰にでもみられるものであるということが、観察できるということである。筆者はユングのインディヴィデュエーションを根本仮説とするサイコ・セラピーには、いのち（生命）セラピーであり、宇宙いっぱいに働いている自ずからなるいのちの創造的・根元的エネルギーに、自らのいのちを心身一如的に生きる「本分人」たることが望ましく、またそのような「本分人」たることを願う生活態度が望ましいのではないかと思うのである。

## 文献


1 中村元『ウパニシャッドの思想』中村元選集（決定版）第九巻、春秋社、一九九〇年。

2 辻直四郎『インド文明の曙――ヴェーダとウパニシャッド』、岩波新書、一九六七年、九〇－一〇〇頁。

3 高楠順次郎・木村泰賢『印度哲学宗教史』、丙午出版社、一九一四年。

4 F. Edgerton, The Beginning of Indian Philosophy, (London, George Allen and Unwin, 1965), p.73

5 大野晋他『古語辞典』、岩波書店、一九七四年。

6 ヤッフェ編、河合隼雄・藤縄昭・出井淑子訳『ユング自伝――思い出・夢・思想』一、みすず書房、一九七二年。

7 Joseph Henderson, "Reflection on the History & Practice of Jungian Analysis," In Stein, Murray (ed.) Jungian Analysis, (Boulder & London, Shambhala, 1984), p.10.

8 Marie-Louise Von Franz, C. G. Jung: His Myth in Our Time, Tr. by William H. Kennedy, (Boston, Toronto, Little Brown and Company, 1975), p.71. 高橋巌訳『ユング・現代の神話』、紀伊国屋書店、一九七八年。

9 諸橋徹次『大漢和辞典』巻六、大修館書店、八四七頁。

10 C. G. Jung, "Transformation Symbolism in the Mass," in Psychology & Religion: West and East: CW. vol.11.「ミサにおける転換象徴」、村本詔司訳『心理学と宗教』、人文書院、一九八九年、所収。

編者注

1　本書の第14章。
2　本書第14章の編者注2を参照。
3　訳は著者。河合他訳『ユング自伝』一（みすず書房）では一七頁に該当箇所がある。
4　那一点：中心点。
5　訳は著者。河合他訳『ユング自伝』二（みすず書房）では一〇頁に該当箇所がある。
6　ウパニシャッド：ヒンドゥー教の聖典。初期のもの（古ウパニシャッド）は仏教の興隆以前、紀元前六世紀ごろまでに成立したとされている。その核心をなすものはいわゆる「梵我一如」——宇宙の最高原理であるブラフマン（梵）と、生命ある個体の本質であるアートマン（我）が本質的に一体であるという思想である。
7　大野晋他『古語辞典』、岩波書店、一二五頁。
8　大野晋他『古語辞典』、岩波書店、八六頁。
9　諸橋轍次『大漢和辞典』第六、大修館書店、八四七頁。
10　大野晋他『古語辞典』、岩波書店、三四五 - 三四六頁。
11　フレスノ：米国カリフォルニア州中部の小都市。日本からの移民、日系人が多い。
12　本願他力：阿弥陀如来の本願によってわれわれが救われることが他力の本来の意味である、ということ。親鸞聖人『教行信証』「行巻」に「他力といふは、如来の本願力なり」とあり、また『歎異抄』に、「善人なをもて往生をとぐ、いはんや悪人をや。しかるを世の人つねにいはく、悪人なを往生す、いかにいはんや善人をやと。この条、一旦そのいはれあるににたれども、本願他力の意趣にそむけり」とある。
13　平生業成：「生きている平生に、往生《おうじょう》の業事が、完成する」ということ。死後に浄土に往生するのではなく、生きている今、救われるという意味。
14　響流大音：「無量寿経」（讃仏偈）に「正覚大音　響流十方」（正覚《しょうがく》の大音《だいおん》、響《ひびき》、十方に流《わた》る）とある。
15　早発性痴呆：統合失調症。
16　カタトニー型：緊張型。
17　河合他訳『ユング自伝』一、一八二、一八三頁参照。

18　訳は著者。河合他訳『ユング自伝』一では一八二頁に該当箇所がある。
19　六道輪廻：輪廻とは一つの生から次の生へと再生を繰り返すこと。われわれはその業に応じて、次の六種類の生存形式をとる。これを六道輪廻という：天（神的存在）、人間、阿修羅（魔神、悪神）、畜生（動物）、餓鬼（鬼神）、地獄（最低の存在）。
20　法身：歴史的存在としてのゴータマ・ブッダの入滅後、彼の教えに帰依した人々は、ブッダは永遠に生き続けているのだと考えるようになった。人間の姿をとってこの世に現れたのは、人々を救うためのブッダの仮の姿（これを化身、応身という）であって、ブッダご自身の本体は永遠で不滅である。この本体は真理（法）そのものなのである。したがってブッダは真理（法）を本体としているものであると考える。これを法身という。
21　訳は著者。河合他訳『ユング自伝』二では一七一頁に該当箇所がある。
22　河合他訳『ユング自伝』二、一〇九－一一二頁参照。
23　卒塔婆（ストゥーパ）：サンスクリット語で「仏塔」を意味する。墓あるいは仏教建築物のこと。
24　訳は著者。河合他訳『ユング自伝』二では一〇九－一一〇頁に該当箇所がある。
25　オーム・マニ・パドメ・フム：チベット仏教で称えられるマントラ（真言）。
26　訳は著者。河合他訳『ユング自伝』二では一一一頁に該当箇所がある。
27　相待：仏教用語で、他の事物との対比や関連によって存在すること。反意語は「絶待」。
28　訳は著者。C・G・ユング、村本詔司訳『心理学と宗教』（人文書院）の二四一頁に該当箇所がある。
29　辻直四郎『インド文明の曙』、岩波新書、三一頁。
30　リグ・ヴェーダ讃歌：ヴェーダ聖典のひとつ。全十巻で、一〇二六篇の讃歌からなる。「宇宙開闢の歌」は第十巻の中の一二九番目の讃歌である。ヴェーダ哲学思想の最高峰を示すものとされている。
31　辻直四郎『インド文明の曙』九九－一〇〇頁。サンスクリットは高楠・木村『印度哲学宗教史』一八〇－一八一頁より。
32　tat ekam：サンスクリット語で tat はそれ（英語では that）、ekam は数詞の「一」を意味する。したがって、「かの一なるもの That One」の意味。

# 編者あとがき

本書所収の論文・講演記録について、書誌的事項と簡単な内容紹介を記す。

## Ⅰ　ユング心理学入門

### 第1章　宗教とユング心理学

一九八六年七月五日、名古屋箱庭療法研究会主催の講演会において、「宗教とユング心理学―よりよく生きるために」と題されて行われた講演である。

### 第2章　「個性化」について

一九八六年四月一日、山王教育研究所主催による「第一回　八六年ユング心理学アメリカワークショップ」において、「“Individuation”について」と題されて行われた講義をまとめたものである。

これら二つの講義録は、山王出版より“THE SANNO CLINICAL SERIES”の一つとして、『宗教とユング心理学／「個性化」について』と題した一冊のパンフレットにまとめられ、出版された。上記のように時間的には第2章の方が先行しているが、内容的には第1章で「自我とそれを超えるもの」、「ユングの心的現象論とヌミノース体験」、「セルフの働きと陰・陽・道の働き」にふれつつ、ユング心理学の基本概念である「自己《セルフ》」元型についてわかりやすく解説されている。それを受けた形で第2章では、ユングの著作から四つの引用文を読者とともに英語で読みつつ、「意識と無意識の関係」、「個性化―自己自身になること・自己実現の働き」、「自我とセルフとの関係」、「夜の航海」と題し、ユング心理学の最重要概念である「個性化」に重点を置いてコンパクトでわかりやすいユング心理学入門となっている。

Ⅱ　ユングと仏教

第3章　ユングと仏教――「動く仏教・実践する仏教」

同朋大学大学院文学研究科（編）『シンポジウム　動く仏教・実践する仏教（仏教とユング心理学）』（法蔵館、二〇〇五）所収。

二〇〇三年、「動く仏教　実践する仏教」と題して同朋大学が主催したシンポジウムでの講演記録である。目幸教授の講演「ユングと仏教」のほかに、河合隼雄教授が「仏教研究とカウンセリング――ユング派の分析家として」と題して講演している。ブッダとユング、ユングにおける「願い」、全体の真実を見る「中道」、無常・苦・無我・涅槃などの話題を通じて、「ブッダは東、ユングは西、東と西で一つの世界、全体を見ると一つである」ことが示されている。

じつは、予定では目幸、河合両教授の講演テーマは逆であったが、当日になって講演開始直前の歓談の中で、急遽演題を交換した方がよさそうだという話になり、しかもそれが実行されたという。二人のユンギアンののびやかで自由自在な人柄がうかがえるエピソードであろう。

第4章　自己実現の働きとしての如来――「如来を喚んで長老と為す莫れ」

『印度哲学仏教学』第一号、一九八六年十月。

本稿は一九八五年七月二十九日、北海道大学文学部における公開講演に基づいたものである。ブッダの生涯を自己（セルフ）の自己実現、個性化のプロセスの観点から見る先生の一連の論文の一つである。本論文では特に、最初の説法におけるブッダの威厳ある言葉、およびブッダが覚者となった事実が、言葉よりも前にブッダの身体性において示されていたことが考察される。ここに、「こころ」と「からだ」の全体を含めた「いのち」を重視される先生の基本的な考え方が示されているといえよう。

本論文のタイトルについて一言蛇足めいたことを付け加えると、ブッダ最初の説法において五人の修行者は、最初ブッダに「長老」と呼びかけた。それは敬語であるにしても、基本的に同格の相手に対する言葉であった。これに対してブッダは、自分は悟りを開いた如来であると厳かに宣言したのである。

III　法然・親鸞とユング

第5章　鎌倉仏教の念仏行における法然の夢の重要性

原題：The Importance of the dreams of Honen in the formation of Nembutsu Practice in Kamakura Japan. Light of Wisdom, Volume 3, August 1996. 所収。

Light of Wisdom 誌は、仏教思想・文化・芸術を北米に紹介することを目的として、佛教大学ロサンゼルス校(Bukkyo University – Los Angeles Extension) が発行するジャーナルである。

分析心理学的観点から法然と親鸞を考察することは、IIに収めたブッダに関する考察とともに、ユング派アナリストであり、かつ浄土真宗の僧籍をお持ちの目幸先生にして初めて可能な研究ではないかと思われる。

特にこの論文では、鎌倉時代での念仏行形成における法然と親鸞の夢の役割が考察されている。親鸞の「夢告」は有名であるが、法然が浄土宗を開くに至った背後に、法然の夢における善導からの確証があったこと等が指摘されている。

第6章　浄土真宗における「悪人」とユング心理学

原題：A Jungian Approach to the Jodoshinshu Concept of the “Wicked.” Essays on Jung and the Study of Religion, edited by Luther H. Martin and James Goss, University Press of America, 1985. 所収。

「善人なをもて往生をとぐ、いはんや悪人をや」――親鸞の有名な言葉である。親鸞が「悪人」という言葉で意味するものは、ユングが影（シャドウ）と呼んだものに対応する。したがって、悪人が往生するとは、影の統合であり、影の統合を通じた個性化プロセスなのである。題材として、浄土三部経および、親鸞が『教行信証』において重要視した阿闍世王の物語が分析される。

第7章　坊守――宇宙的慈悲としての本願を象徴する女性像として

原題：Bomori: Personification of Hongwan as Cosmogonic Compassion. J. Marvin. Spiegelman (ed), Psychology and Religion at the Millennium and Beyond, Falcon Press, 1999. 所収。

J・M・スピーゲルマン博士編集による上記の書物は、さまざまな宗教の観点から、二十一世紀における心理学と宗教の役割を論じたものであって、目幸先生は、「坊守《ぼうもり》」についての論文を寄稿した。

親鸞が妻帯したことはよく知られている。「坊守」とは浄土真宗の寺院における住職の妻である。目幸先生は、坊守としての御母堂の果たされた責任にもふれつつ、坊守の役割と意味を女性による救済の観点から検討している。僧侶の妻帯という重要問題への、ユング心理学の立場からの、一つの決定的回答になっていると思われる。

Ⅳ　自我・わたし・そして「自分」ということ

第8章　女性的なるものの新しい布置――普遍性を求める私の旅路

原題：A New Constellation of the Feminine: Reflection on My Psycho-ecumenical Journey. J. Marvin Spiegelman (ed), Catholicism and Jungian Psychology, Falcon Press, 1988. 所収。

本書に収めた目幸先生の多くの論文・講演を貫く一本の筋は、現代という時代において、女性的なるものを復活させることの必要性・重要性である。本論文ではこの主題を、特に先生の非常にパーソナルな経験を題材にしつつ考察している。教授がチューリッヒのユング研究所滞在中に得た二つの夢は「人間の宗教性に対する私の考え方に非常に大きな影響を与え」、また「私のこころにおける女性的なるものの誕生、もしくは再生のきざし」

であったのである。本論文によって読者は、一人のアナリストが自身の夢を仏教、キリスト教、道教、ヒンズー教を含むさまざまな宗教的伝統の角度から拡充し、共時性への気づきを大切にしつつ、自分にとっての無限なるものとの関係とは何かという普遍的な問いかけを続けていく、真のユンギアンとしての姿にふれることができよう。

第9章　自我・わたし・そして「自分」ということ――西洋滞在四十年：より自分自身となる探求の旅

原題：The Ego, I, and Jibun: My Search to Become More of Myself during Four Decades in the West. Light of Wisdom – Journal of Bukkyo University – Los Angeles Extension Vol.14, September 2010. 所収。

初出は、ERANOS Chroniclers and Shamans, vol.67, 1998。

前章は「普遍性を求める私の旅路」と副題をつけられていた。本章のサブタイトルは「より自分自身となる探求の旅」である。普遍性は、より自分自身となるための探求の旅を歩きとおすことによってのみ実現されるのであろう。一見逆説的であるが、これは個性化プロセスの本質であるように思われる。「より自分自身となるための探求」は、「永遠なるもの（普遍性）と関係するものとしての自分になる」ことなのである。本論文において、目幸教授は、まず日本語には二十種類もの一人称単数代名詞が存在することを指摘し、さらに「自分」という言葉の意味を分析しつつ、西洋人の自立実体的自我と対比して、日本人の自我は状況適応的であることを示す。それでは、状況適応的自我をもつわれわれにとっての個性化とは何か。先生はご自分の人生にとって決定的な役割を果たした六つの体験を述べ、ご自分の変容と再生の物語を語っておられる。

なお、本論文の翻訳にあたっては、真宗大谷派（東本願寺）北米開教監督、今井亮徳師の試訳を参考にさせていただいた。記して深謝申し上げます。

第10章　自我機能の文化的基盤

原題：The Cultural Basis for Ego Functioning. Psychologia – An International Journal of Psychology in the Orient

–Vol.30, No.2, June 1987. 所収。

本論文については著者による「要約」がついているので、以下に転載し、内容紹介に代えさせていただく。

ユングは、集合的人間と大衆社会の病理を癒すうえでの個人の価値を強調している。ユングが意味する個人とは、「対立物の間の緊張を自分の内部において耐えることができる」人間のことである。この論文は、ユングのいう個人の心理学的な意味について、キリスト、〝悲しみの英雄〟、道教の「黄金の華」などの宗教的象徴との関係において考察する。キリストと黄金の華はともに自己（the Self）の象徴であるが、非常に異なったものである。前者は男性的であり、後者は女性的である。これらの宗教的象徴の間の相違を、自己に対応するときの自我機能の働き方の相違に着眼して理解することを試みる。現実原理として、自我は既存のコンテクストに適応するため、異なった働き方で機能する。つまり、自我は、男性的家父長的、ユダヤ・キリスト教的西洋社会においては、「男性的」に機能し、女性的な道教的中国においては、「女性的」に機能するのである。これが、東洋と西洋において自己（セルフ）の象徴が非常に異なっており、対照的であることの理由である。さらに、自我の自己あるいは無意識への対応の相違は、双方の文化に属する個人の夢にも見て取れるのである。しかし、自我の男性的機能と女性的機能は相互に補完的であり、補償的である。したがって、ユングが「対立物の間の緊張を自分の内部において耐えることができる」個人の価値を強調するとき、彼は、男性的な西洋が生み出した諸問題と戦ううえで、こころの女性的で受容的なはたらきを開発することの必要性を述べていたのである。

V　二十一世紀の危機

第11章　混沌氏の術

原題：The Art of Mr. Hun Tun. A Testament to the Wilderness, Daimon Verlag, Zurich, 1985. 所収。

日幸先生が、ユング研究所留学時代に教育分析を受けられたC・A・マイヤー教授の八十歳記念論文集　A

Testament to the Wilderness へ寄稿した論文である。マイヤー教授はユングの高弟であり、ユング研究所の所長でもあった。

この論文では、「荘子」に取り上げられたいくつかの寓話に加えて、目幸先生がユング研究所で最初に担当したアナリザンド（HMという若い男性）の夢が紹介されているのが興味深い。道具を作る人（ホモ・ファーベル）としての西洋的・テクノクラート的自我は、一方では物質的繁栄をもたらしたが、他方では内的および外的両面における自然の収奪と破壊をもたらした。生態系の危機と核による破滅の危機を避けるには、「タオに戻る」ことが必要である。

第12章　世界平和と仏法——自然法爾をもとに

目幸黙僊・水谷幸正（共著）『こころの時代——二十一世紀の仏教と世界平和』、佛教大学通信教育部発行、二〇〇二年、所収。

佛教大学の通信教育課程の開設五十周年を記念して開催された鷹陵文化講演会（二〇〇二年八月十一日）での講演である。

この講演は二〇〇二年におこなわれたものであるが、その前年（二〇〇一年）、いわゆる「ナイン・イレブン」の同時多発テロ事件が起こっており、二十一世紀がどのようなものであり得るのか、全世界の人々にぞっとするような予感を与えた。その後その恐怖の予感は現実化し、現在も続いている。目幸先生は、「あの事件をよく考えてみると、正しい宗教、あるいは教えとは何だろうかという問題意識が起こる。すると、この事件、事象、そのなかにブッダ・ダルマ、仏法、仏道が輝いていると思われる」と述べる。

さらに目幸先生は、『蛇喩経』『筏経』という経典、さらには仙厓の禅画、輪廻図など何枚かの図を使って説明されているので、わかりやすく興味深い講演となっている。

VI　いのちセラピー

第13章　全身体的〝思考〟

『思想』一九八二年八月号、岩波書店、所収。

ふつう、思考といえば「頭」によっておこなわれると考えるのが常識である。しかし、「全身体的〝思考〟」ともいうべき、からだ全体でする〝思考〟が存在する。それはどのようなものか、心理臨床においてどのような意味をもつものであるのか。本論文はこの問題をユング分析心理学の観点から考察している。

「全身体的〝思考〟」は創造的生命の〝思考〟、「アーキタイプ」〝思考〟ともいうべきものである。心理療法を通して考えるとき、「頭」による思考も、「全身体的〝思考〟」も、同じ「本来的自己」の創造的働きとしてバランスを得ることが望ましいことが示される。

第14章　いのち（生命）セラピー試論——東洋の目から見たユングの心理療法

三木義彦・黒木賢一（共編）『日本の心理療法』、朱鷺書房、一九九八年、所収。

全身体的〝思考〟であれ、心身一如であれ、人間をその全体においてとらえる観点から「サイコ」セラピーを考えていくとき、癒されるべきはこころ（サイキ）だけではないことが認識される。「いのち」そのものが癒されるべきものとなる。

目幸先生は、ユングの分析心理学に立脚して心理療法（サイコ・セラピー）に従事していると、サイコ・セラピーのサイコ（サイキ）を「いのち」（生命）で置き換えて、「いのちセラピー」という言葉にした方が、自分にはぴったりくる、と述べられる。それは一つには、在外生活が長くなるにつれて、日本語の「いのち」という言葉の奥行きの深さを感じるからである。しかも「いのち」は「自分」と不可分である。電流が陰極と陽極の間を流れるように、いのちのエネルギーが、意識・無意識、自我（エゴ）と自己（セルフ）を両極として、その間を流れ、そのことによって自らを実現する働きをユングは「個性化」（Individuation）と名付けたのである。

第15章　ユングの心理学におけるからだ――いのちセラピー試論（二）
目幸默僊・黒木賢一（編著）『心理療法におけるからだ』、朱鷺書房、二〇〇六年、所収。
上記の試論（一）に引き続いて試論（二）では、いのち（生命）の流れは、身体（からだ）とこころを両極として流れているという観点から、ユング心理学におけるからだを、心的現象論に立脚して考察する。身（からだ）とこころはいのち（生命）の流れの中において、相互に関与し合ってバランスをとりながら、一如といわれるあり方において働いている。そのことは、経験的に、体験的に観察することができる。この心身一如のいのちの働きの体験は、ともすれば禅など東洋的体験として理解されがちであるが、そうではなくて、地域・時代・文化といった特殊性をこえて、普遍的に見られる体験的事実なのである。本論ではその事実が、カリフォルニアでの先生の個人的経験、インドにおけるユングの体験、陰陽道、さらにヴェーダにいたるまで、さまざまな資料を駆使して示される。

本書全体を流れるテーマは、ユングのいう自己（セルフ）とは何か、個性化とは何か、そして日本人にとっての個性化とは何かという問題であるといえよう。目幸先生は、日本人であり、僧籍をもつ仏教徒であり、米国で宗教学を教える大学教授であり、そしてユンギアンであるという立場から、全力をあげてこの問題と格闘し、ご自分の体験をわれわれと惜しみなくシェアしてくださっている。読者の方々ご自身がそれぞれの個性化過程を歩まれるうえで、本書がすこしでも役立つことが、編者一同の願いであり、喜びであります。

英文論文の日本語訳については、第8章を小田が、その他を森が担当し、最後に全体調整を森がおこなった。また、原著にはないルビを追加するとともに、内容理解を助けると思われた場合には、いくつかの注を編者注として追加した。若い読者にもできるだけ読みやすい本にしたいと考えたからであるが、かえって興趣を阻害した点があるとしたら、お詫びしたい。

　また原注の形式をできるだけ統一するよう試みたが、そうすることによってかえって煩雑になる場合もあり、原著のままとしたところもある。

　毎年来日される目幸先生とお目にかかり、親しく教えを受けることは、編者一同が楽しみとしているところであった。二〇一二年夏、恒例となった先生を囲む会の席上、先生のお仕事をより広く日本の読者に紹介する書物を出版する案が浮上した。まだ活字になっていない講演記録を中心にする案、英文論文の翻訳を中心にする案などいくつかの案が検討されたが、最終的に本書のような形での出版が企画されたのが二〇一三年の夏であった。諸論文の本書への転載を快諾いただいた山王出版、同朋大学、法蔵館、佛教大学、岩波書店、朱鷺書房ほかの関係者の皆様、また、さまざまの形でお世話になった株式会社創元社編集部の渡辺明美氏、柏原隆宏氏、編集工房レイヴン原章氏に厚く御礼を申し上げます。

　二〇一五年七月

（文責　森）

◆著者略歴

## 目幸默僊（みゆき・もくせん）

1928年大阪生まれ。東京大学でインド哲学を学び、1954年渡米。カリフォルニア大学ロサンゼルス校（UCLA）で哲学を専攻し、クレアモント大学でPh.Dを取得後、1967年チューリッヒのユング研究所でユング派分析家の資格を取得した。長年、カリフォルニア州立大学ノースリッジ校で宗教学の教鞭を執りながら、ユング派分析家として臨床実践を続ける。現在、カリフォルニア州立大学名誉教授、ロサンゼルス・ユング研究所名誉アナリスト。主な著書に『仏教とユング心理学』（J.M. スピーゲルマンと共著、春秋社）、『宗教とユング心理学／「個性化」について』（山王出版）などがある。

◆編者略歴

## 森　文彦（もり・ふみひこ）

京都大学大学院理学研究科修了。電機メーカー勤務の後、大阪大学大学院人間科学研究科修士課程修了。カウンセリングオフィス神戸同人社スタッフ。訳書にE. カラーリ『おだやかな死――心暖かな介護のために』（共訳、春秋社）、目幸默僊、J.M. スピーゲルマン共著『仏教とユング心理学』（春秋社）、J.M. スピーゲルマン、河合隼雄共著『能動的想像法――内なる魂との対話』（共訳、創元社）などがある。

## 黒木賢一（くろき・けんいち）

カリフォルニア州立大学（ヘイワード校）教育心理学研究科修士課程修了。大阪経済大学教授、芦屋心療オフィス所長。著書に『〈自分発見〉ワークブック――隠された私に出会う本』（洋泉社）、『「自分らしさ」を見つける心理学――セラピストと行く生き方発見の旅』（PHP研究所）、『〈気〉の心理臨床入門』（星和書店）、共編著に『日本の心理療法――その特質と実際』『心理臨床におけるからだ――心身一如からの視座』（ともに朱鷺書房）などがある。

## 井本惠章（いもと・よしあき）

カリフォルニア州立大学（ヘイワード校）教育心理学研究科修士課程修了。元財団法人関西カウンセリングセンター理事長、大阪経済大学非常勤講師。

## 小田純也（おだ・じゅんや）

大阪経済大学大学院人間科学研究科修士課程修了。兵庫県立光風病院心理判定員。NPO法人関西こども文化協会電話相談員。枚方市ひきこもり等子ども・若者相談支援センター居場所支援コーディネーター。明治国際医療大学非常勤講師。

Library Academia
アカデミア叢書

危機《きき》の世紀《せいき》とユング心理学《しんりがく》　目幸黙僊論考集《みゆきもくせんろんこうしゅう》

2015年9月10日　第1版第1刷発行

著　者　目幸黙僊

編　者　森　文彦
黒木賢一
井本惠章
小田純也

発行者　矢部敬一

発行所　株式会社 創元社
〈本　社〉
〒541-0047　大阪市中央区淡路町4-3-6
TEL.06-6231-9010（代）　FAX.06-6233-3111（代）
〈東京支店〉
〒162-0825　東京都新宿区神楽坂4-3 煉瓦塔ビル
TEL.03-3269-1051
http://www.sogensha.co.jp/

印刷所　株式会社 太洋社

　ISBN978-4-422-11595-5 C3011


装丁・本文デザイン　長井究衡